LA Guerre DE 1870-71

L'ARMÉE DE CHALONS

I

La marche vers Montmédy
Monart-Beaumont

LIBRAIRIE CHAPELOT

MARC IMHAUS ET RENÉ CHAPELOT, ÉDITEURS

PARIS | NANCY
30, Rue Dauphine (VIe) | Rue de Metz, 95 à 101

1912

Tous droits réservés

LA
GUERRE DE 1870-71

L'ARMÉE DE CHALONS

I

La marche vers Montmédy.
Monart-Beaumont

2ᵉ ÉDITION

LA Guerre
DE
1870-71

L'ARMÉE DE CHALONS

I

La marche vers Montmédy
Monart-Beaumont

LIBRAIRIE CHAPELOT

MARC IMHAUS ET RENÉ CHAPELOT, ÉDITEURS

PARIS || NANCY
30, Rue Dauphine (VIᵉ) || Rue de Metz, 95 à 101

1912
Tous droits réservés

BIBLIOGRAPHIE

A. — MANUSCRITS

Les documents qui ont servi à établir la relation des opérations de l'armée de Châlons appartiennent pour la plupart aux Archives historiques du ministère de la Guerre. Cette série présente des lacunes considérables, en raison de la catastrophe finale qui a fait disparaître un grand nombre de pièces, et il est parfois difficile, sinon impossible, de restituer les faits de détail avec précision.

On peut diviser ces documents en deux catégorie :

1° Sources contemporaines ;
2° Sources postérieures.

1° Sources contemporaines.

Ces pièces doivent être eux mêmes réparties en deux groupes :

Documents ayant déterminé les événements :

Ordres de mouvement, d'organisation, d'administration...; Instructions de tout genre; Dépêches télégraphiques chiffrées ou non; *Bulletins de renseignements...*

La plus grande partie de cette série de pièces originales est rassemblée dans les cartons n° 1 (période du 12 au 24 août), n° 2 (période du 25 août au 2 septembre) de l'armée de Châlons, et dans les cartons 47, 56 et 64 de l'armée du Rhin. (Ces derniers renferment les quelques registres d'ordres ou de correspondance que possèdent les Archives de la Guerre sur cette période). Les cartons de la série A (n°⁵ 3, 4, 5, 6, 7 et 12) contiennent également de nombreux renseignements adressés télégraphiquement aux Ministres de la Guerre, de l'Intérieur... aux Commandants des armées ou des différents corps... par les Préfets, Sous-Préfets, Maires... Enfin, parmi les papiers provenant du maréchal de Mac-Mahon, des généraux Broye, Ducrot, Robert, Wolff..., documents répartis dans les cartons 1, 2, 3 et 8 du Fonds supplémentaire II, se trouvent non seulement quelques pièces originales, mais de nombreuses copies d'ordres de marche, d'instructions, de renseignements... ressortissant à cette première catégorie.

Toutes ces pièces méritent évidemment une confiance toute particulière. Toutefois les bulletins de renseignements contiennent souvent des informations inexactes; il faut néanmoins en tenir le plus grand compte, en raison de l'influence qu'ils ont pu exercer sur le commandement.

2° Documents immédiatement postérieurs aux événements :

Correspondance, comptes rendus, rapports d'opérations... rédigés au lendemain même des événements. A quelques exceptions près, toutes ces pièces originales sont groupées dans les cartons n°s 1 et 2 de l'armée de Châlons; 47 et 56 de l'armée du Rhin. Quelques copies de comptes rendus ou rapports d'opérations... adressées à la Section historique à la suite des circulaires ministérielles des 19 décembre 1899, 17 novembre et 26 décembre 1900, ont été réparties dans les cartons 2, 3, 8... du Fonds supplémentaire II (papiers Ducrot, Robert..).

Journaux de marche tenus au jour le jour. — On ne peut ranger avec certitude parmi ces dernières pièces que celui du 5° corps rédigé par le capitaine de Piépape; quelques autres sont douteux. Ces documents originaux sont rassemblés dans les cartons 3 (1er, 5° et 7° corps) et 4 (6° et 12°) de l'armée de Châlons.

Situations d'effectif; *états* nominatifs ou numériques (pertes, propositions, renseignements divers...). Ces pièces originales, malheureusement peu nombreuses, et le plus souvent contradictoires, se trouvent dans le carton 5 de l'armée de Châlons (1). Les papiers du général Robert (documents originaux) (Fonds supplémentaire II, carton 8) renferment de précieux états concernant le 1er corps.

2° Sources postérieures.

Ces documents constituent plusieurs groupes :

1° Documents rédigés en captivité :

La plupart des *Journaux de marche*, quelques *Rapports d'opéra-*

---

(1) Une circulaire ministérielle du 14 avril 1883 prescrivant à chaque corps de troupe de faire connaître les effectifs atteints et les pertes subies en 1870 (armée de Châlons), ne put réussir à combler les lacunes que la disparition de la comptabilité des corps, après le désastre de Sedan, avait provoquées.

tions... (1). Toutes ces pièces originales, datées de Wiesbaden, Mayence, Dresde, Erfurt, Neuwied.,. (septembre ou octobre 1870, quelques-unes seulement de février 1871), sont groupées dans les cartons 2 (rapports), 3 et 4 (journaux de marche) de l'armée de Châlons (2).

2° **Historiques manuscrits** des corps de troupe rédigés dans chaque unité, dans le deuxième semestre de 1871 ou dans les premiers mois de l'année 1872, en exécution de la circulaire ministérielle du 21 juillet 1871, par une commission d'officiers ayant assisté en majorité à la campagne.

Ces documents sont précieux en ce que l'unité a eu tout intérêt à relater telles instructions que le Journal de marche de la brigade ou de la division a cru, pour des motifs divers, devoir passer sous silence. Ils permettent de se rendre compte de l'exécution des ordres dans les unités subordonnées et de connaître avec détails l'existence du soldat en campagne, Mais ils sont, pour un grand nombre au moins, rédigés dans le but de rehausser le mérite du régiment ou de dissimuler les défaillances.

Ces pièces originales sont classées dans les cartons suivants :

M 9 : 2°, 4°, 6°, 8° et 9° régiments d'artillerie.

M 10 : 10°, 11°, 12°, 14°, 15°, 16° (pontonniers), 19°, 20° régiments d'artillerie ; 1er et 2° régiments du train d'artillerie.

M 11 : 3° et 7° compagnies d'ouvriers d'artillerie ; 4° et 3° compagnies d'artificiers ; 1er et 3° régiments du train des équipages.

M 16 : 1er, 2° et 3° régiments de zouaves ;

1er, 2° et 3° régiments de tirailleurs algériens ;

IIIe bataillon du 3° régiment de grenadiers ;

7es compagnies des 1er et 2° bataillons de chasseurs à pied ;

1er, 4°, 6°, 16° et 17° bataillons de chasseurs à pied ;

1er, 2° et 3° régiments de marche, IVe bataillon du 62° ;

3°, 5°, 11°, 14°, 17°, 19°, 21°, 22°, 27°, 31°, 32°, 35°, 36°, 37°, 42°, 43°, 46°, 47°, 48°, 49°, 50°, 52°, 53°, 56°, 58°, 61°, 68°, 72°, 74°, 78°, 82°, 83°, 86°, 88°, 89°, 96° et 99° de ligne.

M 16 bis : 1er, 3°, 4°, 5° et 6° régiments de hussards ;

---

(1) 8° bataillon de chasseurs, 48° de ligne, 11° batterie du 12°...

(2) On peut rattacher à cette série un très petit nombre de documents rédigés immédiatement au retour de captivité : Rapports du général Carteret-Trécourt (carton 4 de l'armée de Châlons) ; du commandant du IVe bataillon de la garde mobile de la Marne (Fonds supplémentaire II, carton 5).....

1er, 2e, 3e, 4e, 5e, 6e et 8e régiments de cuirassiers ;
1er, 2e, 4e, 5e, 6e, 7e et 8e régiments de lanciers;
10e régiment de dragons ;
6e, 7e, 8e et 12e régiments de chasseurs à cheval ;
1er, 3e et 4e régiments de chasseurs d'Afrique.

A ce groupe de documents viennent s'adjoindre naturellement quelques pièces originales portant des titres divers et rédigées dans les derniers mois de 1871 (Rapports du colonel Dastugue, 14e chasseurs, septembre 1871 ; du général Reboul, août 1871 ; Notes du capitaine Delasson; Historiques de l'artillerie de la 3e division du 1er corps par le colonel Sûter, juillet 1871 ; de la brigade Bittard des Portes (cartons M 16 bis, 2 du Fonds supplémentaire II).

3° Conseil d'enquête sur les capitulations (Sedan); Dépositions sténographiques des témoins (généraux de Wimpffen, Lebrun, Ducrot, Douay...) carton N 14; Rapport et avis motivé (carton N 9).
Documents très importants, en particulier pour les opérations du 1er septembre.

4° Journaux de marche rédigés en 1872, à la suite d'une circulaire ministérielle (26 février 1872) dans laquelle le général de Cissey réclamait en outre aux officiers généraux et supérieurs « les registres, dépêches, rapports et pièces de toute nature relatifs à la campagne de 1870-71 » qui se trouvaient encore en leur possession.
Cette catégorie de pièces originales est peu nombreuse (cartons 3 et 4 de l'armée de Châlons). Elle contient entre autres :
Le Journal de marche du 5e corps, rédigé par le colonel Clémeur, véritable plaidoyer en faveur du commandant de ce corps d'armée;
L'Historique de la 4e division du 1er corps par le colonel d'Andigné, qui n'est qu'un extrait de son agenda, complété par les Historiques des corps ;
Le Récit des opérations de la 2e brigade de marche de la 2e division du 12e corps ;
Le Rapport sur la participation du service du génie du 6e corps;
L'itinéraire de la 2e brigade de la 2e division du 7e corps;
Le Rapport du général Ameil;
Les Notes du capitaine d'état-major Mulotte...
Enfin quelques rapports rédigés à cette même époque, se retrouvent encore dans différents cartons du Fonds supplémentaire II, (cartons 2, 3, 8...) et proviennent des papiers Ducrot, Robert, Wolff...

5° Instruction relative au procès Bazaine (cinq registres, cartons 37 à 43 de l'armée du Rhin), où, parmi les 416 dépositions, s'en trouvent quelques-unes d'un intérêt primordial, notamment celle du maréchal de Mac-Mahon, qui, en sa qualité de Président de la République, n'a pas été appelé devant le Conseil de guerre de Trianon.

6° Souvenirs et Mémoires de toutes natures.

Parmi ces divers documents, il faut citer au premier rang :

Les Souvenirs inédits du maréchal de Mac-Mahon, dictés par le Maréchal en 1880 et 1881 à son officier d'ordonnance, le capitaine de Beaufort. Les Archives historiques de la Guerre n'en possèdent qu'une copie (Fonds supplémentaire II, carton 1), reçue en janvier 1900, due au commandant de Mac-Mahon, et certifiée « textuelle » par cet officier supérieur. Ce document contient des erreurs, mais il est précieux, en raison de son incontestable sincérité, pour connaître à chaque moment de la campagne la pensée du commandant en chef et les mobiles de ses déterminations.

Un manuscrit du général Michel : la division de cavalerie du 1ᵉʳ corps à la bataille de Sedan (copie versée par le colonel Sabattier).

Extrait de la vie militaire du général Wolff (copie) (Fonds supplémentaire II, carton 2).

Notes manuscrites du général Ducrot; Renseignements extraits du Carnet de campagne du général Lefort (Fonds supplémentaire II, carton 3).

Extraits du Journal du capitaine de Lanouvelle (armée de Châlons, carton 3).

Souvenirs du capitaine Faulte de Vanteaux (Embrun 1879) (M 16).

Souvenirs personnels du capitaine Achard, du capitaine Peloux, du commandant Faverot de Kerbrech ; Notes du lieutenant-colonel de Brives, du général Robert, du lieutenant-colonel Lecœuvre, etc... etc... (copies provenant des papiers du général Ducrot) (Fonds supplémentaire II, carton 3).

Enfin, de nombreuses lettres émanant d'officiers ayant pris part aux opérations de l'armée de Châlons. correspondance qui fut échangée au moment de la publication de certains volumes ou brochures, et provoquée, en général, par les controverses que leur apparition suscita. (Lettres des généraux de Wimpffen, Ducrot, Trochu, Faure, du commandant Faverot de Kerbrech, du capitaine de Néverlée, du docteur Sarazin, etc.)

7° Témoignages des survivants invoqués récemment (1) pour

---

(1) En dehors des circulaires ministérielles des 19 décembre 1899, 17 novembre et 27 décembre 1900, invitant les anciens officiers géné

combler des lacunes ou éclairer certains points obscurs. Ces documents nombreux sont de valeur très variable suivant la personnalité de l'auteur, la responsabilité qu'il a eue dans les événements, les notes qu'il a prises au cours de la campagne, la fidélité de sa mémoire, etc... En tout cas, ils ne doivent être utilisés qu'après une critique particulièrement rigoureuse.

Tous ces documents originaux sont rassemblés dans les cartons suivants du Fonds supplémentaire II :

Carton n° 1, colonel Majorelle (1903).

Carton n° 2, général de Piépape (1901) ; généraux Broye, Kessler, de la Moussaye, Berthaut, Bouguié, Pennequin, Voyron, Lelong, Le Lorrain, Reibell, Riff, de Vaulgrenant, Sériot, Descharmes, Heurtault de Lammerville, Meyssonnier (1904) ; général Warnet (1905) ; général de Lanouvelle (1906)...

Colonels Buisson d'Armandy, Théven de Guéléran, de Percin, Heiligenmayer, Schneider, Le Camus (1904)...

Lieutenants-colonels de Rouville, Dumesnil, La Prairie, Brunot, Recoing, Lacroix, Morand de la Terrelle (1904)...

Commandants Pierrat, Allut, Rapp, Lavenue, Auffray, Dabay, Mantin, Arnault (1904)...

Capitaines Pelloux, Dehousse, Nussbaum (1904)...

Carton n° 2 bis, généraux Broye, Macé, de Négroni (1903)...

Carton n° 5 : M. Lagosse.

B. — IMPRIMÉS

Les ouvrages français et étrangers relatifs aux opérations de l'armée de Châlons sont en nombre considérable et de valeur très différente. On peut les grouper en quatre catégories.

1° Recueils de documents.

Journal officiel ; *Correspondance du maréchal de Moltke*, tome I, *Vie militaire du général Ducrot* ; *Papiers et correspondance de la famille impériale.*

---

raux à communiquer à la Section historique les pièces officielles intéressant les opérations de 1870, qui leur seraient restées entre les mains et les relations personnelles qu'ils pourraient fournir, des lettres individuelles posant des questions aussi précises que possible ont été adressées aux témoins des événements de 1870.

Enquête parlementaire sur les actes du Gouvernement de la Défense nationale, tome I. [Cette enquête exécutée par une commission (30 membres, président, M. Saint-Marc Girardin) nommée par l'Assemblée nationale, avait pour but d'examiner les actes des délégations de Tours et de Bordeaux « au triple point de vue civil, militaire et financier » (Résolution de l'Assemblée nationale des 13 et 14 juin 1871]. La commission consacra dix-huit mois à ces opérations.

2° Ouvrages rédigés d'après des pièces d'archives ou contenant des documents.

Procès Bazaine (Affaire de la capitulation de Metz, 1873).
Bibesco (*Belfort-Reims-Sedan*, 1872).
Ducrot (*La journée de Sedan*, 1871).
Lebrun (*Bazeille-Sedan*, 1884).
Palikao (*Un ministère de la Guerre de vingt-quatre jours*, 1871).
Vinoy (*Siège de Paris*, 1874).
Wimpffen (*Sedan*, 1871).

Presque tous ces ouvrages sont empreints d'une certaine partialité et parfois passionnés.

Du côté allemand :

L'Historique du Grand État-Major prussien rédigé de 1872 à 1881.

Il semble que cet ouvrage n'ait pas toujours eu en vue la recherche exclusive de la vérité, du moins si l'on en juge par cette appréciation du maréchal de Moltke : « Ce que l'on publie dans une histoire militaire reçoit toujours un apprêt, selon le succès plus ou moins grand qui a été obtenu, mais le loyalisme et l'amour de la patrie nous imposent l'obligation de ne pas détruire certains prestiges dont les victoires de nos armées ont revêtu telle ou telle personne (1). »

Fritz Hœnig donne deux exemples caractéristiques de ce qu'il appelle l'inexactitude voulue de l'Historique du Grand État-Major prussien :

« Après avoir achevé le deuxième livre de mon *Volkskrieg an der Loire*, comme je me trouvais dans la triste obligation de critiquer un récit de la Section historique, j'eus l'honneur de recevoir la visite d'un initié. Il m'expliqua qu'il me serait impossible de conserver la faveur de l'état-major général, à laquelle je devais pourtant tenir beaucoup, si je critiquais ses travaux. Cette faveur était le prix d'une

---

(1) Moltke, *La Guerre de 1870*, traduction Jaeglé, 2ᵉ édition, préface p. II.

collaboration assez analogue à une subordination. Je répondis que la communication même des archives me forçait à dire la vérité.. (1) »

Hœnig cite ensuite, en la certifiant conforme, la lettre suivante en date du 20 novembre 1891, du général von Pape, qui commandait en 1870 la 1re division de la Garde prussienne :

« Quand l'ouvrage du Grand État-Major parut, on m'envoya les épreuves sur Saint-Privat pour les corriger et en faire la critique. Je rectifiai, entre autres, un point très important ; cela ne fit rien. Quatre fois on me renvoya le travail, et quatre fois je m'efforçai de mettre la chose en lumière ; enfin, jouant mon dernier atout, je donnai le nom d'un officier qu'il me fallait contredire, ce que j'aurais voulu éviter ; — cela ne servit de rien. On peut encore lire la relation erronée dans l'ouvrage du Grand État-Major... (2) »

Ainsi l'Historique officiel prussien a été plus soucieux, semble-t-il, d'élever un monument à la gloire du haut commandement et des états-majors, que d'établir la vérité absolue. Sous la pression de l'opinion publique, le Grand État-Major a été amené à reprendre et à rectifier ses premiers travaux dans des monographies ou des études plus importantes. L'une d'elles, intitulée *Heeresbewegungen im Kriege 1870-1871*, contient des renseignements très importants sur la conversion de la IIIe armée.

Il convient de citer aussi :

Von Hahnke (*Opérations de la IIIe armée*).
Schimpff (*Das XII. Corps*).
Stieler von Heydekampf (*Opérations du Ve corps prussien*).

On peut également ranger dans cette catégorie les ouvrages contenant des dépositions de témoins :

Procès Wimpffen-Cassagnac (Gazette des Tribunaux);
L'Empire et la Défense de Paris devant le jury de la Seine (Procès du général Trochu contre le Figaro).

3° **Souvenirs et Mémoires** parmi lesquels on a utilisé :

Histoire de l'armée de Châlons, par un volontaire de l'armée du Rhin ;
Des causes qui ont amené la capitulation de Sedan, par un officier

---

(1) Fritz Hœnig, *La Vérité sur la bataille de Vionville-Mars-la-Tour* (Traduction Lallement), p. 201.
(2) *Ibid.*

attaché à l'état-major général (ouvrage attribué à Napoléon III);

La campagne de 1870, par un officier d'état-major de l'armée du Rhin.

De Frœschwiller à Sedan. Journal d'un officier du 1er corps;

Commandant Vidal, *Campagne de Sedan*, etc... etc...;

Tagebücher des General-feldmarschalls Graf von Blumenthal;

Kaiser Friedrichs Tagebücher;

Verdy du Vernois, *Im grossen Hauptquartier*, etc.

4° Ouvrages récents. Parmi ces ouvrages, il faut mentionner en première ligne le très remarquable travail de critique stratégique et tactique dû à M. le colonel Grouard (A. G., *L'Armée de Châlons, son mouvement vers Metz*), publié d'abord dans le *Journal des Sciences militaires* (1884-1885), puis en brochure séparée. On est tout surpris de constater la singulière perspicacité et l'exactitude à peu près impeccable des jugements de l'auteur, qui écrivait à une époque où les documents des archives de la guerre n'avaient pas encore vu le jour. Pour cette période, rien de mieux n'a été fait depuis lors dans ce genre. Aussi trouvera-t-on de fréquentes citations de cet ouvrage, ce qui répare en même temps un certain nombre d'omissions existant dans les premières études de la *Revue d'Histoire*.

On a consulté aussi, avec plus d'attention, les intéressantes *Lettres sur la Stratégie* du prince de Hohenlohe, qui constituent à la fois une discussion approfondie des événements et un témoignage d'un observateur bien placé et très averti, quoique dramatisant parfois les faits. On a fait état enfin, plus fréquemment que dans les premiers travaux de la *Revue d'Histoire*, des conclusions auxquelles est arrivé le général de Woyde dans son ouvrage bien connu : *Causes des succès et des revers dans la guerre de 1870* (t. II.), tout en tenant compte de l'exagération à laquelle peut conduire une thèse poussée jusqu'au bout.

Pour les questions de politique intérieure, qui ont exercé une influence capitale et si fâcheuse sur les opérations de l'armée de Châlons, on a eu recours à l'importante *Histoire du Second Empire* (t. VII) de M. Pierre de La Gorce qui a eu à sa disposition un grand nombre de papiers inédits provenant des personnages les plus en vue de cette époque. On a utilisé aussi avec profit, dans cet ordre d'idées, le bel ouvrage, récemment publié, de M. H. Welschinger (*La guerre de 1870, Causes et responsabilités*).

Enfin, dans la relation des négociations de Donchery et de la capitulation, les premières études de la *Revue d'Histoire* n'avaient pas tenu compte suffisamment des témoignages allemands (*Kaiser Friedrichs Tagebücher;* Hahn, *Der Krieg Deutschlands gegen Frankreich;* Hirsch,

Tagebuch des Krieges; Busch, *Mémoires de Bismarck;* Schneider, *L'Empereur Guillaume;* Oncken, *Das Zeitalter des Kaisers Wilhelm,* etc., etc.) Cette lacune a été comblée autant que possible (1).

---

(1) La liste complète des ouvrages imprimés français et allemands relatifs aux opérations se trouve d'ailleurs dans la *Bibliographie générale de la guerre de 1870-1871* par le commandant Palat (1896).

LA GUERRE DE 1870-1871

L'ARMÉE DE CHALONS

PREMIÈRE PARTIE
Organisation et projets d'opérations.

CHAPITRE Ier.
Organisation de l'armée.

A la suite des défaites de Frœschwiller et de Forbach, l'Empereur avait décidé que le 1er corps et la division de cavalerie Bonnemains se replieraient sur le camp de Châlons, où ils devaient se réorganiser et constituer le noyau d'une nouvelle armée. Quelques jours plus tard, le 5e corps, qui n'avait pu rallier Metz, y fut également dirigé, et le 7e reçut la même destination.

D'autre part, une loi du 10 août appela sous les drapeaux « tous les citoyens non mariés ou veufs sans enfants, ayant vingt-cinq ans accomplis et moins de trente-cinq ans » qui avaient satisfait à la loi de recrutement et qui ne figuraient pas sur les contrôles de la garde mobile. Les engagements volontaires et les remplacements, dans les conditions de la loi du 1er février 1868, furent admis pour les anciens militaires, pendant la durée de la guerre, jusqu'à l'âge de quarante-cinq ans. Les hommes valides de tout âge furent autorisés à contracter un engagement dans l'armée active pour la durée de la guerre, et les formalités nécessaires à cet effet réduites au strict nécessaire. La classe de 1869 et le contingent tout entier de la classe 1870 furent appelés, et des conseils de revision fonctionnèrent immédiatement dans chaque département (1). Une circulaire du Ministre de l'intérieur aux préfets et aux sous-préfets leur recommanda de « susciter le dévouement patriotique des populations » et de les encourager à former des compagnies de gardes nationaux volontaires ou de francs-tireurs pour marcher à l'ennemi (2). La garde nationale fut rétablie et réorganisée dans chaque département, et les gardes nationaux mobiles des divisions militaires numérotées de 8 à 22 convoqués au chef-lieu du département auquel ils appartenaient, comme l'étaient déjà, par décret du 16 juillet 1870, ceux des divisions militaires numérotées de 1 à 7 (3).

100,000 d'entre eux furent appelés à Paris pour concourir à la défense de la capitale ; quant à ceux de Paris, ils avaient été groupés en dix-huit bataillons sous les ordres du général Berthaut et envoyés au camp de Châlons, où ils avaient donné les marques de la plus complète indiscipline (4).

---

(1) *Journal officiel* du 11 août, n° 219.

(2) Dépêche télégraphique du 11 août, soir (*Journal officiel* du 12 août, n° 220).

(3) Décret du 12 août 1870 (*Journal officiel* du 13 août, n° 221). Les divisions militaires étaient : 1re (Paris), 2e (Rouen), 3e (Lille), 4e (Châlons-sur-Marne), 5e (Metz), 6e (Strasbourg), 7e (Besançon), 8e (Lyon), 9e (Marseille), 10e (Montpellier), 11e (Perpignan), 12e (Toulouse), 13e (Bayonne), 14e (Bordeaux), 15e (Nantes), 16e (Rennes), 17e (Bastia), 18e (Tours), 19e (Bourges), 20e (Clermont-Ferrand), 21e (Limoges), 22e (Grenoble).

(4) *Enquête sur les actes du gouvernement de la Défense nationale*, dépo-

Les hommes allaient donc affluer, sans instruction militaire, il est vrai, pour la plus grande partie, mais assez nombreux pour constituer des masses, et l'on espérait que, le patriotisme aidant, on en ferait promptement des soldats en état de combattre en rase campagne.

Après la formation des sept premiers corps d'armée et de la Garde impériale, il ne restait, en dehors des forces mobilisées, que les unités d'infanterie et de cavalerie suivantes :

1º En Afrique : les 16e, 38e, 39e et 92e de ligne; trois bataillons d'infanterie légère d'Afrique; le régiment étranger; le 8e hussards; les 1er et 9e régiments de chasseurs; les trois régiments de spahis.

2º En France : les 22e, 34e, 58e et 79e de ligne sur la frontière espagnole; les 35e et 42e attendus de Civita-Vecchia; les 7e et 8e régiments de chasseurs.

On pouvait disposer encore de trois régiments de ligne qui n'avaient pu rejoindre le 6e corps à Metz : les 14e, 20e et 31e, et de quatre régiments d'infanterie de marine.

Le nouveau Ministre de la guerre, le général de Palikao, s'occupait, avec une activité incessante, de constituer des régiments de marche avec les 100 quatrièmes bataillons d'infanterie de ligne disponibles; de renforcer les unités de l'armée du Rhin par l'envoi de détachements de réservistes; de réorganiser le 1er corps et les divisions Conseil Dumesnil et Bonnemains; de compléter leurs effectifs; de pourvoir à tous les besoins en matériel, habillement, équipement et campement.

Deux nouveaux corps d'armée furent créés, portant les

---

sition du maréchal Canrobert, t. IV, p. 272 et déposition du général Schmitz, t. II, p. 277; général Lebrun, *Bazeilles-Sedan*, p. 2; *L'Empire et la défense de Paris*, déposition du général Berthaut, p. 138; Achard, *Récits d'un soldat*, p. 5 et suiv.

numéros 12 et 13 (1) ; les généraux Trochu et Vinoy en reçurent le commandement par décret du 12 août (2) ; mais le premier, seul, participa effectivement aux opérations entreprises dans le but de venir en aide au maréchal Bazaine. On rassembla les premiers éléments du 14ᵉ corps, qui devait être confié au général Renault.

L'armée réunie à Châlons sous les ordres du maréchal de Mac-Mahon était forte, le 21 août, de 130,000 hommes environ (3). Elle comprenait quatre corps d'armée, les 1ᵉʳ, 5ᵉ, 7ᵉ, 12ᵉ, et deux divisions de cavalerie dites de réserve (4).

Le 1ᵉʳ corps (général Ducrot) se composait, comme au début de la campagne, de quatre divisions d'infanterie, une de cavalerie (5), de réserves d'artillerie et du génie, soit : 23,408 fusils, 2,450 sabres, 105 bouches à feu (6). Il avait subi les échecs de Wissembourg et de Frœschwiller, et venait d'opérer une longue retraite, avec toutes les fatigues, les privations qui en sont l'accompagnement

---

(1) Une décision du 20 juillet avait réservé les numéros 8, 9, 10, 11 aux corps territoriaux qu'on se proposait d'organiser à Paris, à Lyon, à Toulon et à Alger.

(2) *Journal officiel* du 13 août, n° 221.

(3) 130,566 officiers et soldats et 26,763 chevaux, d'après la situation sommaire du 21 août, où ne figurent pas la division de cavalerie et la réserve d'artillerie du 5ᵉ corps, et où est portée, par contre, la 2ᵉ brigade de la division de cavalerie du 7ᵉ corps, qui ne rejoignit pas.

(4) Voir l'ordre de bataille aux Documents annexes.

(5) La division de cavalerie Duhesme comprenait trois brigades, comme au début de la campagne. Mais la brigade Nansouty ne se composait plus que des 2ᵉ et 6ᵉ lanciers ; la brigade Michel était formée du 8ᵉ cuirassiers et du 10ᵉ dragons. Les cadres du 9ᵉ cuirassiers avaient été renvoyés à Paris, les hommes versés au 8ᵉ cuirassiers (Le Ministre de la guerre au maréchal de Mac-Mahon, 19 août).

(6) Le 1ᵉʳ corps comprenait 20 batteries, mais certaines d'entre elles avaient perdu à Frœschwiller du matériel qui ne leur fut pas remplacé : la 8ᵉ batterie du 9ᵉ, deux pièces ; la 6ᵉ du 9ᵉ, ses six pièces ;

nécessaire ; retraite qu'avaient rendue plus pénible encore la pluie persistante et le manque presque général des sacs laissés sur le champ de bataille du 6 août. La défaite avait fait perdre la confiance (1) ; l'absence de distributions régulières avait fait naître la maraude et l'indiscipline (2). Physiquement et moralement, les soldats du 1ᵉʳ corps, qui avaient fourni tant d'efforts et témoigné de tant de vaillance et d'énergie, étaient très affaiblis à leur arrivée au camp de Châlons. Un séjour de quelque durée leur eût été nécessaire pour reprendre la campagne dans de bonnes conditions. Il ne fut même pas possible de les pourvoir de tous les objets d'habillement, d'équipement et de campement : on ne put leur distribuer qu'un sac pour deux hommes (3). Les armes détériorées ou perdues furent remplacées :

---

la 8ᵉ du 9ᵉ, deux pièces ; la 11ᵉ du 6ᵉ, deux pièces ; la 1ʳᵉ du 20ᵉ, une pièce ; la 3ᵉ du 20ᵉ, une pièce ; la 12ᵉ du 9ᵉ avait également perdu une bouche à feu au combat de Wissembourg.

Le 15 août, le Ministre de la guerre annonçait au général Forgeot, commandant l'artillerie du 1ᵉʳ corps, que la place de Châlons recevrait de la Direction de Douai : 8 canons de 12, 25 canons de 4 et un certain nombre de caissons et de chariots de batterie de la Direction de Bourges, une batterie complète de 4. Le 28 août se trouvait en gare de Mézières, à destination du 1ᵉʳ corps : 25 canons de 4, 12 affûts de rechange, 14 chariots de batterie, 25 caissons d'artillerie, 6 canons de 12, 2 affûts de rechange, 17 chariots de batterie, 17 caissons d'artillerie, 600 chevaux du 1ᵉʳ régiment du train (Le général Mitrecé au général Forgeot).

(1) Colonel Robert, *Campagne de 1870*, p. 79 ; L. de Narcy, *Journal d'un officier de turcos*, p. 332 ; *Des Causes qui ont amené la capitulation de Sedan*, p. 15.

(2) *Journal* de marche de la 4ᵉ division, 17 août ; *Carnet* du commandant David, du 45ᵉ de ligne ; Derrécagaix, *Guerre de 1870*, p. 214 ; colonel Robert, *Campagne de 1870*, p. 79 ; général Bonnal, *Fræschwiller*, p. 461.

(3) Les sacs des gardes mobiles renvoyés à Paris (*Journal* de marche du 1ᵉʳ corps, 17 août).

l'approvisionnement en cartouches reconstitué au chiffre de 90 ; les parcs ravitaillés.

Les divers régiments et bataillons reçurent des dépôts, soit pendant la retraite, soit au camp de Châlons, soit à Reims, des détachements dont le total s'élevait, pour le 1er corps, à 3,000 hommes environ (1). Mais ce n'étaient en grande partie que de jeunes soldats, auxquels parfois les premières notions mêmes de l'instruction militaire faisaient entièrement défaut (2). Toutefois, leur encadrement était bien assuré.

L'état-major du 1er corps, dont une partie demeura auprès du maréchal de Mac-Mahon, commandant en chef de l'armée, fut complété au moyen de lieutenants stagiaires, choisis par le général Ducrot dans les régiments sous ses ordres (3).

Les ambulances, qui avaient presque toutes été prises à Frœschwiller, furent réorganisées et rejoignirent les divisions quelques jours après le départ du camp. Quant aux moyens de transport, qui avaient également disparu en grande partie, il y fut suppléé par un certain nombre de voitures du train que l'on mit à la disposition des états-majors et des corps (4).

Le 5e corps (général de Failly) se composait de trois

---

(1) Le 1er corps retrouva au camp de Châlons des éclopés qui avaient été transportés par chemin de fer et environ 4,000 soldats portés disparus.
(2) *Historique* du 50e de ligne, 15 août.
(3) Le maréchal de Mac-Mahon au Ministre de la guerre, 18 août.
(4) *Journal* des marches et opérations du 1er corps d'armée, à partir du camp de Châlons, par le commandant Corbin, sous-chef de l'état-major général.

Il existe deux *Journaux* de marche du 1er corps ; celui dont il vient d'être question, publié par le général Ducrot dans *La Journée de Sedan*, et celui qui sera appelé simplement *Journal* de marche du 1er corps. Celui-ci a été ouvert au début de la campagne et continué jusqu'à Sedan.

divisions d'infanterie, dont l'une, la 2e, ne comprenait qu'une brigade, deux batteries et la compagnie du génie (1) ; d'une division de cavalerie à deux brigades, la 2e ne disposant que d'un régiment (2) ; de réserves d'artillerie et du génie. Au total : 18,543 fusils, 1500 sabres, 84 bouches à feu (3).

Ces troupes n'avaient pas combattu, mais la longue retraite qu'elles avaient effectuée, l'absence de distributions régulières, le contact des débris du 1er corps, la succession des ordres contradictoires avaient été très funestes à la discipline et avaient gravement affecté leur moral (4). Chaque jour, pour ainsi dire, leur avait apporté de « nouveaux éléments de dissolution (5) ». Elles offraient « un aspect de lassitude et de désorganisation de nature à inspirer de vives inquiétudes (6) ». Elles manquaient en outre de confiance en leur chef (7), que l'opinion publique rendait responsable du désastre de Frœschwiller.

Les détachements envoyés par les dépôts aux régiments d'infanterie du 5e corps avaient été généralement

---

(1) On sait que la 1re brigade de cette division était restée le 5 août à Sarreguemines et avait été réunie ultérieurement au 2e corps. Elle était renforcée de la 7e batterie du 2e, du 3e lanciers, d'un escadron du 5e hussards, et d'un escadron du 12e chasseurs (*Journal* de marche de la brigade Lapasset, 7 août).

(2) Le 5e lanciers ; l'autre régiment de la brigade était le 3e lanciers (voir la note précédente).

(3) Situation sommaire de l'armée de Châlons à la date du 21 août.

(4) *Journal* de marche du 5e corps rédigé par le capitaine de Piépape, 10 août ; général de Failly, *Opérations et marches du 5e corps*, p. 22.

(5) *Journal* de marche du capitaine de Piépape ; général Lebrun, *Bazeilles-Sedan*, p. 13.

(6) *Des Causes qui ont amené la capitulation de Sedan*, p. 16.

(7) *La Campagne de 1870*, par un officier d'état-major de l'armée du Rhin, p. 79 ; *De Frœschwiller à Sedan*, p. 54.

dirigés sur Metz, de sorte que les renforts qu'ils reçurent ne dépassèrent pas le chiffre de 750 hommes (1). Leur instruction militaire était d'ailleurs aussi défectueuse que celle des contingents fournis au 1er corps.

La division Goze et la brigade de Maussion qui n'avaient pas passé par le camp de Châlons, n'avaient pu s'y ravitailler et s'y recompléter en matériel et en effets de toute nature (2). Il en était de même de la majeure partie de la division de cavalerie et des réserves d'artillerie et du génie.

Le 7e *corps* (général F. Douay) se composait de trois divisions d'infanterie, d'une division de cavalerie réduite à une seule brigade de trois régiments (3), de réserves d'artillerie et du génie, soit 28,820 fusils, 1684 sabres, 90 bouches à feu (4).

Disloqué au lendemain de son départ de Belfort, ce corps d'armée avait la plus grande peine à réunir ses fractions éparses et à reprendre l'unité dont il avait joui pendant quelques jours. Sa 1re division, très éprouvée à Frœschwiller, était gravement atteinte dans sa vigueur, son moral et sa discipline par la retraite presque ininterrompue qu'elle avait exécutée ; elle était arrivée au camp de Châlons « dans un état de profond dénûment (5) ». Malgré tous les efforts, sa réorganisation resta très incomplète, et les opérations commencèrent sans qu'elle fût pourvue de tous les havresacs et effets de campement nécessaires ; sa 1re brigade ne reçut même pas son approvisionnement intégral de cartouches, bien que, de nom-

---

(1) 450 au 17e de ligne en deux détachements (18 et 19 août) ; 300 68e, le 9 août.
(2) Général de Failly, *loc. cit.*, p. 29.
(3) La 2e brigade, Jolif-Ducoulombier, resta à Lyon.
(4) Effectif à la date du 21 août.
(5) Prince Bibesco, *Belfort, Reims, Sedan*, p. 48.

breuses demandes eussent été adressées à ce sujet par le général Conseil Dumesnil (1).

La division de cavalerie du 7ᵉ corps ne comptait qu'une brigade à trois régiments, l'autre brigade étant toujours maintenue à Lyon pour assurer la tranquillité de cette ville, où le gouvernement redoutait des émeutes. Le parc d'artillerie ne fut pas prêt en temps utile, et ne put rejoindre qu'à Sedan. Les seuls moyens de transport consistaient en des équipages de réquisition, difficiles à mener, et dont la mauvaise influence se fit sentir dans toutes les opérations (2).

Divers détachements, comportant au total un effectif de 3,773 hommes, étaient venus des dépôts renforcer les régiments du 7ᵉ corps. Mais la plupart n'étaient « ni aguerris, ni instruits; beaucoup d'entre eux ne connaissaient même pas le maniement du chassepot (3) ».

Le 12ᵉ corps comptait 35,482 fusils, 2,606 sabres, 144 bouches à feu (4). Il devait être composé, d'après une décision ministérielle du 12 août, de trois divisions d'infanterie, d'une division de cavalerie et d'une réserve d'artillerie. Le Ministre de la guerre en avait réservé le

---

(1) *Notes* sur les opérations de la 1ʳᵉ division d'infanterie du 7ᵉ corps, par le capitaine d'état-major Mulotte (Manuscrit daté du 15 mai 1872).

D'après le prince Bibesco, le 7ᵉ corps aurait été pourvu, le 23 août, « des 240,000 cartouches qui lui manquaient » (*loc. cit.*, p. 49). On trouve la même assertion dans la brochure *Histoire de l'armée de Châlons*, par un volontaire de l'armée du Rhin, p. 77.

(2) *La Campagne de 1870*, par un officier d'état-major de l'armée du Rhin, p. 79.

(3) *Notes* sur les opérations de la 1ʳᵉ division du 7ᵉ corps; *Historiques* du 3ᵉ de ligne (17 août), du 21ᵉ de ligne (17 août), du 47ᵉ de ligne (18 août), du 83ᵉ de ligne (13 août).

(4) Situation d'effectif du 21 août. Sans compter trois batteries de régiment d'artillerie de la marine.

commandement au général Trochu, en qui il avait grande confiance et qu'il considérait comme le successeur éventuel du maréchal de Mac-Mahon, s'il arrivait malheur à ce dernier (1). Le 17 août, après la nomination du général Trochu aux fonctions de gouverneur de Paris, le Maréchal proposa à l'Empereur et en obtint de le remplacer par le général Lebrun (2).

La 1re division d'infanterie (Grandchamp), primitivement envoyée en observation sur la frontière des Pyrénées, comprenait quatre régiments de l'armée active et deux compagnies de chasseurs à pied. Elle « présentait un ensemble très satisfaisant; ses soldats étaient instruits (3) ». Ramenée d'abord à Paris (4), elle avait été transportée au camp de Châlons du 17 au 19 août. Son artillerie divisionnaire se composait des 3e et 4e batteries de 4 du 15e, et de la 4e du 4e (canons à balles). Sa compagnie du génie était la 5e du 3e.

La 2e division (Lacretelle) avait été constituée au moyen de douze bataillons de marche (5) formés en quatre régiments, et de deux compagnies de chasseurs. La plupart des bataillons étaient commandés par des capitaines, souvent âgés et « plus aptes au service du dépôt qu'à

---

(1) *Enquête sur les actes du gouvernement de la Défense nationale*, déposition du général de Palikao, tome I, p. 169.

(2) « J'aurais dû le prendre pour chef d'état-major général, dit le maréchal de Mac-Mahon, et, dans le cours de la campagne, je regrettai de ne l'avoir pas fait » (*Souvenirs inédits*).

(3) Général Lebrun, *Bazeilles, Sedan*, p. 6.

(4) La division de Grandchamp avait été destinée tout d'abord au 13e corps, en formation à Paris; elle ne fut attribuée au 12e qu'après la conférence du 17 août, où l'on avait décidé de renvoyer à Paris les dix-huit bataillons de gardes mobiles de la Seine qui devaient former primitivement une des divisions du 12e corps.

(5) Les ordres pour diriger ces quatrièmes bataillons sur le camp de Châlons avaient été envoyés par le Ministre le 12 août aux généraux commandant les divisions militaires intéressées.

faire campagne (1) »; leur effectif était très différent; il variait de 400 à 1000 hommes. Les cadres de sous-officiers étaient composés « pour la plupart d'anciens serviteurs qui n'avaient plus guère l'aptitude physique pour faire campagne (2) ». Les caporaux étaient généralement bons, mais comme les bataillons avaient été organisés à quatre compagnies seulement, ces cadres étaient trop faibles pour être en rapport avec l'effectif des compagnies. Il en était de même pour les officiers qui, au nombre de trois par compagnie, ne pouvaient suffire pour 200 et parfois 250 hommes.

Ces bataillons de marche étaient, en très grande majorité, composés de jeunes recrues du contingent de la classe de 1869 qu'on venait d'appeler sous les drapeaux, et d'anciens soldats rappelés de la réserve, dont la plupart n'avaient jamais été exercés au maniement du nouveau fusil (3). On put, à grand'peine, arriver à leur faire tirer à chacun cinq cartouches avant le départ du camp de Châlons (4).

L'habillement, le grand équipement et l'armement étaient généralement en bon état et complets. Il n'en était pas de même des effets de campement, qui, dans plusieurs bataillons, étaient insuffisants pour l'effectif et même

---

(1) *Journal* de marche de la brigade Marquisan, de la 2ᵉ division du 12ᵉ corps.
(2) *Ibid.*
(3) Dans son ouvrage *Bazeilles, Sedan*, le général Lebrun dit que tous les soldats, *sans exception*, de ces bataillons de marche étaient de jeunes recrues de la classe 1869. Cette assertion n'est pas exacte. Ainsi, au IVᵉ bataillon du 64ᵉ, il y avait quelques anciens soldats; au IVᵉ bataillon du 33ᵉ, il y en avait 390 sur un effectif de 900 (*Historique* du 2ᵉ régiment de marche). Les quatrièmes bataillons des 65ᵉ et 91ᵉ se composaient en presque totalité d'anciens soldats rappelés de la réserve (*Journal* de marche du général Marquisan).
(4) Général Lebrun, *loc. cit.*, p. 9.

manquaient complètement dans d'autres (1). Les hommes étaient pourvus de bons effets de petit équipement, mais on n'avait pas fait essayer la chaussure avant le départ du dépôt; il en résulta que les blessures aux pieds furent fréquentes et que le nombre des éclopés s'accrut sensiblement de jour en jour. On fut obligé d'en laisser une partie à Reims et à Rethel pour être renvoyés dans les dépôts (2).

Les officiers « se montraient consternés d'avoir à commander de pareils soldats (3) », et le général Blanchard, placé primitivement à la tête de la 2e division, exprima le même sentiment. Dans la soirée du 18 août, il adressa au général Lebrun une lettre dans laquelle il témoignait son désir d'être appelé à un autre commandement, « ne demandant pas mieux, disait-il, de se faire tuer pour la défense du pays, pourvu que ce fût honorablement, et non point en conduisant à l'ennemi une troupe entièrement composée de recrues et n'ayant du soldat rien autre chose que le nom (4) ».

L'artillerie de la 2e division se composait, outre les trois batteries qui lui étaient normalement affectées (7e du 3e, 7e et 11e du 4e), des 10e et 11e du 8e qui avaient été primitivement attribuées à la 2e division d'infanterie du 6e corps, et qui n'avaient pu gagner Metz (5). Sa

---

(1) Par exemple, au IVe bataillon du 3e (*Historique* du 2e de marche) et au IVe du 64e (*Historique* du 3e de marche). Ce dernier document s'exprime ainsi : « Toutes les demandes de marmites, grandes gamelles et grands bidons restèrent infructueuses. »

(2) *Journal* de marche de la brigade Marquisan.

(3) Général Lebrun, *loc. cit.*, p. 8-11.

(4) *Ibid.*, p. 11.

Le général Blanchard fut appelé, en effet, au commandement d'une division que l'on organisait à Paris, et dont devait faire partie la brigade arrivée de Civita-Vecchia.

(5) Ces deux batteries, ainsi que la 12e du 8e, étaient parties du camp de Châlons le 13 août, par voie ferrée, à destination de Metz, pour y

compagnie divisionnaire du génie était la 7e du 1er régiment.

Le service de santé manquait totalement au début; il n'y avait même pas un sac d'ambulance dans toute la brigade Marquisan. Les opérations étaient déjà commencées quand un médecin-major fut envoyé pour les deux régiments de cette brigade.

A la 2e division du 12e corps était adjointe (1) une brigade provisoire formée des trois régiments de la 2e division du 6e corps que l'arrivée de l'ennemi à Frouard avait empêchés de continuer leur mouvement sur Metz par voie ferrée (2).

Le 3e division du 12e corps (de Vassoigne) avait été formée de douze bataillons empruntés aux quatre régiments de l'infanterie de marine, troupes solides, mais peu habituées aux longues marches (3). Concentrée d'abord à Paris, cette division avait été transportée en chemin de

---

rejoindre leur division. Arrêtées à Commercy et à Bar-le-Duc parce que la voie était coupée à Frouard, elles avaient reçu l'ordre du chef d'état-major général du 6e corps de gagner Verdun par étapes. Elles s'étaient portées alors, le 14, de Lérouville sur Saint-Mihiel, sous l'escorte du 4e régiment de chasseurs d'Afrique (voir p. 365, note 3), avec l'intention de se rendre à Verdun. Mais un télégramme émanant du grand quartier général à Metz leur prescrivit de se diriger sur le camp de Châlons, par Bar-le-Duc, sans délai, en raison de la présence de forces ennemies à Vigneulles. Ces batteries arrivaient à Bar-le-Duc dans la nuit du 14 au 15, elles étaient à Vitry le 16, y séjournaient le 17, et atteignaient le camp le 19. Les 10e et 11e du 8e y restèrent; la 12e du 8e gagna Metz par le chemin de fer des Ardennes.

(1) Ordre du maréchal de Mac-Mahon en date du 20 août.

(2) Ces trois régiments étaient les 14e, 20e et 31e de ligne; seul le 9e de ligne était parvenu à atteindre Metz avec le général Bisson et son état-major.

(3) Général Lebrun, loc. cit., p. 31 ; *Des Causes qui ont amené la capitulation de Sedan*, p. 16; *Enquête sur les actes du gouvernement de la Défense nationale*, déposition du maréchal de Mac-Mahon t. I, p. 33.

fer au camp de Châlons du 12 au 14 août. Son artillerie devait se composer des 11ᵉ, 12ᵉ et 13ᵉ batteries du régiment d'artillerie de marine; mais celles-ci n'étant pas arrivées à temps, furent remplacées par les 7ᵉ, 8ᵉ et 9ᵉ batteries du 10ᵉ, précédemment affectées à la 4ᵉ division du 6ᵉ corps (1). La compagnie de génie était la 11ᵉ du 2ᵉ régiment.

Malgré des demandes réitérées, le général de Vassoigne n'avait pu obtenir une ambulance divisionnaire. L'entrée en campagne se fit « sans un brancard et sans un cacolet (2) ». Deux divisions manquaient de réserves divisionnaires pour cartouches d'infanterie (3).

La division de cavalerie, sous le commandement supérieur du général de Salignac-Fénelon, se composait des trois brigades Savaresse (1ᵉʳ et 7ᵉ lanciers) (4), de Béville (5ᵉ et 6ᵉ cuirassiers) (5), Le Forestier de Vandœuvre (7ᵉ et 8ᵉ chasseurs)(6). Son état-major fut constitué au moyen d'officiers pris aux 7ᵉ et 8ᵉ chasseurs ; un capitaine de ce dernier régiment fit fonctions de sous-intendant, mais il fut « impossible de pourvoir aux autres services qui ne

---

(1) Les trois batteries du régiment d'artillerie de marine furent laissées à la réserve d'artillerie à leur arrivée, le 24 août.

(2) *Journal* de marche de la division d'infanterie de marine.

(3) Le général Lebrun au maréchal de Mac-Mahon, Rethel, 25 août.

(4) 2ᵉ brigade de la division de cavalerie du 6ᵉ corps, restée au camp de Châlons.

(5) 3ᵉ brigade de la division de cavalerie du 6ᵉ corps, restée à Paris jusqu'au 19 août. Embarquée en chemin de fer à cette date, elle était arrivée au camp le 20, sauf le 5ᵉ escadron du 6ᵉ cuirassiers, qui avait débarqué à Reims. Elle fut placée sous les ordres directs du général Lichtlin.

(6) Le 7ᵉ chasseurs avait, au début de la campagne, trois escadrons à Versailles (1ᵉʳ, 2ᵉ, 3ᵉ) qui avaient été rejoints les 12 et 13 août par les 6ᵉ et 5ᵉ escadrons venant de Civita-Vecchia. Le 8ᵉ chasseurs était tout entier à Versailles. Embarqués le 18 août, ces deux régiments étaient arrivés : le 7ᵉ au camp de Châlons, dans la nuit du 19; le 8ᵉ au camp (1ᵉʳ, 2ᵉ, 4ᵉ escadrons) et à Reims (5ᵉ et 6ᵉ escadrons), le 20 au matin.

furent jamais organisés (1) ». On ne possédait pas une seule carte de la région où devaient vraisemblablement se dérouler les opérations ; certains corps manquaient de forge de campagne, d'autres de voitures et de cantines d'ambulance (2).

La réserve d'artillerie comprenait 14 batteries : 3e du 4e, 10e et 12e du 14e, 3e et 4e de 12 du 8e (3) plus les trois batteries du régiment d'artillerie de marine (11e, 12e, 13e) non encore arrivées au début des opérations ; en outre, les 5e, 6e, 10e et 12e batteries du 10e, les 8e et 9e du 14e, les 1re et 2e du 19e ; ces huit dernières provenant de la réserve d'artillerie du 6e corps.

Le parc d'artillerie du 6e corps fut attribué au 12e ; il en fut de même du parc et de la réserve du génie (14e compagnie du 3e régiment) et des compagnies nos 4 et 11 du 3e régiment, précédemment affectées aux 2e et 4e divisions du 6e corps, et qui n'avaient pu gagner Metz.

Les services administratifs du 12e corps, en personnel comme en matériel, étaient très incomplets. Tout y était encore à organiser sous ce rapport, à la date du 18 août (4).

La 1re division de réserve de cavalerie (Bonnemains) avait la même composition qu'au début de la campagne, mais son effectif n'était plus que de 1795 sabres, par suite des pertes subies à Frœschwiller ; elle ne possédait plus qu'une batterie à cheval, la 7e du 19e, réduite d'ailleurs à cinq pièces de 4 ; la 8e du 19e, presque

---

(1) *Journal* de marche de la division de cavalerie du 12e corps, 21 août.

(2) *Ibid.*

(3) Ces deux batteries étaient formées presque exclusivement avec des hommes de la réserve.

(4) Général Lebrun, *loc. cit*, p. 17.

entièrement détruite le 6 août, n'avait pas été reconstituée.

La 2º division de réserve de cavalerie (Margueritte), 1960 sabres (1), comprenait 2 brigades : l'une formée des 1ᵉʳ et 3ᵉ chasseurs d'Afrique (2), l'autre (Tilliard) du 6ᵉ chasseurs et du 1ᵉʳ hussards (3). Cette division n'eut jamais d'état-major régulièrement constitué; elle ne reçut ni matériel d'ambulance, ni même de cantines pour les médecins et vétérinaires. Il lui manquait 23 voitures régimentaires.

Le parc du 5ᵉ corps était à Reims, sauf l'équipage de pont qui se trouvait à Paris et fut dirigé plus tard sur Mézières. Le parc du 7ᵉ corps était également à Reims; celui du 12ᵉ corps était encore à Vincennes et fut remplacé par celui du 6ᵉ.

Malgré les instances du général Forgeot, le maréchal de Mac-Mahon ne demanda au Ministre que le 24 août la création d'un grand parc (4). Dès le lendemain, le général Palikao donna des instructions à ce sujet.

Le grand parc devait être constitué à Mézières au moyen de deux fractions attelées du grand parc de l'armée du Rhin, organisées à Douai et à la Fère, et de tous les chariots de parc disponibles sur lesquels fut chargée une partie des munitions existant en gare de Reims le 25 août. Le général Mitrecé en reçut le commandement. Le maréchal de Mac-Mahon demanda en

---

(1) Non compris le 4ᵉ chasseurs d'Afrique, dont l'effectif était de 600 hommes et 480 chevaux; le régiment, débarqué à Commercy les 12 et 13 août, fut incorporé dans la 2ᵉ brigade le 30 août.

(2) 1ʳᵉ brigade de la division du Barail, qui avait accompagné l'Empereur jusqu'à Verdun.

(3) La brigade Tilliard avait été primitivement la 1ʳᵉ de la division de cavalerie du 6ᵉ corps.

(4) Le général Forgeot au général Susane, 25 août; le Ministre de la guerre au maréchal de Mac-Mahon, 25 août.

outre l'attribution, à l'armée de Châlons, de deux équipages de pont (1).

A de nombreux points de vue, l'armée de Châlons était au-dessous de la lourde tâche que le Gouvernement allait lui faire entreprendre.

Le maréchal de Mac-Mahon, « brillant divisionnaire à Malakoff, heureux chef de corps à Magenta », était doué de toutes les qualités d'un excellent commandant de corps d'armée,« mais il ne possédait ni la sagacité ni les connaissances nécessaires à un général en chef (2) ». A Frœschwiller il avait donné l'exemple d'une rare énergie, mais sa confiance dans le succès final y avait été fortement ébranlée, et l'exécution d'un plan opposé à ses idées n'était pas faite pour la rétablir. Il devait en résulter d'incessantes tergiversations, toujours fâcheuses à la guerre et particulièrement néfastes dans les circonstances critiques où allait se trouver l'armée. Le Maréchal avait auprès de lui « un chef d'état-major général improvisé qui n'avait ni les facultés, ni l'autorité suffisante » pour le bien seconder.

Le général Ducrot, qui avait succédé au Maréchal à la tête du 1er corps, était brave, instruit, aimant les responsabilités, « aussi exigeant pour lui-même que pour les autres, toujours prêt à payer de sa personne », très expérimenté dans la conduite des troupes, « capable, dans les moments les plus difficiles, de montrer autant de sagacité que d'énergie ».

Le général de Failly, commandant le 5e corps, devait surtout cette haute situation à ses anciennes fonctions d'aide de camp de l'Empereur et à l'affaire de Mentana.

« On le rendait généralement responsable de la

---

(1) Le général Forgeot au général Susane, 25 août ; le Ministre de la guerre au maréchal de Mac-Mahon, 25 août.
(2) A. G., *L'Armée de Châlons*, p. 19. — La plupart des appréciations qui suivent, sur les généraux de l'armée de Châlons, sont extraites de cet excellent ouvrage (p. 17-19).

défaite de Wœrth », et ses troupes manquaient de confiance en lui. Les événements des 5 et 10 août avaient témoigné tout au moins de son peu de zèle à obéir strictement aux ordres qu'il recevait. Son remplacement par le général de Wimpffen était d'ailleurs décidé (1).

Le général Douay, commandant le 7ᵉ corps, qui s'était distingué au Mexique, était consciencieux, expérimenté et très apte « à exécuter convenablement des ordres bien donnés ».

Le général Lebrun, appelé à la tête du 12ᵉ corps, était un esprit distingué, « mais peu connu des troupes et ayant peu l'habitude de les conduire »; il eût été plus apte, peut-être, aux fonctions de chef d'état-major général qu'à celles de commandant d'une unité aussi importante et aussi peu homogène.

Pour la plupart, les chefs de l'armée de Châlons avaient de brillantes et solides qualités militaires. Les critiques dont leurs opérations peuvent être l'objet, ne sauraient viser leur personnalité, mais uniquement les méthodes de guerre surannées en usage dans l'armée française. Les revers de la première période de la campagne avaient sans doute porté quelques enseignements (2), mais l'ensemble de l'armée n'avait pu en profiter, parce qu'à la guerre rien ne s'improvise; il est à peu près impossible de modifier, au cours des opérations, l'instruction du temps de paix.

On ne sera donc pas surpris de retrouver à l'armée de Châlons les mêmes causes qui avaient déterminé nos revers en Alsace, sur la Sarre et à Metz : infériorité du haut commandement (3); absence de sûreté stratégique et tactique ; défectuosité des ordres ; importance exagérée

---

(1) Général de Wimpffen, *Sedan*, p. 117.
(2) Voir notamment : Ordre général du 12ᵉ corps en date du 21 août.
(3) Cf. Général Bonnal, *Le haut commandement français au début de chacune des guerres de 1859 et de 1870*, p. 107-112.

attribuée au terrain ; erreurs dans l'organisation, la marche et le stationnement des colonnes ; formations de combat vicieuses de l'infanterie ; méconnaissance du rôle de la cavalerie ; infériorité marquée de l'artillerie ; ignorance de l'emploi combiné des trois armes ; mauvaise organisation des convois ; désordre et irrégularité dans les distributions de vivres (1).

« Jamais les généraux de division n'ont su ce que l'on voulait faire, où on allait, où était l'ennemi ; quelles étaient ses forces, et dans quelle direction, sur quel point se retirer dans le cas d'une retraite. C'était la suite de tout le désordre qui a présidé à cette malheureuse campagne. L'état-major général, infatué de sa haute position, était inabordable. Avait-on l'air de demander un renseignement, on en faisait mystère, comme si l'on eût craint de le voir porté à l'ennemi. Les ordres de marche se bornaient à dire qu'on partirait tel jour, à telle heure, dans tel ordre, toujours à peu près le même ; et le reste allait à la grâce de Dieu..... (2) »

« Il était écrit que les préceptes les plus élémentaires du service et de la marche des troupes en campagne seraient toujours négligés et remplacés toujours par un principe facile, qui démet le commandement de toute responsabilité directe et se résume en deux mots qui tiennent lieu de tout : *Débrouillez-vous!* C'est aujourd'hui, du haut en bas, le grand mot inventé dans l'armée française pour excuser les ordres incomplets, les études superficielles et les services à moitié assurés (3). »

---

(1) Il serait trop long de citer les nombreux documents qui permettent d'émettre ces appréciations.
(2) Papiers du général L'Hériller. — Cf. *Note* de la main du général Ducrot sur la bataille de Sedan.
(3) *Histoire de l'armée de Châlons,* par un volontaire de l'armée du Rhin, p. 94-95.

D'une manière générale, abstraction faite des défectuosités communes à l'armée du Rhin et à l'armée de Châlons, celle-ci manquait de cohésion, d'homogénéité, d'organisation, et même, pour certains de ses éléments, de l'instruction militaire la plus élémentaire (1). Les cadres étaient incomplets; le matériel et les équipages au-dessous des besoins.

Les corps d'armée d'Alsace, qui venaient d'exécuter par un temps pluvieux une longue et pénible retraite, n'avaient pas eu le repos nécessaire pour entreprendre de nouvelles opérations. Leur moral et leur discipline avaient reçu de graves atteintes; les conséquences s'en firent sentir dès les premières marches par des actes de maraude et de pillage (2). De nombreuses voitures de réquisition mal attelées, à peine encadrées, alourdissaient et souvent encombraient les colonnes (3).

La présence de l'Empereur à l'armée était une nouvelle cause de faiblesse. Bien que le souverain eût renoncé à exercer le commandement, un sentiment de déférence, joint peut-être au désir de diminuer sa responsabilité, n'en portait pas moins le maréchal de Mac-Mahon à tenir compte de ce qu'il croyait être sa pensée.

---

(1) Capitaine Derrécagaix, *Guerre de 1870* (*Spectateur militaire*, 1871), p. 246 et 325; général Pajol, aide de camp de l'Empereur, lettre citée par le général de Wimpffen, *loc. cit.*, p. 301; *Les Causes de nos désastres*, par un officier d'état-major de l'armée du Rhin, p. 31, note 1; général Lebrun, *Bazeilles-Sedan*, p. 5; *Historiques* manuscrits du 50ᵉ de ligne et du 3ᵉ régiment de marche.

(2) Le Ministre de la guerre au maréchal de Mac-Mahon, 21 août; Ordre général de l'armée, Juniville, 24 août; Ordre du 5ᵉ corps, 24 août; *Journaux* de marche de la 2ᵉ brigade de la 3ᵉ division du 1ᵉʳ corps et de la 2ᵉ brigade de la 3ᵉ division du 5ᵉ corps; *Historiques* manuscrits du 13ᵉ bataillon de chasseurs, du 14ᵉ de ligne et du 1ᵉʳ zouaves.

(3) *Les Causes de nos désastres*, p. 58.

De là ses incertitudes, ses hésitations, se traduisant inévitablement par la lenteur des mouvements.

En outre, l'ingérence de l'Impératrice et du Ministre de la guerre dans la direction des opérations, et l'influence de considérations d'ordre politique ne pouvaient avoir que de fâcheux résultats.

Par surcroît, l'armée de Châlons était inférieure en nombre aux forces allemandes qui lui étaient opposées, et elle allait avoir à mettre à exécution un plan de campagne particulièrement téméraire.

CHAPITRE II

Le plan du Ministre de la guerre.

Le premier soin du général de Palikao, Ministre de la guerre dans le Cabinet du 10 août, fut « de créer des armées qui pussent venir au secours de l'armée de Metz (1) ». A son avis, « depuis le commencement de la campagne, tous nos désastres étaient venus de l'éparpillement de nos troupes, tandis que les Prussiens n'agissaient que par masses (2) ».

En conséquence, « le seul objectif que l'on dût avoir (3) », pensait-il, était une prompte jonction des corps de nouvelle formation et de ceux qui avaient constitué l'armée d'Alsace, avec les forces du maréchal Bazaine. Il était persuadé que cette opération « devait changer la situation des affaires (4) »; il y voyait le salut de la France (5).

Toutefois des renseignements reçus au ministère de la guerre (6) faisant pressentir « que le prince royal de Prusse devait abandonner la direction de la ligne de la

---

(1) *Enquête parlementaire sur les actes du Gouvernement de la Défense nationale*, déposition du général de Palikao, t. Ier, p. 169.
Le général de Palikao ajoute : « Ma pensée était de délivrer Metz... » Il semble qu'il y ait là anticipation sur les événements; il ne pouvait être question de « délivrer Metz » avant que le Ministre eût été informé des résultats de la bataille du 18 août.
(2) *Enquête, ibid.*, t. Ier, p. 171.
(3) *Enquête, ibid.*, t. Ier, p. 169.
(4) Général de Palikao, *Un Ministère de la guerre de vingt-quatre jours*, p. 96.
(5) *Procès Bazaine*, déposition du général de Palikao, p. 404.
(6) *Enquête, ibid*, t. Ier, p. 171.

Marne sur Paris, et descendre de Bar-le Duc, par Vassy, sur la ligne de l'Aube que les armées alliées avaient suivie en 1814 (1) », le général de Palikao conçut un autre projet. Il consistait « à former à la Ferté-sous-Jouarre un pivot solide avec le corps d'armée de Vinoy, et à faire exécuter à l'armée de Châlons une conversion à droite, en s'appuyant sur ce pivot et en se rapprochant de Château-Thierry, afin d'attaquer l'armée prussienne pendant sa marche de flanc sur Paris (2) ».

Les motifs de ce revirement échappent. S'agissait-il de couvrir Paris? La capitale n'était pas plus menacée par la marche de la IIIe armée par les vallées de l'Aube et de la Seine qu'elle ne l'était par un mouvement ayant comme axe celle de la Marne. Espérait-on profiter de l'isolement relatif de la IIIe armée pour l'accabler avant que l'armée de la Meuse pût lui venir en aide? On ne pouvait ignorer que l'on combattrait, avec l'infériorité numérique, un adversaire dont le moral était surexcité par les premières victoires.

Attribuait-on enfin des vertus particulières au « pivot solide » de la Ferté-sous-Jouarre et à la manœuvre qui consistait à « attaquer l'armée prussienne pendant sa marche de flanc sur Paris? » Pouvait-on espérer que la concentration de l'armée de Châlons ne serait point connue par un ennemi dont la cavalerie était devenue hardie depuis les succès en Alsace et dont le service des renseignements était bien organisé? Dès lors, le Prince royal n'abandonnerait-il pas immédiatement sa marche sur la capitale pour se porter, par le plus court chemin, au-devant de ce nouvel adversaire?

Si la nouvelle reçue par le Ministre de la guerre se confirmait; en d'autres termes, si la IIIe armée commet-

---

(1) Général de Palikao, *loc. cit.*, p. 96.
(2) *Ibid.*, p. 96-97.

tait la faute de s'éloigner de l'armée de la Meuse, tout militait, plus que jamais, en faveur du projet initial tendant à la jonction des forces réunies à Châlons avec celles de Metz. Il était manifeste, en effet, que l'on disposerait, dans cette éventualité, d'un temps notablement plus considérable pour effectuer l'opération, et qu'il y avait plus de chances de mettre hors cause les Ire et IIe armées, avant l'intervention de la IIIe.

D'ailleurs l'information était de tous points inexacte, et dès que le général de Palikao en eut acquis la certitude, il revint à son plan primitif (1), qui avait ses préférences pour deux motifs : « le premier était de ne pas abandonner l'armée de Bazaine que l'on ne pensait pas alors en état de tenir aussi longtemps qu'elle l'a fait ; le second était que la réunion de l'armée de Bazaine à celle de Châlons devait avoir pour résultat de donner de meilleurs cadres à l'armée de Châlons, et le nombre à l'armée de Bazaine (2) ». Le général de Palikao estimait que les deux armées réunies pouvaient former une masse de 280,000 hommes.

Le plan qu'il soumit au Conseil des Ministres avait donc pour but cette jonction, dont l'exécution comportait un mouvement du camp de Châlons vers Metz, en trois colonnes partant simultanément le 21 août et venant converger le 25 aux environs de Verdun, où elles devaient franchir la Meuse.

Le tableau ci-après, contenu dans un ouvrage publié après la guerre par le général de Palikao, indique les étapes successives jusqu'au fleuve (3).

---

(1) *Enquête*, déposition du général de Palikao, t. Ier, p. 180.
(2) *Ibid.*, p. 171.
(3) Général de Palikao, *Un Ministère de la guerre de vingt-quatre jours*, p. 104.

JOURS DE MARCHE.	AILE DROITE (1er et 12e corps).	DISTANCES PARCOURUES.	CENTRE (7e corps).	DISTANCES PARCOURUES.	AILE GAUCHE (5e corps).	DISTANCES PARCOURUES.
		kilom.		kilom.		kilom.
21 août (1)......	De Mourmelon à Suippes..	12	De Mourmelon à Sommepy.	20	De Mourmelon à Béthenville.	18
22 —	Sainte-Menehould..........	26	Ville-sur-Tourbe..........	16	Vouziers.................	26
23 —	Clermont-en-Argonne......	12	Sainte-Menehould.........	12	Grand-Pré...............	15
24 —	Verdun....................	24	Clermont-en-Argonne.....	12	Varennes................	20
25 —	....	»	Verdun...................	24	Charny ou Verdun.......	24 ou 25

(1) On observera que le mouvement ne pouvait commencer avant le 21 août, à cause de l'état de l'organisation de l'armée.

Le Ministre de la guerre connaissait la situation des armées allemandes ; il savait que les Ire et IIe armées étaient aux environs de Metz ; que la IIIe marchait sur Paris ; que celle du prince de Saxe, forte de 70,000 hommes, était, croyait-il, sur la Chiers, au Nord-Est de Verdun (1).

Pour tromper le Prince royal, et le déterminer à continuer sa marche sur Paris, il fut convenu, entre le général de Palikao et le maréchal de Mac-Mahon, qu'on ferait tomber entre ses mains une fausse dépêche prescrivant au commandant de l'armée de Châlons de gagner Paris, avec 150,000 hommes, en passant par Reims et Rethel (2). Le Ministre espérait ainsi empêcher la IIIe armée d'intervenir dans la bataille qui aurait lieu, le 26 au plus tard, « entre l'armée de 120,000 hommes du maréchal de Mac-Mahon, en supposant qu'elle eût perdu 15,000 hommes pendant la marche, et l'armée du prince de Saxe, dont le chiffre maximum était de 70,000 hommes ; l'action devait se passer entre Verdun et Étain, dans la direction de Briey (3) ».

Le général de Palikao envisageait à cet égard deux hypothèses. Si les deux armées allemandes de Metz venaient soutenir celle du prince de Saxe, elles entraînaient derrière elles l'armée du maréchal Bazaine qui avait soutenu seule les efforts de toutes les forces adverses réunies dans les journées des 14, 16 et 18 août et avait conservé, croyait-il, ses positions. Dans ces conditions, il considérait que la situation de l'ennemi, placé entre deux armées françaises, deviendrait « très critique ». Si les Allemands subissaient un échec, sans ligne de retraite assurée, la face des choses changeait

---

(1) *Enquête, Ibid.*, p. 171.
(2) *Ibid.*, p. 171.
(3) Général de Palikao, *loc. cit.*, p. 108.

totalement. Si au contraire, les Ire et IIe armées continuaient à observer Metz, celle du prince de Saxe essuierait très probablement une défaite qui la rejetterait sur les deux autres, forcées elles-mêmes de se retirer ; alors, « la jonction était faite » entre les maréchaux de Mac-Mahon et Bazaine (1). Ainsi raisonnait le Ministre de la guerre.

Il jugeait d'ailleurs que le mouvement de Châlons sur Metz devait être exécuté sans retard, car, d'après des renseignements inexacts qui lui étaient parvenus, ainsi qu'au maréchal de Mac-Mahon, l'armée de Metz n'était plus pourvue de vivres et de munitions que pour un temps très court (2).

Le Conseil des Ministres avait approuvé, à la presque unanimité, le plan du général de Palikao (3). Mais il n'en était pas de même au Comité de défense des fortifications de Paris (4), où les généraux de Chabaud-Latour,

---

(1) Général de Palikao, *loc. cit.*, p. 109.

(2) *Enquête*, déposition du général de Palikao, t. Ier p. 171 ; *Ibid.*, déposition de M. Clément Duvernois, Ministre du commerce, t. Ier, p. 227 : « On disait l'armée de Metz à la veille de capituler ; » *Ibid.*, déposition de M. Jules Brame, t. Ier, p. 92 ; *Ibid.*, déposition de M. Rouher relatant les paroles suivantes du maréchal de Mac-Mahon, le 21 août, à Reims : « Bazaine n'a pas de munitions, n'a pas de vivres et sera obligé de capituler, et nous arriverions trop tard », t. Ier, p. 239 ; *Procès Bazaine*, déposition du général de Palikao, p. 405 ; *Ibid.*, déposition du lieutenant-colonel Magnan, p. 324-326.

(3) Dans son télégramme à l'Empereur, du 21 août, le général de Palikao disait : « Le sentiment *unanime* du Conseil..... » On retrouve la même affirmation dans sa déposition à l'*Enquête sur les actes du Gouvernement de la Défense nationale* (t. Ier, p. 171). Mais, d'autre part, M. Jérôme David, dans sa déposition à la même *Enquête*, déclare : J'étais très peu porté pour le mouvement sur Metz..... » (t. Ier, p. 150).

(4) Ce Comité avait été créé par décret du 19 août 1870. Il était composé du général Trochu, président ; du maréchal Vaillant ; de l'amiral Rigault de Genouilly ; du baron Jérôme David, ministre des

Trochu et Guiod y étaient nettement opposés (1). La discussion se renouvela deux fois de suite, et chaque fois, elle dura plusieurs heures. M. Thiers répétait tous les soirs, affirme-t-il, « que les Prussiens avaient eu le temps d'envelopper l'armée de Metz; qu'entre cette armée et Paris il y avait un mur d'airain formé de 300,000 hommes et impossible à percer; que le seul résultat qu'on pût obtenir, c'était de perdre inutilement nos dernières forces organisées; que la défense de Paris se concevait avec une armée de secours campant et manœuvrant autour de ses murs; que, sans une armée de ce genre, le siège de Paris serait une affreuse famine destinée à finir par une reddition à merci et miséricorde; qu'on se priverait donc, inévitablement et fatalement, du seul moyen de rendre efficace la résistance de Paris, et que si l'armée de Sedan ne périssait pas, le moins qui pût lui arriver serait d'être bloquée comme celle de Metz ». « Vous avez un maréchal bloqué, aurait ajouté M. Thiers, vous en aurez deux (2). »

---

travaux publics; du général de Chabaud-Latour; du général Guiod; du général d'Autemarre d'Ervillé; du général Soumain. Le secrétaire était le lieutenant-colonel du génie Segrétain. Par décret du 25 août, M. Béhic et le général Mellinet, sénateurs; MM. Daru, Dupuy de Lôme et de Talhouët, députés, firent partie du Comité. M. Thiers en fut nommé membre par décret du 26 août.

(1) *Enquête*, déposition de M. Thiers, t. Ier, p. 13; *L'Empire et la Défense de Paris*, déposition du général de Chabaud-Latour, p. 168.

(2) *Enquête*, déposition de M. Thiers, t. Ier, p. 13.

Le général Segrétain, dans ses *Souvenirs inédits* que le lieutenant Segrétain, son fils, a bien voulu communiquer à la Section historique, assure au contraire que M. Thiers était partisan du mouvement sur Metz : « J'entends encore M. Thiers..... Sa petite voix de tête répétait sans cesse : « Nous ne pouvons abandonner Bazaine, cet admirable « soldat; » et toujours il répétait : « cet admirable soldat ». On observera, à ce sujet, que M. Thiers ne fut nommé membre du Comité de Défense que le 26 août.

D'autre part, le général de Palikao, dans sa déposition à l'*Enquête*,

D'un autre côté, les préférences de l'Empereur se manifestèrent, au cours d'une conférence tenue le 17 août au camp de Châlons, pour la retraite sur Paris (1). Il se rendit, il est vrai, le 18, à l'opinion du Ministre de la guerre, mais il n'en désapprouvait pas moins le mouvement sur Metz, si toutefois l'on s'en rapporte à son témoignage postérieur aux événements.

« Revenu à Châlons, écrivait-il le 29 octobre 1870, j'ai voulu conduire à Paris la dernière armée qui nous restait, mais là encore, des considérations politiques nous ont forcés à faire la marche la plus imprudente et la moins stratégique qui a fini par le désastre de Sedan (2). »

Le plan du Ministre de la guerre présentait, en effet, de graves inconvénients.

Le succès dépendait presque exclusivement de ce fait que le Prince royal continuerait sa marche sur Paris ; qu'il ignorerait, pendant un certain temps, le mouvement de Châlons sur Metz et qu'il ne l'apprendrait que trop tardivement pour intervenir dans la lutte qui s'engagerait sur la rive droite de la Meuse entre les armées françaises d'une part, le prince Frédéric Charles et le prince de Saxe d'autre part. Cette bataille, le général de

---

s'exprime ainsi : « Je sais, sans pouvoir préciser les détails, que, dans le conseil même de la défense, à la tête duquel avait été d'abord le maréchal Vaillant qui avait eu pour successeur le général Trochu, en sa qualité de gouverneur de Paris, il fut question de la direction de l'armée sur Paris. Le maréchal Vaillant et M. Jérôme David, qui faisaient partie du conseil de défense, ont posé la question de savoir si quelqu'un voudrait abandonner Bazaine dans la position où il se trouvait, et aucun membre n'a pris la parole pour soutenir qu'il fallait l'abandonner » (*Enquête*, t. Ier, p. 172).

(1) Voir chapitre III.
(2) *Lettre* de Napoléon III à sir John Burgoyne, qui avait été le chef d'état-major général de l'armée anglaise lors de la guerre de Crimée (*Enquête sur les actes du Gouvernement de la Défense nationale, Rapport* de M. Saint-Marc Girardin, *Rapports*, t. II, p. 140, note 1).

Palikao la prévoyait pour le 26 août au plus tard. Il admettait qu'à la même date, la III⁰ armée se trouverait vers Vitry-le-François, sans avoir eu connaissance, pendant cinq jours, du mouvement de 130,000 Français se dirigeant vers l'Est, parallèlement à elle-même et en sens inverse, et dont l'aile droite, suivant la route de Châlons à Sainte-Menehould, n'en serait éloignée que d'une trentaine de kilomètres. Le Ministre n'envisageait donc pas la présence, possible et rationnelle, sur le flanc droit de la III⁰ armée, d'une cavalerie de sûreté, poussant ses reconnaissances vers le Nord, à cette distance. Il ne supposait pas, non plus, que le service des renseignements, ou une indiscrétion quelconque, pût avertir à temps le Prince royal.

Le Ministre ne tenait pas compte, en outre, des éléments d'information que pouvait fournir l'armée du prince de Saxe. Que celle-ci fût en mouvement vers l'Ouest, ou qu'elle n'eût au contraire qu'une mission d'observation sur la rive droite de la Meuse, comme le général de Palikao semblait le croire, sa cavalerie l'éclairait vraisemblablement à une journée de marche au moins, en avant de son front, et ses reconnaissances d'officier, lancées au delà de l'Argonne, devaient atteindre la vallée de l'Aisne dès le 23.

A cette date, d'après le projet du général de Palikao, les trois colonnes de l'armée de Châlons atteignaient respectivement Clermont-en-Argonne, Sainte-Menehould, Grandpré, et il y avait tout lieu d'admettre que leur présence serait dévoilée. Le prince de Saxe se serait empressé de communiquer ce renseignement de première importance au Prince royal qui, dès le 24 au soir, pouvait suspendre sa marche vers l'Ouest, et se diriger, le 25 au matin, vers le Nord.

Rien ne permettait donc de supposer que le Prince royal ignorerait le mouvement de l'armée de Châlons jusqu'au 26.

Le Ministre admettait enfin que le maréchal de Mac-Mahon pourrait franchir la Meuse sans difficultés les 24 et 25, à Charny et à Verdun. Le passage en ce dernier point lui appartenait en effet, mais il était impossible de l'utiliser pour les trois colonnes, et il était logique de tenir compte d'un certain retard qu'infligerait, à deux d'entre elles, l'armée du prince de Saxe, établie sur la rive droite du fleuve. Il y avait donc bien peu de chances pour que tous les éléments combattants de l'armée de Châlons eussent franchi la Meuse avant le 26 août. Le lendemain 27, le prince de Saxe pouvait céder lentement le terrain, sans engager aucune affaire décisive, qu'il réservait au 28. A cette date, la IIIe armée, mise en marche le 25 au matin, de la région Saint-Dizier — Bar-le-Duc, pouvait intervenir efficacement dans la bataille, aux environs d'Étain, avec la plus grande partie de ses forces (1), tandis que les corps de gauche, trop éloignés pour y prendre part, eussent été dirigés directement, avec une division de cavalerie, sur la ligne de retraite de l'armée française. Les 130,000 hommes du maréchal de Mac-Mahon, combattant avec la Meuse à dos, se fussent trouvés en présence immédiate d'au moins 150,000 Allemands, d'une valeur militaire moyenne au moins égale à la leur, et enivrés par les premiers succès de la campagne.

Dans ces conditions, l'issue de la lutte ne semblait pas douteuse.

A ces objections on peut répondre qu'on n'entreprendrait jamais rien à la guerre si l'on se préoccupait, outre

---

(1) Il y a trois marches (25, 26, 27 août) de Bar-le-Duc à Étain. Le Ministre de la guerre, dans ses calculs, devait supposer que la IIIe armée serait le 24 au soir aux environs de Bar-le-Duc, puisqu'il admettait qu'elle atteindrait Vitry-le-François le 26.

Effectifs le 22 août : de la IIIe armée, 114,000 hommes ; de l'armée de la Meuse, 70,000.

mesure, de la possibilité d'être battu. Dans la situation considérée, si le mouvement du maréchal de Mac-Mahon n'échappait pas au Prince royal aussi longtemps que l'espérait le Ministre de la guerre, ce n'était pas une défaite qu'il fallait envisager, mais un désastre, à cause de la proximité de la frontière belge. Le duc de Magenta, semble-t-il, s'en rendit compte, le 21 août, à la conférence qu'il eut, à Courcelles, avec l'Empereur et M. Rouher (1) : « En me portant vers l'Est », disait-il, après la guerre, il est vrai, « je pouvais me trouver dans la position la plus difficile et éprouver un désastre que je voulais éviter (2). »

Le Ministre de la guerre, au contraire, essayant de justifier son plan, ne paraît pas avoir eu conscience de ce danger. Après avoir examiné l'hypothèse de la jonction des deux armées françaises, il ajoute : « Nous avions encore cet avantage d'avoir un point de retraite ; si, par le plus grand des hasards, nous avions été battus ; dans ces conditions, nous avions pour retraite l'Argonne, ce qui nous permettait de gagner Reims, Rethel et Paris..... (3) » C'était toujours faire abstraction de l'intervention du Prince royal sur le flanc droit et sur les derrières de l'armée de Châlons.

Le moyen que le Ministre avait employé pour attirer la IIIe armée vers Paris, et qui consistait en un télégramme contenant l'ordre au maréchal de Mac-Mahon de se replier par Rethel sur la capitale, était d'ailleurs bien incertain et d'une efficacité très douteuse. Partant, le succès du mouvement sur Metz dépendait essentielle-

---

(1) *Enquête*, déposition de M. Rouher, t. Ier, p. 239. — Il sera question plus loin de cette conférence.

(2) *Ibid.*, déposition du maréchal de Mac-Mahon, t. Ier, p. 31.

(3) *Ibid.*, déposition du général de Palikao, t. Ier, p. 172.

ment de l'erreur que commettrait le Prince royal en continuant sa marche vers l'Ouest. D'autre part, il importait au plus haut degré au commandant de l'armée de Châlons, d'être informé, jour par jour, des opérations de la IIIe armée, de façon à pouvoir effectuer sa retraite en temps utile, si celle-ci, prévenue, se portait vers le Nord ou le Nord-Est.

Ces deux considérations nécessitaient la constitution d'un corps comprenant les trois armes, mais surtout une très forte proportion de cavalerie, et destiné à prendre le plus tôt possible le contact des têtes de colonnes de la IIIe armée, à observer leurs mouvements, à les attirer vers Paris. Dans cet ordre d'idées, il ne fallait pas commettre l'erreur d'abandonner complètement le camp de Châlons, car la nouvelle ne pouvait tarder à parvenir à l'ennemi et devait éveiller son attention.

De plus, il ne fallait évidemment négliger aucun moyen de tromper le Prince royal et de l'inciter à continuer sa marche vers l'Ouest. Ainsi, le 21 août, quand la retraite sur Paris fut admise en principe, il fut convenu que l'Empereur adresserait une lettre au maréchal de Mac-Mahon et que celui-ci informerait l'armée de Châlons de la décision qui avait été prise.

On renonça le lendemain à la publication de ces pièces, quand le mouvement vers Metz fut définitivement résolu ; c'était renoncer aussi à un moyen de faire illusion à l'adversaire sur la véritable destination de l'armée. Dans le même but, l'Empereur et le maréchal de Mac-Mahon auraient dû rester à Mourmelon, ou au moins à Reims, aussi longtemps que possible, et se montrer fréquemment aux troupes et à la population (1).

Le 22 août, c'est encore le plan du Ministre de la guerre que le maréchal de Mac-Mahon se proposa de mettre à exécution dans ses grandes lignes, mais avec la variante d'un retard de deux jours et d'un détour par

---

(1) A. G., *loc. cit.*, p. 157-158.

Montmédy. Il était certainement préférable de se mettre en marche le 23, au lieu du 21, parce que, selon toute vraisemblance, le Prince royal se serait avancé lui-même pendant ce temps de deux marches vers Paris, et se serait éloigné par suite de cette quantité du prince Frédéric-Charles. D'autre part, la modification dans la première direction de la marche offrait cet avantage de ne plus côtoyer d'aussi près la IIIe armée. Par contre, le mouvement exigeait plus de temps et présentait le très grave inconvénient de rapprocher plus encore l'armée française de la frontière belge.

Des considérations qui précèdent il résulte que le plan du Ministre de la guerre était extrêmement défectueux par plusieurs points. Il ne tenait pas compte d'une intervention possible de la IIIe armée, devant laquelle il faisait le vide, sans l'immobiliser, sans l'observer, sans la tromper même ; il ne songeait pas aux renseignements que pourrait fournir le prince de Saxe ; il ne se préoccupait pas du secret de l'opération, dont le but ne devait être connu, jusqu'au dernier moment, que de l'Empereur et du maréchal de Mac-Mahon seuls ; il n'assurait pas à l'armée un espace suffisant, non seulement pour marcher, mais aussi pour manœuvrer, le cas échéant, car la route Vouziers à Dun n'est pas éloignée de la frontière belge de plus de 35 kilomètres en moyenne ; il ne tenait pas compte, enfin, des moyens d'exécution : commandement démoralisé par les premières défaites, troupes peu homogènes, organisation de l'armée incomplète. Il y avait enfin une dernière considération bien propre à inspirer la prudence : si ce plan ne réussissait pas, ce n'était pas seulement un échec qu'il fallait prévoir, mais un désastre entraînant la perte définitive de la dernière armée régulière de la France, qui, au moyen de ses cadres, pouvait servir à réorganiser une masse de 250,000 à 300,000 hommes (1).

---

(1) Voir, au sujet de cette organisation, A. G., *loc. cit.*, p. 148 et suiv.

Fallait-il donc abandonner définitivement à elle-même l'armée de Metz, que l'on croyait dépourvue de vivres et de munitions, et sur le point de succomber?

Si cette éventualité très menaçante ne devait pas faire oublier toute prudence et conduire à l'adoption d'un projet téméraire dont l'échec était susceptible d'entraîner la perte de deux armées au lieu d'une, elle pouvait à la rigueur déterminer une manœuvre, dont l'effet serait de venir en aide indirectement au maréchal Bazaine, tout en ne compromettant pas l'armée de Châlons. Le but cherché était d'amener l'ennemi à dégarnir la ligne d'investissement autour de Metz, de façon à permettre au maréchal Bazaine de se frayer un passage plus facilement. A cet effet, le maréchal de Mac-Mahon aurait pu, peut-être, simuler un mouvement de Reims sur Metz, dérober deux marches au Prince royal en se portant, le 23 août, de Reims vers l'Est, tout en se couvrant vers le Sud par un corps d'armée et une division de cavalerie remplissant l'office de flanc-garde face à la IIIe armée; pousser le 24 des avant-gardes sur Buzancy et Varennes et une masse de cavalerie vers la Meuse, en aval de Verdun; disposer les colonnes pour une retraite éventuelle vers l'Ouest. A ce moment, loin de chercher à dissimuler l'opération, il fallait, au contraire, répandre la nouvelle d'une marche de l'armée de Châlons sur Metz, ayant pour but de venir en aide au maréchal Bazaine. Peut-être cette information aurait-elle décidé le grand quartier général allemand à prendre, le 25 ou le 26, les mêmes dispositions que celles qui furent réellement mises en œuvre par lui, c'est-à-dire à ordonner à la IIIe armée une conversion vers le Nord et à diriger sur Damvillers deux corps de l'armée d'investissement. Prévenu, par des émissaires, du mouvement de l'armée de Châlons vers l'Aisne et l'Argonne et du but que l'on se proposait d'atteindre, le maréchal Bazaine eût fixé le jour de la sortie de Metz au 27 ou au 28 août. La lutte se serait engagée ainsi dans des conditions plus favorables contre des forces adverses diminuées d'une cinquantaine de mille hommes. De son côté, le maréchal de Mac-Mahon aurait eu grand soin de ne pas s'attarder dans l'Argonne. Dès que la IIIe armée aurait commencé sa marche vers le Nord, il se serait mis en retraite vers l'Ouest, à moins d'une victoire du maréchal Bazaine, qui eût évidemment changé la face des événements. Sans doute, l'opération était délicate ; elle exigeait des précautions multiples ; mais peut-être pouvait-on l'envisager, si l'on voulait tenter immédiatement de venir en aide à l'armée de Metz que l'on croyait hors d'état de tenir longtemps avec ses seules forces.

L'armée de Châlons avait déjà commencé ses premières marches quand le général de Palikao conçut un autre projet. Il s'agissait de réunir une armée de 60,000 hommes, d'en donner le commandement au général de Wimpffen, de la transporter à Belfort d'où elle opérerait « une puissante diversion dans le grand-duché de Bade, en traversant le Rhin (1) ». Après avoir jeté l'épouvante dans cette région, cette armée devait se replier sur Belfort (2).

Le général de Palikao, en faisant part de ce projet à l'Empereur, déclarait avoir l'assurance que l'opération ne rencontrerait « aucun obstacle sérieux (3) ». Quand le général de Wimpffen fut appelé au commandement du 5e corps, le Ministre de la guerre songea au général Renault et lui confia ses vues, ainsi qu'au général Appert, qui devait être son chef d'état-major, et à l'intendant général Blondeau (4). Ce projet n'eut pas

---

(1) Le Ministre de la guerre à l'Empereur, D. T., Paris, 25 août.
(2) Général de Palikao, *loc. cit.*, p. 124.
(3) Le Ministre de la guerre à l'Empereur, D. T., Paris, 25 août.
(4) Général de Palikao, *loc. cit.*, p. 123.

l'approbation de l'Empereur (1); il fut, assure le général de Palikao, « considéré comme une *aventure*, comme si la guerre elle-même, déclare-t-il, n'était pas une succession d'aventures plus ou moins combinées; il n'y fut donc pas donné suite (2) ».

Une semblable expédition eût certainement produit une grande impression dans le grand-duché de Bade, mais il est douteux qu'elle eût exercé une influence efficace sur la marche et les opérations des armées ennemies. Or, tel était le but final qu'on devait se proposer. En admettant qu'on eût voulu exécuter une diversion, il eût été préférable, semble-t-il, de renoncer à la satisfaction bien momentanée de prendre pied sur le territoire allemand et de songer au contraire à agir sur les communications de l'envahisseur.

---

(1) Le Ministre de la guerre à l'Empereur, 26 août.
(2) Général de Palikao, *loc. cit.*, p. 123.

CHAPITRE III

La conférence du 17 août.

Le 17 août, dans la matinée, l'Empereur, arrivé au camp de Châlons la veille, réunit en conférence, au quartier impérial, le prince Napoléon, le général Berthaut commandant les bataillons de mobiles de la Seine, le général Trochu et le général Schmitz, chef d'état-major général du 12e corps. Le maréchal de Mac-Mahon, qui venait d'arriver au camp (1), fut également convoqué vers 8 heures, et arriva quelque temps après l'ouverture de la séance (2).

On ignorait encore, à ce moment, les événements qui s'étaient déroulés à Metz la veille. L'Empereur savait seulement que le maréchal Bazaine se trouvait en présence des armées du général de Steinmetz et du prince Frédéric-Charles, mais il supposait qu'il avait continué sa marche sur Verdun, entamée le 16 août. Par contre, il avait eu connaissance de la présence à Nancy, le 15, d'une forte masse ennemie; du passage, le lendemain, à Bayon et à Charmes, de colonnes importantes appartenant, comme la précédente, à l'armée du prince royal de Prusse évaluée à 180,000 hommes. Des coureurs

---

(1) Avant 5 heures du matin (*Enquête sur les actes du Gouvernement de la Défense nationale*, déposition du maréchal de Mac-Mahon, t. Ier, p. 128). Dans ses *Souvenirs inédits*, le Maréchal précise 4 heures du matin.

(2) *Enquête*, etc., t. Ier, p. 28. Le général Trochu croit se rappeler que, pendant la Conférence, le général de Courson, préfet du palais, entra et demeura (Discours du 13 juin 1871, à l'Assemblée nationale).

prussiens avaient été signalés à Commercy, ainsi qu'un détachement de 5,000 hommes, comprenant les trois armes, à Vigneulles et à Saint-Mihiel (1).

L'Empereur prit le premier la parole en demandant au général Berthaut son avis sur le camp de Châlons et sur la garde mobile. Le général répondit que le camp était un terrain « d'études, de manœuvres, mais qu'il ne pouvait être considéré comme une position défensive; qu'il n'était pourvu d'aucune fortification; qu'il pouvait être enveloppé de tous côtés; qu'enfin c'était une position très dangereuse (2) ». Il déclara, d'autre part, que la garde mobile, bien que composée de jeunes gens qui, en très grande majorité, étaient résolus à faire leur devoir, « comme ils l'ont prouvé pendant le siège de Paris (3) », n'était pas encore assez instruite pour être employée à des opérations de campagne, contre un ennemi bien organisé (4). Il fit observer ensuite qu'elle n'était pas armée complètement (5); seuls, les 10e, 11e et 12e bataillons avaient reçu leurs fusils. Mais « si l'on voulait occuper, en arrière du camp de Châlons, les positions entre Épernay, Vertus et Nogent-sur-Seine, positions qui pouvaient devenir très belles en étant fortifiées (6) », le général Berthaut répondait de la garde mobile. Il proposa encore de l'envoyer

---

(1) Renseignements des 14, 15 et 16 août.
(2) *L'Empire et la Défense de Paris devant le Jury de la Seine*, déposition du général Berthaut, p. 133; réponse du général Trochu, p. 414.
(3) *Ibid.*, déposition du général Berthaut, p. 133.
(4) *Ibid.*
(5) *Ibid.* Cf., déposition du général Schmitz, p. 141.
(6) *Ibid.*, déposition du général Berthaut, p. 133. Dans un télégramme du 16 août, au Ministre de la guerre, le général Schmitz avait déjà émis l'idée de replier les troupes du camp de Châlons sur une position « entre Marne et Seine, d'Épernay à Vertus, par exemple ».

tenir garnison dans les places fortes du Nord, où elle compléterait son instruction et deviendrait capable, plus tard, d'être utilisée en rase campagne.

L'Empereur parut frappé de ces explications et dit au général Berthaut : « Vous avez raison, ces troupes ne peuvent servir à rien ici (1) ». Il ajouta que, puisque le général répondait « de la garde mobile placée dans des positions défensives, il valait mieux l'envoyer à Paris où elle trouverait, pour se battre, les conditions indiquées, et où elle pourrait défendre ses foyers (2) ». Il est juste, conclut-il, « que ces hommes défendent Paris ; il faut qu'ils aillent à Paris (3) ».

---

(1) *L'Empire et la Défense de Paris*, déposition du général Schmitz p. 141.
(2) *Ibid.*, déposition du général Berthaut, p. 133.
(3) *Ibid.*, déposition du général Schmitz, p. 141. — Le maréchal de Mac-Mahon, dans sa déposition à l'*Enquête sur les actes du Gouvernement de la Défense nationale* (t. I*er*, p. 329), a dit que l'Empereur « voyait de l'inconvénient à renvoyer dans la capitale ces troupes peu disciplinées. » « Sur les observations du général Trochu, ajoute-t-il, l'Empereur admit le renvoi de ces troupes à Paris, sauf trois bataillons : ceux de Belleville, de Montmartre et, je crois, de Ménilmontant, qu'il aurait désiré voir diriger sur les places fortes de Lille, Maubeuge et Verdun. Le général Trochu persista dans sa demande et invita le colonel (*sic*) Berthaut, qui commandait ce corps de mobiles, à donner son opinion sur l'esprit qui l'animait. Le colonel (*sic*) assura qu'on pouvait, sans inconvénient, l'envoyer à Paris. Il croyait pouvoir répondre de tout. L'Empereur, voyant que le général Trochu paraissait faire de cet envoi une condition *sine qua non*, consentit à cette mesure. » Le maréchal de Mac-Mahon confirma ces déclarations dans une première déposition devant le jury de la Seine. Ses dépositions ne concordent donc pas avec celles des généraux Berthaut et Schmitz. Mais on observera que le Maréchal n'assistait pas au début de la conférence où la question de la garde mobile fut traitée. « Quand j'arrivai, dit-il dans sa déposition devant le jury de la Seine, le prince Napoléon exprimait à l'Empereur qu'il craignait une révolution à Paris..... » (*L'Empire et la Défense de Paris*, p. 113.) D'autre part, il ressort de la déposition du général Schmitz que le général Berthaut s'était déjà

Tel fut également l'avis du général Trochu (1).

Le général Berthaut objecta qu'il y avait dans la garde mobile quatre ou cinq bataillons « dont les contacts avec certaines parties de la population parisienne pourraient être dangereux (2) ». L'Empereur persista néanmoins dans son opinion : « Non, dit-il, ces gens-là défendront leurs foyers, c'est leur devoir (3) ».

A ce moment, le prince Napoléon appela l'attention de l'Empereur sur la situation troublée de la capitale et ajouta « qu'il fallait se servir des hommes qui étaient dans le courant de l'opinion (4) ».

Le général Schmitz, de son côté, profita d'un moment d'interruption dans la conversation pour prendre la parole :

« Je crois, Sire, déclara-t-il, qu'il faut dire toute la vérité à Votre Majesté. Nous sommes dans une situation

---

absenté du Conseil pour donner des ordres quand le prince Napoléon prit la parole (*Ibid.*, p. 141). Il résulte enfin des dépositions des généraux Berthaut et Schmitz que la question du retour de la garde mobile à Paris ne fut plus mise en cause jusqu'à la fin de la conférence. D'ailleurs, dans une seconde déposition devant le jury de la Seine, le Maréchal fut beaucoup moins affirmatif. « Mais je me rappelle bien, dit-il pourtant, et ma conviction est que l'Empereur ne voulait pas le retour de la garde mobile à Paris » (*Ibid.*, p. 137). Les témoignages des généraux Berthaut et Schmitz, présents au début de la Conférence, paraissent mériter une plus grande confiance. Les souvenirs du Maréchal se rapportent peut-être à des inquiétudes ultérieures, dont l'Empereur lui fit part.

Dans ses *Œuvres posthumes,* Napoléon III, parlant de la destination à donner aux bataillons de gardes mobiles du camp de Châlons, ne fait pas mention des objections que lui attribue le maréchal de Mac-Mahon, au sujet de leur envoi à Paris (*Le Livre de l'Empereur*, p. 106).

(1) *L'Empire et la Défense de Paris*, réponse du général Trochu, p. 414.

(2) *Ibid.*

(3) *Ibid.*

(4) *Ibid.*, déposition du général Schmitz, p. 141.

déplorable ; il y a à Metz une armée dont nous ne connaissons pas le sort, mais qui pourra toujours opérer sa retraite par le Nord.

« Quant à l'armée qui est ici, elle est composée du corps du maréchal de Mac-Mahon, formé de troupes diverses ; du corps du général de Failly, qui est très atteint dans son moral, s'il n'a pas combattu ; du 12ᵉ corps, qui n'a de solide que sa division d'infanterie de marine ; du corps du général Douay, qui est à Belfort et qui devra faire, pour rejoindre, un mouvement de flanc dangereux. Après cet examen, je crois devoir assurer à l'Empereur qu'à cette date, 17 août, le salut, selon moi, est dans Paris que je viens de traverser. On prétend que vous n'avez pas employé le général Trochu parce qu'on lui attribuait des sentiments d'opposition(1) ; eh bien! Sire, il vous faut rentrer à Paris, dont le général Trochu serait nommé gouverneur (2). La situation que vous vous faites ne peut durer, vous n'êtes pas sur votre trône (3). »

— « Oui, j'ai l'air d'avoir abdiqué », répondit l'Empereur (4).

Le prince Napoléon exprima à son tour ses craintes d'une révolution ou d'un mouvement très prononcé à Paris et affirma que le général Trochu, par ses antécédents, par sa manière d'être, était le seul homme qui fût en état de s'y opposer(5). Cette opinion parut surprendre l'Empereur :

---

(1) Le général Trochu était l'un des plus anciens généraux de division de l'armée.

(2) « A ce moment, ajoute le général Schmitz, je n'ai pas voulu dire toute ma pensée qui était celle-ci : « Il vous couvrira de sa popu-
« larité auprès des Parisiens » (*L'Empire et la Défense de Paris*, p. 142).

(3) *Ibid.*, p. 142.

(4) *Ibid.*

(5) *Ibid.*, déposition du maréchal de Mac-Mahon, p. 113.

« Sire, ajouta le Prince, vous avez naguère abdiqué le Gouvernement à Paris, vous venez d'abdiquer le commandement à Metz ; à moins de passer en Belgique, vous n'êtes plus rien. Eh bien ! il faut que vous rentriez à Paris, quel qu'en soit le péril, et que, d'une main ferme, vous repreniez le Gouvernement. Si nous devons tomber, du moins tombons comme des hommes (1). »

L'Empereur qui se défiait du loyalisme du général Trochu, ne répondit pas immédiatement. Il fit signe au maréchal de Mac-Mahon de le suivre dans le pavillon impérial et lui demanda ce qu'il pensait du gouverneur de Paris qu'on lui proposait. Le duc de Magenta affirma que le général Trochu « était un homme de cœur, un homme d'honneur, et que l'Empereur pouvait avoir confiance en lui (2) ».

Le souverain, accompagné du Maréchal, revint aussitôt auprès des conférenciers et pressentit le général Trochu au sujet de sa nomination aux fonctions de gouverneur de Paris.

« Sire, dit le général, dans la situation pleine de périls où est le pays, une révolution le précipiterait dans l'abîme. Tout ce qui pourra être fait pour éviter une révolution, je le ferai. Vous me demandez d'aller à Paris, de vous y annoncer, de prendre le commandement en chef, je ferai tout cela ; mais il est bien entendu que l'armée du maréchal de Mac-Mahon va devenir l'armée de secours de Paris, car nous allons à un siège (3). »

L'Empereur acquiesça, ainsi que le Maréchal, qui

---

(1) *L'Empire et la Défense de Paris*, réponse du général Trochu, p. 415. « Je cite textuellement, dit le général Trochu ; cette scène est aussi présente à mon esprit que le premier jour. »
(2) *Ibid.*, déposition du maréchal de Mac-Mahon, p. 114.
(3) *Journal officiel* du 14 juin 1871, discours du général Trochu.

avait d'ailleurs déjà déclaré antérieurement que telle était en effet la véritable destination à donner aux forces réunies au camp de Châlons (1).

Les résultats de la conférence, close à 11 h. 30, furent en somme : la nomination du général Trochu comme gouverneur de Paris, où il devait se rendre immédiatement (2) ; celle du maréchal de Mac-Mahon comme commandant en chef de l'armée de Châlons ; celle du maréchal Bazaine comme commandant en chef des armées impériales (3) ; la décision de ramener l'armée de

---

(1) *Journal officiel* du 14 juin 1871. Voir aussi *Œuvres posthumes* de Napoléon III (*loc. cit.*, p. 106) et *Enquête sur les actes du Gouvernement de la Défense nationale*, déposition du baron Jérôme David (t. 1er, p. 150). Le maréchal de Mac-Mahon, dans sa déposition à ladite *Enquête* (t. 1er, p. 29), donne une version différente. Il « reste convaincu qu'avant le départ du général Trochu, il n'avait pas été question du mouvement de l'armée de Châlons sur Paris ». Les souvenirs du Maréchal semblent inexacts sur ce point.

Il s'est passé dans la Conférence, dit le général Trochu, un fait qui devrait rappeler au Maréchal que son armée devait se replier sur Paris « Il eut une discussion avec le général Schmitz à propos de la route que devait suivre l'armée..... Une carte était étendue sur la table, et le général prétendait que l'armée devait effectuer sa retraite, par la rive gauche de la Marne, c'est-à-dire par la route traditionnelle, très défensive et très forte, illustrée dans les mêmes conditions par les combats de 1814; tandis que le Maréchal était d'avis de prendre la route de la rive droite par le plateau de Reims » (*L'Empire et la Défense de Paris devant le Jury de la Seine*, réponse du général Trochu, p. 416).

« Je vois revenir, dit le colonel d'Andigné, le général Trochu qui me dit que tout allait fort mal, m'annonça son départ pour Paris et ajouta que nous allions y rentrer sous peu de jours » (*Journal* du colonel d'Andigné).

(2) *Journal officiel* du 14 juin 1871, discours du général Trochu.

(3) « Dans cette réunion, on décida que, pour ne pas se mettre en opposition avec la déclaration du général de Palikao au Corps législatif et pour satisfaire l'opinion publique qui demandait l'unité du commandement, le maréchal Bazaine serait nommé par l'Empereur géné-

Châlons sous les murs de Paris ; la résolution du souverain de se rendre dans la capitale dès qu'il s'en serait entendu avec le Gouvernement de la Régente (1). Le capitaine de frégate Duperré, officier d'ordonnance de l'Empereur, partit aussitôt du camp de Châlons pour Paris avec charge d'instruire le Ministre de la guerre des mesures arrêtées dans la matinée (2).

D'autre part, le général Trochu reçut, le jour même, une lettre de Napoléon III qui l'investissait de ses nouvelles fonctions, en attendant la notification officielle du décret, et qui lui recommandait de prendre, « sans délai, toutes les dispositions nécessaires pour accomplir cette mission (3) ». Le général Trochu partit immédiatement pour Châlons, où il prit le premier train pour Paris (4) ; le général Lebrun le remplaça à la tête du 12e corps. Les bataillons de la garde mobile de la Seine devaient s'embarquer le 18 août pour le camp de Saint-Maur.

---

ralissime de toutes les forces françaises » (Napoléon III, Œuvres posthumes, loc. cit., p. 105).

(1) *Ibid.*, p. 107. — Dans son discours du 13 juin 1871 à l'Assemblée nationale, le général Trochu dit que « la conférence avait abouti à la convention dont voici les termes : Le général Trochu, nommé gouverneur de Paris et commandant en chef, partira immédiatement pour la capitale ; il y précédera l'Empereur de quelques heures. Le maréchal de Mac-Mahon se dirigera avec son armée sur Paris ».

(2) L'Empereur avait informé, dès 9 h. 40 du matin, le Ministre de la guerre, de l'arrivée du capitaine de frégate Duperré par le télégramme suivant :

Quartier impérial, 17 août 1870, 9 h. 40 matin.

« Je vous envoie par le commandant Duperré, le résultat d'un conseil de guerre qui vous mettra au courant des mesures que j'ai arrêtées. »

(*Papiers et Correspondance de la famille impériale*, t. Ier, p. 419).

(3) *Papiers et Correspondance de la famille impériale*, t. Ier.

(4) Général Trochu, *Œuvres posthumes*, t. Ier, p. 126. — Le général, retardé par des encombrements sur la voie ferrée, n'arriva à Paris que le 18 août, entre minuit et 1 heure du matin (*Ibid.*, p. 139).

Le maréchal de Mac-Mahon reçut, vers 3 heures de l'après-midi, la lettre de service qui lui conférait le commandement de l'armée de Châlons, sous les ordres du maréchal Bazaine. Il se rendit aussitôt chez l'Empereur pour l'entretenir des relations militaires qui devaient exister entre le souverain et le chef de l'armée. Napoléon III lui répéta — ce qu'il lui avait déjà dit dans la matinée — que, désormais, il ne s'occuperait nullement de la direction des opérations et que le duc de Magenta n'aurait à correspondre qu'avec le maréchal Bazaine et le Ministre de la guerre (1).

Le maréchal de Mac-Mahon s'empressa d'expédier un télégramme au maréchal Bazaine pour lui demander ses instructions; vers 4 heures de l'après-midi, il lui envoya, dans le même but, son aide de camp, le lieutenant-colonel Broye (2). Cet officier supérieur emportait une lettre de l'Empereur invitant les généraux Frossard et Jarras, qui avaient eu quelques difficultés de service avec le maréchal Bazaine, à se rendre à l'armée de Châlons (3). Il ne put, d'ailleurs, remplir sa mission. En arrivant à Verdun, à 9 heures du soir, il reçut du chef de gare un télégramme du maréchal de Mac-Mahon l'informant de la rupture des communications avec Metz et lui prescrivant de rétrograder.

L'Empereur avait reçu, en effet, des nouvelles graves du maréchal Bazaine.

A 3 h. 45, il avait appris par une dépêche télégraphique du général Coffinières, commandant supérieur de

---

(1) *Enquête sur les actes du Gouvernement de la Défense nationale*, déposition du maréchal de Mac-Mahon, t. Ier, p. 29.

« Pendant toute cette campagne, dit le Maréchal dans ses *Souvenirs inédits*, l'Empereur n'a pas fait connaître même son opinion sur les mouvements à exécuter. »

(2) *Enquête*, t. Ier, p. 30.

(3) *Souvenirs inédits* du maréchal de Mac-Mahon.

la place de Metz (1), qu'une « affaire très sérieuse » avait eu lieu le 16, vers Gravelotte ; que l'avantage était resté à l'armée française qui avait subi des pertes élevées; que le maréchal Bazaine s'était replié vers Metz et campait sur les hauteurs de Plappeville; enfin, que Metz était « à peu près bloqué ».

Un peu plus tard, Napoléon III avait reçu un télégramme du maréchal Bazaine lui-même (2). Il annonçait que l'ennemi avait été repoussé le 16, que les troupes françaises avaient « passé la nuit sur les positions conquises », mais que la grande consommation de munitions et le manque de vivres avaient obligé l'armée à se rapprocher de Metz pour ravitailler ses parcs et convois. Le maréchal Bazaine mandait qu'il avait établi l'armée du Rhin « sur les positions comprises entre Saint-Privat-la-Montagne et Rozérieulles ». Il pensait pouvoir se remettre en marche le 19, en se dirigeant plus au Nord, « de façon à venir déboucher sur la gauche de la position d'Haudiomont dans le cas où l'ennemi l'occuperait en force pour nous barrer la route de Verdun », et de manière à éviter ainsi des combats qui retarderaient son mouvement. Il ajoutait que le chemin de fer des Ardennes était toujours libre jusqu'à Metz, ce qui indiquait que l'ennemi avait pour objectifs Châlons et Paris; que l'on parlait toujours « de la jonction des armées des deux Princes »; qu'il avait eu la veille à combattre le prince Frédéric-Charles et le général de Steinmetz (3).

---

(1) L'Empereur avait télégraphié le jour même, au général Coffinières pour avoir des nouvelles du maréchal Bazaine.

(2) Expédié de Metz le 17 août, à 4 h. 28 du soir; transmis à Paris à 4 h. 55 soir.

(3) Le maréchal de Mac-Mahon dit, dans ses *Souvenirs inédits*, que l'Empereur ne lui communiqua ce télégramme que le 18 août au matin. Le souverain, auquel la dépêche du maréchal Bazaine n'avait pas paru suffisamment claire et explicite lui télégraphia le 17, à 5 h. 10

D'autre part, les décisions de l'Empereur, dont le capitaine de frégate Duperré avait apporté la nouvelle à Paris, avaient causé une vive émotion dans le Gouvernement, et effrayé à la fois l'Impératrice et les Ministres. Des hommes dont l'opinion avaient un grand poids aux yeux du souverain virent à son retour de graves inconvénients (1).

« Si le chef de l'État revenait à Paris après un succès, disaient-ils, il y arriverait avec la force morale nécessaire pour rétablir la confiance, relever les courages, et dompter les mauvaises passions ; mais rentrer aux Tuileries après de pénibles revers, abandonner l'armée pour être obligé de combattre peut-être dans la rue les fauteurs de désordre, c'est un rôle qui ne peut lui convenir. Au point où en sont les choses, la nécessité d'une dictature est évidente, et cependant le prestige de l'Empereur a été trop affaibli pour qu'il puisse s'en emparer. Il faudrait, pour sauver le pays, avoir recours aux mesures les plus énergiques, modifier peut-être le Ministère, dissoudre le Corps législatif, sévir contre beaucoup d'individus, qui jouissent momentanément de la faveur populaire, et ces mesures, quoique légales, auraient l'air d'un coup d'État (2). »

Ces mêmes hommes doutaient que l'opinion publique suivît l'Empereur dans cette voie. Ils faisaient observer d'ailleurs qu'il n'existait plus à Paris de force armée sur laquelle il pût compter, et qu'on augmenterait encore les difficultés de la situation en y envoyant la garde mobile, qu'ils jugeaient « animée d'un mauvais esprit ».

---

du soir : « Dites-moi la vérité sur votre situation, afin de régler ma conduite ici..... » A ce télégramme très pressant, le Maréchal répondit, vers 7 heures du soir, par une dépêche annonçant le départ du commandant Magnan, son aide de camp.

(1) Napoléon III, *Œuvres posthumes*, loc. cit., p. 107.
(2) *Ibid.*

Ils rappelaient ce qui était arrivé après Waterloo à Napoléon Ier. « En présence de l'attitude des Chambres et de l'hostilité des hommes politiques, il avait dû reculer devant l'idée de recourir à des mesures exceptionnelles contre des Français, alors que l'étranger s'avançait sur la capitale (1). »

Ces arguments, joints à des considérations d'ordre militaire, semblent avoir déterminé le Ministre de la guerre à expédier, à 9 h. 50 du soir (2), le télégramme suivant à l'Empereur :

« L'Impératrice me communique la lettre par laquelle l'Empereur annonce qu'il veut ramener l'armée de Châlons sur Paris. Je supplie l'Empereur de renoncer à cette idée, qui paraîtrait l'abandon de l'armée de Metz qui ne peut faire, en ce moment, sa jonction à Verdun. L'armée de Châlons sera, avant trois jours, de 85,000 hommes, sans compter le corps de Douay, qui rejoindra dans trois jours, et qui est de 18,000 hommes. Ne peut-on faire une puissante diversion sur les corps prussiens déjà épuisés par plusieurs combats ? L'Impératrice partage mon opinion. »

L'Empereur ne crut pas devoir communiquer ce télégramme au maréchal de Mac-Mahon, sans doute afin de n'exercer aucune influence sur ses résolutions (3), que les nouvelles de la journée pouvaient modifier dans une certaine mesure.

A la conférence de la matinée, personne en effet n'avait pu supposer un instant que le maréchal Bazaine

---

(1) Napoléon III, *Œuvres posthumes*, loc. cit., p. 108.

(2) Dans l'ouvrage *Papiers et Correspondance de la famille impériale*, ce télégramme porte 10 h. 27 soir (t. Ier, p. 411).

(3) *Souvenirs inédits* du maréchal de Mac-Mahon. « Le Ministre de la guerre, de son côté, ajoute le Maréchal, ne crut point devoir me l'adresser, et ce ne fut que plus tard, à mon retour en France, que je le trouvai dans la *Correspondance impériale*. »

fût sérieusement gêné dans son mouvement de retraite et eût besoin d'être dégagé. Tout le monde admettait que la jonction des deux armées se ferait sans difficulté, quelle que fût la solution qui prévaudrait pour l'emploi des forces réunies au camp de Châlons. L'Empereur, en particulier, qui, la veille, avait fait le trajet de Gravelotte à Verdun, sans rencontrer le moindre obstacle, et qui, dans la matinée du 17, ignorait la bataille du 16 et ses résultats, était convaincu que Bazaine avait pu, sans difficulté, suivre ses traces, et il était justement fondé à croire que déjà il avait atteint la région de Verdun (1). La veille, en passant à Verdun, il avait dit au maire : « Bazaine me suit ; il sera ce soir à Conflans et arrivera demain à Verdun (2). »

Dans la soirée du 17, au contraire, le Ministre de la guerre et l'Empereur savaient que les délibérations de la conférence avaient « reposé sur des données inexactes : on avait cru la jonction des deux armées certaine et prochaine » ; il était manifeste maintenant qu'elle ne pouvait avoir lieu, au moins momentanément (3), et ce changement dans la situation rendait nécessaires de nouvelles déterminations. L'opinion du Ministre était catégorique. Si le maréchal Bazaine était en marche, il fallait l'aider dans sa retraite ; s'il était rejeté sur Metz, il fallait le dégager par une « puissante diversion ». Les deux hypothèses impliquaient d'ailleurs un mouvement en avant sur Verdun, mais l'opération n'était pas immédiatement réalisable, les troupes qui devaient composer l'armée de Châlons n'ayant pas encore atteint le camp ou manquant d'une organisation suffisante.

---

(1) A. G., loc. cit., 10 ; Renseignements fournis à la Section historique, le 14 mars 1903, par M. le général Péting de Vaulgrenant.
(2) Ibid. Cf. Procès Bazaine, déposition de M. Benoît, maire de Verdun (audience du 25 octobre 1873).
(3) A. G., loc. cit., p. 14.

Arrivé à Paris dans la nuit du 17 au 18 août (1), le général Trochu, accompagné de M. Chevreau, ministre de l'intérieur, se rendit immédiatement aux Tuileries (2) auprès de l'Impératrice, à qui il désirait annoncer sans retard les résolutions prises à la conférence de la matinée et soumettre la lettre autographe de l'Empereur qui l'investissait des fonctions de gouverneur de Paris (3). L'Impératrice se montra très opposée au retour du souverain dans la capitale; elle avait un sentiment très vif des dangers qu'il y courrait; elle affirma qu'il n'y reviendrait pas (4); elle qualifia même « d'ennemis » ceux qui

---

(1) « Après minuit », dit le général Trochu dans ses *Œuvres posthumes* (t. Ier, p. 138).

(2) Il arriva aux Tuileries vers 3 heures du matin (*L'Empire et la Défense de Paris*, déposition de l'amiral Jurien de la Gravière, p. 129); à 1 heure du matin, d'après les *Œuvres posthumes* du général Trochu (t. Ier, p. 139).

(3) Général Trochu, *Œuvres posthumes*, t. Ier, p. 138. Cette lettre autographe est ainsi conçue :

Camp de Châlons, 17 août.

« Mon cher Général,

« Je vous nomme gouverneur de Paris et commandant en chef de de toutes les forces chargées de pourvoir à la défense de la capitale. Dès mon arrivée à Paris, vous recevrez notification du décret qui vous investit de ces fonctions; mais, d'ici là, prenez sans délai toutes les dispositions nécessaires pour accomplir votre mission.

« Recevez, mon cher Général, l'assurance de mes sentiments d'amitié.

« NAPOLÉON. »

(4) L'Impératrice savait-elle à ce moment que l'Empereur avait déjà changé d'avis ou affirmait-elle qu'elle ne voulait pas que le souverain revînt à Paris. Il est difficile de se prononcer à ce sujet. Dans sa déposition à l'*Enquête*, M. Rouher a dit : « Il est certain que, pendant que M. le général Trochu voyageait, des dépêches télégraphiques ont dû être échangées du camp de Châlons à Paris, et des Tuileries au camp de Châlons » (T. Ier, p. 246). Puis M. Rouher a été moins catégorique : « Il est possible, dit-il, que la détermination de l'Empereur

le lui avaient conseillé (1). Elle se défiait du général Trochu, dont elle connaissait les sentiments libéraux, et partageait les idées du général de Palikao au sujet des opérations futures de l'armée de Châlons (2); elle jugeait enfin, d'accord avec le Conseil des Ministres (3), que la place de l'Empereur était au milieu de ses troupes.

Le général Trochu protesta de son dévouement; il exposa les raisons qui l'avaient déterminé à conseiller à l'Empereur de revenir à Paris, en même temps que l'armée du maréchal de Mac-Mahon. Mais l'Impératrice demeura inébranlable (4). L'Empereur, affirma-t-elle, ne viendra pas à Paris; il restera à Châlons. Le général objecta alors que sa mission était désormais sans objet, puisque la convention de la matinée du 17 « n'avait plus

---

ne fût pas encore prise..... Il est possible que l'Empereur n'ait pris sa résolution que le 18..... L'Impératrice a pu dire : Il faut renoncer au retour de l'Empereur, alors que rien n'était encore décidé. Tout cela peut se concilier; ce pourrait être à la fois une indécision ou une détermination prise » (t. Ier, p. 247). On observera, à ce sujet, que quand le général Trochu arriva chez M. Henri Chevreau, le 17, à minuit et demi, celui-ci lui dit déjà : « Vous vous trompez; l'Empereur ne vient pas à Paris » (*Enquête*, déposition de M. Henri Chevreau, p. 263).

(1) Général Trochu, discours du 13 juin 1871 à l'Assemblée nationale; *Œuvres posthumes*, t. Ier, p. 145; *L'Empire et la Défense de Paris*, déposition de l'amiral Jurien de la Gravière, p. 130. — M. Henri Chevreau a déclaré dans sa déposition à l'*Enquête du Gouvernement de la Défense nationale* ne pas se souvenir de ces paroles (t. Ier, p. 265).

(2) Voir aux Documents annexes le télégramme du Ministre de la guerre à l'Empereur (17 août, 9 h. 50 soir).

Le général de Palikao avait aussi fait partager ses idées au Conseil des Ministres tout entier (*Enquête*, déposition du général de Palikao, t. Ier, p. 172).

(3) *Enquête sur les actes du Gouvernement de la Défense nationale*, déposition de M. Henri Chevreau, t. Ier, p. 265.

(4) Dans sa déposition à l'*Enquête*, M. Henri Chevreau croit que l'Empereur avait déjà répondu au télégramme de 9 h. 50 du soir. La seule réponse connue est du 18, à 9 h. 4 du matin.

cours (1) ». La souveraine déclara que cette mission d'organisation et de direction de la défense de la capitale restait entière et qu'il la remplirait « sans l'Empereur (2) ». Elle se refusa même à laisser subsister ce mot dans la proclamation que le gouverneur se proposait d'adresser à la population de Paris (3), mais ses préventions à l'égard du général Trochu semblent avoir disparu à la fin de l'entrevue (4).

En quittant l'Impératrice, le général Trochu se rendit chez le Ministre de la guerre. Celui-ci le reçut mal ; il lui déclara, qu'indépendamment de ses pouvoirs ministériels, il avait, au Corps législatif, une situation qui lui permettait de conduire utilement les affaires difficiles de l'heure présente, et qui ne pouvait qu'être troublée par les fonctions de gouverneur de Paris dont l'Empereur l'avait investi (5).

Le général Trochu lui répondit qu'en acceptant cette

---

(1) Général Trochu, discours du 13 juin 1871 à l'Assemblée nationale.

(2) *Ibid.*

(3) Cette proclamation débutait ainsi : « Devant les périls qui menacent le pays, l'Empereur m'a nommé gouverneur de la capitale en état de siège..... »

Depuis le 6 août, le nom de l'Empereur n'était plus prononcé par le Gouvernement devant le Corps législatif (*L'Empire et la Défense de Paris*, réponse du général Trochu, p. 421).

(4) *Enquête*, déposition de M. Henri Chevreau, t. Ier, p. 265.

(5) Discours du général Trochu à l'Assemblée nationale du 13 juin 1871.

Le même jour, au Corps législatif, le général de Palikao faisait la déclaration suivante, dont il n'est pas nécessaire de souligner les inexactitudes :

« Cherchant un homme intelligent, actif, énergique, capable de réunir dans ses mains tous les pouvoirs nécessaires pour effectuer l'armement de Paris, j'ai songé à M. le général Trochu et je l'ai rappelé moi-même du camp de Châlons, où il pouvait être remplacé par un autre général. Voilà, Messieurs, le motif qui m'a fait appeler à

mission, dans le péril où se trouvait le pays, il avait cru faire acte de dévouement ; qu'il se proposait de remplir loyalement son mandat, sans être un embarras pour personne, mandat qui, dans son esprit, consistait à défendre Paris avec l'appui extérieur de l'armée du maréchal de Mac-Mahon. Le Ministre se récria, affirmant que telle n'était pas la destination à donner à cette armée ; qu'au contraire, son intention était de la renforcer le plus possible pour la mettre en état d'opérer en rase campagne.

Le général Trochu insista sur la nécessité de rassembler toutes les forces disponibles sous Paris, mais il ne parvint pas à convaincre le Ministre (1). Celui-ci ne contresigna d'ailleurs le décret de l'Empereur qu'avec répugnance et à la suite de l'intervention de M. Chevreau (2). Le général Schmitz lui prête même ces paroles : « Je suis dans une situation telle, que, si je

---

Paris le général Trochu. Il n'y en a pas d'autres. Nous n'avons pas la moindre inquiétude, au contraire ! » (*Journal officiel* du 19 août 1870).

Dans sa déposition à l'*Enquête*, le général de Palikao a reconnu l'insincérité de cette déclaration : « J'étais, dit-il, l'homme du Gouvernement ; je devais le couvrir et le protéger contre toute attaque. Je savais que M. de Kératry devait nous interpeller, et qu'ayant jeté ses vues sur le général Trochu, il avait le projet de demander pour lui un commandement en chef. C'est alors que je répondis : Je sais parfaitement le général que vous voulez désigner, mais il n'acceptera pas, car il a déjà répondu à mon appel » (T. 1er, p. 180).

(1) Discours du général Trochu à l'Assemblée nationale du 13 juin 1870 ; *Œuvres posthumes*, t. Ier, p. 150. — Le général de Palikao dit, au contraire, n'avoir aucun souvenir d'une polémique entamée avec le général Trochu « sur la destination à donner à l'armée de Châlons » (De Palikao, *Un ministère de la guerre de vingt-quatre jours*, avant-propos, p. 17).

(2) *L'Empire et la Défense de Paris*, déposition de M. Henri Chevreau, p. 79.

ne craignais pas de faire une révolution ce soir dans Paris, je donnerais ma démission (1). »

Le Ministre et le général Trochu se quittèrent « dans un état de dissentiment profond qui ne fit qu'augmenter tous les jours (2) ».

---

(1) *L'Empire et la Défense de Paris*, déposition du général Schmitz, p. 144.
(2) Discours du général Trochu à l'Assemblée nationale du 13 juin 1871 ; *L'Empire et la Défense de Paris*, déposition du général Schmitz, p. 144.

CHAPITRE IV

Les hésitations du maréchal de Mac-Mahon.

Tandis que ces événements se passaient à Paris, le maréchal de Mac-Mahon se préoccupait des mouvements de l'ennemi. Les renseignements reçus au grand quartier impérial le 17 août étaient assez vagues. D'après un télégramme du maire d'Étain, une nouvelle bataille avait commencé à cette date près de Ville-sur-Yron, où l'on entendait le canon. Mais, d'autre part, le Ministre de la guerre apprenait que les Prussiens auraient demandé un armistice pour enterrer leurs morts et relever leurs blessés; il adressait un télégramme au maréchal Bazaine pour avoir la confirmation de cette nouvelle. De son côté, le commandant supérieur de la place de Verdun était avisé du passage à Mouilly et à Rupt-en-Woëvre d'une colonne ennemie de 30,000 hommes. Le sous-préfet de Verdun signalait la présence, tout autour de la place, à l'Est et au Sud, de vedettes prussiennes.

Le préfet de la Meuse recevait la nouvelle de la présence, entre Saint-Mihiel et Apremont, d'un corps de 5,000 hommes de toutes armes et de l'arrivée à Void d'un détachement de 120 hommes qui disaient « être suivis du prince Albert et se diriger sur Châlons ». Il annonçait aussi au préfet de la Haute-Marne qu'un corps prussien paraissait se diriger sur ce département. Des éclaireurs avaient été vus à Ménil-la-Horgne et près de Gondrecourt.

D'après un notable de Bayon, « digne de foi », le général de Failly mandait qu'un autre corps, d'un effectif considérable, composé de Bavarois, de Wurtembergeois et de Hessois, faisant partie de l'armée du Prince royal, était arrivé le 15 août à Bayon, y avait établi quatre ponts de chevalets et fait préparer, à Charmes, 25,000 rations pour une autre colonne.

Le sous-préfet de Schlestadt informait le Ministre de la guerre de la rupture des communications télégraphiques avec Strasbourg. Cette place aurait repoussé trois attaques successives en deux jours. Erstein, Benfeld, Dambach, Barr, Obernai seraient occupés par des détachements de cavalerie badoise. 100 hommes du génie coupaient, disait-on, à Erstein la canalisation de l'Ill pour en rejeter les eaux dans le Rhin.

Un émissaire sûr, arrivant de Saverne, déclarait que l'armée du prince Frédéric-Charles, forte de 170,000 à 180,000 hommes, aurait franchi les Vosges, le 12 août, par Dossenheim et la vallée de la Zintzel; une colonne de 10,000 hommes, avec 70 pièces de canon, engagée sur la route de Saverne à Phalsbourg, aurait été obligée de rétrograder par suite de la résistance de cette place et de suivre également la vallée de la Zintzel. « Le prince Charles aurait couché à Monswiller vendredi (12 août) ».

Le maréchal de Mac-Mahon n'ignorait pas que le maréchal Bazaine ne pourrait le rejoindre « avant quelques jours », et il ne se dissimulait pas que, même après l'arrivée des 5ᵉ et 7ᵉ corps, il ne serait point « en état de combattre, dans de bonnes conditions, les armées ennemies dans les plaines du camp de Châlons (1) ». Aussi fit-il connaître au Ministre, par télégramme expédié le 18 août, à 7 h. 30 du matin, que, si l'ennemi se présentait « en forces », il prendrait, avant son arrivée, « la position la plus rapprochée de Mourmelon », sa droite « près d'Épernay », sa gauche « dans la direction de Reims, à peu près parallèlement au canal de la Marne ».

---

(1) Maréchal de Mac-Mahon, *Souvenirs inédits.*

« Je chercherai, ajoutait-il, à me relier au maréchal Bazaine (1). »

Mais au cours d'une reconnaissance qu'il fit dans la journée, le maréchal de Mac-Mahon ne trouva « aucune position favorable à proximité du camp » (2). Celle de Reims lui parut « la seule convenable » (3). Elle répondait dans son esprit à la double condition de pouvoir « soutenir le maréchal Bazaine » (4) et de permettre la retraite sur Paris, décidée à la conférence de la veille (5). Il fit part de ses intentions au maréchal Bazaine dans la matinée (6), et au Ministre de la guerre dans la soirée. Il prévint même ce dernier qu'il quitterait le camp le 21 août (7).

Le général de Palikao répondit, à 11 heures du soir (8), au maréchal de Mac-Mahon, qu'il partageait entièrement son avis « au sujet du mouvement sur Reims ». Il lui recommandait en outre : de rallier, aussitôt qu'il le pourrait, le corps du général de Failly; de couper les routes et les chemins de fer, de faire sauter les ponts, de détruire les télégraphes au fur et à mesure qu'il rétrograderait; de mettre en œuvre tout ce qui serait de nature à retarder la marche de l'ennemi (9). Il concluait ainsi : « Lorsque

---

(1) Dans sa déposition à l'*Enquête sur les actes du Gouvernement de la Défense nationale*, le maréchal de Mac-Mahon attribue à son projet de retraite sur la position Reims-Épernay la date du 19 août (t. I‍ᵉʳ, p. 30).

(2) Le maréchal de Mac-Mahon au Ministre de la guerre, 18 août, 7 heures du soir.

(3) *Ibid*.

(4) *Ibid*.

(5) Maréchal de Mac-Mahon, *Souvenirs inédits*; Mac-Mahon à Bazaine, 18 août, 8 h. 30 du matin.

(6) Télégramme expédié à 8 h. 30 du matin.

(7) Télégramme expédié à 7 heures du soir.

(8) Télégramme expédié le 19, à 12 h. 15 matin, transmis au camp de Châlons à 1 h. 30 matin.

(9) Dans un télégramme daté du 18 août, 9 h. 30 du soir, le Ministre priait l'Empereur de donner à cet effet « les ordres les plus formels ».

vous serez à Reims, tâchez de vous relier avec Canrobert, et, s'il se peut, avec Bazaine, de manière à frapper d'abord un grand coup sur l'aile droite de l'armée prussienne et à vous retourner contre le prince royal de Prusse qui arrive de Nancy (1). »

Le général de Palikao ne faisait donc aucune objection au projet du maréchal de Mac-Mahon, dont l'exécution devait avoir pourtant pour résultat d'éloigner quelque peu l'armée de Châlons de celle de Metz. Sans doute estimait-il, avec le duc de Magenta, qu'il était prudent de ne pas attendre « dans les plaines du camp de Châlons » l'arrivée des têtes de colonne de la IIIe armée, et jugeait-il, avec l'Empereur, que Reims était, en effet, « une bien meilleure position que Châlons (2) ». Au surplus, le mouvement projeté pour le 21 n'excluait nullement, pensait-il, l'idée de la « puissante diversion sur les corps prussiens » qu'il préconisait dans le but de donner la main à l'armée de Metz.

Tout d'abord le souverain n'avait pas paru partisan de cette manœuvre : « Je crains, télégraphiait-il au Ministre, à 7 h. 55 du matin, qu'on ne se fasse des illusions. » En même temps, sous l'influence vraisemblable de la dépêche expédiée par Palikao, la veille au soir, il s'éloignait des résolutions prises à la conférence du 17 et il déclarait que « rétrograder de Châlons sur Paris serait plus dangereux que de marcher de Paris à la rencontre de l'ennemi (3) ». Entre ces deux solutions, il penchait alors — signe caractéristique d'un esprit indécis —

---

(1) Dans un télégramme antérieur (9 h. 40 du soir), le Ministre annonçait au maréchal de Mac-Mahon qu'il donnait des ordres pour l'évacuation de tout le matériel qui se trouvait au camp.

(2) Lettre du maréchal Bazaine, datée de Gravelotte, 16 août, et transmise par l'Empereur au Ministre de la guerre, dans un télégramme du 18 août, 7 h. 55 du matin.

(3) L'Empereur au Ministre de la guerre, 18 août, 7 h. 55 du matin.

vers une sorte de moyenne consistant en une position d'attente à Reims. Un peu plus tard, à 9 h. 4 du matin, il télégraphia au Ministre qu'il se rendait à l'opinion que celui-ci lui avait exprimée la veille, en son nom et en celui de l'Impératrice, en d'autres termes, que le projet de retraite sur Paris était abandonné (1).

Peut-être une lettre du maréchal Bazaine, datée de Gravelotte, 16 août, et qui fut apportée au camp de Châlons, le 18 au matin, par un officier (2), ne fut-elle pas étrangère aux perplexités, puis au changement complet d'avis du souverain. Le Maréchal rendait compte d'une « bataille acharnée » qui avait eu lieu le 16 août, et à la suite de laquelle il restait sur ses « positions conquises ». Il se verrait obligé, disait-il, « de prendre la route de Verdun par le Nord »; la difficulté résidait « dans le manque de munitions et de vivres ».

En ce qui concernait les opérations de l'armée de Châlons, le maréchal Bazaine entendait laisser une liberté d'action complète au maréchal de Mac-Mahon, son subordonné. A la demande d'instructions que celui-ci lui avait adressée la veille, il répondait le 18, à midi : « Je présume que le Ministre vous aura donné des ordres, vos opérations étant tout à fait en dehors de ma zone d'action pour le moment, et je craindrais de vous indiquer une fausse direction (3). »

On peut remarquer ces mots : *pour le moment*. Ils semblaient dénoter une abstention momentanée, non un renoncement définitif.

---

(1) *Papiers et Correspondance de la famille impériale*, t. Ier, p. 412.
(2) L'Empereur, transmettant cette dépêche au Ministre de la guerre, ne nomme pas l'officier (c'était vraisemblablement le commandant Magnan).
(3) Ce télégramme était adressé au maréchal de Mac-Mahon, à Bar-sur-Aube. Au *Procès*, le président du conseil de guerre a interrogé le maréchal Bazaine sur cette anomalie sans obtenir une explication satisfaisante (p. 173).

D'autres communications du maréchal Bazaine étaient arrivées au grand quartier impérial le 18 août, jour de la bataille de Saint-Privat (1). La première consistait en une lettre datée du 17 août, remise par le commandant Magnan dans la matinée du 18, et mentionnant l'arrivée à Pange ou au château d'Aubigny du roi de Prusse suivi d'une armée de 100,000 hommes, ainsi que la présence de troupes nombreuses sur la route de Verdun. Cette lettre insistait surtout sur la pénurie en vivres et munitions de l'armée de Metz. Le Maréchal mandait qu'il allait faire tous ses efforts pour reconstituer ses approvisionnements de toutes sortes, afin de reprendre sa marche, « dans deux jours, si cela est possible », par la route de Briey. Il ne perdrait pas de temps, ajoutait-il, à moins que de nouveaux combats ne vinssent déjouer ses combinaisons. Le maréchal Bazaine faisait donc des restrictions inquiétantes au sujet de ses projets ultérieurs (2).

---

(1) A la suite du télégramme qu'il avait reçu du maréchal Bazaine le 17 août, vers 5 heures du soir, l'Empereur lui avait télégraphié : « Dites-moi la vérité sur votre situation, afin de régler ma conduite ici. »

(2) Dans une lettre adressée de Charleville, le 19 août, au Ministre de la guerre, le commandant Magnan indiquait quatre jours au lieu de deux. « Quand j'ai quitté le maréchal, sa pensée était, dès qu'il aurait eu quatre jours de vivres dans le sac, et complété à peu près ses caissons, de marcher rapidement sur Verdun par la route de Briey en tournant la forte position d'Haudiomont et évitant des combats inutiles...... » Dans un mémoire postérieur, autographe et sans date, le commandant Magnan était encore moins optimiste : « Je devais ajouter que le maréchal était toujours, ainsi qu'il avait été convenu avec l'Empereur, dans l'intention de gagner Verdun, s'il pouvait le faire sans compromettre l'armée, mais que cette opération présentait depuis le 16 des difficultés bien sérieuses, sans compter que le maréchal était assez préoccupé en ce moment de ne trouver dans Metz que 800,000 cartouches d'infanterie et pas un atelier de fabrication immédiate. »

Le commandant Magnan était chargé en outre de donner à l'Empereur des détails sur la bataille du 16 août, de lui faire connaître la situation assez précaire des vivres et des munitions de l'armée de Metz, mais sans l'alarmer ; de lui annoncer enfin que le maréchal Bazaine avait toujours l'intention de marcher sur Verdun, tout en faisant au besoin un détour par le Nord, à partir de Briey (1). Le commandant Magnan fit part de ce projet au maréchal de Mac-Mahon (2).

De son côté, l'Empereur indiqua au commandant Magnan comme direction générale, pour l'armée de Metz, la ligne de Thionville à Charleville, plutôt que la zone de Verdun, « trop fortement occupée par les armées prussiennes (3) ».

La seconde communication était un télégramme daté de Metz, 18 août, 4 h. 5 du soir (4), aux termes duquel l'ennemi montrait de fortes masses qui paraissaient se diriger sur Briey, dans l'intention peut-être d'attaquer le 6ᵉ corps à Saint-Privat-la-Montagne. « Nous sommes donc de nouveau sur la défensive, ajoutait le maréchal Bazaine, jusqu'à ce que je sache la véritable direction des troupes qui sont devant nous et surtout celle de

---

(1) Le commandant Magnan au Ministre de la guerre, Charleville, 19 août ; *Procès Bazaine*, première déposition du commandant Magnan, p. 324 et 326. — Les renseignements verbaux donnés par Magnan furent peu rassurants (*Ibid.*).

(2) Maréchal de Mac-Mahon, *Souvenirs inédits*.

(3) *Procès Bazaine*, Lettre du commandant Magnan au Ministre de la guerre, p. 351.

(4) Le télégramme porte bien 4 h. 5 du soir, mais il semble que la situation à laquelle il fait allusion soit antérieure. Le général de Rivières indique 2 heures (*Procès Bazaine*, p. 21). D'autre part, un télégramme du maréchal Bazaine à l'Empereur, expédié à 4 heures de l'après-midi, mentionne « une attaque conduite par le roi de Prusse en personne, avec des forces considérables, sur tout le front..... » et le télégramme de 4 h. 5 ne parle pas d'attaque. Cette dernière heure paraît donc inexacte.

l'armée de réserve que l'on dit être à Pange, sur la rive droite de la Moselle, sous les ordres du Roi, dont le quartier serait au château d'Aubigny (1). »

A 4 heures de l'après-midi, le Maréchal annonçait à l'Empereur qu'une attaque, conduite par le roi de Prusse en personne, avec des forces considérables, se produisait sur tout son front ; que les troupes ne cédaient pas, mais que plusieurs batteries avaient été obligées de cesser le feu.

Un autre télégramme, expédié à 7 h. 50, disait inexactement : « L'attaque a été vive. En ce moment, 7 heures, le feu cesse; nos troupes sont constamment restées sur leurs positions. »

Un peu plus tard, le seul fil télégraphique qui reliât encore Metz à Châlons et à Paris par Thionville fut rompu (2).

Le grand quartier impérial et le maréchal de Mac-Mahon restaient sous l'impression de la dernière dépêche du maréchal Bazaine qui pouvait faire croire que toutes les attaques de l'ennemi avaient été repoussées (3). Le duc de Magenta pensait, le 19 au matin, que

---

(1) A l'instruction relative au *Procès Bazaine*, le maréchal de Mac-Mahon a déclaré qu'il ne croyait pas que cette dépêche lui eût été communiquée (n° 2); puis il a été moins affirmatif (n° 81) : « Il est possible, dit-il, que j'ai reçu cette dépêche, mais je n'en ai pas gardé le souvenir précis. » M. Amiot, directeur du service télégraphique du quartier impérial, affirme que ce télégramme a été envoyé par ses soins à l'état-major du Maréchal; il en donne comme preuve qu'elle lui a été renvoyée le 18, à 8 heures du soir, pour être retransmise à Paris, où elle est arrivée (*Procès Bazaine*, p. 378).

(2) Les communications télégraphiques furent rétablies le 19 pendant une heure environ (*Procès Bazaine*, p. 378).

(3) « Les nouvelles du Maréchal, arrivées ce matin, sont bien meilleures que ne pouvait le faire espérer la dernière dépêche reçue hier, à 5 heures du soir. Le Maréchal est resté maître de toutes ses positions..... Sa ligne de retraite paraît parfaitement assurée. Nous pou-

l'armée de Metz avait dû « cette nuit, s'ouvrir un passage », vers le Nord-Ouest, vraisemblablement. Il faisait part au Ministre de cette manière de voir, ajoutant que son intention était toujours de se porter sur Reims, le 21, et d'y prendre une position d'attente (1). Il télégraphiait aussi à plusieurs reprises aux commandants supérieurs de Verdun et de Thionville pour avoir des renseignements sur la direction de la marche de l'armée de Metz. Il se considérait d'ailleurs comme libre de ses mouvements (2), à la suite de la dépêche que lui avait expédiée le maréchal Bazaine le 18 août, à midi, quand, le 19, un télégramme du Ministre de la guerre lui spécifia « comme objectif, de rejoindre le Maréchal (3) ». Le duc de Magenta ne put, toutefois, s'y résoudre immédiatement.

« J'étais, je l'avoue, assez indécis, dit-il plus tard dans sa déposition à l'*Enquête sur les actes du Gouvernement de la Défense nationale*. Abandonner le maréchal Bazaine que je croyais voir arriver d'un moment à l'autre sur la Meuse, me causait un véritable déchirement, mais, d'un autre côté, il me semblait urgent de couvrir Paris et de conserver à la France la seule armée qu'elle eût encore disponible (4). »

Comment arriver à concilier ces deux conditions con-

---

vons donc espérer faire notre jonction dans quelques jours » (Général Ducrot, *Vie militaire*, t. II, p. 385).

(1) Il chargeait le général Le Brettevillois, commandant le génie du 1ᵉʳ corps, « de se rendre immédiatement à Reims et d'y reconnaître les positions environnant cette ville, en vue de les faire occuper par l'armée. »

(2) *Enquête*, déposition du maréchal de Mac-Mahon, t. Iᵉʳ, p. 30.

(3) Cette dépêche n'existe pas aux Archives de la guerre, et le maréchal de Mac-Mahon n'en fait pas mention dans ses *Souvenirs inédits*. Il n'en est question que dans sa déposition à l'*Enquête sur les actes du Gouvernement de la Défense nationale*, t. Iᵉʳ, p. 30.

(4) *Enquête*. t. Iᵉʳ, p. 30.

tradictoires ? D'une part, le maréchal de Mac-Mahon ne se méprenait pas sur la valeur de l'armée de Châlons et, entrevoyant assez nettement qu'elle n'était pas très apte à entreprendre une campagne sérieuse, il inclinait à la ramener sous Paris. Mais, d'autre part, s'il prenait ce parti et que l'armée de Metz vînt à essuyer un désastre, l'opinion publique et la postérité peut-être ne l'en rendraient-elles pas responsable ?

Tout contribuait à rendre ses perplexités, ses angoisses même plus vives, aussi bien l'influence morale de la défaite de Frœschwiller que le sentiment unanime des troupes et les instances du Gouvernement qui demandaient qu'on n'abandonnât pas le maréchal Bazaine (1). « Il faut s'être trouvé dans l'entourage du Maréchal et de l'Empereur pour comprendre l'anxiété qui y régna dans ces longues journées (2). »

Sans doute, le mouvement projeté sur Reims était une solution moyenne qui permettait ultérieurement de prendre l'un ou l'autre parti, mais le maréchal de Mac-Mahon ne pouvait se dissimuler qu'il n'était possible d'en différer l'adoption que de quelques jours à peine. Ses perplexités apparaissent dans le télégramme suivant qu'il expédia au maréchal Bazaine, à 3 h. 45 du soir :

« Si, comme je le crois, vous êtes forcé de battre en retraite très prochainement, je ne sais, à la distance où je me trouve, comment vous venir en aide sans décou-

---

(1) Colonel Stoffel, *La Dépêche du 20 août*, p. 15.
« Je ne comprend pas notre inaction ; comme je le disais hier au maréchal de Mac-Mahon, notre premier devoir serait de nous porter en avant pour attirer sur nous une partie des forces ennemies et soulager d'autant ces braves camarades » (*Vie militaire du général Ducrot*, t. II, p. 387, Lettre à Mme Ducrot, du 21 août 1870).
(2) Colonel Stoffel, *loc. cit.*, p. 16.

vrir Paris. Si vous en jugez autrement, faites-le-moi savoir (1). »

Mais, dans la soirée du 19 août, les hésitations du maréchal de Mac-Mahon cessent, sous l'influence de causes difficiles à déterminer : il se résout à marcher au-devant de l'armée de Metz et télégraphie en ces termes au Ministre de la guerre :

« Veuillez dire au Conseil des Ministres qu'il peut compter sur moi, et que je ferai tout pour rejoindre Bazaine (2). »

Le même jour, apprenant « de source certaine » qu'il n'y avait pas de reconnaissance « sérieusement organisée », exception faite pour la division de cavalerie du général de Salignac-Fénelon ; que les corps ne se gardaient pas ; que les troupes du général de Failly, à Chaumont et à Blesme, étaient dépourvues d'un service de sûreté rationnel ; que, par suite, de faibles partis ennemis avaient pu couper les voies ferrées en plusieurs points, le général de Palikao recommandait au maréchal de Mac-Mahon de donner des ordres pour que l'on redoublât de vigilance.

Le duc de Magenta prescrivit le lendemain aux commandants de corps d'armée de pousser au loin, et dans toutes les directions, des reconnaissances de cavalerie qui pussent les renseigner sur la position et les mouvements de l'ennemi. Ils devaient lui adresser chaque jour un rapport faisant connaître le résultat de ces reconnaissances.

---

(1) *Papiers et Correspondance de la famille impériale*, t. Ier, p. 412.

« Cette dépêche peut paraître n'avoir pas toute la clarté désirable. Je l'avais rédigée ainsi afin que si elle venait à tomber entre les mains de l'ennemi, il ne pût en déterminer le sens, restant toutefois assez claire, pour le maréchal Bazaine, pour lui faire comprendre que j'avais l'intention de marcher sur Paris si je ne recevais aucun contre-ordre de sa part » (Maréchal de Mac-Mahon, *Souvenirs inédits*).

(2) *Les Papiers secrets de l'Empire*, p. 73.

Le grand quartier impérial recevait des informations par d'autres voies, celle des préfets des départements envahis ou sur le point de l'être, et celle des maires. Ainsi, le préfet de la Meuse signalait, dès le 18, « un corps d'armée considérable dans les environs d'Apremont »; une avant-garde prussienne serait arrivée à Bar-le-Duc et un détachement de 6,000 hommes à Demange-aux-Eaux. Le 19, il annonçait que l'arrondissement de Commercy et une partie de celui de Bar-le-Duc étaient envahis par les Prussiens; que 1000 cavaliers environ se dirigeaient sur Saint-Dizier; que des éclaireurs avaient été vus à Revigny-aux-Vaches. L'armée ennemie paraissait, à son avis « se concentrer entre Saint-Mihiel, Sampigny, Apremont. »

Le préfet de la Haute-Marne signalait aussi la marche de 5,000 cavaliers et 7,000 fantassins, de Gondrecourt sur Saint-Dizier, et des colonnes de toutes armes se dirigeant de Vézelise sur Vaucouleurs.

Le préfet des Vosges mandait le 18 qu'un corps considérable avait séjourné le 16 à Bayon et fait préparer à Charmes 25,000 rations pour une autre colonne. Il mandait d'Épinal, le 19, que les Prussiens avaient occupé, le 18, Mirecourt et Neufchâteau, d'où, d'après d'autres renseignements de la Haute-Marne, ils se seraient portés sur Vézelise, et que des colonnes nombreuses traversaient la partie Nord du département des Vosges, paraissant se diriger également sur Bayon.

Le sous-préfet de Vassy télégraphiait le 18 qu'une armée de 150,000 hommes marchait sur Bar-le-Duc et Saint-Dizier « en deux colonnes », l'une venant de Gondrecourt et de Ligny-en-Barrois, l'autre de Verdun. Le maire de Gondrecourt annonçait, dans la matinée du 19, qu'une armée prussienne, « dont l'extrême gauche a suivi la ligne de Colombey à Gondrecourt », faisait route sur Châlons, et qu' « une division de six régiments de cavalerie légère était campée à Demange-aux-Eaux ». Partout l'ennemi demandait des nouvelles du maréchal de Mac-Mahon.

L'ensemble de ces renseignements permettait de conclure à la marche d'une armée allemande, vraisemblablement celle du Prince royal, vers Châlons—Vitry; les gros des colonnes semblaient être déjà sur la Meuse; les avant-gardes, au delà de ce fleuve.

Les informations étaient plus contradictoires dans la région Verdun—Montmédy—Metz—Thionville, où la position se compliquait de l'incertitude où l'on se trouvait sur la situation réelle du maréchal Bazaine. Dans la matinée du 19, le commandant supérieur de Verdun n'en avait pas de nouvelles; le colonel Turnier mandait de Thionville, dans l'après-midi, que, « d'après tous les renseignements », l'armée de Metz était au Nord-Ouest de cette place, vers Briey, et qu'elle « livrait tous les jours des combats heureux »; puis, dans la soirée, il annonçait qu'il était « impossible d'avoir des nouvelles du maréchal Bazaine que l'on disait ce matin à Metz ». D'après le sous-préfet de Verdun, Étain et ses environs seraient occupés par un détachement ennemi fort de 3,000 à 4,000 hommes. Il ajoutait que « des personnes arrivées de Saint-Mihiel assuraient que cette ville était occupée par le prince Frédéric-Charles et que son armée s'y concentrait ».

On apprenait que l'ennemi avait coupé la ligne des Ardennes sur plusieurs points, à Hayange, à Audun-le-Roman, entre Pierrepont et Uckange, entre Thionville et Metz; ses coureurs sillonnaient la région entre Verdun et Montmédy. Les Allemands semblaient recevoir des renforts : 50,000 hommes de la landwehr avec de l'artillerie auraient passé les 16 et 17 août à Trèves, se dirigeant vers Sarrebrück; un autre corps, venant de Sierck, se dirigerait sur Briey; un matériel de siège important arriverait par grande vitesse de Wesel et de Coblentz; l'armée du général Vogel de Falkenstein se porterait à marches forcées sur la frontière française. On parlait aussi, disaient des renseignements de Thionville, « d'un projet qu'aurait conçu l'ennemi de relier Forbach à Frouard par une voie ferrée qui se rendrait de Courcelles ou de Peltre à Ars, afin que les troupes prussiennes puissent tourner Metz. »

Comment, dans cet amas de nouvelles contradictoires, démêler la situation exacte de Bazaine et les mouvements réels de l'ennemi ?

CHAPITRE V

La marche sur Reims.

Le 20 août, dans la matinée, le maréchal de Mac-Mahon abandonne provisoirement le projet de mouvement sur Reims. Les renseignements qu'il a reçus « semblent indiquer que les trois armées ennemies sont placées de manière à intercepter à Bazaine les routes de Briey, de Verdun et de Saint-Mihiel (1) ». Dès lors, ignorant la direction de la retraite de l'armée de Metz, il prend le parti de rester au camp jusqu'à ce qu'il sache si la marche de Bazaine s'effectue vers le Nord ou vers le Sud (2). Il en rend compte au Ministre de la guerre qui lui répond : « Le seul renseignement que je puisse vous donner est le suivant : le 18 au soir, Bazaine occupait comme position la ligne Amanvillers à Jussy (3). »

Le maréchal de Mac-Mahon redouble d'efforts pour être informé et s'adresse à cet effet aux commandants supérieurs de Thionville et de Montmédy et même au préfet des Vosges, dans l'hypothèse où le maréchal Bazaine se replierait « vers le Midi à travers le pays situé sur la rive droite de la Moselle (4) ». Le colonel Stoffel envoie en mission, dans le même but, deux inspecteurs de la police

---

(1) Le maréchal de Mac-Mahon au Ministre de la guerre, 20 août, 8 h. 45 matin (D. T. Ch.).
(2) *Ibid.*
(3) *Papiers et Correspondance de la famille impériale*, t. Ier, p. 38.
(4) « A cette époque, la préoccupation générale, au camp de Châlons, était de communiquer avec l'armée de Metz » (*Procès Bazaine*, déposition du colonel Stoffel, p. 388).

de sûreté générale, les sieurs Miès et Rabasse (1). De son côté, le Ministre télégraphie, à ce sujet, aux commandants supérieurs de Longwy et de Mézières.

Mais, dans l'après-midi, le maréchal de Mac-Mahon est avisé, par le colonel Stoffel, de la présence, à 40 kilomètres environ du camp de Châlons, de coureurs ennemis qui avaient exigé des vivres et des fourrages pour une avant-garde qui, à leur dire, devait arriver dans l'après-midi (2). Cette nouvelle le détermine à quitter le camp de Châlons et à se porter le lendemain sur Reims (3). Il fait part de cette décision au Ministre de la guerre par un télégramme expédié à 4 h. 45 du soir (4), et ajoute : « Si Bazaine perce par le Nord, je serai plus à même de lui venir en aide; s'il perce par le Sud, ce sera à une telle distance que je ne pourrai, dans aucun cas, lui être utile. »

Le duc de Magenta laissait au camp, jusqu'au 22, la division de cavalerie Bonnemains avec un soutien d'un bataillon du 12e corps, pour permettre de replier la plus grande quantité possible des approvisionnements, du matériel et du campement qui s'y trouvaient; il priait en même temps le Ministre de « donner des ordres pour que la ligne de communication fût établie par Soissons et Épernay ».

Le général de Palikao ne fit aucune objection à ce projet qu'il avait déjà d'ailleurs admis en principe le 18 août; il demanda seulement au Maréchal quelques

---

(1) Colonel Stoffel, *loc. cit.*, p. 18.
(2) Instruction relative au *Procès Bazaine*, déposition du colonel Stoffel. Le colonel ajouta que « si quelques régiments de cavalerie ennemie venaient à faire irruption dans le camp, ils y produiraient infailliblement une panique générale » (*La Dépêche du 20 août*, p. 20). Cette appréciation était bien pessimiste.
(3) *Procès Bazaine*, déposition du colonel Stoffel, p. 391.
(4) *Les Papiers secrets de l'Empire*, **p. 75.**

explications sur le mouvement et sur les conditions dans lesquelles il l'effectuerait (1).

La marche devait se faire en deux colonnes : colonne du Nord, 12ᵉ et 5ᵉ corps (2), par la route de Bar-le-Duc à Reims, qui passe entre Mourmelon-le-Grand et Mourmelon-le-Petit; colonne du Sud, 1ᵉʳ et 7ᵉ corps, par l'itinéraire Bouy, Livry, les-Petites-Loges, Sillery, Puisieulx, Trois-Puits, Bezannes. Le départ était fixé : pour les 1ᵉʳ et 12ᵉ corps, à 4 h. 30 ; pour les 5ᵉ et 7ᵉ, à 9 heures du matin.

Les emplacements suivants étaient assignés autour de Reims : 12ᵉ corps, au Nord-Ouest, en arrière du canal de l'Aisne à la Marne, sa gauche à Saint-Thierry, sa droite à la Vesle, près de Marais-Château; 5ᵉ corps, à l'Ouest, sur la rive gauche de la Vesle, sa droite à Reims, sa gauche à Champigny ; 1ᵉʳ corps, également à l'Ouest, entre Thillois et Ormes ; 7ᵉ corps, au Sud, entre Villers-aux-Nœuds et la route de Ville-en-Tardenois (3), avec une division détachée sur les hauteurs entre Trois-Puits et Cormontreuil.

La division de cavalerie du 12ᵉ corps, sous les ordres du général de Salignac-Fénelon (4), devait se rendre dans la soirée du 20 à Châlons et y rester jusqu'à nouvel ordre, avec mission « d'éclairer au loin tout l'intervalle compris entre les routes de Châlons à Vitry et de

---

(1) Le Ministre de la guerre au maréchal de Mac-Mahon, 20 août, 11 heures soir (D. T. Ch.).

(2) La division de Lespart, seule, était au camp de Châlons.

(3) L'ordre du maréchal de Mac-Mahon dit : « Le 7ᵉ corps prendra position au Sud de Reims, sur la rive gauche du Rouillat, sa droite à Villers-aux-Nœuds, sa gauche s'appuyant à la route d'Épernay. » Cette dernière indication ne peut s'accorder avec la rive gauche du Rouillat et semble donc erronée.

(4) Elle se composait, à la date du 20 août de la brigade Savaresse (1ᵉʳ et 7ᵉ lanciers) et du 4ᵉ régiment de chasseurs d'Afrique.

Châlons à Sainte-Menehould ; la division de cavalerie de réserve Bonnemains, maintenue au camp le 21, rejoindrait l'armée le 22.

Le quartier général était transféré à Reims.

Enfin, le général Mitrecé, directeur du grand parc, recevait du Ministre de la guerre l'ordre de replier immédiatement sur Paris tout le matériel de campagne et toutes les armes qui ne seraient pas nécessaires à l'armée.

Le 21 août, le mouvement de l'armée, du camp de Châlons sur Reims, s'effectua conformément aux instructions données la veille. Des ordres défectueux, une chaleur très forte, une poussière crayeuse épaisse, le manque d'entraînement d'une partie des troupes, la longue durée de l'étape (1) rendirent cette première marche « des plus pénibles (2) ». Un grand nombre de soldats des régiments d'infanterie de marine, et de ceux de nouvelle formation surtout, restèrent en arrière (3). Le stationnement aux environs de Reims différa de celui qu'avait indiqué l'ordre de la veille. Le 1er corps s'établit à Courcelles (quartier général), Ormes (1re division), Taissy (2e et division de cavalerie) (4), Cormontreuil (3e et 4e divisions) ; la division de Lespart, du 5e corps, entre Reims et Tinqueux, avec le quartier général du corps d'armée dans cette dernière localité ;

---

(1) Le général Lebrun fait observer avec raison que l'étape de 32 à 35 kilomètres, pour le 12e corps, était trop forte pour une première marche (*Bazeilles-Sedan*).

(2) Maréchal de Mac-Mahon, *Souvenirs inédits* ; *Journal* de marche de la 3e division du 1er corps ; *Journal* de marche de l'artillerie du 12e corps ; Ordre général du 12e corps.

(3) Maréchal de Mac-Mahon, *Souvenirs inédits* ; Général Lebrun, loc. cit., p. 32.

(4) Moins la brigade de Septeuil, qui arrivait ce jour-là au camp de Châlons.

le 7ᵉ corps, tout entier, à Sillery, sauf la 3ᵉ division à Reims même; le 12ᵉ, à les Marais (quartier général), la Neuvillette (1ʳᵉ division), Saint-Thierry (2ᵉ), entre Saint-Thierry et la Neuvillette (3ᵉ division et réserves d'artillerie et du génie). Le quartier impérial et le quartier général furent installés à Courcelles.

L'armée de Châlons était donc, non pas concentrée, mais agglomérée autour de Reims, comme à la veille d'une bataille, et cette situation était bien faite pour rendre l'alimentation difficile et créer des obstacles à la marche. Le maréchal de Mac-Mahon, après avoir visité les camps, arriva à Courcelles vers 7 heures du soir. Il y apprit que l'Empereur l'avait fait demander, et que le président du Sénat, M. Rouher, était auprès du souverain, sans mission officielle d'ailleurs (1), et cherchait à lui persuader que l'armée devait se porter « non sur Paris, mais vers l'Est, à la rencontre du maréchal Bazaine (2) ».

Le Ministre de la guerre, dans un télégramme à l'Empereur du 21 août, 10 heures du matin, n'était pas aussi absolu, tout en n'admettant pas le retour de l'armée à Paris. A son avis, il y avait deux partis à prendre : ou dégager promptement le maréchal Bazaine, dont la position lui paraissait « des plus critiques, en se portant en toute hâte sur Montmédy »; ou marcher contre le prince royal de Prusse, « dont l'armée est nombreuse et qui a pour mission d'entrer dans Paris, où il serait proclamé empereur d'Allemagne ».

Dans ce dernier cas, le Ministre proposait à l'Empereur d'envoyer le 13ᵉ corps (général Vinoy) à la Ferté-sous-Jouarre, « où il serait le pivot d'un mouvement tournant de l'armée de Mac-Mahon qui marcherait vigou-

---

(1) *Enquête*, t. Iᵉʳ, p. 238, déposition de M. Rouher.
(2) Maréchal de Mac-Mahon, *Souvenirs inédits*.

reusement sur le flanc de l'armée prussienne, soit qu'elle prenne la route de Vitry, Champaubert et Montmirail, soit qu'elle se dirige par Vassy, Montiérender et Brienne (1) ».

Le général de Palikao laissait donc, à ce moment, au maréchal de Mac-Mahon le choix entre ces deux solutions ; à peine laissait-il entrevoir ses préférences pour la première (2). Mais un second télégramme du Ministre, de 5 heures du soir, était beaucoup plus affirmatif. « Je considère comme indispensable, écrivait-il au maréchal de Mac-Mahon, que votre armée aille dégager le maréchal Bazaine. Songez à l'effet moral que produirait toute apparence d'abandon de cette armée qui a héroïquement combattu et qui est formée d'excellentes troupes. Faites-moi connaître votre intention. »

Le Ministre ajoutait que les convois de vivres et de munitions étaient échelonnés sur la route de Montmédy à Thionville et que l'armée de Metz en manquait « totalement ».

---

(1) D'après le général de Palikao, le bruit courait « que le Prince royal devait abandonner la direction de la Marne sur Paris et descendre de Bar-le-Duc, par Vassy, sur la ligne de l'Aube que les armées alliées avaient suivi en 1814 » (*Un Ministère de la guerre de vingt-quatre jours*, p. 96).

(2) *Enquête*, t. I*er*, p. 171, déposition du général de Palikao.

CHAPITRE VI

La conférence de Courcelles.

Le maréchal de Mac-Mahon, à son arrivée à Courcelles, n'avait reçu aucune nouvelle du maréchal Bazaine (1). Aussi, revenant sur sa décision du 19 août, était-il bien résolu en se rendant auprès de l'Empereur, « à marcher sur Paris (2) ». Le général Faure, son chef d'état-major, l'accompagnait.

La question des mouvements ultérieurs de l'armée de Châlons, soit vers Paris, soit vers l'Est, dans le but de porter secours au maréchal Bazaine, se posa immédiatement. M. Rouher se prononça pour la seconde solution. Il chercha à convaincre le maréchal de Mac-Mahon que rien n'exigeait qu'il se repliât sur la capitale ; que cet abandon de l'armée de Metz serait des plus fâcheux et « aurait, à Paris, les plus graves inconvénients » ; il ajouta que le Conseil des Ministres et l'Impératrice étaient de son avis (3). Il n'ignorait pas que le Prince royal était en marche sur Paris, mais il lui fallait, affirmait-il, huit jours pour y arriver et, pendant ce laps de temps, le maréchal de Mac-Mahon ne pourrait-il faire sa jonction avec le maréchal Bazaine et « revenir sur le Prince royal ? (4) » Ainsi la capitale serait protégée « dans

---

(1) « Nous sommes sans nouvelles du maréchal Bazaine ; les communications sont absolument interrompues depuis le 18 au soir, ce silence est effrayant » (Général Ducrot, *Vie militaire*, t. II, p. 386).
(2) *Enquête*, t. Ier, p. 30, déposition du maréchal de Mac-Mahon.
(3) *Ibid.*
(4) *Ibid.*, déposition de M. Rouher, t. Ier, p. 239.

des conditions de victoire » et tous les intérêts sauvegardés (1).

Le duc de Magenta se montra « très opposé à ces idées (2) ». Il exposa à son tour à son interlocuteur qu'il ne se croyait pas en état de risquer de se trouver « au milieu des armées prussiennes »; que, d'après les renseignements qui lui étaient parvenus la veille au soir, il devait supposer le maréchal Bazaine entouré à Metz par 200,000 hommes; qu'en avant de Metz, dans la direction de Verdun, se trouvait l'armée du prince de Saxe, évaluée à 80,000 hommes; que le Prince royal de Prusse arrivait près de Vitry-le-François, à la tête de 150,000 hommes; qu'en se portant vers l'Est, il pouvait se trouver « dans la position la plus difficile » et éprouver un désastre qu'il voulait éviter. L'armée de Metz, ajouta le Maréchal, pouvait être battue; il était donc « de la plus haute importance de conserver à la France l'armée de Châlons qui, bien que composée en partie de régiments de marche, avait néanmoins assez d'anciens cadres pour servir à réorganiser une armée de 250,000 à 300,000 hommes (3) ».

Consulté par le maréchal de Mac-Mahon, le général Faure estima que la marche vers l'Est était « impossible » et que la seule solution rationnelle était « de revenir sur Paris (4) ».

---

(1) *Enquête*, déposition de M. Rouher, t. Ier, p. 239.
(2) *Ibid.*
(3) Telle est la déposition du maréchal de Mac-Mahon à l'*Enquête sur les actes du Gouvernement de la Défense nationale* (t. Ier, p. 30-31). La déposition de M. Rouher (t. Ier, p. 239) ne reproduit pas tous ces détails. Il ne cite que les paroles ci-après du Maréchal : « C'est impossible d'aller secourir Bazaine. Bazaine n'a pas de munitions, n'a pas de vivres, et sera obligé de capituler, et nous arriverions trop tard. » Dans ses *Œuvres posthumes*, Napoléon III n'a reproduit que ces dernières objections (*Le Livre de l'Empereur*, p. 109).
(4) *Enquête*, déposition de M. Rouher, t. Ier, p. 239.

Dans le cours de cette conversation, l'Empereur ne fit qu'une seule observation. Envisageant l'hypothèse d'une défaite de l'armée de Châlons, il déclara que « ce serait très grave ». « Que deviendrions-nous ? » demanda-t-il. M. Rouher répondit : « Votre Majesté n'aurait alors qu'une seule chose à faire : se jeter au milieu de l'ennemi et se faire tuer (1) ».

Le maréchal de Mac-Mahon termina en disant qu'il éprouvait « une douleur réelle d'abandonner le maréchal Bazaine »; qu'il savait que, si son collègue venait à succomber, il serait « hautement accusé de lâcheté pour ne pas lui être venu en aide »; que, néanmoins, il croyait conforme à l'intérêt du pays de rétrograder sur Paris (2). Tel était le projet, conclut-il, qu'il avait l'intention bien arrêtée de mettre à exécution le surlendemain, 23 août, à moins que les instructions qu'il avait demandées au maréchal Bazaine ne lui fussent parvenues dans l'intervalle (3).

M. Rouher s'inclina, et l'Empereur, sans faire aucune

---

(1) Maréchal de Mac-Mahon, *Souvenirs inédits*.
(2) *Ibid.*
(3) *Enquête*, déposition du maréchal de Mac-Mahon, t. I*er*, p. 31. D'après le colonel Stoffel, le maréchal de Mac-Mahon aurait été mal servi par ses souvenirs, dans cette dernière partie de sa déposition. Il n'aurait formulé aucune réserve à son intention de revenir sur Paris. « La réserve ou la déclaration dont il s'agit, en supposant que le Maréchal l'eût faite, ne prouverait qu'une chose : son désir de retarder le plus longtemps possible le moment de prendre un parti, car il devait savoir que le commandant de l'armée du Rhin ne lui enverrait aucune instruction. Ce dernier n'avait-il pas écrit, en effet, le 18 août, à midi : « C'est au Ministre à vous donner des ordres, vos opérations étant tout à fait en dehors de ma zone d'action, et je craindrais de vous donner une fausse direction. » Comment pouvoir supposer que le commandant en chef de l'armée du Rhin, qui venait d'écrire deux jours auparavant une dépêche si nette, enverrait des instructions, lui qui, privé de nouvelles depuis ce moment, ignorait toutes choses de l'armée de Châlons,

objection (1), demanda seulement au président du Sénat son avis sur la situation, étant admis que l'on renonçait au mouvement vers l'Est. M. Rouher proposa de nommer le maréchal de Mac-Mahon généralissime de toutes les forces réunies à Reims et à Paris, avec mission de préparer la défense de la capitale; il conseilla aussi à l'Empereur de revenir à Paris avec l'armée (2). « Votre Majesté, assurait-il, ne peut retourner isolée; il faut qu'Elle revienne au milieu de ses soldats (3) ».

Le Maréchal accepta, et l'on rédigea séance tenante : le décret de nomination du duc de Magenta, puis une lettre que l'Empereur lui adressait, une note où le souverain indiquait, en dix-huit paragraphes, toutes les mesures à prendre en prévision d'un siège, enfin deux projets d'une proclamation aux troupes destinée à leur expli-

---

sa force, sa composition, son état moral et jusqu'au lieu où elle se trouvait ? » (*La Dépêche du 20 août*, p. 22-23).

Dans sa déposition à l'*Enquête*, M. Rouher ne fait pas mention d'une réserve quelconque formulée par le maréchal de Mac-Mahon à la Conférence du 21 août.

(1) *Enquête*, déposition du maréchal de Mac-Mahon, t. Ier, p. 31.

(2) Le Conseil des Ministres n'avait pas favorablement accueilli la nomination du général Trochu comme gouverneur de Paris. A la Commission chargée de l'enquête sur le 4 Septembre, un membre demanda à M. Rouher si, dès le 21 août, il s'était manifesté, dans le Conseil des Ministres, des défiances contre le général Trochu. « Des défiances, c'est trop dire, répondit M. Rouher, mais enfin je ne dois pas vous dissimuler que lorsque je proposai à l'Empereur de nommer le maréchal de Mac-Mahon généralissime, c'était pour placer le général Trochu sous les ordres du maréchal de Mac-Mahon, parce que je trouvais que la situation du général Trochu était une situation mal définie vis-à-vis du Ministre de la guerre et que je trouvais, dans les services rendus par le maréchal de Mac-Mahon, dans son autorité, dans son bon esprit, une garantie de la bonne direction des affaires militaires à Paris et de l'armée qui aurait été sous les murs de Paris (*Enquête*, déposition de M. Rouher, t. Ier, p. 242).

(3) *Enquête*, déposition de M. Rouher, t. Ier, p. 239.

quer les motifs pour lesquels on ne se portait pas au secours du maréchal Bazaine (1).

« Nous ne pouvions, disait ce dernier document, nous rapprocher de Metz avant plusieurs jours; d'ici à cette époque, le maréchal Bazaine aura sans doute brisé les obstacles qui l'arrêtent ; d'ailleurs, pendant notre marche directe sur Metz, Paris restait découvert et une armée prussienne nombreuse pouvait arriver sous ses murs. Le système des Prussiens consiste à concentrer leurs forces et à agir par grandes masses. Nous devons imiter leur tactique ; je vais donc vous conduire sous les murs de Paris, qui forment le boulevard de la France contre l'ennemi (2). »

Il fut convenu qu'on enverrait ces pièces, le lendemain matin, à Paris, pour que le Gouvernement confirmât les instructions qu'il y avait à donner et fît les insertions nécessaires au *Journal officiel* dès que l'armée aurait commencé son mouvement rétrograde (3). M. Rouher repartit pour Paris dans la nuit même.

---

(1) Tous ces documents ont été publiés dans les *Papiers et Correspondance de la famille impériale*, t. Iᵉʳ, p. 59-63, sauf la note relative aux mesures en prévision d'un siège ; celle-ci, d'après la déposition de M. Rouher à l'*Enquête*, a été remise par lui au Ministre de la guerre ; elle n'a pu être retrouvée.

(2) *Papiers et Correspondance de la famille impériale*, t. Iᵉʳ, p. 62.

(3) *Enquête*, déposition de M. Rouher, t. Iᵉʳ, p. 240 ; déposition du maréchal de Mac-Mahon, t. Iᵉʳ, p. 31.

CHAPITRE VII

Adoption du plan Palikao.

Le 22 août, dans la matinée, le maréchal de Mac-Mahon dictait à son chef d'état-major des instructions pour le mouvement de l'armée sur Paris qu'il se proposait de commencer le lendemain (1), quand M. Piétri, secrétaire de l'Empereur, lui remit, vers 10 heures, une dépêche du maréchal Bazaine, datée du Ban-Saint-Martin, 19 août, transmise par le Ministre de la guerre et ainsi conçue :

« L'armée s'est battue hier toute la journée sur les positions de Saint-Privat-la-Montagne et de Rozérieulles, et les a conservées. Les 4e et 6e corps seulement ont fait, vers 9 heures du soir, un changement de front, l'aile droite en arrière, pour parer à un mouvement tournant par la droite, que des masses ennemies tentaient d'opérer à l'aide de l'obscurité. Ce matin, j'ai fait descendre de leurs positions les 2e et 3e corps, et l'armée est de nouveau groupée sur la rive gauche de la Moselle, de Longeville au Sansonnet, formant une ligne courbe, passant par le haut du Ban Saint-Martin, derrière les forts de Saint-Quentin et de Plappeville. Les troupes sont fatiguées de ces combats incessants, qui ne leur permettent pas les soins matériels, et il est indispensable de les laisser reposer deux ou trois jours. Le roi de Prusse était ce matin avec M. de Moltke à Rezonville, et tout indique que l'armée prussienne va tâter la place de Metz.

« Je compte toujours prendre la direction du Nord

---

(1) Maréchal de Mac-Mahon, *Souvenirs inédits*.

et me rabattre ensuite, par Montmédy, sur la route de Sainte-Menehould et Châlons, si elle n'est pas fortement occupée. Dans ce cas, je continuerai sur Sedan et même Mézières pour gagner Châlons..... (1) »

De ce télégramme le maréchal de Mac-Mahon conclut tout au moins que le maréchal Bazaine allait se mettre en mouvement à bref délai et que l'armée de Châlons pourrait le joindre aux environs de Montmédy (2). Peut-être même pensa-t-il, comme il le dit dans ses *Souvenirs inédits*, que le maréchal Bazaine « était, en ce moment, en marche sur Montmédy ».

Jusqu'alors, le maréchal de Mac-Mahon ne s'était pas dissimulé que l'opinion publique ne manquerait pas de lui faire un grief d'avoir abandonné son collègue, mais il avait conscience, en préconisant la retraite sur Paris, de faire passer au premier plan les véritables intérêts de la France, en n'exposant pas, dans une entreprise téméraire, la dernière armée capable de la défendre (3). Désormais, la situation était toute différente dans son esprit, dès l'instant où il avait reçu des nouvelles du maréchal Bazaine et des renseignements assez précis sur ses projets (4).

Que le départ de Metz fût un fait accompli ou sur le point de se réaliser, le maréchal de Mac-Mahon jugea « qu'il ne pouvait laisser l'armée de Metz, affaiblie par plusieurs batailles, rencontrer seule des forces aussi considérables (5) ». La pensée de pouvoir venir en

---

(1) Ce télégramme fut remis par le maréchal Bazaine lui-même au garde-forestier Braidy, le 20 août, à 3 heures de l'après-midi. Ce courageux émissaire le porta de Metz à Verdun (*Procès Bazaine*, p. 304).

(2) *Enquête*, déposition du maréchal Mac-Mahon, t. Ier, p. 31.

(3) Renseignements fournis à la Section historique le 4 mars 1903 par M. le général Broye.

(4) *Ibid.*

(5) Renseignements fournis par M. le général Péting de Vaulgrenant.

aide à son collègue lui fut d'ailleurs un véritable soulagement (1), et plusieurs généraux, parmi lesquels le général Ducrot, exprimèrent la satisfaction qu'ils éprouvaient de voir qu'on n'abandonnait pas le maréchal Bazaine (2).

Sans hésiter, le maréchal de Mac-Mahon annula donc les ordres qu'il venait de donner et prit ses dispositions pour se lier au mouvement du maréchal Bazaine, en se dirigeant sur Montmédy où il espérait le rencontrer.

C'est un point qu'il importe de bien remarquer, en effet. En quittant Reims pour prendre la direction du Nord-Est, le duc de Magenta croyait le maréchal Bazaine sorti de Metz et en marche sur Montmédy. Son intention n'était nullement d'aller à Metz, mais seulement de dégager son collègue, en facilitant sa retraite (3).

Quand, dans ses *Souvenirs inédits*, le maréchal de Mac-Mahon, exposant sa nouvelle détermination, ajoute :

---

(1) Renseignements fournis par M. le général Broye.

(2) Renseignements fournis à la Section historique le 6 mars 1903 par M. le général Kessler (Cf. *Vie militaire du général Ducrot*, t. II, p. 387).

(3) « Lorsque le maréchal de Mac-Mahon a quitté Reims le 23, il avait pour but de donner la main à l'armée de Metz et de faciliter sa retraite ; *il ne pouvait en avoir d'autre*. S'il avait reçu du maréchal Bazaine l'ordre d'aller jusqu'à Metz, il aurait obéi, j'en suis persuadé. Mais ce projet ne pouvait pas se présenter, le 23, à son esprit (Renseignements fournis par M. le général de Vaulgrenant).

« Depuis le 19, je n'ai aucune nouvelle de Bazaine ; si je me porte à sa rencontre..... », écrivait le maréchal de Mac-Mahon au Ministre de la guerre, le 27 août. « Abandonner le maréchal Bazaine, que je croyais pouvoir arriver d'un moment à l'autre sur la Meuse, me causait un véritable déchirement..... », a dit le maréchal de Mac-Mahon après la guerre (*Enquête*, t. 1er, p. 30).

Le général Ducrot, qui fut à maintes reprises le confident du maréchal de Mac-Mahon, écrit à la date du 24 août : « ..... Nous nous avançons vers le Nord-Est avec l'espoir de donner la main à Bazaine dans la vallée de la Meuse » (*Vie militaire*, t. II, p. 388).

« Ce fut cette persuasion, et cette persuasion seule, qui me fit prendre cette résolution », il veut affirmer, sans doute, qu'aucune influence extérieure n'est intervenue. Mais il entend affirmer aussi sa conviction du mouvement imminent, ou déjà commencé, de Bazaine vers l'Ouest.

Sa décision prise, le maréchal de Mac-Mahon en informa immédiatement le Ministre de la Guerre.

A 10 h. 45 du matin, il lui expédia le télégramme suivant :

« Le maréchal Bazaine a écrit, le 19, qu'il comptait toujours opérer son mouvement de retraite par Montmédy. Par suite, je vais prendre mes dispositions pour me porter sur l'Aisne. Prévenez le Conseil des Ministres et accusez-moi réception de cette dépêche. »

Il rédigea aussitôt après, à 10 h. 55, un second télégramme, destiné au maréchal Bazaine :

« Reçu votre dépêche du 19. Suis à Reims ; me porte dans la direction de Montmédy ; serai après-demain sur l'Aisne, d'où j'agirai selon les circonstances pour vous venir en aide. Envoyez-moi de vos nouvelles. »

Il chargeait à la fois le commandant supérieur de Verdun, celui de Montmédy et le maire de Longuyon de faire parvenir ce message au maréchal Bazaine, « par des émissaires différents (1) ».

Le télégramme que venait de recevoir le maréchal de Mac-Mahon était-il suffisant pour le déterminer à abandonner ses premiers projets ? Les raisons qu'il avait données la veille à M. Rouher, pour expliquer la nécessité du mouvement sur Paris, cessaient-elles d'être vraies le 22 ? Il ne se croyait pas, le 21, en état de ris-

---

(1) Le maréchal de Mac-Mahon au général commandant à Verdun, au commandant supérieur de Montmédy et au maire de Longuyon, Courcelles-les-Reims, 22 août. — Ce télégramme fut remis à Bazaine le 23 août, en présence du colonel Lewal (*Procès Bazaine*, dépositions Lewal et d'Andlau, p. 355, 358). Bazaine recommanda à Lewal de n'en parler à personne (*Ibid.*).

quer de se trouver « au milieu des armées prussiennes ». Cet argument si sérieux n'était-il donc plus valable le lendemain ? Bazaine exprimait, à la vérité, son intention déjà connue de marcher vers le Nord, mais rien ne prouvait qu'il fût prêt à déboucher de Metz, et surtout qu'il en fût sorti. Il y eut donc, en réalité, de la part de Mac-Mahon, interprétation optimiste du télégramme de Bazaine. Mais, une fois sa décision prise, il est certain que la direction choisie par Mac-Mahon était bien celle qui répondait le mieux au but à atteindre. C'était, en effet, sur Vouziers et Rethel qu'il fallait se porter pour chercher à secourir Bazaine, à qui la route de Verdun était interceptée, et qui ne pouvait effectuer sa retraite vers l'intérieur du pays que par les places du Nord-Est. Cette opération offrait en outre, relativement, peu de dangers, car, à supposer qu'au bout de quelques jours on apprît que Bazaine était toujours sous Metz, on pouvait rétrograder facilement vers la vallée de l'Oise (1). En quittant Reims, — il faut insister sur ce point, — le maréchal de Mac-Mahon ne se proposait donc pas d'aller à Metz, mais seulement de tendre la main à Bazaine qu'il croyait en marche.

Sur ces entrefaites, M. Rouher, de retour à Paris, avait fait connaître au Conseil des Ministres, à 9 heures du matin, son voyage à Reims, la démarche qu'il avait faite et ses résultats. Le général de Palikao « exprima une contrariété sérieuse de voir la détermination prise par le maréchal de Mac-Mahon ». Son opinion s'affirmait de plus en plus : l'armée devait marcher sur Metz. « Il fit et il exposa des calculs militaires pour établir sa conviction. » Le Conseil partagea presque unanimement son avis ; on rédigea, à l'adresse de l'Empereur, une dépêche, au nom du Ministre et au nom du Conseil des Ministres, par laquelle on le priait d'examiner encore

---

(1) A. G., loc. cit., p. 28.

une fois s'il ne devait pas se décider à marcher sur Metz (1).

Ce télégramme, expédié à 1 h. 5 du soir, se croisa avec celui que le maréchal de Mac-Mahon avait envoyé à 10 h. 45 du matin; il était conçu en ces termes :

« Le sentiment unanime (2) du Conseil en présence des nouvelles du maréchal Bazaine est plus énergique que jamais. Les résolutions prises hier devraient être abandonnées. Ni décrets, ni lettres, ni proclamations ne devraient être publiés. Un aide de camp du Ministre de la guerre part pour Reims avec toutes les instructions nécessaires. Ne pas secourir Bazaine aurait à Paris les plus déplorables conséquences. En présence de ce désastre, il faudrait craindre que la capitale ne se défendît pas. Votre dépêche à l'Impératrice nous donne la conviction que notre opinion sera partagée (3). Paris sera à même de se défendre contre l'armée du prince royal de Prusse. Les travaux sont poussés promptement. Une armée nouvelle se forme à Paris. Nous attendons une réponse par le télégraphe. »

L'Empereur ne communiqua pas le texte de cette dépêche au maréchal de Mac-Mahon, dont il connaissait déjà la résolution de marcher sur Montmédy; il lui en indiqua seulement le sens, à titre de renseignement (4).

A 4 heures du soir, Napoléon III répondit au Ministre de la guerre que l'armée se mettrait en mouvement le lendemain, 23 août, vers Montmédy; il le priait, dans le but de tromper l'ennemi, de faire annoncer par la

---

(1) *Enquête*, déposition de M. Rouher, t. Ier, p. 240.
(2) On a vu précédemment que M. Rouher dit : « presque unanimement ».
(3) Cette dépêche n'a pu être retrouvée. Peut-être s'agit-il de la dépêche du 18 août.
(4) *Enquête*, déposition du maréchal de Mac-Mahon, t. Ier, p. 32.

presse que le maréchal de Mac-Mahon se dirigeait sur Saint-Dizier, à la tête de 150,000 hommes (1).

Pendant ce temps, d'autres nouvelles du maréchal Bazaine, expédiées dans la soirée du 20 août, étaient arrivées à Paris et à Reims. Le Maréchal mandait à l'Empereur que ses troupes « occupaient toujours les mêmes positions »; que l'ennemi paraissait établir des batteries, qui devaient servir à appuyer son investissement, et recevait constamment des renforts ; que le général Marguenat avait été tué à la bataille du 16 et qu'il y avait dans la place plus de 16,000 blessés (2). « Nous sommes sous Metz, écrivait-il au Ministre de la guerre, nous ravitaillant en vivres et en munitions. L'ennemi grossit toujours et paraît commencer à *nous investir*.... J'ai reçu une dépêche du maréchal de Mac-Mahon, auquel j'ai répondu ce que je compte pouvoir faire dans *quelques jours* (3). »

Le général de Palikao recevait le même jour, 22 août, un télégramme, daté du 20 août, du général Coffinières au colonel Turnier, commandant supérieur de Thionville : « ..... Si vous êtes certain de faire passer une dépêche, vous pouvez dire que les Prussiens ont attaqué notre armée sur le plateau d'Amanvillers, à 12 kilomètres environ à l'Ouest de Metz. Après un combat des plus vigoureux, nos troupes, cédant vers leur droite, faute de cartouches, se sont retirées sous Metz et sont

---

(1) *Papiers et Correspondance de la famille impériale*, t. Ier, p. 48.
(2) L'Empereur reçut ce télégramme le 22, à 2 h. 12 de l'après-midi. A l'Instruction relative au *Procès Bazaine*, le maréchal de Mac-Mahon a déclaré qu'il ne pensait pas que l'Empereur lui eût communiqué la dépêche entière; il se rappelait seulement que l'Empereur lui avait parlé de la mort du général Marguenat.
(3) Le Ministre reçut ce télégramme le 22, à 2 h. 20 de l'après-midi. A l'Instruction relative au *Procès Bazaine*, le maréchal de Mac-Mahon a déclaré n'avoir « aucune connaissance de cette dépêche ».

entassées entre Longeville, Saint-Quentin, Plappeville, le Coupillon, et la droite au fort Moselle. C'est une assez mauvaise position, attaquable sur les deux faces de l'Est et de l'Ouest. Les Prussiens s'établissent fortement autour de nous et ne nous laisserons pas longtemps pour nous refaire. Nous avons 11,000 à 12,000 blessés dans la place et peu de ressources pour les soigner (1). »

Le maréchal Bazaine avait expédié, également le 20 août, au maréchal de Mac-Mahon, un troisième télégramme, auquel le commandant de l'armée de Châlons attribua, par la suite, une très grande importance (2). Il était conçu en ces termes :

« J'ai dû prendre position près de Metz pour donner du repos aux soldats et les ravitailler en vivres et en munitions. L'ennemi grossit toujours autour de moi, et je suivrai très problablement, pour vous rejoindre, la ligne des places du Nord, et je vous préviendrai de ma marche, si toutefois je puis l'entreprendre sans compromettre l'armée (3). »

---

(1) Ce télégramme parvint au Ministre le 22, à une heure qui ne peut être précisée.

A l'Instruction relative au *Procès Bazaine*, le maréchal de Mac-Mahon a déposé qu'il ne se rappelait pas « avoir eu connaissance de cette dépêche ». Le maréchal de Mac-Mahon a ajouté à ce sujet :

« L'Empereur avait un bureau télégraphique attaché à son quartier général. Toutes les dépêches à mon adresse ou envoyées par moi passaient par ce bureau spécial, portant souvent l'indication : « A l'Empereur. » « L'Empereur arrivait le plus souvent avant moi au bivouac ; à mon arrivée, il me donnait, de vive voix, communication des dépêches arrivées depuis le moment où je l'avais quitté. Il ne me faisait remettre par écrit que celles importantes ; il est donc possible que toutes les dépêches que vous venez de me citer et qui n'avaient point pour moi une grande importance, à l'exception de celle adressée au colonel Stoffel (*voir plus loin*), m'aient été communiquées sans que je me les rappelle. » On observera que le Maréchal fait allusion à ce qui se passa pendant la marche sur Metz et non pendant le séjour du 22 août à Courcelles.

(2) Maréchal de Mac-Mahon, *Souvenirs inédits*.

(3) Les trois télégrammes furent portés de Metz à Thionville, le

Ainsi que dans ses messages précédents, le maréchal Bazaine ne faisait pas mention de l'échec qu'il avait subi le 18 août et présentait toujours comme très probable la reprise de son mouvement vers l'Ouest. Toutefois, ce dernier télégramme contenait, à cet égard, une réserve que ne mentionnaient pas les précédents et qui était de nature à appeler sérieusement l'attention du destinataire. Le maréchal Bazaine mettait, en effet, à la marche ultérieure vers les places du Nord la condition de ne pas « compromettre l'armée ». En tout cas, il préviendrait le commandant de l'armée de Châlons.

Mais bien que, d'une part, la dépêche eût été expédiée, le 22 août, à la fois de Givet, à 1 heure de l'après-midi, à l'adresse du maréchal de Mac-Mahon (1), et de Longwy,

---

21 août, par une femme courageuse, Mme Imbert, qui les remit, le même jour, à midi 15, au colonel Turnier (*Procès Bazaine*, p. 333). Des duplicata de ces télégrammes et la lettre du général Coffinières lui parvinrent à peu près en même temps par l'intermédiaire de l'agent de police Flahaut (*Ibid.*, p. 321).

Le télégraphe ayant été coupé à l'Ouest de Thionville le 21 août, vers 10 heures du matin, le colonel Turnier confia les télégrammes et la lettre à M. Guyard, commissaire de police cantonal à Longwy (*Procès Bazaine*, p. 364); il en remit également une expédition à M. de Bazelaire, qui se rendait à Paris, par la Belgique et Givet (*Ibid.*, p. 365).

M. Guyard apporta ces pièces au lieutenant-colonel Massaroli, commandant de la place de Longwy. Celui-ci les remit aux inspecteurs de la sûreté, Rabasse et Miès, envoyés aux nouvelles par le colonel Stoffel; il transmit pourtant directement à l'Empereur le télégramme qui lui était destiné et au Ministre la lettre du général Coffinières. Rabasse et Miès expédièrent de leur côté, par le télégraphe, le 22, à 4 h. 50 du soir, au colonel Stoffel, les trois télégrammes et la lettre qui leur avaient été remis.

M. de Bazelaire, à son arrivée à Givet, le 22, vers 1 heure de l'après-midi, s'était empressé de faire partir les trois télégrammes; il remit la lettre du général Coffinières, le 23 août, au Ministre de l'intérieur (*Procès Bazaine, passim*).

(1) Par M. de Bazelaire (Voir la note ci-dessus).

en deux expéditions, à 4 h. 25 et à 4 h. 50 du soir, également au Maréchal sous le couvert du colonel Stoffel (1); bien que, d'autre part, l'original eût été remis en mains propres le 26 août, à Rethel, à ce même officier supérieur (2), elle ne parvint pas au commandant de l'armée de Châlons (3). Celui-ci déclarait, dans sa déposition au procès Bazaine : « Je ne me rappelle point avoir reçu cette dépêche et il me semble impossible qu'elle m'ait échappé, puisqu'elle m'aurait permis d'arrêter le mouvement vers l'Est, si les circonstances m'avaient paru l'exiger (4). »

Le maréchal de Mac-Mahon n'a pas voulu dire par là

---

(1) Par les inspecteurs de la sûreté M ès et Rabasse (Voir p. 89, note de la p. 88, § 3). Ces deux expéditions passèrent par Paris et arrivèrent à Reims à 6 h. 50 et à 9 h. 40 du soir.

M. Amiot, directeur du service télégraphique du quartier impérial, dit qu'il peut affirmer avec certitude avoir reçu ces dépêches et les avoir transmises au destinataire (*Procès Bazaine*, p. 380). Elles se terminaient par la demande des agents : « Faut-il rentrer ? » demande à laquelle il fut répondu de Reims, le même jour, 22, à 9 h. 40 du soir, par l'ordre de rallier le quartier impérial à Bétheniville.

(2) *Procès Bazaine*, p. 385, 390 et 402; colonel Stoffel, *La Dépêche du 20 août*, p. 38.

(3) D'après le colonel Stoffel (*Procès Bazaine*, p. 389; *La Dépêche du 20 août*, p. 32), le télégramme serait bien parvenu au quartier général du maréchal de Mac-Mahon, à Courcelles, mais aurait été remis à un officier de l'état-major particulier ou de l'état-major général qui l'aurait communiqué déchiffré au Maréchal. Le colonel Stoffel en aurait trouvé une traduction complète sur sa table de travail et serait resté convaincu que le maréchal de Mac-Mahon en avait eu connaissance. Tel serait également le motif pour lequel il ne remit pas au Maréchal les originaux que lui apportèrent les inspecteurs de la sûreté le 26 août, à Rethel. Le *Rapport* du général de Rivière ayant accusé le colonel Stoffel d'avoir intercepté au moins deux fois le télégramme adressé au maréchal de Mac-Mahon (*Procès Bazaine*, p. 27), le colonel Stoffel demanda à comparaître devant un conseil de guerre. Le 13 juillet 1874, il bénéficia d'une ordonnance de non-lieu (Voir la note de la page 92).

(4) *Procès Bazaine*, p. 377.

qu'il ne se serait pas porté de Reims au-devant du maréchal Bazaine si ce télégramme lui était parvenu : « Vous me demandez, déposait-il à l'Instruction relative au procès Bazaine, si, l'ayant reçu, j'aurais continué mon mouvement vers l'Est. Cette question est délicate. Je vous répondrai cependant consciencieusement qu'il est probable que, même après sa réception, j'aurais continué ma marche vers la Meuse, sauf à voir ce qu'il y avait à faire, y étant arrivé (1). »

Comme le rapporteur semblait penser que le souverain avait peut-être retenu cette dépêche de crainte que sa divulgation ne fît abandonner définitivement le projet de marche au-devant de l'armée de Metz, le maréchal de Mac-Mahon déclara :

« Ma conviction intime est que l'Empereur n'est pour rien dans cette affaire. A Reims, comme quelques jours plus tard au Chesne-Populeux, l'Empereur désirait rentrer à Paris avec l'armée de Châlons..... Je pense que le moment décisif de la campagne a été non à Reims, mais au Chesne-Populeux (2). »

En tout état de cause, il semble acquis que le maréchal de Mac-Mahon n'a pas eu connaissance de la dépêche du 20 août qui lui était destinée (3), mais il ressort aussi, de ses déclarations mêmes, que sa réception n'aurait exercé que peu d'influence sur sa détermi-

---

(1) Dans ses *Souvenirs inédits* rédigés postérieurement au *Procès Bazaine*, le maréchal de Mac-Mahon a été plus affirmatif : « Cette dépêche, dit-il, avait une importance capitale. Dans les dispositions d'esprit où je me trouvais, elle m'aurait probablement décidé, soit dans ce moment, soit un peu plus tard, sur la Meuse, à abandonner ma marche sur Metz pour me reporter sur Paris. »

(2) Instruction relative au *Procès Bazaine*.

(3) Le 27 août, le maréchal de Mac-Mahon télégraphiait au Ministre de la guerre : « ..... Depuis le 19, je n'ai aucune nouvelle de Bazaine..... »

nation d'entamer le mouvement vers Metz et de le poursuivre jusqu'à la Meuse (1).

Quoi qu'il en soit, le 22 août, à 5 h. 30 du soir, le commandant de l'armée de Châlons fit expédier des ordres, dans le but d'atteindre la ligne de la Suippe, dans la journée du 23, et de marcher ensuite « dans la direction de Montmédy ».

Le mouvement est résumé par le tableau ci-après :

---

(1) Le *Journal officiel* du 19 octobre 1874 publia au sujet du colonel Stoffel, la note suivante :

« Dans une brochure intitulée : *La Dépêche du 20 août 1870*, M. le baron Stoffel, colonel en retraite, a cru devoir discuter des témoignages entendus dans le procès de M. Bazaine, en renouvelant contre le magistrat rapporteur de ce procès, des attaques dont les tribunaux ont déjà fait justice.

A l'appui de ses allégations, M. le baron Stoffel invoque l'instruction et le rapport qui ont précédé l'ordonnance de non-lieu, rendue par M. le Ministre de la guerre, le 13 juillet 1874, et prétend reproduire, quant au fond, sinon dans la forme, les dépositions des témoins entendus dans l'instruction.

Or il n'est aucune de ces dépositions qui n'ait été dénaturée par l'analyse qu'il en donne.

Pour apprécier toute la gravité des erreurs commises, il suffira de rapprocher de l'une des allégations sur lesquelles il insiste le plus, ce seul passage du rapport : « Il est établi aujourd'hui que le colonel d'Alzac n'a nullement vu les agents Miès et Rabasse ».

Quant aux conséquences que M. le baron Stoffel entend tirer de l'ordonnance de non-lieu, il suffit, pour démontrer combien elles sont peu justifiées, de rappeler que cette ordonnance est motivée sur ce considérant que les faits relevés à la charge de M. Stoffel ne tombaient pas sous le coup d'un texte précis de la loi. »

LA GUERRE DE 1870-1871.

ÉLÉMENTS.	POINTS de DÉPART.	HEURES de DÉPART.	ITINÉRAIRES.	STATIONNEMENT.	OBSERVATIONS.
Grand quartier général. 1re et 2e divs.	Courcelles. Sillery.	4 h. 30 matin.	Route de Reims à Sainte-Menehould, puis chemin de Baconnes à Vaudesincourt. Non fixé.	Béthéniville. Saint-Martin-l'Heureux et Dontrien. Quartier général à Saint-Martin-l'Henreux. Prosnes.	Les corps devraient s'alléger le plus possible en bagages de toute nature et n'emporter que le strict nécessaire.
7e corps. 3e division. Réserves d'artillerie et du génie.	Reims.	10 h. matin.		?	
1er corps.	Ormes, Taissy, Cormontreuil.	4 h. 30 matin (colonne de droite). 6 h. 00 matin (colonne de gauche).	DEUX COLONNES. Colonne de droite : 1re et 2e division; réserve d'artillerie, voitures de l'administration, division de cavalerie; par Nauroy et Moronvilliers. Colonne de gauche : 3e et 4e division par Saint-Léonard, Beine, Pont-Faverger, Béthéniville.	Entre Saint-Hilaire-le-Petit et Béthéniville. Quartier général à Saint-Hilaire-le-Petit.	La division de cavalerie du 1er corps doit se rendre du camp de Châlons à Saint-Hilaire-le-Grand.
5e corps (1).	Entre Cormontreuil, Reims et Tinqueux.	4 h. 30 matin.	Reims, Cernay-lès-Reims, Epoye.	Selles et Pont-Faverger. Quartier général à Pont-Faverger.	
12e corps.	Neuvillette et Saint-Thierry.	4 h. 30 matin.	Reims, Witry-lès-Reims, Caurel-lès-Lavannes.	Ilentrégville et St-Masmes. Quartier général à Heutréviville.	
1re division de cavalerie de réserve.	Camp de Châlons.	Non fixée.	Non fixé.	Vaudesincourt et Auberive-sur-Suippe. Quartier général à Vaudesincourt.	
2e division de cavalerie de réserve.	Berzieux (2).	Ibid.	Ibid.	Monthois.	Surveillera les défilés de Grand-Pré et de la Croix aux-Bois.

(1) Tout le 5e corps, sauf la division de cavalerie stationnée à Sommesous, avait rejoint la division de Lespart, soit dans la soirée du 21, soit dans la journée du 22 août.
(2) La 2e division de cavalerie de réserve (Margueritte) s'était rendue le 22 août de Sainte-Menehould à Berzieux.

DEUXIÈME PARTIE

La marche vers Montmédy.

CHAPITRE Ier

Journée du 23 août.

Le 23 août, par une pluie battante, l'armée de Châlons se porte, des environs de Reims, sur la Suippe. Le mouvement, dans son ensemble, s'exécute conformément aux instructions données la veille, sauf au 1er corps, où la colonne de droite, composée des 1re et 2e divisions, change d'itinéraire, à cause du mauvais état des chemins de traverse qu'elle doit prendre, et vient, à partir de Beine, s'engager sur la route suivie par la colonne de gauche. D'une manière générale, la marche a été mal préparée : de nombreux croisements et encombrements se produisent à la traversée de Reims ; des corps attendent pendant plusieurs heures, sous les armes, le moment de commencer leur mouvement ; les heures de départ de certaines unités, pour lesquelles déjà on n'a pas tenu compte suffisamment de la durée d'écoulement des colonnes, se trouvent encore retardées par ces incidents. Au 1er corps, par exemple, les derniers éléments n'arrivent guère au bivouac qu'à la tombée de la nuit.

Le grand quartier général est établi à Béthéniville.

Le 7e corps bivouaque à Saint-Martin (quartier général) et Dontrien, sa 3e division à Prosnes ; le 1er à Saint-Hilaire-le-Petit (quartier général) et Béthéniville ; le 5e à Pont-

Faverger (1) (quartier général), Selles et Jonchery (2); le 12ᵉ à Heutrégiville (quartier général) et à Saint-Masmes.

La 1ʳᵉ division de cavalerie de réserve (Margueritte) se porte de Berzieux à Monthois, avec mission de surveiller les débouchés de Grand-Pré et de la Croix-aux-Bois. La 2ᵉ division de cavalerie de réserve (Bonnemains), venant du camp de Châlons, stationne à Auberive-sur-Suippe et Vaudesincourt.

Au 12ᵉ corps, l'administration manquait d'un personnel suffisant pour livrer aux troupes les approvisionnements qui leur étaient nécessaires. « Il fallut recourir aux réquisitions pour se procurer le pain, la viande, le bois et les fourrages (3)..... ». Ce fut l'origine de quelques désordres. Il y eut également, au 1ᵉʳ et au 5ᵉ corps, des actes d'indiscipline qui provoquèrent, de la part des généraux Ducrot et de Failly, des ordres destinés à les réprimer. Le général Lebrun se rendit à Bétheniville, avec l'intention de rendre compte de la situation au maréchal de Mac-Mahon ; il y rencontra le général de Failly, que le même motif avait amené au grand quartier général.

Tous deux représentèrent au commandant en chef que, si l'administration de l'armée ne prenait pas immédiatement des mesures telles qu'elle pût, à l'avenir, subvenir aux besoins des troupes par des moyens réguliers, il était à craindre que les soldats ne se livrassent à la

---

(1) La 1ʳᵉ brigade (Saurin) de la division Goze, venant des Petites-Loges avec le 5ᵉ hussards, rejoint le gros du 5ᵉ corps.

(2) Le général Brahaut, commandant la division de cavalerie du 5ᵉ corps, s'était rendu dans la journée du 23, avec cinq escadrons, de Sommesous à Châlons, où il avait trouvé l'ordre du général de Failly de doubler l'étape pour rejoindre le corps d'armée. En conséquence, après un repos de deux heures, le général Brahaut était reparti et était venu stationner dans la soirée à Jonchery, où toute la division de cavalerie du 5ᵉ corps, sauf deux escadrons du 5ᵉ lanciers, se trouva réunie.

(3) Général Lebrun, *Bazeilles-Sedan*, p. 42.

maraude, ce qui les disposerait infailliblement à la désertion (1).

Le maréchal de Mac-Mahon qui, avant le départ de Reims, avait donné l'ordre de pourvoir l'armée de quatre jours de vivres, s'étonna de ce que ses prescriptions à ce sujet n'eussent pas été exécutées.

Les généraux de Failly et Lebrun lui expliquèrent « qu'ils avaient bien transmis l'ordre de toucher les vivres au point et à l'heure indiqués par l'état-major général, mais que, n'ayant point trouvé les sous-intendants qui devaient signer les bons de vivres, les corvées avaient dû rentrer au camp peu de temps avant le départ, sans que les distributions eussent été faites. Ils rejetaient la faute sur leurs intendants qui n'étaient arrivés que le 22, sans agents, et ne connaissant pas même les lieux de distribution (2) ».

Déjà était préparé l'ordre de mouvement pour le 24 août, qui devait amener l'armée à Ardeuil (7e corps), Monthois (5e), Ville-sur-Retourne (12e), Semide et Contreuve (1er). Les nécessités du ravitaillement obligèrent le maréchal de Mac-Mahon à modifier la direction de sa marche et à remonter vers le Nord pour rapprocher ses corps de la voie ferrée Reims—Mézières.

Les renseignements sur l'ennemi reçus au quartier général français étaient dus généralement aux fonctionnaires, surtout aux préfets et aux sous-préfets des départements envahis, et aux commandants supérieurs des places fortes.

Le 23 août, des reconnaissances de cavalerie allemande s'étaient montrées sur la Meuse, en aval de Verdun ; l'une d'elles avait même franchi le fleuve vers Consenvoye ; le chemin de fer de Verdun à Sainte-Menehould avait été coupé près de Nixéville. Le sous-préfet de

---

(1) Général Lebrun, *Bazeilles-Sedan*, p. 45.
(2) Maréchal de Mac-Mahon, *Souvenirs inédits*.

Montmédy, transmettant les nouvelles apportées par des émissaires envoyés au maréchal Bazaine, mandait vers midi, qu'entre Metz et Verdun il y avait « une ligne continue de troupes prussiennes et pas de troupes françaises ». Un peu plus tard, le commandant supérieur de Verdun annonçait que l'ennemi traversait la Meuse en amont et en aval de Verdun et semblait marcher sur les défilés de l'Argonne ; en même temps, des forces plus nombreuses apparaissaient autour de la place.

Le 22, un détachement de cavalerie prussienne était entré à Chaumont ; le 23, un détachement de uhlans atteignait Châlons-sur-Marne. On signalait de Mirecourt « un corps d'armée considérable », pourvu de 200 bouches à feu environ, et se dirigeant sur Gondrecourt ou Vaucouleurs. Plusieurs divisions bavaroises auraient passé les jours précédents à Colombey-les-Belles. On entendait une assez forte canonnade dans la direction de Toul.

Les mouvements des armées allemandes étaient en réalité les suivants :

D'après l'ordre du 21 août (1), la III⁰ armée devait, d'une manière générale, conserver toujours une avance d'une marche sur l'armée de la Meuse, « de manière à se ménager la faculté, dans le cas où l'ennemi ferait mine de tenir, de l'attaquer à la fois de front et dans son flanc droit, afin de le couper de la capitale, en le refoulant dans la direction du Nord (2) ».

Les mouvements des deux armées sur Paris devaient commencer le 23 août.

Le 26, les avant-gardes de la III⁰ armée avaient pour mission d'atteindre la ligne Vitry—Saint-Mard ; celles de l'armée de la Meuse arrivant, le même jour, sur la ligne Givry-en-Argonne—Sainte-Menehould.

---

(1) Voir 10⁰ fascicule, p. 53.
(2) *Historique du Grand État-Major prussien*, 7⁰ livraison, p. 914.

a) *Armée de la Meuse.* — Le 23 août, les divisions de cavalerie de l'armée de la Meuse gagnent cette rivière : la 5ᵉ en aval de Verdun, à Neuville et à Bras ; la 12ᵉ à Dieue et la 6ᵉ à Génicourt, en amont de la place. Les avant-gardes de celles-ci stationnent à Senoncourt, Souilly et Mondrecourt. La division de cavalerie de la Garde se rassemble à Fresnes-au-Mont et pousse des partis sur Neuville-en-Verdunois, Érize-la-Petite, Rosnes, Érize-la-Brûlée.

Le XIIᵉ corps, chargé d'exécuter le lendemain le coup de main sur Verdun, se porte de Jeandelize à Haudiomont et Eix ; l'avant-garde de la 24ᵉ division, dépassant Haudiomont, s'établit dans la forêt de Fontaine, à 7 kilomètres environ au Sud-Est de la place. Le IVᵉ arrive à Vadonville, avec son avant-garde à Triconville et la Vallée ; la Garde, à Saint-Mihiel et au Nord de cette ville.

Le quartier général de l'armée de la Meuse est transféré à Fresnes-en-Woëvre.

b) *IIIᵉ armée* — Le gros de la 4ᵉ division de cavalerie se porte, le 23, de Stainville à Saint-Dizier ; elle n'est plus qu'à 6 kilomètres environ en avant de la tête de colonne du Vᵉ corps. Son avant-garde occupe Perthes et lance des flanqueurs : au Nord jusque vers Sermaize, au Sud sur Éclaron. Les 3ᵉ et 4ᵉ escadrons du 5ᵉ dragons, qui, le 22, avaient atteint Outrepont, arrivent à l'Est de Châlons. Ils trouvent tous les villages complètement évacués par les Français, apprennent que ceux-ci sont partis de Châlons à 2 heures de l'après-midi (1) et qu'il n'y a plus au camp que des gardes mobiles. Le rapport du major von Klocke, commandant ces deux escadrons, expédié de Courtisols à 9 heures du soir, arriva au grand quartier général, à Ligny-en-Barrois, le 24 à midi, au moyen d'un certain nombre de postes de correspondance.

---

(1) Division de cavalerie du 5ᵉ corps.

Ce rapport venait y confirmer des renseignements antérieurs d'après lesquels l'armée française, que l'on savait réunie au camp de Châlons, se serait mise en mouvement (1). On pensait qu'elle s'était repliée sur Paris (2). Comme il importait d'être fixé le plus tôt possible à ce sujet, Moltke écrivit au général von Blumenthal; « Il est à désirer que la cavalerie poussée vers l'avant, ainsi qu'au Sud de Châlons, détermine nettement la direction de marche de l'ennemi; de là pourrait éventuellement aussi résulter, pour l'ensemble de la III° armée, une destination différente dans les marches à effectuer le 26 de ce mois (3). »

Le Prince royal prescrivit en conséquence à la 4° division de cavalerie de franchir la Marne au Sud de Vitry et de se diriger, par la rive gauche, sur Châlons, Vertus et Épernay, tandis que la brigade de cavalerie würtembergeoise exécuterait le même mouvement par la rive droite.

La 2° division de cavalerie, venue le 23 de Martigny à Dainville-aux-Forges, ayant appris que 6,000 gardes mobiles pourvus d'artillerie se rassemblaient à Langres, reçut l'ordre de marcher, les jours suivants, par Vassy vers Arcis-sur-Aube et de couper la voie ferrée entre Troyes et Méry-sur-Seine. Le VI° corps devait lui fournir, à cet effet, un détachement de pionniers montés sur des voitures.

A l'aile droite de la III° armée, le II° corps bavarois se porte le 23 de Ménil-la-Horgne au Nord-Ouest de Ligny-en-Barrois, poussant sa brigade de uhlans jusqu'à Bar-le-Duc et Mussey. Les autres corps de première ligne atteignent la Saulx : le V° corps à Stainville, la division würtembergeoise à Ménil-sur-Saulx, le XI° corps à

---

(1) *Historique du Grand État-Major prussien*, 7° livraison, p. 915.
(2) Von Hahnke, *loc. cit.*, p. 137.
(3) *Correspondance militaire du maréchal de Moltke*, t. I, n° 196.

Montiers. Leurs avant-gardes sont sur la Marne : celle du V⁰ corps à Haironville et Sommelonne, celle du XI⁰ à Fontaines.

En seconde ligne, le I⁰ʳ corps bavarois gagne Saint-Aubin, le VI⁰ corps Gondrecourt.

Le quartier général de la III⁰ armée est transféré de Vaucouleurs à Ligny; le grand quartier général de Pont-à-Mousson à Commercy.

Des informations nouvelles et les reconnaissances de la place de Toul et de ses abords ayant fait espérer que le tir énergique de pièces de campagne suffirait probablement pour amener une capitulation, les Allemands exécutaient, le 23 août, une nouvelle tentative pour s'emparer de Toul par une attaque brusquée (1). Le Prince royal avait chargé de l'opération trois bataillons et l'artillerie de corps du VI⁰ corps; celle-ci devait bombarder la ville de la rive droite de la Moselle, tandis que les troupes bavaroises, sous les ordres du général von Thiereck (2), assureraient l'investissement sur la rive opposée.

En conséquence, le 22, de très grand matin, le lieutenant général von Gordon, commandant la *11⁰* division d'infanterie, s'était porté, des environs de Pagny-sur-Meuse, sur Bicqueley, avec le *38⁰* régiment d'infanterie, l'artillerie de corps, la 2⁰ compagnie de pionniers, « la colonne d'outils » et une colonne de munitions d'artillerie. Le *38⁰* avait franchi la Moselle à Pierre-la-Treiche, sur le pont jeté par les Bavarois : le III⁰ bataillon s'était dirigé sur Chaudeney, le I⁰ʳ sur Gondreville, le II⁰ avait occupé

---

(1) La première tentative avait été faite le 16 août par le IV⁰ corps (*Historique du Grand État-Major prussien*, 6⁰ livraison, p. 167 et suiv.).

(2) Ces troupes étaient :

La 7⁰ brigade $\left(\frac{I, II}{5^e}, \frac{I, II}{9^e}, 6^e \text{ bataillon de chasseurs}\right)$;

Le 2⁰ régiment de chevau-légers et deux batteries du 4⁰ régiment d'artillerie.

le bois de Dommartin et poussé des détachements dans le village du même nom.

Le commandant de l'artillerie de corps avait fait construire dans la soirée des épaulements de batteries sur les hauteurs au Nord-Est de Chaudeney, sous la protection des troupes avancées déployées le long de la Moselle. De leur côté, les Bavarois étaient passés sur la rive gauche et avaient établi leurs deux batteries sur le mont Saint-Michel.

Le 23 au matin, après une inutile sommation adressée au commandant de la place, le feu fut ouvert à 8 h. 45. La place riposta vigoureusement, mais sans pertes sensibles pour les Allemands. Espérant que les incendies allumés dans la ville décideraient le gouverneur à capituler, le général von Gordon envoya, vers midi, un second parlementaire qui revint, vers 4 heures, porteur d'un refus. Le bombardement recommença, mais on se rendit compte bientôt du peu d'effet que produisaient les pièces de campagne et, à 6 h. 30 du soir, le général von Gordon fit cesser le feu. L'artillerie s'établit au bivouac à Bicqueley ; le *38e* se rallia à Gondreville.

Le 24 août, toutes les troupes allemandes reprirent leur marche vers l'Ouest, pour rejoindre leurs corps respectifs. L'artillerie de corps du VIe corps prit par Vaucouleurs ; le *38e* par Void, avec la brigade bavaroise qui laissait devant Toul le *9e* régiment d'infanterie, un escadron et une batterie. Ces dernières unités devaient être relevées ultérieurement par trois bataillons de landwehr, auxquels seraient adjointes 25 pièces de place françaises trouvées à Marsal, avec lesquelles on se proposait « de reprendre le bombardement de la ville (1) ».

Dans la soirée, l'armée de Châlons occupait les emplacements ci-après :

---

(1) *Historique du grand État-Major prussien*, 7e livraison, p. 918.

Grand quartier général.........		Bétheniville.
1er corps..	Quartier général.....	Saint-Hilaire-le-Petit.
	1re division.........	Entre Saint-Hilaire-le-Petit et Bétheniville.
	2e —	*Ibid.*
	3e —	*Ibid.*
	4e —	*Ibid.*
	Division de cavalerie.	1re brigade : Saint-Hilaire-le-Grand. 2e brigade : Saint-Hilaire-le-Petit.
	Réserves d'artillerie et du génie.........	Entre Saint-Hilaire-le-Petit et Bétheniville.
5e corps.	Quartier général.....	Pont-Faverger.
	1re division.........	Entre Pont-Faverger et Bétheniville.
	2e —	Pont-Faverger.
	3e —	Selles.
	Division de cavalerie.	Jonchery.
	Réserves d'artillerie et du génie.........	Au Sud-Est de Pont-Faverger.
7e corps..	Quartier général.....	Saint-Martin-l'Heureux.
	1re division.........	Entre Dontrien et Saint-Martin-l'Heureux.
	2e —	Entre Saint-Martin-l'Heureux et Saint-Hilaire-le-Petit.
	3e —	Prosnes.
	Division de cavalerie.	Saint-Martin-l'Heureux.
	Réserves d'artillerie et du génie.........	*Ibid.*
12e corps.	Quartier général.....	Heutrégiville.
	1re division.........	Saint-Masmes.
	2e —	Heutrégiville.
	3e —	*Ibid.*
	Division de cavalerie. 1re brigade.	7e chasseurs : Vaudesincourt. 8e chasseurs : Heutrégiville et Auberive.
	2e brigade.	Vaudesincourt.
	3e brigade.	Entre Saint-Hilaire-le-Petit et Bétheniville.
	Réserves d'artillerie et du génie.........	Saint-Masmes.

1re division de réserve de cavalerie.   Monthois.
2e division de réserve de cavalerie.   Auberive-sur-Suippe.

Parcs d'artillerie.
- 5e corps............ Reims (sauf l'équipage de pont en route de Langres à Paris).
- 7e corps............ Reims (sauf l'équipage de pont à Soissons).
- 12e corps........... Reims.

Équipage de pont de réserve .....   Château-Thierry.

CHAPITRE II

Journée du 24 août.

Le 24 août, l'armée de Châlons fait une marche dans la direction générale du Nord-Est.

Le 7ᵉ corps, à droite, forme deux colonnes. L'une comprenant la 2ᵉ division, les réserves du génie et d'artillerie, la 1ʳᵉ division, part de ses bivouacs entre Saint-Martin-l'Heureux et Dontrien à 5 heures du matin, et se porte à Semide, par Sainte-Marie-à-Py et Somme-Py. Elle campe sur les hauteurs au Sud de Contreuve. L'autre, composée de la 3ᵉ division, quitte Prosnes à la même heure et se dirige sur Saint-Martin-l'Heureux et Saint-Étienne-à-Arnes, où elle s'établit au Sud du village. La division de cavalerie va de Saint-Martin-l'Heureux à Contreuve (1). Le quartier général du corps d'armée est transféré de Saint-Martin-l'Heureux à Contreuve.

Le 1ᵉʳ corps effectue son mouvement également en deux colonnes. Les 1ʳᵉ et 2ᵉ divisions, puis le convoi du service administratif, enfin la division de cavalerie suivent l'itinéraire Saint-Hilaire-le-Petit, Hauviné, Cauroy, et stationnent à Bignicourt, sauf la division de cavalerie

---

(1) Il n'a pas été possible de spécifier l'itinéraire suivi par la division de cavalerie du 7ᵉ corps. L'ordre de mouvement pour le 24 août dit que : « Des ordres ultérieurs seront donnés pour la cavalerie et pour les services administratifs. » Ces ordres n'ont pas été retrouvés. Les *Historiques* des corps de la division ne fournissent pas non plus d'indications suffisantes.

qui bivouaque à Ville-sur-Retourne (1). Les heures de départ sont respectivement : 7 heures (1ʳᵉ division), 8 heures (2ᵉ), 9 heures (convoi), 11 heures (cavalerie). Les 4ᵉ et 3ᵉ divisions et la réserve d'artillerie (2) lèvent leur camp à 7, 8 et 9 heures, et se dirigent sur Juniville par la Neuville.

La marche s'exécute facilement — du moins les documents ne mentionnent-ils pas d'incidents notables — et les troupes arrivent de bonne heure à l'étape. Le quartier général du corps d'armée est transféré de Saint-Hilaire-le-Petit à Juniville.

Le 5ᵉ corps se porte de Pont-Faverger sur Rethel en une seule colonne, dont la tête se met en marche à 5 heures du matin et qui suit l'itinéraire Aussonce, Alincourt, Perthes-le-Châtelet. Les divisions d'infanterie, précédées des 1ᵉʳ et 3ᵉ escadrons du 5ᵉ hussards et des 5ᵉ et 6ᵉ escadrons du 12ᵉ chasseurs, se succèdent dans l'ordre de leurs numéros, l'artillerie de réserve intercalée entre la 2ᵉ et la 3ᵉ (3), le convoi administratif suivant la 3ᵉ. Le camp est installé au Sud et près de Rethel sur la rive gauche de l'Aisne, à l'Est de la grande route de Paris. Les 5ᵉ et 6ᵉ escadrons du 12ᵉ chasseurs poussent jusqu'à Doux (4). La division de cavalerie, partie de Jonchery, à 7 heures du matin, est ralliée, près de Bétheniville, par deux escadrons du 5ᵉ lanciers qui avaient été embarqués à Chaumont et dirigés sur Paris et Reims ; elle

---

(1) Elle est rejointe par la brigade de Septeuil, qui avait marché jusque-là avec la division Bonnemains.

(2) Il n'est pas question de la réserve du génie dans l'ordre de mouvement du 1ᵉʳ corps pour le 24 août.

(3) L'ordre de mouvement pour le 24 août ne parle pas de la réserve du génie.

(4) C'est l'indication donnée par l'*Historique* du corps. Le *Journal de marche* du 5ᵉ corps et celui de la division de cavalerie disent : Amagne.

gagne ensuite Biermes, où elle n'arrive qu'à 8 heures du soir. Le général Brahaut, commandant cette division, ne dispose réellement que du 5e lanciers et des 3e et 4e escadrons du 12e chasseurs (1).

Le quartier général du corps d'armée va de Pont-Faverger à Rethel.

Le 12e corps quitte ses bivouacs entre Saint-Masmes et Heutrégiville à 5 h. 30 du matin (3 escadrons de cavalerie) (2), 6 heures (2e division), 7 heures (3e), 8 heures (1re), 9 heures (réserves d'artillerie et du génie), et, formant une seule colonne, prend la grande route de Paris à Rethel. Il stationne à l'Est d'Acy-Romance. La marche est lente et fatigante; les troupes de la 1re division n'arrivent au bivouac qu'entre 7 et 8 heures du soir. La division de cavalerie, partant de Béthéniville, Vaudesincourt et Auberive, se rend isolément à Rethel par Pont-Faverger, Aussonce, Alincourt et Perthes-le-Châtelet.

Le quartier général du corps d'armée est installé à Rethel.

La 1re division de réserve de cavalerie séjourne à Monthois, couvrant le flanc droit de l'armée et observant toujours les passages de l'Argonne; la 2e se rend d'Auberive-sur-Suippe et de Vaudesincourt à Pont-Faverger, stationnant ainsi derrière l'infanterie.

Le grand quartier général est transféré de Béthéniville à Rethel.

Jugeant avec raison que la conservation de Reims était d'une certaine importance pour les ravitaillements de l'armée, le maréchal de Mac-Mahon demanda au Ministre

---

(1) Le 3e lanciers était resté avec la brigade Lapasset; le 5e hussards était réparti entre les divisions d'infanterie et le quartier général du corps d'armée.

(2) Les 5e et 6e escadrons du 8e chasseurs et le 5e du 6e cuirassiers, qui avaient été débarqués à Reims le 20 août, en étaient partis le 23 et étaient venus camper le même jour à Vaudétré.

de la guerre de faire occuper cette ville par une division d'infanterie, la 1re du 13e corps, qui devait être transportée en chemin de fer de Paris à destination.

Déjà l'indiscipline des troupes prenait « des proportions inquiétantes » (1) : Des officiers furent insultés, des habitants, pillés (2). Le général Ducrot autorisa l'emploi « des derniers moyens de rigueur » pour la répression de ces excès. Il se préoccupa aussi d'assurer l'ordre dans les colonnes de bagages et dans les villages voisins des campements. Dans ce but, il fit désigner par les corps des officiers et des sous-officiers pour diriger et surveiller leurs voitures régimentaires, et il prescrivit la réunion au quartier général du corps d'armée, de toute la gendarmerie des divisions (3). Le général de Failly prescrivit de traduire en conseil de guerre et de juger, dans les vingt-quatre heures, les maraudeurs qui seraient pris en flagrant délit (4).

La division de cavalerie Margueritte, qui se trouvait à Monthois depuis la veille, était restée immobile le 24 août, couverte par le 1er hussards dont les cinq escadrons étaient établis à l'Est de Grand-Pré, mais dépourvue d'un service de découverte susceptible d'éclairer le commandement sur la situation des forces adverses.

Aussi les renseignements du 24 août étaient-ils généralement dus, comme ceux de la veille, aux préfets et sous-préfets des départements envahis. Ils constituaient deux groupes, suivant qu'ils avaient trait à l'armée de la Meuse ou à celle du Prince royal.

De Montmédy on signale une importante colonne allemande qui, venant d'Étain, a défilé, toute la journée du

---

(1) Ordre n° 3 du 1er corps : « L'indiscipline prend des proportions alarmantes. » Cf. Capitaine Achard, *Souvenirs personnels*.
(2) Ordre du 5e corps, 24 août ; *Journal* de marche du 5e corps, 30 août.
(3) Ordre n° 3 du 1er corps.
(4) Ordre du 5e corps, 24 août.

23, sur la route de Maucourt à Orne, se dirigeant sur Brabant-sur-Meuse et Consenvoye. A 7 heures du soir, 10,000 hommes environ et 80 bouches à feu étaient sur le bord de la rivière et avaient commencé le passage. Une colonne de cavalerie a franchi la Meuse à gué vers Champneuville. Les communications télégraphiques de Verdun avec Paris sont interceptées par l'ennemi. Telles étaient les seules nouvelles qui parvenaient au maréchal de Mac-Mahon de la région où il supposait, à son départ de Reims, que se trouvait l'armée du maréchal Bazaine, en marche vers l'Ouest. L'absence complète d'informations relatives à celle-ci, d'un effectif considérable pourtant, et la présence incontestable de forces ennemies au Nord de Verdun ne manquèrent pas sans doute de surprendre le duc de Magenta. Il pouvait en inférer que, suivant toutes probabilités, le maréchal Bazaine n'était pas en mouvement vers Montmédy, comme il l'avait pensé, mais qu'il se trouvait toujours aux environs de Metz (1). Dès lors, la tâche de l'armée de Châlons devenait plus difficile et plus dangereuse, surtout si le maréchal de Mac-Mahon se conformait aux instructions de l'Impératrice qui recommandait « de secourir à tout prix le maréchal Bazaine » (2).

Les renseignements sur l'armée du Prince royal se précisent. D'après un télégramme du préfet de la Haute-Marne, elle se trouverait, le 23 août, dans la zone Neufchâteau, Gondrecourt, Ligny, Joinville et Vassy, forte de plus de 100,000 hommes. Une dépêche ultérieure du

---

(1) Une lettre du général de Stolberg, commandant la 2ᵉ division de cavalerie, oubliée à Coussey par l'auteur et transmise par le sous-préfet de Neufchâteau au Ministre de l'intérieur, puis au maréchal de Mac-Mahon, disait même : « Troupes françaises près Metz repoussées dans les fortifications. »
(2) L'Impératrice à l'Empereur, Paris, 24 août, 12 h. 35 du soir (D. T. Ch.).

même fonctionnaire annonce que le Prince royal est entré à Saint-Dizier le 22; elle signale, de ce côté, un corps de cavalerie « d'environ 12,000 hommes », dont une avant-garde a occupé Châlons le 23 et dont les coureurs sont signalés à Mourmelon (1). Le général commandant la 4ᵉ division militaire dirige en conséquence sur Paris les pièces de siège qui étaient au camp de Châlons, et sur Laon la réserve de munitions du grand parc. Un autre corps de cavalerie, comprenant cinq régiments et de l'artillerie, s'est rendu, le 23, de Coussey à Dainville-aux-Forges (2). Le même jour, on signale encore un régiment prussien marchant de Bayon sur Haroué, et l'on annonce que 10,000 hommes de la landwehr sont arrivés à Blâmont.

Le gouverneur de Strasbourg s'attend à un bombardement sérieux très prochain.

Les mouvements des armées allemandes, dans la journée du 24, étaient les suivants :

a) *Armée de la Meuse.* — Le XIIᵉ corps exécutait, le 24 août, la tentative contre Verdun prescrite par le grand quartier général. D'après les dispositions arrêtées par le commandant de l'armée de la Meuse, les *5ᵉ* et *12ᵉ* divisions de cavalerie investissaient la ville sur la rive gauche, en s'établissant respectivement à Esnes et à Nixéville, d'où elles poussaient des avant-postes à la fois vers la place et vers Varennes et Clermont.

Pendant ce temps, le XIIᵉ corps se portait sur Verdun par Eix (*23ᵉ* division) et Haudiomont (*24ᵉ* division et artillerie de corps). A 10 heures du matin, l'avant-garde de la *23ᵉ* division, comprenant le *108ᵉ*, un escadron du

---

(1) Le général commandant la 4ᵉ division militaire au Ministre de la guerre.
(2) Le préfet de la Haute-Marne au maréchal de Mac-Mahon.

1er régiment de cavalerie et les batteries divisionnaires, sous les ordres du colonel de Hausen, débouche à l'Ouest du bois situé entre Eix et Verdun. La *6e* brigade reste abritée dans les bois; le reste de la *23e* division, à Eix. Le Ier bataillon, formant tête de colonne, arrive jusqu'au faubourg Pavé inoccupé par la garnison, le traverse et avance jusqu'en face des remparts. Une vive fusillade s'engage entre ses tirailleurs embusqués dans des vignes, derrière des murs de clôture, dans des maisons, et les défenseurs de la place (1). Le IIe bataillon se poste en repli à l'Est du faubourg, tandis que les batteries, couvertes par le IIIe bataillon et par l'escadron d'avant-garde, prennent position sur les hauteurs au Sud de la grande route de Metz, et ouvrent le feu sur la ville.

De son côté, la *24e* division s'était rassemblée entre Haudainville et la côte de Belrupt; ses batteries lourdes et l'artillerie de corps avaient pris position sur cette dernière, et, depuis 10 heures du matin, elles bombardaient la place. L'avant-garde de la division, comprenant le *12e* bataillon de chasseurs, le *105e*, un escadron du *2e* régiment de cavalerie et une batterie légère, occupait l'intervalle entre la côte de Belrupt et la Meuse.

L'artillerie de Verdun riposte faiblement aux batteries de Belrupt, mais énergiquement, au contraire, à celles de la *23e* division, qui s'étaient progressivement rapprochées jusqu'à 1,400 mètres environ des ouvrages (2).

Après trois quarts d'heure de bombardement, un parlementaire se présenta et somma la place de se rendre, mais le général Guérin de Waldersbach, gouver-

---

(1) Les abords de l'enceinte n'avaient pas été dégagés (*Rapport* du général Guérin de Waldersbach sur la défense de Verdun).

(2) L'*Historique du Grand État-Major prussien* (7e livraison, p. 921) dit 1700 pas. Le *Rapport* adressé par le gouverneur de Verdun au Ministre de la guerre, le 26 août 1870, dit que les batteries saxonnes étaient établies à 800, 1000 et 1400 mètres des remparts.

neur de Verdun, déclina de la manière la plus formelle toute proposition de capitulation (1).

Le bon état des ouvrages et la ferme attitude du commandant de la place ne permettant pas au prince de Saxe d'espérer une solution favorable, il se décida à reprendre la marche vers l'Ouest. Vers midi, les troupes exécutent successivement leur mouvement sous le feu extrêmement vif des défenseurs.

La *23e* division traverse la Meuse à Bras, sur un pont établi au moyen de l'équipage léger, et fait halte sur la rive gauche, à Charny, où ses derniers éléments la rejoignent dans l'après-midi. La *24e* division, laissant provisoirement devant la place la *48e* brigade d'infanterie, le *2e* régiment de cavalerie et la 3e batterie légère (2), passe également sur la rive gauche à Dieue. Les troupes saxonnes avaient perdu 1 officier, 19 hommes et 5 chevaux ; la garnison avait eu 1 officier et 6 hommes de troupe tués, et 12 soldats blessés.

La *12e* division de cavalerie resta à Nixéville ; la 5e se porta, dans l'après-midi, d'Esnes aux environs de Dombasle.

Le même jour, l'aile gauche de l'armée de la Meuse avait continué sa marche en avant entre la Meuse et les sources de l'Aisne. La *6e* division de cavalerie marchait sur Foucaucourt et jetait ses avant-postes jusque sur l'Ante ; plus au Sud, la division de cavalerie de la Garde arrivait entre Vaubécourt et Charmontois. La Garde

---

(1) « Pendant tout le temps que le parlementaire fut dans la place, dit le général Guérin de Waldersbach dans le *Rapport* précité, le feu de l'ennemi ne fit que s'accroître en rapidité. » — De son côté, l'*Historique du Grand État-Major prussien* s'exprime ainsi : « Les pourparlers n'avaient pas encore pris fin, que déjà quelques-unes des pièces de la défense rouvraient leur feu ; par suite, les batteries saxonnes en faisaient aussitôt de même » (7e livraison, p. 922).

(2) Ces troupes rejoignirent le XIIe corps dès les jours suivants.

atteignait l'Aire à Pierrefitte et Chaumont; le IV® corps stationnait à Rosnes; son avant-garde, à Génicourt-en-Barrois.

Le quartier général de l'armée de la Meuse s'établissait à Petit-Monthairon (1).

On observera que, dans cette journée du 24, deux divisions de cavalerie de l'armée de la Meuse cantonnent dans l'Argonne même ; les deux autres sont à quelques kilomètres du défilé des Islettes, et pas une reconnaissance n'a encore été poussée à la sortie Ouest de la forêt. D'une manière générale, la cavalerie n'a pas su se détacher suffisamment des têtes de colonnes d'infanterie.

b) *III° armée.* — Le prince royal de Prusse, qui avait reçu, le 23 août, le télégramme de Moltke lui enjoignant de pousser la cavalerie « vers l'avant ainsi qu'au Sud de Châlons (2) », avait donné à la 4° division de cavalerie l'ordre de franchir la Marne, de chercher l'ennemi dans la direction de Vertus, Épernay et Châlons, et de se renseigner, d'une manière générale, sur ses mouvements (3).

En conséquence, la division franchit la Marne le 24 à Larsicourt et à Norrois; le gros stationne à Arzillières, l'avant-garde, à Châtel-Raould. Le major von Klocke, avec les 3° et 4° escadrons du 5° dragons, s'était porté de Courtisols sur Châlons, non sans avoir détaché deux pelotons vers le camp de Châlons. Ceux-ci le trouvèrent récemment, mais complètement abandonné; les magasins principaux sont incendiés; néanmoins on y recueille encore des approvisionnements considérables

---

(1) *Historique du Grand État-Major prussien*, 7° livraison, p. 922-923.
(2) *Correspondance militaire du maréchal de Moltke*, t. I, p. 196.
(3) Von Hahnke, *loc. cit.*, p. 137.

en vivres et en fourrages, un millier de tentes, un certain nombre de pièces de siège et de place sans affûts, et beaucoup de matériel de guerre de toute nature. « La retraite des Français des environs de Châlons était désormais hors de doute (1). »

Les corps de tête de la III° armée commencent à se diriger vers la nouvelle ligne qu'ils doivent atteindre le 26 août.

A l'aile droite, le II° corps bavarois se porte des environs Nord-Ouest de Ligny-en-Barrois à Bar-le-Duc et Laimont; les reconnaissances de sa brigade de uhlans poussent jusqu'au Nord de Revigny-aux-Vaches. Le V° corps et la division würtembergeoise, suivant la vallée de la Saulx, se dirigent respectivement de Stainville sur Robert-Espagne et Couvonges, et de Ménil-sur-Saulx sur Saudrupt; la réserve de cavalerie würtembergeoise gagnant Cheminon-la-Ville. Le XI° corps, venant de Montiers-sur-Saulx, s'établit à Ancerville et Saint-Dizier, son avant-garde, au delà de cette ville, à Hallignicourt.

En seconde ligne, le I°ʳ corps bavarois va de Saint-Aubin à Tronville, le VI° corps de Gondrecourt à Joinville, la 2° division de cavalerie de Dainville-aux-Forges à Vassy et Doulevant (2).

En se portant de Vassy sur Eclaron, un détachement de flanqueurs du 14° régiment de hussards, attaché au XI° corps, rencontrait à Pont-Varin des gardes mobiles qui, par leur feu, lui causaient quelques pertes. De son côté, il tuait aussi quelques hommes aux Français et leur enlevait d'assez nombreux prisonniers (3).

Dès le 23 août, le grand quartier général avait reçu, à Commercy, la nouvelle de la présence à Reims de

---

(1) *Historique du Grand État-Major prussien*, 7° livraison, p. 923.
(2) *Ibid.*, 7° livraison, p. 923-924.
(3) *Ibid.*, 7° livraison, p. 924.

l'Empereur avec une grande partie des forces françaises (1). Le Prince royal connaissait leur composition à peu près exactement; il n'y avait d'erreur dans leur estimation qu'à propos du 12ᵉ corps, que l'on croyait composé de deux divisions d'infanterie seulement; on doutait aussi de la destination donnée au 6ᵉ corps; on savait enfin qu'un 13ᵉ corps était en formation à Paris, sous les ordres du général Vinoy, et que vingt-quatre bataillons de mobiles avaient été ramenés du camp de Châlons à celui de Saint-Maur (2).

Dans la matinée du 24 août, le quartier général de la IIIᵉ armée reçut à Ligny divers rapports émanant de la 4ᵉ division de cavalerie, qui confirmaient l'évacuation des environs de Châlons et rendaient assez vraisemblable l'hypothèse d'une retraite des Français sur Reims.

Mais quelle allait être la destination de la nouvelle armée française?

Le commandant en chef de la IIᵉ armée avait fait parvenir au grand quartier général une lettre interceptée dans laquelle « un officier français de haut grade, appartenant à l'armée bloquée sous Metz, exprimait son ferme espoir d'être bientôt secouru par l'armée de Châlons (3) ». Mais, tout d'abord, on ne

---

(1) D'après le prince de Hohenlohe (*Lettres sur la Stratégie*, t. II, p. 87), ce renseignement avait été trouvé dans les journaux français et confirmé par un télégramme venu de Londres.

(2) Von Hahnke, *loc. cit.*, p. 141-142.

(3) *Historique du Grand État-Major prussien*, 7ᵉ livraison, p. 924.

« Des lettres privées, qui semblent ne rien dire que d'inoffensif, dit à ce sujet le prince de Hohenlohe, contiennent souvent des renseignements de la plus haute importance. Nous avons fait autrefois de cruelles expériences à ce sujet; aussi, en 1870, le prince de Wurtemberg, par exemple, qui commandait la Garde, avait-il formellement interdit aux militaires sous ses ordres, sous peine de passation en conseil de guerre, de parler, dans leurs lettres à leur famille ou à leurs amis, de choses concernant l'armée » (*Lettres sur la Stratégie*, t. II, p. 87).

tint pas grand compte de cette opinion. Le grand quartier général inclinait plutôt à croire que les Français couvriraient Paris, peut-être par une position de flanc, vers Reims ou Laon (1). Néanmoins, on envoya communication au prince de Saxe de toutes les nouvelles recueillies; on le chargea de surveiller, non seulement la direction de Reims, mais aussi la voie ferrée de cette ville à Thionville par Longuyon, et on lui prescrivit de la couper sur plusieurs points (2). Le commandant de la IIIe armée fut invité à se renseigner, au moyen de sa cavalerie, sur la véritable situation de l'ennemi, et à rapprocher le VIe corps, qui formait son aile gauche (3).

En se rendant, le 24, de Commercy à Bar-le-Duc, le grand quartier général s'arrêta à Ligny pour s'entretenir avec l'état-major général de la IIIe armée de la situation militaire actuelle. C'est à cette conférence que le quartier-maître général von Podbielski émit, le premier, l'avis « qu'une tentative des Français pour se porter de Reims au secours de Bazaine, si elle était difficilement admissible en raison des objections qu'elle soulevait au point de vue militaire, pouvait cependant s'expliquer par des considérations politiques (4) ». Il préconisa en conséquence, avec raison, dans la continuation de la marche offensive, le resserrement de l'armée allemande vers sa droite, de façon à faciliter un changement de direction éventuel.

Mais tous les renseignements que l'on possédait alors paraissaient contredire l'hypothèse d'un mouvement des Français de Châlons vers Metz, et indiquaient au

---

(1) *Tagebücher des Generalfeldmarschalls Graf von Blumenthal*, p. 85; Verdy du Vernois, *Im grossen Hauptquartier*, p. 118.
(2) *Correspondance militaire du maréchal de Moltke*, t. I, n° 199.
(3) *Ibid.*, n° 196.
(4) *Historique du Grand État-Major prussien*, 7e livraison, p. 925.

contraire que leur intention était de couvrir la capitale, soit directement, soit latéralement vers Reims. Aussi la proposition du général von Podbielski ne fut-elle pas adoptée. On considéra comme plus sage de continuer le mouvement suivant la direction générale adoptée jusqu'alors, et de l'accélérer le plus possible de façon à engager dans le plus bref délai la lutte avec le maréchal de Mac-Mahon afin de le couper à la fois de Paris et de Metz (1). Le Prince royal résolut donc de porter la III° armée, dès le 25 août, sur la ligne Saint-Mard-sur-le-Mont—Vitry-le-François, qu'aux termes de ses précédentes instructions, elle ne devait atteindre que le 26.

Dans la soirée, on reçut encore au quartier général de la III° armée, par les soins de la 4° division de cavalerie, un journal français de Paris qui confirmait les nouvelles de la matinée relatives à la présence à Reims du maréchal de Mac-Mahon, avec 150,000 hommes environ.

A l'issue de la marche du 24 août, les corps de l'armée de Châlons occupaient les emplacements ci-après :

Grand quartier général.........		Rethel.
1ᵉʳ corps .	Quartier général.....	Juniville.
	1ʳᵉ division.........	Bignicourt.
	2° —	*Ibid.*
	3° —	Juniville.
	4° —	*Ibid.*
	Division de cavalerie.	Ville-sur-Retourne.
	Réserves d'artillerie et du génie.........	Juniville.
5° corps..	Tout entier au Sud de Rethel, sauf la division de cavalerie à Biermes.	

---

(1) Von Hahnke, *loc. cit.*, p. 146.

7ᵉ corps	Quartier général.....	Contreuve.
	1ʳᵉ division.........	Au Sud de Contreuve.
	2ᵉ —	*Ibid.*
	3ᵉ —	Saint-Étienne-à-Arnes.
	Division de cavalerie.	Contreuve.
	Réserves d'artillerie et du génie.........	Au Sud de Contreuve.

12ᵉ corps..................... Tout entier au Sud de Rethel.
1ʳᵉ division de réserve de cavalerie. Monthois.
2ᵉ division de réserve de cavalerie. Pont-Faverger.

Parcs d'artillerie.	5ᵉ corps............	Bergnicourt (sauf l'équipage de pont à Paris).
	7ᵉ corps............	En marche de Reims sur Vouziers (sauf l'équipage de ponts à Soissons).
	12ᵉ corps...........	Saint-Rémy.

Équipage de pont de réserve..... Se rend de Château-Thierry à Paris par le canal de la Marne au Rhin.

CHAPITRE III

Journée du 25 août.

A l'armée de Châlons, la journée du 25 août fut en partie employée aux ravitaillements et, par suite, les étapes furent raccourcies. L'aile droite, pivotant pour ainsi dire autour du 12° corps qui séjourna à Rethel, atteignit l'Aisne à Vouziers et à Attigny.

Le 7° corps, levant ses camps à 6 heures du matin, se porta sur Vouziers. La 2° division, les réserves d'artillerie et du génie, et le convoi administratif, marchèrent en deux colonnes, l'une par Sainte-Marie, l'autre par Bourcq et Blaise; la 1re division passa par Contreuve et Sainte-Marie; la 3° prit, à l'Ouest de Semide, la grande route de Châlons à Mézières, puis celle de Rethel à Vouziers; elle fut suivie par la division de cavalerie.

Les troupes s'établirent autour de Vouziers, où fut installé le quartier général : la 1re division au Sud, la 2° au Nord, la 3° à l'Est, sur la rive droite de l'Aisne, à cheval sur la route de Stenay; la division de cavalerie, à l'entrée Ouest de la ville; les réserves d'artillerie et du génie, au Nord de Vouziers (1).

Le général Douay avait reçu du grand quartier général

---

(1) D'après l'ordre de mouvement du grand quartier général du 24 août, le 7° corps devait prendre à Vouziers deux jours de vivres (60,000 rations).

l'ordre de s'éclairer avec sa cavalerie dans la direction de Grand-Pré et de Buzancy (1). En conséquence, le 4ᵉ hussards fut envoyé le jour même à Grand-Pré, d'où des reconnaissances furent poussées pendant la nuit du 25 au 26 vers Charpentry, sur la route de Varennes, et au delà d'Apremont, sur la rive gauche de l'Aire (2).

Le 1ᵉʳ corps se porta de ses bivouacs de Juniville, Bignicourt, Ville-sur-Retourne, sur Attigny. Il s'établit tout entier au Sud de cette localité, sauf les 3ᵉ et 4ᵉ divisions qui campèrent entre Givry et Attigny (3). Le quartier général fut installé à Attigny même (4).

Le 5ᵉ corps, après avoir utilisé la matinée à s'aligner en vivres jusqu'au 28 août, partit à 1 heure de l'après-midi en deux colonnes (5) pour Amagne. La division de cavalerie et la division Goze passèrent par Thugny et Coucy; la division de l'Abadie, la réserve d'artillerie et la division de Lespart par Doux. La marche fut mal réglée (6) et il y eut

---

(1) Ordre de mouvement du 24 août.

(2) *Historique* manuscrit du 4ᵉ régiment de hussards.

(3) L'ordre de mouvement du 1ᵉʳ corps pour la journée du 25 août n'existant plus aux Archives de la guerre et le *Journal* de marche du 1ᵉʳ corps étant très succinct pour cette journée, il n'a pas été possible de reconstituer les itinéraires suivis par les grandes unités du 1ᵉʳ corps. Les *Historiques* des régiments ne fournissent d'autre renseignement que l'itinéraire de la 4ᵉ division fourni par l'*Historique* du 56ᵉ de ligne : Annelles, Ménil-Annelles, Mont-Laurent, Ambly, Givry.

(4) D'après l'ordre de mouvement du grand quartier général du 24 août, le 1ᵉʳ corps devait trouver 120,000 rations de vivres de toute nature à Attigny.

(5) L'ordre de mouvement ne mentionne qu'une seule colonne, mais les deux *Journaux* de marche du 5ᵉ corps s'accordent à dire qu'il y en eut deux.

(6) « La 3ᵉ division prend les armes à 8 heures du matin pour ne partir qu'à 2 heures de l'après-midi. On a mis douze heures à faire 10 kilomètres. Une fois pour toutes, il faut s'élever ici contre l'incurie de l'état-major qui, ne faisant aucune reconnaissance, allonge les

dans Rethel des encombrements qui la retardèrent (1).

Le quartier général fut établi à Amagne ; la 1re division campa au Nord, la 2e à l'Est, la 3e et la réserve d'artillerie à l'Ouest du village ; la division de cavalerie poussa jusqu'à Ecordal, « formant ainsi l'avant-garde du 5e corps sur la route du Chesne-Populeux (2) ».

Le 12e corps resta à Rethel et y reçut des vivres jusqu'au 28 août (3). Par ordre du maréchal de Mac-Mahon, la 1re batterie à cheval du 19e fut attachée à la 1re division de réserve de cavalerie, qu'elle rejoignit, dans la soirée même, à Semuy ; la 2e du 19e fut mise à la disposition du général Fénelon (4).

Depuis son départ du camp de Châlons, le 12e corps avait été rejoint par un certain nombre de détachements destinés aux quatrièmes bataillons de la 2e division. De 400 à 500 hommes que ces bataillons comptaient le

---

routes, fatigue les hommes inutilement en les mettant sur pied deux ou trois heures avant le départ, et ne donne aucune heure pour les distributions » (*Historique* manuscrit du 27e de ligne).

« A 6 heures du soir seulement, après cinq heures d'attente, le régiment se met en marche. Par suite des ordres mal donnés, les hommes ne peuvent ni se reposer, ni nettoyer leurs effets, ni faire la soupe. Ils doivent se passer de manger..... » (*Historique* manuscrit du 17e de ligne).

(1) *Historiques* manuscrits du 46e de ligne (1re division) et de la 2e division du 5e corps.

(2) *Journal* de marche du 5e corps. — La division de cavalerie du 5e corps ne comprenait que huit escadrons du 5e lanciers et du 12e chasseurs.

(3) « Les distributions ne se firent pas encore à Rethel avec tout l'ordre désirable, parce que les corvées des différents corps se présentèrent toutes en même temps au dépôt des vivres, le chef d'état-major général et l'intendant en chef de l'armée ne s'étant pas concertés à l'avance pour assigner à ces corvées des heures de distribution distinctes pour les différents corps d'armée » (Général Lebrun, *Bazeilles-Sedan*, p. 47).

(4) Ces deux batteries à cheval comptaient à la réserve d'artillerie du 12e corps.

18 août, ils étaient arrivés à en avoir de 1200 à 1500 à la date du 25. Des chiffres aussi élevés étaient tout à fait hors de proportion avec les cadres des officiers et sous-officiers, et avaient porté l'effectif du corps d'armée à plus de 41,000 hommes, ce qui l'alourdissait et entraînait pour les troupes des fatigues excessives. Aussi le général Lebrun obtint-il du maréchal de Mac-Mahon que ces bataillons verseraient chacun 300 à 400 soldats dans les régiments du 1er corps. La mesure fut mise à exécution à Rethel (1).

La 1re division de réserve de cavalerie se porta de Monthois sur Semuy, par Vouziers, Terron-sur-Aisne et Voncq ; elle stationna ainsi à 7 kilomètres à peine en avant du 1er corps, et le flanc droit de l'armée resta absolument dégarni. Le général Margueritte avait reçu du grand quartier général l'ordre de « s'éclairer au loin, principalement dans la direction du Chesne-Populeux (2) ». Le 6e chasseurs s'établit dans cette localité, poussant des grand'gardes à Brieulles et aux Petites-Armoises (3).

Le mouvement de la division de cavalerie Margueritte montre que le maréchal de Mac-Mahon cherchait surtout à être éclairé dans la direction de Stenay—Montmédy que devait suivre le maréchal Bazaine, qu'il supposait parti de Metz et en marche vers l'Ouest. Pas plus qu'au départ de Reims, le commandant de l'armée de Châlons n'avait, en aucune façon, l'intention d'aller à Metz, mais uniquement le projet de se porter au-devant du maréchal Bazaine, qu'il croyait sorti de la place, et de faciliter ainsi sa retraite (4).

---

(1) Général Lebrun, *loc. cit.*, p. 49.
(2) Ordre du grand quartier général en date du 24 août.
(3) *Historique* manuscrit du 6e chasseurs.
(4) A. G., *loc. cit.*, p. 31.

La 2ᵉ division de réserve de cavalerie se rendit de Pont-Faverger à Rethel. Le 8ᵉ et trois escadrons du 7ᵉ chasseurs, le 5ᵉ et trois escadrons du 6ᵉ cuirassiers qui l'avaient accompagnée depuis le camp de Châlons, rejoignirent le 25 août, à Rethel, les autres éléments de la division de cavalerie du 12ᵉ corps, qui se trouva ainsi définitivement constituée.

Le grand quartier général demeura à Rethel (1).

Sauf en ce qui concernait l'armée de Metz, les renseignements abondaient, le 25 août, au grand quartier impérial. A Épinal, « des renseignements assez précis, venus de deux côtés et de différentes sources, accréditaient la nouvelle d'un grand succès remporté par le maréchal Bazaine sur l'armée de Steinmetz (2) » entre Toul et Pont-à-Mousson, disait-on.

Cette information, si elle était exacte, aurait eu une importance considérable en soi et par l'influence qu'elle pouvait exercer sur les mouvements de l'armée de Châlons; aussi le maréchal de Mac Mahon s'efforça-t-il d'en obtenir la confirmation en s'adressant au préfet des Vosges et au commandant de la place de Montmédy. Ce dernier n'avait encore, dans la soirée du 25, aucune nouvelle du maréchal Bazaine.

D'après des renseignements émanant du capitaine Vosseur, en mission à Montmédy, l'armée ennemie

---

(1) Il y a lieu de noter, dans l'ordre de mouvement pour la journée du 26, la prescription suivante : « Le Maréchal commandant en chef ne peut faire connaître le jour où il y aura de nouvelles distributions régulières. MM. les commandants de corps d'armée devront envoyer à l'avance, sur les points où leurs troupes s'établiront, les fonctionnaires de l'intendance pour requérir toutes les ressources en vivres que le pays peut fournir afin de ménager et de conserver en réserve les vivres de l'administration. »

(2) Le procureur impérial d'Épinal au Ministre de la justice, 25 août.

signalée précédemment au Sud de cette ville, paraissait se diriger sur Varennes. On évaluait à 25,000 hommes l'effectif de la colonne qui avait passé le 24 par Azannes et Chaumont-lès-Damvillers, marchant sur Consenvoye; à 60,000 celui des troupes qui avaient franchi la Meuse à Bras. A Ornes seraient passés sept régiments de cavalerie, avec de l'artillerie, se dirigeant sur Varennes par Beaumont, Samogneux, Consenvoye, Vilosnes. Verdun avait été attaqué, le 24, par un corps prussien de 8,000 à 10,000 hommes, commandé par le prince de Saxe.

On pouvait suivre la continuation du mouvement vers l'Ouest des corps de l'armée du Prince royal. Tout l'arrondissement de Vassy était envahi. Le 24 août, 15,000 hommes venant par la route de Toul, étaient arrivés à Vaucouleurs; de là, ils se seraient portés sur Gondrecourt. Colombey était occupé, le même jour, par des forces assez considérables. Depuis le matin, jusqu'à une heure assez avancée de l'après-midi, Joinville avait été traversé par des troupes allemandes paraissant se diriger sur Saint-Dizier par les vallées de la Blaise et de la Marne. Une autre colonne était en marche sur Saint-Rémy-en-Bouzemont. Le Prince royal se trouvait encore dans cette ville le 24, avec 6,000 hommes environ, mais, suivant avis du maire de Brienne, l'ennemi aurait évacué Vassy et Saint-Dizier pour reprendre la route de Metz.

On signalait de forts détachements de cavalerie à Doulevant et aux environs; un escadron environ à Châlons; 450 dragons commandés par un major au camp de Châlons. L'ennemi avait été vu à 3 kilomètres de Brienne; il y serait même entré, d'après un renseignement fourni par le bureau télégraphique de Troyes, sans toutefois que son effectif fût spécifié (1).

---

(1) On voit, d'après ce qui précède, que l'appréciation suivante du

Strasbourg avait été bombardé le 15, puis le 19 et le 20 août; d'après une dépêche du préfet, le bombardement régulier avait commencé et continuait sans trêve.

Les mouvements réels des armées allemandes étaient les suivants :

a) *Armée de la Meuse.* — En exécution des instructions reçues du grand quartier général dans la matinée du 24, le commandant de l'armée de la Meuse avait prescrit à la 5ᵉ division de cavalerie de pousser un de ses régiments vers le Nord, par Dun, pour détruire le chemin de fer à l'Ouest de Montmédy (1). Désigné à cet effet, le 17ᵉ régiment de hussards se portait le 25 jusqu'à Mouzay et, dans la nuit suivante, il incendiait, à Lamouilly, le pont de bois sur lequel la voie ferrée franchit la Chiers (2). Les autres régiments de la division marchaient de Dombasle sur Sainte-Menehould; leur avant-garde à Dommartin-sous-Hans.

La *12ᵉ* division de cavalerie, venant de Nixéville, suivait le même itinéraire jusqu'à Clermont-en-Argonne, où elle stationnait après une étape de 16 kilomètres seulement et envoyait des patrouilles dans la direction de Varennes.

La *6ᵉ* division de cavalerie, partie de Foucaucourt, faisait une marche de 16 kilomètres et s'établissait à Vieil-Dampierre, avec des avant-postes à Dommartin-sur-Yèvre. Derrière elle, la division de la cavalerie de

---

général Ducrot n'est pas entièrement justifiée, au moins en ce qui concerne le grand quartier impérial : « Chose incroyable ! nous ne savons pas au juste ce que font les Prussiens, où ils sont..... » (*Vie militaire du général Ducrot*, t. II, p. 388).

(1) *Correspondance militaire du maréchal de Moltke*, t. Iᵉʳ, nº 199.

(2) L'incendie fut éteint avant tout dommage, les rails replacés et les communications rétablies dès le 26 août (Le Procureur impérial de Sedan au Ministre de la justice, D. T., Sedan, 26 août).

la Garde, venant de Vaubécourt et Charmontois, atteignait le Chemin après une courte étape de 15 kilomètres. Déjà la *6ᵉ* division a pris, en partie, ses cantonnements, quand l'escadron d'avant-garde de la *14ᵉ* brigade signale, à l'Ouest d'Épense, un bataillon de gardes mobiles, le IVᵉ du département de la Marne, qui n'avait reçu que quelques notions d'instruction militaire, et qui se dirigeait de Vitry sur Sainte-Menehould pour gagner ensuite Paris par chemin de fer (1). A cette nouvelle, le colonel von der Grœben, commandant la brigade, se porte rapidement sur Épense avec le *6ᵉ* cuirassiers et le *3ᵉ* uhlans puis remonte au Nord, vers Braux, tandis que la batterie à cheval de la division, prenant position entre Vieil-Dampierre et Épense, ouvrait le feu sur le bataillon français qui suivait la voie romaine en colonne de route. Avertie, la *15ᵉ* brigade de cavalerie se rassemble à Sivry, d'où son chef, le colonel von Alvensleben, se dirige vers la ferme de la Basse, avec les premiers escadrons prêts. Sur ces entrefaites, les gardes mobiles ont gagné cette même ferme et y ont pris position. Menacés sur leurs derrières par la *14ᵉ* brigade, ils ont en face d'eux les 3ᵉ et 4ᵉ escadrons du *15ᵉ* uhlans, auxquels s'est joint un peloton du *6ᵉ* cuirassiers.

Les gardes mobiles n'avaient jamais tiré un coup de fusil ni même une capsule, et ils étaient pourvus d'armes à tabatière en mauvais état (2). Aussi leur feu fut-il à peu près inoffensif. Le combat, d'ailleurs, fut de courte durée. La batterie ennemie ayant lancé quelques obus sur la ferme, les gardes mobiles s'enfuirent pour la plupart et furent faits prisonniers par la cavalerie prussienne; une quarantaine seulement restèrent groupés

---

(1) Ce bataillon avait constitué la garnison de Vitry-le-François, dont on avait décidé l'évacuation.

(2) *Rapport* du chef de bataillon Duval au Ministre de la guerre.

autour des officiers et opposèrent une vigoureuse résistance jusqu'au moment où le manque de munitions les obligea à se rendre. 6 officiers et 18 hommes avaient été blessés, 1 sous-lieutenant tué; 27 officiers et 1000 gardes mobiles étaient prisonniers. L'ennemi n'avait eu qu'un officier supérieur mortellement atteint, 2 soldats tués, 3 blessés. A 1 h. 30 de l'après-midi, la 6e division de cavalerie regagnait ses cantonnements et établissait des avant-postes vers l'Ouest, sur l'Yèvre.

Très brutalement traités, injuriés, frappés même, les prisonniers furent rassemblés près de Sivry-sur-Ante et mis en route sous l'escorte d'un détachement du *16e* hussards (1). La colonne venait de dépasser Passavant quand, soudain, un coup de feu jeta à bas de son cheval un cavalier prussien (2). Il en résulta un certain désordre, dont une grande partie des gardes mobiles profita pour s'enfuir dans les vignes voisines. L'escorte et des soldats des *1er* et *2e* régiments de dragons de la Garde, cantonnés à Passavant, les poursuivirent et massacrèrent un grand nombre de prisonniers absolument désarmés, jusqu'au moment où l'intervention de quelques officiers fit cesser cette scène de barbarie (3).

---

(1) *Rapport* du chef de bataillon Duval au Ministre de la guerre.

(2) D'après l'*Historique* du *1er* régiment de dragons de la Garde, le mousqueton d'un hussard de l'escorte se serait déchargé de lui-même (p. 107).

(3) D'après le *Rapport* précité du chef de bataillon Duval, accompagné d'un état de pertes, il y eut : 17 tués, 7 disparus, 98 blessés. L'*Historique* du *1er* régiment de la Garde indique 60 morts (p. 107). Celui du *2e* régiment de dragons de la Garde relate plus de 100 tués (p. 72).

« Cette affaire, dit l'*Historique* du *1er* dragons, fut particulièrement triste pour nous ; chacun eût désiré la chasser de son esprit. »

« Il est certain, dit l'*Historique* du *2e* dragons, que, dans cette circonstance, on a dépassé de beaucoup les limites de l'humanité que le soldat ne doit jamais oublier vis-à-vis d'un ennemi désarmé. »

Le XIIe corps, qui avait stationné le 24 août à Charny et à Dieue, se trouvait dans la journée du 25 : la *23e* division aux environs de **Dombasle**, la *24e* entre Auzéville et Jubécourt, l'artillerie de corps à Ville-sur-Cousances, la *48e* brigade, laissée la veille devant Verdun, franchissait la Meuse et venait vers Lempire d'où elle continuait à surveiller les abords Ouest de la place.

La Garde se portait, de Pierrefitte et Chaumont, sur Triaucourt (*1re* division), Foucaucourt (*2e*), Érize-la-Petite (artillerie de corps). De Rosnes et de Génicourt-en-Barrois, le IVe corps venait occuper : Sommeilles et Laheycourt (*8e* division), Villotte-devant-Louppy (artillerie de corps), Génicourt-en-Barrois (*7e* division).

Le quartier général de l'armée de la Meuse s'établissait à Fleury-sur-Aire.

b) *IIIe armée*. — La IIIe armée, rapprochant de plus en plus sa droite de l'armée de la Meuse, continuait, le 25, son changement de direction progressif vers le Nord-Ouest.

La *4e* division de cavalerie, venant de Châtel-Raould et d'Arzillières, se présentait devant Vitry. La garnison de cette petite place, dont tous les ouvrages étaient en terre, se composait du IVe bataillon de gardes mobiles de la Marne et d'une batterie de garde mobile en formation depuis le 12 août seulement, celle-ci renforcée par un détachement de 35 canonniers de l'armée active envoyés de Châlons le 19 août. Dans un télégramme adressé au Ministre de la guerre à cette date, le chef d'escadron Terquem, commandant supérieur de Vitry, avait exposé la situation défectueuse de la place, mal armée, faiblement approvisionnée, et pourvue d'une garnison insuffisante. Le 20, le Ministre avait répondu par l'ordre d'enclouer les canons au dernier moment, d'évacuer la place à temps, et de détruire ponts et chemin de fer en se retirant. Le 24, le commandant Terquem apprit que l'ennemi était à courte distance de Vitry et que son intention était de commencer l'attaque le lendemain à 7 heures du matin. En conséquence, l'évacuation de la place eut lieu dans la nuit du 24 au 25.

La *4*ᵉ division de cavalerie, après avoir pris possession de la ville, continuait dans la direction de Châlons jusqu'à la Chaussée et Pogny, tandis que le major Klock, avec ses deux escadrons de dragons, moins un détachement laissé au camp de Châlons, allait bivouaquer à Saint-Léonard, à 4 kilomètres de Reims. La brigade de cavalerie würtembergeoise, partie le matin de Cheminon, allait d'un bond à Courtisols et à Saint-Martin ; la brigade de cavalerie bavaroise, venant de Laimont, Villers-aux-Vents, Brabant-le-Roi, s'établissait au Fresne-sur-Moivre.

Derrière cette cavalerie, les trois corps de première ligne occupaient les emplacements qu'ils ne devaient primitivement atteindre que le 26, sur le front Saint-Mard-sur-le-Mont, Vitry-le-François :

*II*ᵉ *corps bavarois :*

Avant-garde	Possesse.
Gros de la *3*ᵉ division	Charmont et environs.
*4*ᵉ division	Nettancourt et environs.
Réserve d'artillerie	Brabant-le-Roi.
Trains	Entre Chardogne et Varney.

*V*ᵉ *corps :*

Avant-garde	Rosay et Vavray-le-Grand.
Gros de la *9*ᵉ division	Heiltz-l'Évêque et environs.
*10*ᵉ division	Heiltz-le-Maurupt et environs.
Artillerie de corps	Maurupt.
Trains	Robert-Espagne.

XI° corps :

Avant-garde..............	Vitry (1).
Gros de la 22° division....	Thiéblemont et environs.
21° division.............	Entre Perthes, Hallignicourt, la Neuville-au-Pont.
Trains.................	Saint-Dizier.

En seconde ligne se trouvaient :

Ier corps bavarois :

1re division.............	Revigny-aux-Vaches et environs.
2° division...............	Bar-le-Duc.
Réserve d'artillerie........	Mussey.
Trains.................	Trémont.
Division wurtembergeoise...	Sermaize et environs.

VI° corps :

Avant-garde..............	Montiérender.
12° division.............	Voillecomte, Vassy, Magneux, Sommancourt.
11° division.............	Au Sud de Vassy jusqu'à Dommartin-le-Franc.
Trains.................	A l'Ouest de Joinville.

A l'extrême gauche, la 2° division de cavalerie atteignait les environs de Chavanges.

Le quartier général de la III° armée demeurait à Ligny; le grand quartier général, à Bar-le-Duc.

Tous les renseignements reçus les 23 et 24 août au grand quartier général allemand permettaient d'admettre que

---

(1) La carte n° 3 annexée à l'ouvrage *Heeresbewegungen im Kriege 1870-1871* ne porte pas l'avant-garde du XI° corps à Vitry. Le fait ressort des *Historiques* des *32°* (p. 105-106) et *95°* (p. 45).

l'armée française de nouvelle formation avait abandonné le camp de Châlons et s'était repliée sur Reims (1). Aussi, dans la soirée du 24, Moltke avait-il fait rédiger la minute d'un ordre en vertu duquel les armées allemandes devaient se reposer le 26 ou le 27, et atteindre, le 28, la ligne Suippes—Châlons—Coole, puis obliquer sur Reims ou continuer directement leur marche sur Paris, suivant les circonstances. La cavalerie de l'armée de la Meuse était particulièrement chargée d'exécuter des reconnaissances dans la direction de la frontière belge, d'observer Montmédy et Sedan, d'éclairer ensuite vers Reims, Rethel, Mézières, en interrompant, si possible, la voie ferrée de Reims à Laon (2).

Mais ces instructions ne furent pas communiquées, car, à 11 heures du soir, on possédait une série d'informations qui modifiaient dans une certaine mesure les appréciations premières (3) et donnaient plus de poids à l'hypothèse d'un mouvement de l'armée de Châlons vers Metz (4). D'une part, les rapports établis à la date du 23 par la 4ᵉ division de cavalerie confirmaient la disparition des Français des environs de Châlons. Puis, le journal de Paris saisi le 24 (5) relatait d'une manière « assez positive » que l'armée du maréchal de Mac-Mahon, forte de 150,000 hommes, avait pris position à Reims. Enfin, et comme confirmation de ce qui précède, un télégramme de Paris, daté du 23 au soir et reçu par la voie de Londres, mandait : « L'armée de Mac-Mahon se concentre à Reims. L'empereur Napoléon et le Prince sont avec elle.

---

(1) *Correspondance militaire du maréchal de Moltke*, t. Iᵉʳ, nᵒˢ 199 et 200.
(2) *Ibid.*, t. Iᵉʳ, nᵒ 203.
(3) *Historique du Grand État-Major prussien*, 7ᵉ livraison, p. 930.
(4) *Heeresbewegungen im Kriege 1870-1871*, herausgegeben vom grossen Generalstabe, p. 24.
(5) Voir Journée du 24 août.

Mac-Mahon cherche à faire sa jonction avec Bazaine (1). »
Toutefois, on ne savait rien des voies et moyens que se
proposait d'employer l'adversaire pour exécuter ce mouvement : la ligne la plus courte de Reims à Metz lui
était barrée et un détour le long de la frontière belge
semblait, non sans raison, une entreprise assez hasardeuse. Il fallait pourtant en examiner l'éventualité et
prévoir les mesures qu'il y aurait à prendre, si elle venait
à se présenter.

Il devenait nécessaire, évidemment, de surseoir momentanément au mouvement sur Paris de la III° armée
et de l'armée de la Meuse ; de les orienter vers le Nord,
en partie à travers l'Argonne; d'assigner une nouvelle
direction aux ravitaillements de toute nature dont le
transport était déjà réglé vers l'Ouest, et d'admettre de
ce chef des retards sérieux dans leur arrivée. Ces considérations, jointes aux inconvénients qu'entraîne toujours
avec lui l'abandon précipité d'un plan en voie d'exécution, conseillaient de ne pas modifier le sens du mouvement des armées allemandes avant de s'être procuré des
renseignements plus précis sur les opérations de l'adversaire. N'agir qu'à bon escient, en toute connaissance de
cause, mais tout préparer pour une conversion vers le
Nord, tel fut le programme du grand quartier général
allemand. Il fut décidé que, pour le moment, on se contenterait d'appuyer un peu plus au Nord-Ouest, c'est-
à-dire vers Reims, en redoublant de vigilance dans la
surveillance à exercer sur le flanc droit.

En conséquence, Moltke fit expédier, de Bar-le-Duc,
le 25, à 11 heures du matin, des instructions en vertu
desquelles l'armée de la Meuse devait atteindre, le 26,
la ligne Vienne-le-Château, Villers-en-Argonne,
tandis qu'à sa gauche la III° armée gagnerait, à cette

---

(1) *Historique du Grand État-Major prussien*, 7° livraison, p. 930.

même date, le front Givry-en-Argonne, Changy. Ces instructions étaient ainsi conçues :

Quartier général de Bar-le-Duc, 25 août 1870, 11 heures du matin.

« Toutes les nouvelles reçues ici s'accordent à dire que l'ennemi a complètement évacué Châlons et marche sur Reims.

« Sa Majesté prescrit à la subdivision de S. A. R. le prince royal de Saxe et à la IIIᵉ armée *de continuer leur marche en se dirigeant vers le Nord-Ouest, afin de répondre à ce mouvement.*

« La subdivision d'armée portera demain le XIIᵉ corps à Vienne-le-Château (avant-garde Autry et Servon), la Garde à Sainte-Menehould (avant-garde Vienne-la-Ville et vers Berzieux), et le IVᵉ corps à Villers-en-Argonne (avant-garde vers Dommartin). La cavalerie sera poussée au loin en avant pour éclairer sur le front et le flanc droit. Elle devra, en particulier, atteindre Vouziers et Buzancy.

« La IIIᵉ armée avancera demain ses têtes jusqu'à la ligne Givry-en-Argonne, Changy au Nord-Est de Vitry. Observer cette place.

« S'il n'arrive pas de nouvelles tout à fait importantes, les armées feront séjour le 27. Cette journée devra éventuellement être employée à faire rejoindre les convois et à assurer les subsistances, de manière à pouvoir ultérieurement traverser sans difficultés la partie déserte de la Champagne.

« Le grand quartier général de Sa Majesté se rend demain à Sainte-Menehould. Envoyer ici les comptes rendus jusqu'à 10 heures du matin (1). »

On observera que, pour la première fois, depuis le commencement de la campagne, le généralissime donnait des objectifs précis à la cavalerie d'exploration.

---

(1) *Correspondance militaire du maréchal de Moltke*, t. Iᵉʳ, nᵒ 205.

Tandis que les troupes exécutaient l'étape du 25, on se préparait, au grand quartier général, à Bar-le-Duc, à continuer les opérations soit vers l'Ouest, soit vers le Nord, suivant les nouvelles qui parviendraient.

Si les Français effectuaient, de Reims, leur retraite sur Paris, les armées allemandes les suivraient, occupant d'abord un front de 75 kilomètres, la droite passant par Reims, la gauche par Arcis-sur-Aube ; la largeur de la zone totale de marche se réduisant ensuite à 35 kilomètres sur la ligne Penchard-Guignes. Si, au contraire, il était nécessaire d'opérer une conversion face au Nord, le grand quartier général se proposait de faire tête à l'adversaire sur la rive droite de la Meuse.

Si le maréchal de Mac-Mahon avait réellement formé le projet de secourir l'armée de Metz, même au prix d'un détour, il pouvait être parti de Reims le 23, être arrivé dans la région de Vouziers le 25, et commencer à franchir la Meuse le 27, entre Dun et Stenay. Il eût été possible sans doute, en demandant au IVe corps une marche de 40 kilomètres, de grouper le 26, au moyen d'une conversion à droite, trois corps de l'armée de la Meuse sur la ligne Montfaucon—Varennes—Vienne-le-Château, et d'attaquer les Français le 27 sur la rive gauche de la Meuse. Mais on admit avec raison, au grand quartier général, que ces forces ne seraient pas suffisantes pour assurer le succès dans la lutte contre une armée de 120,000 à 150,000 hommes ; il était impossible d'ailleurs de compter sur le concours de la IIIe armée, trop éloignée. Les deux corps de l'aile droite eux-mêmes, les Ier IIe bavarois, n'auraient pu intervenir, le 27, dans une bataille livrée aux environs de Dun. Aussi, Moltke résolut-il de s'opposer sur la rive droite de la Meuse seulement, dans la région de Damvillers, aux entreprises de l'armée de Châlons. Là il pourrait, le 28 août, réunir les trois corps et les quatre divisions de cavalerie de l'armée de la Meuse, les deux corps bavarois de la IIIe armée et des troupes empruntées à l'armée chargée du blocus de Metz. De la sorte, une supériorité numérique décisive lui était acquise et, avec elle, de très grandes probabilités de remporter la victoire.

Par contre, la concentration projetée à Damvillers offrait des inconvénients : au point de vue du moral, c'était, pour les troupes de la III° armée et de l'armée de la Meuse, presque un mouvement de retraite ; les deux corps bavarois seraient obligés de marcher en seconde ligne et en partie sur les mêmes routes que suivaient déjà les corps de l'armée de la Meuse ; l'affaiblissement des forces affectées au blocus de Metz pouvait avoir pour conséquence une sortie du maréchal Bazaine, couronnée de succès ; il y avait enfin des mesures spéciales à prévoir pour organiser une nouvelle ligne de communication et tout le service dit de l'arrière. Très sagement, on jugea, au grand quartier général allemand, que toutes ces considérations étaient de second ordre, comparées à la nécessité d'obtenir la supériorité numérique sur l'armée du maréchal de Mac-Mahon. On s'en tint donc au plan de concentration à Damvillers.

En toute éventualité, Moltke établit, pour lui seul, dans l'après-midi du 25, le projet suivant d'une conversion partielle de l'armée allemande vers le Nord (1).

---

(1) Le tableau qui suit est donné par la *Correspondance militaire du maréchal de Moltke*, t. Ier, n° 208. — Ce tableau ne fut pas encore communiqué aux troupes (Prince de Hohenlohe, *loc. cit.*, II, 103).

CORPS.	26	27	28	29
XIIe	Varennes.	Dun.	Éventuellement, retraite sur Damvillers.	
Garde.	Dombasle.	Montfaucon.	Damvillers.	
IVe	Fleury.	A l'Ouest de Verdun.	Damvillers.	Marville. Longuyon.
IIIe	»	Étain.	Damvillers.	
IXe	»	Landres.	Mangiennes.	
Bavarois	Chaumont.	Nixéville. Dombasle.	Azannes. »	

Le 28 août, sept corps d'armée, présentant un effectif total de 150,000 fusils, auraient arrêté le maréchal de Mac-Mahon dans son entreprise, soit qu'il acceptât la bataille, le 28, aux environs de Damvillers, soit qu'il fallût attendre au lendemain pour obtenir la décision vers Marville et Longuyon.

Mais si le XIIe corps, qui se trouvait le plus rapproché de l'armée ennemie, parvenait à l'arrêter sur la Meuse ou si les Français marchaient lentement, on pouvait espérer les joindre à l'Ouest de Damvillers. Dans ce cas, d'autres éléments de la IIIe armée étaient en situation d'intervenir et se substitueraient avantageusement aux IIIe et IXe corps de la IIe armée qu'on préférait maintenir devant Metz.

Mais il importait de ne pas modifier momentanément la direction de marche vers l'Ouest de ces unités de la IIIe armée, parce qu'une conversion en arrière et à droite les eût placées en troisième ligne derrière l'armée de la Meuse, suivie elle-même des deux corps bavarois. Abstraction faite même des difficultés du mouvement, il en serait résulté une accumulation excessive de troupes dans la zone étroite comprise entre l'Aire et la Meuse, et une profondeur d'échelonnement qui eût rendu impossible le déploiement de toutes les forces pour la bataille.

On n'aurait pu songer à une manœuvre quelconque pour ces éléments : il eût fallu les engager de front. Si, au contraire, on les laissait poursuivre encore un jour leur mouvement vers l'Ouest et si on leur faisait effectuer ensuite une conversion pour les orienter vers le Nord et le Nord-Est, ils se présenteraient d'abord en un dispositif échelonné à gauche qui permettrait de les porter sans difficulté sur la ligne de retraite de l'adversaire.

Telles furent les considérations que le grand quartier général allemand examina et pesa, et les conclusions qui en résultèrent (1). La situation n'allait pas tarder d'ailleurs à se préciser.

Dans la soirée du 25 août, de nouvelles informations reçues au grand quartier général, à Bar-le-Duc, permettaient de considérer comme vraisemblable un mouvement de masses françaises de Reims sur Vouziers. A l'un des bulletins de renseignements était joint un journal français contenant un article emprunté à un journal belge, et dont il ressortait « qu'un général français ne saurait abandonner ses compagnons d'armes sans encourir la malédiction du pays (2) ». D'autres feuilles de Paris, envoyées au grand quartier général, relataient « les discours prononcés au Corps législatif, pour signaler la honte qui rejaillirait sur le peuple français, si l'armée du Rhin n'était pas secourue (3) ». Un nouveau télégramme expédié de Londres annonçait, d'après le *Temps* du 23 août, que « Mac-Mahon s'était subitement décidé à courir à l'aide de Bazaine, bien qu'en décou-

---

(1) *Historique du Grand État-Major prussien*, 7ᵉ livraison, p. 931-934 ; *Heeresbewegungen im Kriege 1870-1871*, p. 25-27.

(2) *Historique du Grand État-Major prussien*, 7ᵉ livraison, p. 934.

(3) *Ibid*. — Les discours prononcés au Corps législatif du 16 au 22 août ne font pas mention du fait rapporté par l'*Historique du Grand État-Major prussien* d'après des journaux de Paris.

vrant la route de Paris, il compromit la sécurité de la France ; que toute l'armée de Châlons avait déjà quitté les environs de Reims, mais que, cependant, les nouvelles reçues de Montmédy ne faisaient pas encore mention de l'arrivée de troupes françaises dans ces parages (1) ». D'autre part, d'après des informations ultérieures, elles avaient déjà dépassé Rethel (2).

On jugea, au grand quartier général, que ces données n'étaient pas suffisantes « pour élucider complètement la situation », et l'on se tint en garde contre les renseignements d'une presse « toujours sujette à caution » et chargée de répandre de fausses nouvelles. A supposer que celles-ci fussent exactes, il y avait encore à considérer l'hypothèse d'une feinte du maréchal de Mac-Mahon destinée à faire abandonner aux armées allemandes leur marche sur Paris, à leur faire perdre tout au moins quelques jours, et à les fatiguer inutilement. Toutefois, on considéra qu'il était « de plus en plus plausible, eu égard à la situation particulière de la France, que les exigences politiques pouvaient l'avoir emporté sur toute considération militaire (3) ».

Moltke et le général von Podbielski se rendirent donc chez le Roi, le mirent au courant de la situation et lui firent approuver le projet de conversion vers le Nord de l'armée de la Meuse et des deux corps bavarois. Dans la nuit même, toutes les dispositions furent prises pour que ces troupes pussent marcher dans cette direction le 26, si les renseignements de la cavalerie, lancée sur Vouziers

---

(1) *Historique du Grand État-Major prussien*, 7ᵉ livraison, p. 934.

(2) Général von Verdy du Vernois, *Im grossen Hauptquartier*, 1870-1871, p. 123.

L'*Historique du Grand État-Major prussien* ne relate pas ces dernières informations.

(3) *Historique du Grand État-Major prussien*, 7ᵉ livraison, p. 934. — Cf. Prince de Hohenlohe, loc. cit., II, 118-119.

et Buzancy, confirmaient la nouvelle de la marche de l'armée française vers Metz.

L'ordre ci-après fut adressé au prince de Saxe à Fleury :

Quartier général de Bar-le-Duc, 25 août 1870, 11 heures du soir.

« D'après un renseignement qui vient d'arriver, il n'est pas invraisemblable que Mac-Mahon se soit décidé à aller au secours de l'armée principale ennemie enfermée dans Metz. Dans cette hypothèse, il se serait mis en marche de Reims le 23 et ses têtes pourraient avoir aujourd'hui atteint Vouziers.

« Il y aurait lieu alors, pour la subdivision d'armée de S. A. R. le prince royal de Saxe, de *se concentrer sur sa droite* en portant le XIIe corps sur Varennes, et en amenant la Garde et le IVe corps sur la route Varennes—Verdun.

« Les Ier et IIe corps bavarois suivraient éventuellement aussi ce mouvement. Mais on ne peut décider de l'entreprendre que d'après les renseignements qu'a dû recevoir S. A. R. le prince royal de Saxe, et dont on ne saurait attendre ici l'arrivée.

« La Garde et le IVe corps ont reçu, d'ici-même, l'ordre de ne pas entamer demain matin la marche qui leur a été prescrite aujourd'hui. Ils doivent faire la soupe et attendre de nouveaux ordres de mouvement (1) ».

Cette dépêche fut communiquée au commandant de la IIIe armée qui fut avisé en même temps que les Ier et IIe corps bavarois avaient reçu directement l'ordre de s'arrêter (2). Les autres corps de cette armée devaient

---

(1) *Correspondance militaire du maréchal de Moltke*, t. Ier, n° 209.
(2) *Ibid.*, n° 210.

continuer leur mouvement, conformément aux instructions qui leur avaient été adressées antérieurement. On se réservait de les faire appuyer sur Sainte-Menehould, s'il y avait lieu.

Enfin le lieutenant-colonel von Verdy, du grand état-major, porteur de l'ordre précédent, fut envoyé, dans la nuit du 25 au 26, au quartier général de l'armée de la Meuse, avec mission d'exposer au prince de Saxe l'opinion qu'on se faisait de la situation au grand quartier général et les projets qu'on y formait (1). Le changement de direction pouvait être différé jusqu'au 26 à midi, si cela était nécessaire; mais, si aucun rapport n'était parvenu à ce moment, il devait être exécuté en tout cas. On ne devait revenir aux ordres donnés dans la matinée du 25, pour la continuation de la marche vers le Nord-Ouest, qu'autant que les renseignements reçus jusqu'alors et les considérations qui en avaient été la conséquence seraient reconnus erronés (2).

Dans la soirée du 25 août, l'armée de Châlons occupait les emplacements ci-après :

Grand quartier général.........		Rethel.
1er corps..	Quartier général.....	Attigny.
	1re division.........	*Ibid.*
	2e —	*Ibid.*
	3e —	Entre Givry et Attigny.
	4e —	*Ibid.*
	Division de cavalerie.	Attigny.
	Réserves d'artillerie et du génie.........	*Ibid.*
5e corps..	Tout entier autour d'Amagne, sauf la division de cavalerie à Écordal.	

---

(1) Général von Verdy du Vernois, *loc. cit.*, p. 124.
(2) *Historique du Grand État-Major prussien*, 7e livraison, p. 937.

7ᵉ corps
- Quartier général .... Vouziers.
- 1ʳᵉ division .... Au Sud de **Vouziers**.
- 2ᵉ — .... Au Nord de Vouziers.
- 3ᵉ — .... A l'Est de Vouziers.
- Division de cavalerie. A l'Ouest de Vouziers.
- Réserves d'artillerie et du génie......... } *Ibid*.

12ᵉ corps..................... Tout entier au Sud de Rethel.

1ʳᵉ division de réserve de cavalerie. Semuy.
2ᵉ division de réserve de cavalerie. Rethel.

Parcs d'artillerie
- 5ᵉ corps .... { Rethel (sauf l'équipage de ponts dirigé sur Mézières).
- 7ᵉ corps .... { En marche sur Mézières (sauf l'équipage de ponts à Soissons).
- 12ᵉ corps.......... { Tagnon (parc du 6ᵉ corps affecté provisoirement au 12ᵉ corps), et Vincennes (parc du 12ᵉ corps).

Grand parc.................... En formation à Mézières.

Équipage de ponts de réserve .... { En route par eau de Château-Thierry à Paris.

CHAPITRE IV.

Journée du 26 août.

En vertu des ordres du maréchal de Mac-Mahon, l'armée de Châlons, après s'être ravitaillée, reprend la direction de Stenay et exécute, le 26 août, les mouvements ci-après, en pivotant autour du 7ᵉ corps qui doit faire séjour à Vouziers.

Le 1ᵉʳ corps, formant deux colonnes, ne fait qu'une courte marche pour se porter d'Attigny entre Voncq, Semuy et Neuville-et-Day.

La division de cavalerie part à 6 heures du matin, passe par Roche et Voncq, et s'établit sur le plateau au Nord-Est de cette dernière localité, entre Semuy et le bois de Voncq. Elle détache à Montgon le 3ᵉ régiment de hussards avec mission de se relier à la fois avec le 5ᵉ corps qui occupe Le Chesne et avec le 12ᵉ dont le quartier général est à Tourteron (1). Elle est suivie des 3ᵉ et 4ᵉ divisions, qui s'ébranlent respectivement à 9 et 10 heures, et viennent camper auprès d'elle.

La 1ʳᵉ division, levant son camp à 6 heures du matin, franchit l'Aisne à Attigny, passe par Mont-de-Jeux et Semuy, et bivouaque à l'Ouest de Neuville-et-Day, détachant la 2ᵉ brigade sur le plateau à l'Ouest de Montgon. La 2ᵉ division se met en marche à 7 heures du matin, à la suite de la 1ʳᵉ, derrière laquelle elle stationne.

La réserve d'artillerie, les services administratifs et l'ambulance du quartier général du corps d'armée

---

(1) Le 3ᵉ hussards plaça deux escadrons en grand'garde, l'un à Longwé, l'autre à Lametz.

prennent, à la sortie d'Attigny, par Charbogne et Saint-Lambert, et suivent ensuite l'itinéraire des 1re et 2e divisions.

Le quartier général du corps d'armée s'installe à Neuville-et-Day.

Le 5e corps, partant à 5 heures du matin, se porte d'Amagne au Chesne par Écordal, Tourteron, Lametz, en une seule colonne et dans l'ordre : divisions de Lespart, Goze, réserve d'artillerie, division de L'Abadie. La division de cavalerie, précédant le mouvement de l'infanterie, s'établit à la ferme Basancourt et détache les 5e et 6e escadrons du 12e chasseurs à Châtillon-sur-Bar.

Le parc d'artillerie, quittant Rethel après le 12e corps, se rend à Tourteron.

Le 12e corps, en une seule colonne, comme le 5e, suit, à partir de Rethel, l'itinéraire Doux, Coucy, Amagne, pour aller stationner à Tourteron. Les divisions rompent à une heure d'intervalle à partir de 5 heures du matin dans l'ordre 2e, 1re, 3e, précédées par la cavalerie et suivies des réserves d'artillerie et du génie, de l'ambulance et des bagages de toutes sortes. Le parc d'artillerie se rend de Rethel à Amagne.

De Tourteron, le 4e régiment de chasseurs d'Afrique (1) est envoyé à Lametz pour se relier au 5e corps ; il doit s'éclairer vers l'Est, mais sans dépasser la ligne ruisseau des Prés—Montgon (2).

La marche, exécutée par une pluie battante, fut rendue très pénible par de nombreux arrêts occasionnés par le mouvement mal réglé des convois appartenant au 5e corps, à la division de cavalerie du 12e, à la maison

---

(1) Le 4e régiment de chasseurs d'Afrique comptait provisoirement à la division de cavalerie Lichtlin, du 12e corps.
(2) Ordre de mouvement du 12e corps pour la journée du 26.

de l'Empereur (1). Les troupes formant la queue de la colonne n'arrivèrent pas au bivouac avant la nuit tombante, bien que l'étape ne fût que de 24 kilomètres environ.

La 1re division de réserve de cavalerie (Margueritte) se porte de Semuy à Tannay, où s'établit le quartier général, et aux Petites-Armoises.

L'ordre de mouvement du 25 août lui prescrivait de s'éclairer et de pousser au loin des reconnaissances. C'est sans doute pour répondre à ces instructions un peu vagues que le 6e chasseurs fut envoyé à Saint-Pierremont, d'où le 1er escadron fut détaché à Sommauthe et le 2e à Stonne, à 16 et à 12 kilomètres des bivouacs du 5e corps.

La 2e division de réserve de cavalerie (Bonnemains) part de Rethel à midi et vient s'établir au Sud d'Attigny, sensiblement en arrière des corps d'armée.

Le grand quartier impérial est transféré de Rethel à Tourteron.

Le général Douay, commandant le 7e corps, avait reçu l'ordre de faire séjour à Vouziers le 26, en « s'éclairant au loin et poussant des postes avancés dans la direction de Grand-Pré et de Buzancy (2) ».

Bien que le Maréchal n'eût pas spécifié que ces deux localités dussent être occupées par de l'infanterie, à une si grande distance du gros des corps d'armée, le général Douay y envoya la 1re brigade de la 3e divison, le 52e de ligne devant s'établir à Grand-Pré, sous les ordres directs du général de brigade Bordas, le 72e à Buzancy; chaque régiment était renforcé par deux pelotons du 3e escadron du 4e lanciers, une batterie de 4 et une section du génie.

---

(1) *Journal* de marche de la 3e division du 12e corps; général Lebrun, *loc. cit.*, p. 50.
(2) Ordre de mouvement du 25 août.

En même temps, tout le 7ᵉ corps passa sur la rive droite de l'Aisne et prit une étrange position, face à l'Ouest, sur les hauteurs qui dominent immédiatement la rivière, la droite à Chestres, la gauche vers Falaise. Seule, la 2ᵉ brigade de la 2ᵉ division, renforcée par une batterie de 4, resta sur la rive gauche de l'Aisne, immédiatement au Sud de Vouziers, observant la direction de Monthois, et éclairée par les 4ᵉ et 5ᵉ escadrons du 8ᵉ lanciers, ceux-ci relevés, à 2 heures, par les 1ᵉʳ et 2ᵉ.

Cependant, le colonel de Lavigerie commandant le 4ᵉ hussards, qui occupait Grand-Pré depuis la veille, avait lancé vers Varennes deux reconnaissances, l'une par la rive droite, l'autre par la rive gauche de l'Aire, et une troisième sur Senuc. Elles se heurtèrent toutes trois à des fractions de cavalerie allemande dont l'une fut refoulée vers Fléville (1), mais elles rétrogradèrent finalement sur Grand-Pré. Les reconnaissances ennemies arrivèrent bientôt en vue de cette localité, mais apercevant la colonne du général Bordas, qui débouchait par la route de Vouziers, elles se replièrent à leur tour.

A son arrivée à Grand-Pré, le général Bordas crut, « d'après les renseignements fournis par plusieurs maires des localités voisines et par le 4ᵉ hussards, qu'il avait devant lui des forces considérables (2) ». La présence d'un parti de cavalerie ennemie à Senuc lui fit penser, en outre, qu'il était coupé de Vouziers et, dans son premier mouvement d'anxiété, il prit la détermination au moins prématurée de rallier à Buzancy le second régiment de sa brigade.

Il écrivit au général Douay qu'il avait devant lui des forces supérieures et qu'il était forcé de se retirer sur Buzancy (3). Ne jugeant pas convenable de prendre la

---

(1) C'était une patrouille du *18ᵉ* régiment de uhlans.
(2) *Historique* manuscrit du 52ᵉ de ligne.
(3) Prince Bibesco, *loc. cit.*, p. 55.

grande route, que l'on disait occupée par l'ennemi, le général Bordas engagea sa colonne dans le bois de Bourgogne par un chemin de traverse qu'on lui avait assuré être praticable aux charrois, mais qui, au bout d'un kilomètre, fut reconnu trop étroit et d'ailleurs détrempé (1). Le détachement fut obligé de rétrograder et vint prendre position sur les hauteurs au Nord de Grand-Pré (2), la gauche appuyée à l'éperon boisé situé à l'Ouest de la ferme Bellejoyeuse.

Cependant, le général Douay avait désapprouvé le projet du général Bordas, qui pouvait avoir pour conséquence de séparer la brigade du gros du corps d'armée et de laisser la route de Vouziers ouverte à l'ennemi. Pour y remédier, il fit partir immédiatement pour Grand-Pré les 4e et 5e escadrons du 8e lanciers, chargés de rapporter des nouvelles du général Bordas et du 4e hussards; il envoya, par deux voies différentes, au colonel du 72e, à Buzancy, l'ordre de rallier Vouziers par la Croix-aux-Bois; il prévint enfin, par télégramme, le maréchal de Mac-Mahon de ces incidents, en ajoutant qu'il allait faire prendre à son corps d'armée une position de combat à Longwé et renvoyer les bagages sur Le Chesne, par Ballay et Quatre-Champs.

Le général Douay croyant, comme le général Bordas, à l'imminence d'une attaque, se prépara donc à tenir tête à l'ennemi assez longtemps pour permettre au reste de l'armée de venir l'appuyer (3). Son premier soin fut

---

(1) Aujourd'hui encore, le chemin qui s'engage, au Nord de Grand-Pré, dans le bois de Bourgogne, se rétrécit dès son entrée dans le bois et est facilement détrempé après quelques pluies. Il en est de même de celui qui remonte le vallon de Talma et passe à la ferme de Famuy.
(2) *Historique* du 52e de ligne.
(3) Prince Bibesco, *loc. cit*, p. 55.

de diriger sur Terron son grand convoi de vivres, sa colonne de bagages et son parc du génie.

Les renseignements recueillis dans le pays semblaient d'ailleurs confirmer ceux qu'on avait reçus de Grand-Pré. Au dire des paysans, 60,000 Prussiens se concentraient à Sainte-Menehould; le 8e régiment de lanciers signalait leurs éclaireurs à Monthois et Liry. Le 4e hussards, qui rentra de Grand-Pré vers 4 heures du soir, apporta des nouvelles analogues.

En conséquence, le général Douay jugea prudent de prendre, avant la nuit, une position de combat sur les hauteurs à l'Ouest de Longwé, qu'il occupait déjà, mais en plaçant cette fois la droite près de Falaise, la gauche près de Chestres, et en faisant face par conséquent du côté opposé, vers l'Est. La brigade de la division Liébert, détachée sur la rive gauche de l'Aisne, au Sud de Vouziers, resta sur place; une partie de la réserve d'artillerie fut mise en batterie; des épaulements et des tranchées-abris furent construits. La cavalerie fut placée en arrière (1).

Il était 7 heures du soir environ quand arriva un cavalier envoyé par le général Bordas qui, croyant toujours la route de Vouziers coupée par l'ennemi, faisait prévenir qu'il était resté à Grand-Pré, mais qu'il ne jugeait pas pouvoir revenir en arrière. La seconde brigade de la 3e division partit aussitôt, sous les ordres du général Dumont, et précédée du 4e lanciers, pour rejoindre la première et la ramener. Elle poussa jusqu'à Beaurepaire, d'où le général Dumont prescrivit au général Bordas de se replier sur ce point. Vers 1 heure du matin, toute la division s'étant reconstituée, le général Dumont se remit en route vers Vouziers.

Tout le 7e corps avait passé la nuit sur ses positions,

---

(1) Prince Bibesco, *loc. cit.*, p. 56.

constamment en alerte et par une pluie battante. Vers 2 heures du matin, un avis du général Dumont annonçant son retour, avec toutes ses troupes, vint éclairer la situation et montrer que les bruits relatifs à l'approche de l'ennemi et à l'imminence d'une attaque étaient au moins exagérés.

Ainsi la sûreté était si précaire dans l'armée française de 1870 qu'il avait suffi de quelques patrouilles de cavalerie ennemie pour donner l'alarme à tout un corps d'armée. L'incident avait eu, d'ailleurs, une plus grande répercussion.

Le maréchal de Mac-Mahon reçut à Tourteron, dans la soirée, le rapport du général Douay, qui lui représentait une attaque des Allemands comme imminente (1). Il modifia immédiatement l'ordre de mouvement qui avait été donné pour le 27 et en vertu duquel l'armée devait continuer sa marche vers l'Est, et il prit le parti très logique, avec l'idée qu'il se faisait de la situation, de diriger toutes ses forces vers le Sud, pour appuyer le 7e corps.

Le général Douay fut avisé de ces nouvelles dispositions; il lui fut prescrit en même temps « de s'engager carrément » si l'ennemi se présentait (2). Il devait être soutenu directement : par le 1er corps débouchant de Semuy par Voncq, Terron, Vandy; vers l'Est, par le 5e, se portant du Chesne sur Buzancy par les deux routes de Châtillon et de Brieulles; en seconde ligne, par

---

(1) D'après le *Journal* des marches et opérations du 1er corps, par le commandant Corbin, sous-chef d'état-major général, ce *Rapport* était conçu à peu près en ces termes :

« Le général Bordas me fait savoir de Grand-Pré qu'il est en présence de forces très supérieures; en conséquence, il va se replier sur Buzancy, où il a le second régiment de sa brigade. Je me porte à Longwé pour soutenir ce mouvement. »

(2) *Journal* de marche de l'armée.

le 12ᵉ, qui franchirait le canal à Montgon et marcherait sur Châtillon ; enfin, par la division de cuirassiers Bonnemains, qui suivait le 12ᵉ corps. La division de cavalerie Margueritte était chargée de surveiller « au loin toutes les routes dans la direction de Stenay et de Dun (1) ».

L'apparition de ce que l'on croyait être des « forces considérables (2) » sur le flanc droit de l'armée de Châlons était un événement grave et d'autant plus important que le maréchal de Mac-Mahon n'avait aucune nouvelle de Bazaine. Aussi invita-t-il le colonel Stoffel « à faire de nouveaux efforts pour découvrir où il se trouvait (3) ». Il adressa en outre au général commandant de la place de Sedan une lettre où, après avoir fait ressortir qu'il était « de la plus haute importance de savoir en ce moment où se trouve le maréchal Bazaine », il le chargeait d'employer tous les moyens possibles pour avoir de ses nouvelles. Il mettait à sa disposition tous les fonds nécessaires, 10,000, 15,000, 20,000 francs, disait-il, à quiconque lui rapporterait un mot de Bazaine faisant connaître sa situation.

« Vous avez à Sedan, ajoutait le Maréchal, le capitaine du génie Mélard, que l'on dit très intelligent, très énergique. Chargez-le de trouver des agents capables de remplir cette mission. S'il voulait s'en charger lui-même, il rendrait au pays un immense service. S'il ne pouvait parvenir jusqu'au Maréchal, ce serait déjà beaucoup de s'assurer qu'il n'a pas quitté Metz et, dans le cas contraire, de savoir quelle direction il a prise (4). »

A cette lettre était jointe une dépêche destinée au

---

(1) Ordre de mouvement pour le 27 août.
(2) C'est l'expression employée dans l'ordre de mouvement du grand quartier général français du 26 août.
(3) Maréchal de Mac-Mahon, *Souvenirs inédits*.
(4) *Ibid.*

maréchal Bazaine et que le commandant de la place de Sedan était chargé de lui faire parvenir :

« J'occupe, aujourd'hui 26, Vouziers et Le Chesne avec plus de 100,000 hommes, disait le maréchal de Mac-Mahon. L'ennemi, en forces, étant déjà entre la Meuse et l'Aisne, et le Prince royal ayant dépassé Saint-Dizier, je ne crois pas pouvoir me porter beaucoup plus loin vers l'Est sans avoir de vos nouvelles et connaître vos projets, car si l'armée du Prince royal marchait sur Rethel, je serais obligé de me retirer (1) ».

Cette dépêche dénote chez le commandant de l'armée de Châlons un sentiment très juste de la situation Il y avait tout lieu d'admettre, en effet, que les reconnaissances de cavalerie allemande signalées le jour même vers Vouziers—Buzancy allaient rendre compte de la présence, dans cette région, de forces françaises de toutes armes. Ce renseignement de première importance ne pouvait manquer d'être transmis sans retard au Prince royal, qui allait probablement se diriger vers Rethel et intercepter ainsi toute retraite à l'armée de Châlons, si celle-ci continuait son mouvement vers l'Est.

Tout commandait donc la prudence. Si le maréchal Bazaine était encore à Metz, il ne paraissait pas possible, sans s'exposer aux plus graves dangers, de chercher à le débloquer. S'il avait effectué sa sortie par l'Est ou par le Sud, il était absolument inutile de pousser au delà de l'Aisne. Si enfin il était en marche sur Montmédy, on ne pouvait tarder à avoir de ses nouvelles (2).

A la vérité, cette dernière hypothèse était la plus invraisemblable, car on se trouvait en communication avec Sedan, Montmédy et même Longwy, et une armée de plus de 150,000 hommes était une masse trop impor-

---

(1) Maréchal de Mac-Mahon, *Souvenirs inédits*.
(2) A. G., *loc. cit.*, p. 42.

tante pour ne pas être aussitôt signalée, si elle opérait dans ces parages. Or, jusqu'alors, aucune information n'était parvenue à ce sujet.

Les renseignements reçus dans la journée sur les mouvements de l'ennemi étaient d'ailleurs assez rares. On signalait des uhlans à Épernay, où ils avaient eu un léger engagement avec quelques soldats du génie gardant la gare; à Sillery, distant de Reims de 10 kilomètres seulement; à Château-Thierry même. C'étaient vraisemblablement les coureurs d'une masse importante de cavalerie et d'artillerie dont on annonçait l'arrivée à Châlons. 400 Prussiens étaient, disait-on, à Longuyon, où ils mettaient la gare hors de service; d'autres, en assez grand nombre, occupaient Monthois.

On relatait la présence, dans les vallées de la Marne et de la Blaise, vers Saint-Dizier, Joinville, Vassy, Vitry, de forces ennemies importantes dont la marche avait été signalée les jours précédents. D'après un Journal de Berlin, le *Staats-Anzeiger* du 25 août, le grand quartier général du roi de Prusse avait été transféré récemment de Pont-à-Mousson à Bar-le-Duc; les Ire et IIe armées étaient restées en face du maréchal Bazaine, tandis que tous les autres corps allemands disponibles marchaient sur Paris.

Les pressentiments du maréchal de Mac-Mahon sur l'imminence d'un danger menaçant vers le Sud ne l'avaient pas trompé.

Le lieutenant-colonel von Verdy du Vernois, envoyé de Bar-le-Duc au quartier général de l'armée de la Meuse pour faire connaître au Prince royal de Saxe les intentions de Moltke (1), était arrivé à Fleury-sur-Aire, le 26 août, au point du jour. Il lui notifia que le changement de direction prévu vers le Nord pouvait être différé jus-

---

(1) Voir page 139.

qu'à midi, si cela était nécessaire, mais que si aucun rapport n'était parvenu, passé ce délai, le mouvement devait être exécuté en tout cas.

Tous calculs faits, le prince de Saxe jugea, non sans raison, que sa cavalerie ne pouvait lui fournir des renseignements sur les mouvements de l'adversaire avant le 26 au soir. Aussi prescrivit-il, dès 5 heures du matin, au XIIe corps de marcher sur Varennes, tandis que la 12e et la 5e division de cavalerie s'avanceraient plus au Nord, la première sur Bantheville, la seconde sur Grand-Pré, et que la 6e surveillerait depuis Tahure les abords de Reims, en restant liée à la 5e. Puis, à 6 h. 30, le Prince prit le parti de mettre également en marche vers le Nord les autres corps de l'armée de la Meuse.

Leur mouvement devant s'effectuer, d'une manière générale, suivant les mêmes itinéraires, il fut décidé, pour éviter les encombrements, que la Garde laisserait les trains régimentaires, les voitures portant les sacs, les convois particuliers des divisions parqués dans les cantonnements, et romprait, en deux colonnes, sur Dombasle, à 11 heures du matin.

Le IVe corps suivrait, vers 2 heures de l'après-midi, jusqu'au delà de Fleury.

La division de cavalerie de la Garde fut invitée à se rapprocher de son corps d'armée (1).

Ces mesures prises, le commandant de l'armée de la Meuse se rendit à Clermont-en-Argonne pour y attendre des renseignements, qui arrivèrent en effet, en grand nombre, dans le courant de la journée (2).

La division de cavalerie saxonne s'était déjà mise en

---

(1) *Historique du Grand État-Major prussien*, 7e livraison, p. 937; *Heeresbewegungen*, p. 27-28.
(2) Verdy du Vernois, *loc. cit.*, p. 126.

mouvement de Clermont-en-Argonne sur Autry, quand elle reçut, à 6 heures du matin, l'ordre de marcher sur Bantheville. Tandis qu'elle se dirigeait sur ce point, par Charpentry, une patrouille du *18e* régiment de uhlans suivait la route de Varennes à Grand-Pré et se heurtait, près de Fléville, à un parti de quarante cavaliers du 4e escadron du 4e hussards (1), devant lequel elle se repliait vers Exermont. Le général von Lippe, commandant la division, dirigeait alors sur Fléville le 1er escadron du régiment de *Reiter* de la Garde, avec mission d'éclairer vers Grand-Pré et de se relier avec la 5e division en marche dans cette direction.

A 2 heures de l'après-midi, la division de cavalerie saxonne s'établissait au bivouac à Bantheville et lançait une reconnaissance d'officier dans la direction de Beaumont. Le *18e* régiment de uhlans jeté au Nord-Est, vers Aincreville, poussait son 1er escadron sur Dun, qu'il trouvait inoccupé, tandis que le 3e escadron battant l'estrade vers Buzancy apercevait, vers 4 heures du soir, au Nord du bois de la Folie, deux bataillons du 72e de ligne (brigade Bordas) « qui semblaient en marche vers l'Ouest (2) ». Ce dernier escadron se replia ensuite et fut suivi, par Barricourt, jusqu'à Villers-devant-Dun, par les deux pelotons du 3e escadron du 4e lanciers qui accompagnaient le 72e de ligne.

A 4 heures, l'escadron de *Reiter* dirigé sur Grand-Pré, mandait des environs de Saint-Juvin :

« Il y a des troupes françaises à Grand-Pré et Chevières. L'ennemi défile, en ce moment, au Nord de

---

(1) Division de cavalerie du 7e corps.
(2) *Historique du Grand État-Major prussien*, 7e livraison, p. 938. D'après l'*Historique* du 72e de ligne, ce régiment ne se remit en marche de Buzancy sur Vouziers par la grande route, qu'à 6 h. 30 du soir.

Grand-Pré. On voit de l'infanterie, de la cavalerie et même des voitures, mais sans pouvoir distinguer si c'est de l'artillerie (1). »

A sa rentrée au bivouac, vers 9 heures du soir, le capitaine commandant cet escadron évalua l'infanterie française à cinq bataillons. On apprenait aussi qu'à 7 heures du soir, il n'y avait plus personne à Buzancy; mais, au dire des habitants, un régiment d'infanterie, avec de la cavalerie et du canon, en était parti dans la matinée, se dirigeant sur Vouziers.

La 5e division de cavalerie était déjà en marche de Sainte-Menehould sur Vouziers, quand elle reçut, dans la matinée du 26, l'ordre de se porter sur Grand-Pré. Elle obliqua alors vers Montcheutin, poussant comme avant-garde le *19e* régiment de dragons, par Senuc. Des patrouilles de ce régiment envoyées sur Grand-Pré essuyaient le feu de deux compagnies de grand'-garde du 52e de ligne et « apercevaient des masses françaises de toutes armes dans le voisinage de cette localité (2) ». Une autre patrouille du *11e* hussards, envoyée d'abord sur Varennes avec une mission spéciale, revint ensuite sur Grand-Pré qu'elle croyait occupé par la division. Elle y fut reçue par une vive fusillade et laissa son chef et huit cavaliers entre les mains des Français.

A 5 heures du soir, la 5e division prit ses bivouacs entre Autry et Montcheutin; un escadron du régiment d'avant-garde restait à Senuc (3).

Un officier du *13e* uhlans envoyé, à ce moment, en reconnaissance sur Vouziers, trouva à Monthois et Saint-

---

(1) Ce *Rapport* parvint au grand quartier général vers 7 heures du soir.

(2) *Historique du Grand État-Major prussien*, 7e livraison, p. 938.

(3) Le *Rapport* de la division arriva au grand quartier général à 7 heures du soir.

Morel des bivouacs abandonnés ; il apprit par des gens du pays que, depuis trois jours, de forts passages de troupes avaient eu lieu dans la direction de Vouziers. En arrivant à la nuit, sur les hauteurs à l'Ouest de cette ville, il put constater, par de nombreux feux de bivouac, que des forces considérables étaient campées aux alentours. Il rejoignit son régiment, à Montcheutin, à 11 heures du soir (1).

Un escadron du *13ᵉ* dragons avait été également envoyé dès le matin sur Séchault. Une de ses patrouilles, commandée par un sous-officier, avait poussé jusqu'à 4 kilomètres de Vouziers, et faisait connaître aussi « que l'ennemi se trouvait en forces sérieuses à l'est de la ville (2). »

Conformément aux instructions qui lui étaient parvenues à Auve, la *6ᵉ* division de cavalerie s'était portée de Vieil-Dampierre sur Tahure, où elle avait établi son bivouac, après avoir lancé trois reconnaissances d'officier.

La première, du *16ᵉ* hussards, dirigée sur Vouziers, arrivait vers 5 h. 30 du soir sur les hauteurs au Nord de Savigny d'où elle pouvait discerner, dans leur ensemble, les positions des Français autour de Vouziers. D'après les renseignements fournis par cette reconnaissance, la division expédiait à Clermont le rapport suivant : « Des troupes ennemies de toutes armes campent sur les hauteurs à l'Est de Vouziers, entre Chestres et Falaise. Un ou deux régiments d'infanterie sont sur la route de Longwé, couverts par une batterie et un bataillon de chasseurs. A Chestres, des colonnes dé-

---

(1) *Historique* du *13ᵉ* régiment de uhlans, p. 29-30.
(2) *Historique du Grand État-Major prussien*, 7ᵉ livraison, p. 939. Par suite d'un accident de transmission, ce rapport ne parvint au grand quartier général que le 27 août, à 4 heures du soir.

bouchent précisément du bois et se disposent à camper. Un escadron de lanciers se tient en avant de Vouziers. Il ne paraît pas se trouver d'infanterie dans la ville même. Les habitants disent qu'il y aurait environ 140,000 hommes dans les environs; que Mac-Mahon serait à Attigny et qu'on l'attendait dans deux jours. »

La division mandait en outre que, jusqu'alors, les deux autres reconnaissances du *3e* hussards et du *3e* uhlans, lancées sur Reims et sur Châlons, n'avaient rencontré personne; mais que les forces françaises, précédemment stationnées dans le voisinage de cette dernière ville, se seraient, dit-on, dirigées vers le Nord (1). A 11 heures du soir, on apprit que les villages aux environs de Reims étaient évacués, mais que la ville même était occupée par 4,000 à 5,000 hommes.

En somme, le 26 août, le contact avait été pris par trois divisions : par la *12e* et la *6e*, grâce à un service de découverte parfaitement orienté; par la *5e*, grâce au hasard de la marche, qui avait amené la colonne sur Grand-Pré, à portée de fusil d'un camp français.

La cavalerie allemande qui, du 19 au 25 août, semblait n'exécuter que des marches du temps de paix, venait d'être réveillée par l'ordre de Moltke et, dès le premier jour, sa découverte donnait des résultats précieux. A la vérité, elle n'avait pas rencontré d'obstacles de la part de la cavalerie adverse.

Si l'on considère les emplacements occupés par les divisions, on constate que les *5e* et *6e* sont assez rapprochées pour pouvoir, à la rigueur, se prêter un mutuel appui; mais la *12e*, absolument isolée à l'Est, est

---

(1) *Historique du Grand État-Major prussien*, 7e livraison, p 940.
Ces nouvelles importantes furent expédiées de Tahure vers 7 heures du soir, mais ne parvinrent au grand quartier général que le lendemain matin à 5 h. 15.

hors d'état d'être soutenue par aucune des deux précédentes. Quant à la division de cavalerie de la Garde, elle est, avec les colonnes d'infanterie, à 30 kilomètres en arrière, séparée de la *12e* par la forêt de Hesse. Ainsi s'accuse le manque d'unité de direction, et cet individualisme des corps d'armée, qui, ne voyant dans les divisions de cavalerie qu'un instrument personnel, eût coûté cher à la cavalerie allemande si elle s'était trouvé en face d'un adversaire concentré et offensif (1).

Derrière ces masses de cavalerie, s'exécutait le mouvement de conversion vers le Nord de l'armée de la Meuse.

Le XIIe corps était déjà en marche sur Vienne-le-Château quand l'ordre lui parvint de se porter sur Varennes et de diriger la *48e* brigade d'infanterie (2) sur Montfaucon, par Esnes. La *23e* division gagne Varennes et les environs; la *24e* et l'artillerie de corps stationnent à Baulny et Apremont, avec un escadron détaché sur Épinonville. Une patrouille du régiment de tirailleurs, transportée en voitures, explore l'Argonne sur le flanc gauche du corps d'armée et fait connaître que la 5e division de cavalerie n'est pas arrivée jusqu'à Grand-Pré et qu'elle bivouaque à Autry.

La Garde avait également commencé son mouvement sur Sainte-Menehould quand elle reçut l'avis de se diriger en deux colonnes sur Dombasle. De nouveaux ordres furent donnés aux troupes à cet effet. La *1re* division d'infanterie s'engagea à gauche sur l'itinéraire Brizeaux, Beaulieu, Clermont-en-Argonne; la *2e* passa par Waly, Lavoye, Ville-sur-Cousances, Jouy-devant-Dombasle, suivie de l'artillerie de corps venant de

---

(1) Colonel Dubois, *Cours de l'École supérieure de guerre.*
(2) Cette brigade était renforcée du 2e régiment de cavalerie et de la 3e batterie légère. Un escadron resta en observation à Nixéville.

Vaubécourt, et dont la destination était Brocourt. Aux convois et aux colonnes de munitions du corps d'armée était affectée une route particulière allant de Chaumont-sur-Aire, par Beauzée sur Saint-André. La division de cavalerie de la Garde se porta de Le Chemin, par Futeau et les Islettes, sur Récicourt. Elle empruntait ainsi à l'Est de Clermont l'itinéraire de la 1re division, mais on comptait qu'elle marcherait assez rapidement pour ne pas gêner celle-ci (1).

Les troupes n'emmenèrent que les voitures à vivres et à fourrages absolument indispensables. Les trains régimentaires, les voitures portant les sacs de l'infanterie (2), les convois attribués aux divisions (3), furent rassemblés par division et parquèrent dans la zone même des cantonnements. Il leur fut spécialement recommandé de ne troubler en aucune façon le mouvement des colonnes du IVe corps.

Les têtes de colonnes des divisions d'infanterie devaient se mettre en marche à 11 heures du matin, mais, par suite des lenteurs dans la rédaction et dans l'expédition des ordres, le départ n'eut lieu qu'à 1 heure de l'après-midi. La colonne de droite atteignit Jouy-devant-Dombasle entre 6 et 9 heures du soir (4). La colonne de gauche, qui avait eu beaucoup de peine à arriver de Brizeaux à Beaulieu, en raison des pentes très raides et du mauvais état du chemin, fut obligée, à partir de cette dernière localité, qui n'était réunie à Clermont-en-Argonne que par de mauvais sentiers, de

---

(1) Hohenlohe, *Lettres sur la stratégie*, t. II, p. 141.

(2) L'infanterie de la Garde avait ses sacs sur des voitures depuis le 17 août.

(3) Colonnes de vivres et hôpitaux de campagne.

(4) *Heeresbewegungen*, p. 29. Le prince de Hohenlohe dit que « les dernières troupes arrivèrent au bivouac et au cantonnement à 11 heures du soir (*loc. cit.*, t. II, p. 144).

se rejeter vers l'Ouest, pour ne pas gêner l'autre division, et de passer par Futeau et les Islettes. Elle n'arriva que très avant dans la nuit à son bivouac de Récicourt-Dombasle (1).

Le IVe corps exécuta aussi son mouvement en deux colonnes. A gauche, la *8e* division se porta de Laheycourt, par Triaucourt, sur Fleury; son avant-garde poussant jusqu'à Ippécourt. A droite, la *7e* division, partant de Condé-en-Barrois, passa par Rembercourt-aux-Pots, où l'artillerie de corps vint se joindre à elle, puis par Beauzée, pour gagner Fleury, où elle établit son bivouac. Les trains régimentaires et les convois attribués aux divisions ne devaient suivre que lorsque les équipages de la Garde auraient dégagé les routes. Les autres convois et les sections de munitions se rendirent à Beauzée et au Sud de cette localité.

Le quartier général de l'armée de la Meuse fut installé à Clermont-en-Argonne.

La IIIe armée commençait le même jour, 26 août, son mouvement de conversion vers le Nord.

En exécution de l'ordre du 25 août, la *4e* division de cavalerie s'avançait sur Châlons en dirigeant un escadron sur le camp de Mourmelon pour y recueillir les approvisionnements encore utilisables. Elle se reliait à Courtisols avec la cavalerie wurtembergeoise et, au delà de Suippes, avec la *6e* division de cavalerie. Les deux escadrons de dragons, qui observaient Reims depuis la veille, constataient que la ville était occupée par des troupes ennemies.

Le matin, en quittant Pogny, le prince Albrecht avait

---

(1) Les dernières unités à 3 heures du matin (Hohenlohe, *Ibid.*). Voir *Historiques* du *1er* régiment d'infanterie de la Garde, p. 180; du *3e*, p. 305-306; du *4e*, p. 189. Tous trois s'accordent à déclarer que cette marche fut la plus pénible de la campagne.

dirigé sur Épernay un détachement de quarante cavaliers, prélevé sur les quatre escadrons du *10e* uhlans. Ils avaient pour mission de détruire les communications télégraphiques et ferrées, de saisir les correspondances et les caisses publiques et de faire préparer une réquisition. Après avoir occupé les issues de la ville, le reste du détachement se rendit sur la place du Marché, puis à la gare, où il fut accueilli par la fusillade de dix sapeurs du génie (1), auxquels se joignirent des gardes mobiles. Le lieutenant, chef du parti de uhlans, fut frappé de deux balles ; il réussit pourtant à se dégager avec la majeure partie de sa troupe et, le jour même, il rentrait à Châlons en laissant aux mains des Français un officier, un sous-officier et quatre uhlans (2).

A 8 h. 30 du matin, le Prince royal avait envoyé à la *4e* division de cavalerie l'ordre de s'avancer immédiatement, ou au plus tard le 27 de grand matin, dans la direction de Vouziers, et, dans le cas où l'ennemi paraîtrait marcher dans la direction de Metz, d'attaquer ses colonnes sur leur flanc droit (3).

Un peu plus tard (4), il fut prescrit à la *4e* division de cavalerie de partir sur-le-champ, de se porter au delà de la Suippe dans la direction de Vouziers, de s'y reposer quelques heures et de poursuivre sa marche le lendemain de grand matin (5).

En avant de l'aile gauche de la IIIe armée, la *2e* division de cavalerie venait de Chavanges à Aulnay, d'où elle faisait couper par un détachement la voie ferrée de Mul-

---

(1) Le colonel du génie au Ministre des travaux publics, 27 août.
(2) *Historique du Grand État-Major prussien*, 7e livraison, p. 943.
(3) Von Hahnke, *loc. cit.*, p. 156.
(4) C'est l'expression même de von Hahnke, sans qu'on puisse déterminer l'heure réelle par une autre source. On sait seulement que l'ordre en question parvint assez tard dans la soirée du 26.
(5) Von Hahnke, *loc. cit.*, p. 156.

house à Paris, à Payns, au Sud-Est de Méry. Elle reçut, assez tard dans la soirée, l'ordre de marcher sur Châlons pour y être employée suivant les circonstances.

Le V⁰ corps restait provisoirement sur ses emplacements de la veille; toutefois, la 9⁰ division se portait au Nord sur Vanault-les-Dames et Vanault-le-Châtel.

La division wurtembergeoise demeurait autour de Sermaize.

Le XI⁰ corps appuyait de Thiéblemont sur Heiltz-l'Évêque, et son avant-garde de Vitry sur Saint-Lumier et Bassuet.

Le VI⁰ corps se portait de Vassy sur Thiéblemont, où il était rejoint par des fractions laissées devant Toul et Phalsbourg. Le I⁰ʳ bataillon du *62⁰*, un peloton de dragons et un petit détachement de pionniers étaient désignés pour occuper Vitry.

Les deux corps bavarois avaient été prévenus, dans la nuit du 25 au 26, d'attendre de nouvelles instructions dans leurs cantonnements; seule, la brigade de uhlans du II⁰ corps bavarois reçut dans la matinée l'ordre du commandant en chef de se porter de Frêne sur Suippes, où elle arriva vers minuit.

Ainsi, le 26 août, vers midi, après l'exécution des mouvements indiqués précédemment, le gros des forces de la III⁰ armée se trouvait étroitement concentré sur sa droite et en mesure « soit de prolonger le mouvement de son aile gauche sur Reims, soit de la rabattre aussi vers le Nord, à la suite de l'armée de la Meuse (1) ».

Le Prince royal et son chef d'état-major, le lieutenant général von Blumenthal, se prononcèrent nettement en faveur de cette dernière solution dans une entrevue qu'ils eurent à Bar-le-Duc, dans la matinée, avec le Roi

---

(1) *Historique du Grand État-Major prussien*, 7⁰ livraison, p. 944.

et Moltke. On n'avait reçu aucune nouvelle positive sur la situation de l'ennemi, mais en rassemblant une foule de renseignements insignifiants en apparence, il parut à peu près certain que le maréchal de Mac-Mahon se portait de Reims vers le Nord ou le Nord-Est, avec environ 110,000 hommes transportés par chemin de fer.

Le Prince royal fut laissé libre de poursuivre son mouvement sur Paris, parce que Moltke estimait qu'il disposait de forces suffisantes. Le général von Blumenthal, chef d'état-major de la IIIᵉ armée, ne fut pas de cet avis et fit observer très judicieusement qu'il était préférable de s'exposer à un détour et à un retard dans la marche sur Paris que de risquer une bataille décive sans s'assurer le concours de toutes les forces disponibles. Le Roi et Moltke adoptèrent cette opinion et laissèrent au Prince royal toute liberté d'action dans les limites tracées par un ordre de mouvement qui lui fut remis à Bar le-Duc même (2).

Cet ordre était ainsi conçu :

Grand quartier général, Bar-le-Duc, 26 août, midi.

« Les dernières nouvelles rendent vraisemblable la concentration de l'armée du maréchal de Mac-Mahon à Vouziers.

« Sa Majesté ordonne de mettre *immédiatement* en marche, dans cette direction, l'armée de S. A. R. le prince de Saxe, le Iᵉʳ et le IIᵉ corps bavarois.

« Le XIIᵉ corps, les 5ᵉ et 6ᵉ divisions de cavalerie sont déjà en mouvement.

« La Garde marchera sur Dombasle, un bataillon du

---

(1) *Historique du Grand État-Major prussien*, 7ᵉ livraison, p. 944-945 ; von Hahnke, *loc. cit.*, p. 157 ; von Blumenthal, *Tagebücher*, p. 86.

XII⁰ corps restera à Clermont pour couvrir le grand quartier général.

« Le IV⁰ corps s'avancera sur Fleury (1).

« Le I⁰ʳ corps bavarois marchera sur Érize-la-Petite.

« Le II⁰ corps bavarois sur Triaucourt.

« Toutes les troupes se mettront en marche après avoir mangé ; elles emporteront trois jours de vivres et laisseront en arrière, avec les escortes suffisantes, toutes les voitures qui ne seront pas absolument indispensables.

« Le grand quartier général de S. M. le Roi se rendra dans la journée à Clermont (2). »

Une copie de cet ordre fut transmise au prince Frédéric-Charles, avec l'invitation de diriger deux corps de l'armée d'investissement de Metz vers Damvillers et Mangiennes, où ils devaient être rendus le 28 (3). Le Moltke le prévenait, en même temps, qu'il était autorisé, si les circonstances l'exigeaient, à abandonner temporairement le blocus sur la rive droite de la Moselle, mais, par contre, qu'une tentative des Français pour s'ouvrir un passage vers l'Ouest devait être arrêtée à tout prix (4).

De son côté, le prince royal de Prusse envoya, dès son arrivée à Revigny-aux-Vaches, à 4 heures de

---

(1) Moltke ignorait donc ou approuvait le mouvement de la Garde et du IV⁰ corps dont le commandant de l'armée de la Meuse avait pris l'initiative.

(2) *Correspondance militaire du maréchal de Moltke*, t. I⁰ʳ, n° 211.

L'ordre fut adressé aux commandants des IV⁰ corps, de la Garde, des I⁰ʳ et II⁰ corps bavarois.

(3) Un télégramme expédié de Clermont le 26, à 7 heures du soir, prescrivait au prince Frédéric-Charles de ne pas les mettre en marche avant le 27 août à midi (*Correspondance militaire du maréchal de Moltke*, t. I⁰ʳ, n° 215).

(4) *Correspondance militaire du maréchal de Moltke*, t. I⁰ʳ, n° 212.

l'après-midi, des ordres aux trois corps prussiens et à la division würtembergeoise, dans le but de les faire converser à droite et de les amener, le lendemain 26, dans le voisinage de Sainte-Menehould et de Vavray (1). A 6 heures du soir, il reçut un rapport de la 2ᵉ division de cavalerie, daté de Chavanges 26 août, qui confirmait la nouvelle de la marche de l'armée française d'après un article du journal *Le Siècle*, daté du 24 août (2). Les reconnaissances envoyées par la division jusqu'à Lamarche, Montigny-le-Roi et Chaumont, n'avaient pas rencontré de troupes régulières françaises; elles avaient appris seulement que 6,000 à 8,000 hommes se réunissaient à Langres (3).

Cependant, en exécution des ordres donnés par le grand quartier général à midi, les deux corps bavarois avaient entamé la conversion vers le Nord. Au Iᵉʳ corps bavarois, la 2ᵉ division d'infanterie se porta de Bar-le-Duc par Rumont à Pierrefitte et environs; la réserve d'artillerie la suivit jusqu'à Rosnes. La 1ʳᵉ division, partant de Laimont, marcha par Louppy-le-Château, Condé-en-Barrois, sur Marats-la-Grande et stationna autour de cette localité. Les trains, colonnes de munitions et convois furent groupés à Bar-le-Duc. Mais, en raison du temps nécessaire à l'expédition des ordres, la marche ne put commencer qu'entre 4 et 5 heures de l'après-midi, de sorte que les troupes n'arrivèrent à leurs cantonnements qu'après minuit.

Au IIᵉ corps bavarois, l'étape fut encore plus pénible. A gauche, les éléments qui constituaient l'avant-garde

---

(1) Le Prince royal trouva à Revigny « des lettres de soldats français récemment interceptées, et qui parlaient toutes d'un mouvement de Reims sur Verdun » (Von Hahnke, *loc. cit.*, p. 160).
(2) Von Hahnke, *loc. cit.*, p. 162.
(3) *Ibid.*

(moitié de la 3ᵉ division) partirent de Possesse à 7 h. 15 du soir, passèrent par Givry-en-Argonne et Charmontois, et atteignirent Triaucourt entre 1 heure et 3 heures du matin. Tout le reste du corps d'armée, précédé de l'artillerie de réserve formant la colonne de droite, se dirigea sur Nettancourt et Sommeilles, puis traversa la forêt de Belval par un chemin de terre où des voitures de la 4ᵉ division s'embourbèrent et arrêtèrent la marche des unités qui suivaient. La 4ᵉ division d'infanterie bivouaqua près de Belval; la 3ᵉ, moins l'ancienne avant-garde, près de Charmontois. Toutes deux n'arrivèrent à destination qu'au point du jour. Les convois et colonnes de munitions se portèrent de Fains sur Neuville-sur-Ornain; les trains régimentaires parquèrent à Sommeilles (1).

Dans le courant de l'après-midi, le grand quartier général allemand fut transféré de Bar-le-Duc à Clermont-en-Argonne, où était installé également celui de l'armée de la Meuse. Les renseignements fournis par les 5ᵉ et 12ᵉ divisions de cavalerie, dont on eut connaissance à 7 heures du soir, ne permettaient pas encore, sans doute, de se rendre compte d'une manière complète de la situation dans la région de Vouziers-Buzancy. Toutefois, « la présence désormais avérée, à Grand-Pré, de troupes ennemies de toutes armes, donnait un caractère de quasi-certitude à l'hypothèse déjà admise d'un projet de mouvement du maréchal de Mac-Mahon sur Metz. Un fait particulièrement important se dégageait d'ailleurs de tous ces renseignements : les Français n'avaient pas encore atteint la Meuse à Dun (2). »

En conséquence, Moltke décida, vers 11 heures du soir, que l'armée de la Meuse continuerait le lendemain

---

(1) *Heeresbewegungen* p. 30-31.
(2) *Historique du Grand État-Major prussien*, 7ᵉ livraison, p. 946.

sa marche sur Damvillers, qu'elle occuperait promptement les ponts de la Meuse à Dun et Stenay, et pousserait sa cavalerie dans le flanc droit des colonnes françaises. Ordre fut envoyé directement aux deux corps bavarois de suivre l'armée de la Meuse sur Nixéville et Dombasle (1). Le commandant de la IIIᵉ armée fut avisé de ces dispositions et invité à diriger ses autres corps sur Sainte-Menehould (2). Enfin, une ligne télégraphique ayant été installée dans la journée depuis le quartier général du prince Frédéric-Charles jusqu'à Érize-la-Petite, l'ordre relatif au mouvement des deux corps d'armée à envoyer sur Damvillers, lui fut confirmé par télégramme dans la soirée même (3).

L'armée de Châlons occupait, après la marche de la journée, les emplacements suivants :

Grand quartier général............		Tourteron.
1ᵉʳ corps..	Quartier général.....	Neuville-et-Day.
	1ʳᵉ division..........	Ouest de Neuville-et-Day.
	2ᵉ —	*Ibid.*
	3ᵉ —	Nord-Est de Voncq.
	4ᵉ —	*Ibid.*
	Division de cavalerie.	Nord-Est de Voncq.
	Réserves d'artillerie et du génie........	Semuy.
5ᵉ corps.....................		Tout entier au Chesne, sauf la division de cavalerie à la ferme Basancourt.
7ᵉ corps.....................		Tout entier entre Chestres et Falaise, sauf la 2ᵉ brigade de la 2ᵉ division au Sud de Vouziers.

---

(1) *Correspondance militaire du maréchal de Moltke*, t. Iᵉʳ, nᵒˢ 216 et 217.
(2) *Ibid.*, nᵒ 218.
(3) *Ibid.*, nᵒ 219.

12ᵉ corps....................		Tout entier à Tourteron.
1ʳᵉ division de réserve de cavalerie.		Tannay.
2ᵉ division de réserve de cavalerie.		Sud d'Attigny.
Parcs d'artillerie.	5ᵉ corps..........	Tourteron (sauf l'équipage de pont en route de Paris à Mézières)
	7ᵉ corps..........	En marche sur Mézières (sauf l'équipage de pont à Soissons)
	12ᵉ corps..........	Amagne.
Grand parc..................		En formation à Mézières.
Équipage de pont de réserve.....		Se rend de Château-Thierry à Paris.

CHAPITRE V

Journée du 27 août.

Le 27 août, de grand matin, les 1er, 5e et 12e corps se mettent en mouvement vers le Sud-Est, pour appuyer le 7e, que le maréchal de Mac-Mahon, sur la foi de renseignements transmis par le général Douay, croit menacé par des forces considérables.

Le 1er corps marche en deux colonnes : à gauche les 4e et 3e divisions se portent sur les Alleux et Quatre-Champs ; à droite, la cavalerie, les 2e et 1re divisions, sur Voncq, Terron-sur-Aisne, Vandy.

Les réserves d'artillerie et du génie restent provisoirement à Voncq, dont on étudie la mise en état de défense ; les bagages, les voitures de réquisition, le trésor sont dirigés sur Montgon.

L'ordre de mouvement du 26 indiquait Quatre-Champs, Noirval, Châtillon-sur-Bar, comme « les points de concentration de la première position de combat ». La colonne de droite est arrêtée à Terron par un encombrement produit par le parc du génie, le convoi de vivres et les bagages du 7e corps. La colonne de gauche atteint les Alleux, s'y arrête et envoie le 3e zouaves vers Quatre-Champs. Le régiment occupe la hauteur au Nord-Ouest du village ; le Ier bataillon est détaché dans le village même.

Le 5e corps, partant du Chesne à 3 heures du matin, marche sur Buzancy en deux colonnes précédées par la division de cavalerie qui, de la ferme Basancourt, se porte sur Brieulles-sur-Bar, Authe, Autruche, Bar, Buzancy. A droite, la 3e division, les réserves du génie et d'artillerie, la brigade de Maussion de la 2⁰ division, suivent l'itinéraire Châtillon-sur-Bar, Belleville, Boult-aux-Bois, Briquenay. A gauche, la 1ʳᵉ division passe par Pont-Bar, les Petites-Armoises, Brieulles, Authe (1).

Tous les bagages et convois restent au Chesne, sous la garde du III⁰ bataillon du 49⁰, de la brigade de Maussion.

La marche est lente, en raison du mauvais état des chemins détrempés par les pluies. A 7 h. 30, le général de Failly donne l'ordre à la réserve d'artillerie et à la brigade de Maussion de suivre, à partir de Boult-aux-Bois, la grande route, par Germont et Bar. Vers 10 heures, les têtes de colonnes arrivent à Bar, où le commandant de corps d'armée prescrit une grand'halte, tandis que la cavalerie continue sa reconnaissance sur Buzancy.

Le 12⁰ corps se dirige de Tourteron sur Le Chesne par Lametz, en une seule colonne et dans l'ordre : 1ʳᵉ, 3⁰, 2⁰ divisions d'infanterie, division de cavalerie Lichtlin, réserve d'artillerie, division de cavalerie Fénelon. Le mouvement commence à 3 heures du matin (1).

Les troupes ne sont suivies que de leurs ambulances divisionnaires. Le parc du génie, l'ambulance du corps d'armée et les bagages partent à 11 heures du matin pour aller parquer au Chesne, au Nord du canal des Ardennes.

La division de cuirassiers Bonnemains, qui devait suivre le mouvement du 12ᵉ corps, d'après l'ordre de

---

(1) La 2ᵉ brigade (Nicolas) de la 1ʳᵉ division, campée au Sud du canal des Ardennes, sur la route de Châtillon-sur-Bar, rejoignit le gros de la division en passant par Châtillon et Brieulle.

(1) Les heures de départ sont échelonnées ainsi qu'il suit : 1ʳᵉ division, 3 heures; 3⁰, 4 h. 30; 2⁰, 6 heures; division Lichtlin, 7 h. 30; réserve d'artillerie, 8 h. 30.

mouvement du 26 août, avait reçu dans la nuit de nouvelles instructions qui lui prescrivaient de se mettre, le lendemain 27, à la disposition du commandant du 7ᵉ corps, à Vouziers.

En conséquence, elle se met en marche à 5 heures du matin, laissant les bagages à ses bivouacs d'Attigny. Arrivée à Vouziers à 8 heures, la division s'arrête à l'entrée de la ville, tandis que le chef d'état-major va prendre les ordres du général Douay.

La division de cavalerie Margueritte se porte de Tannay sur Stonne et Beaumont, dans le but de surveiller les routes qui viennent de Dun et de Stenay. Le 3ᵉ escadron du 6ᵉ chasseurs est envoyé en reconnaissance de Saint-Pierremont sur Nouart; le 4ᵉ du même régiment, de Saint-Pierremont sur Buzancy. Tous deux se heurtent à des patrouilles de cavalerie ennemie, qu'ils refoulent.

On ne songe pas, d'ailleurs, à occuper au plus tôt les ponts de la Meuse et à empêcher leur destruction par l'ennemi. De sa personne, le maréchal de Mac-Mahon se rend, en tête du 12ᵉ corps, de Tourteron au Chesne.

Avant de quitter son quartier général du 26, il avait écrit au général Douay qu'il arrêtait le mouvement de l'armée vers l'Est et qu'il orientait sa marche vers le Sud-Est, pour appuyer le 7ᵉ corps. Cette lettre parvint, vers 5 heures du matin, au général Douay, qui envoya aussitôt au Maréchal son aide de camp, le commandant Seigland, pour lui exposer en détail tout ce qui s'était passé depuis la veille et lui confirmer les renseignements déjà transmis. Cet officier supérieur annonça au Maréchal que, d'après les dernières informations, « le prince royal de Prusse serait à Sainte-Menehould et qu'une autre armée que la sienne monterait par Varennes [1] ».

---

[1] Prince Bibesco, *loc. cit.*, p. 58-59.

Appréciant aussitôt la gravité de ces nouvelles, le Maréchal télégraphia au général Douay pour lui demander de lui transmettre sans retard les renseignements qu'il pourrait obtenir des prisonniers, puis il le prévint par lettre des mouvements vers le Sud-Est exécutés par les divers corps de l'armée de Châlons.

Vers 9 heures du matin, le maréchal de Mac-Mahon reçut, des généraux Douay et de Failly, l'avis « qu'ils n'avaient aperçu devant eux aucune troupe d'infanterie (1) ». Déjà le commandant du 7º corps avait rappelé sur Vouziers son parc du génie, son convoi de vivres et ses bagages. Il maintenait néanmoins ses troupes sur les hauteurs à l'Est de la ligne Chestres—Falaise.

Le 1ᵉʳ corps, dont les deux colonnes se massaient aux Alleux et au Nord de Terron, et dont le sous-chef d'état-major général avait été envoyé au Chesne pour rendre compte au Maréchal de la situation, fut invité à conserver les positions qu'il occupait et à attendre les ordres qu'il recevrait dans la journée. Le général Ducrot prit alors le parti de concentrer tout le corps d'armée sur le plateau de Voncq, sauf la division de cavalerie qui fut maintenue en avant, sur les bords de l'Aisne (2).

Partie d'Attigny à 5 heures du matin, la division de cuirassiers Bonnemains arrivait à Vouziers à 8 heures. Elle en repartait à midi pour exécuter, sur l'ordre du général Douay, une reconnaisance dans la direction de Monthois, Somme-Py. Elle rentrait à ses bivouacs d'Attigny vers 5 heures du soir, en passant par Mazagran et Coulommes, non sans fournir des renseignements intéressants : « l'armée du prince royal de Prusse a ses

---

(1) Maréchal de Mac-Mahon, *Souvenirs inédits*.
(2) Le 1ᵉʳ corps fut renforcé le 27 par le bataillon de francs-tireurs de Paris qui fut versé à la 2ᵉ division.

éclaireurs à quelques lieues; elle fait de nombreuses réquisitions et s'avance, à marches forcées, perpendiculairement à notre flanc. On dit qu'il y a 80,000 hommes (1) ».

Le 12⁰ corps s'établit au Sud du Chesne, sauf sa division de cavalerie qui bivouaque à la ferme Basancourt.

Le parc se porta d'Amagne à Ecordal.

Tandis que la colonne de gauche du 5⁰ corps faisait sa grand'halte à l'Ouest de Bar, arriva, vers 10 heures du matin, un ordre du maréchal de Mac-Mahon prescrivant de rétrograder sur Châtillon et Brieulles, et d'y camper pour la nuit du 27 au 28. Le mouvement allait commencer, quand les éclaireurs de la division de cavalerie, réduite à deux régiments, les 5⁰ lanciers et 12⁰ chasseurs (2), signalèrent des patrouilles ennemies sur les hauteurs au Sud-Est de Buzancy. Elles appartenaient à la 24⁰ brigade de cavalerie saxonne, dont le gros était non loin de Bayonville.

Le général de Failly prescrivit, à 11 heures du matin, au général Brahaut commandant cette division, de reconnaître et d'apprécier « d'une manière aussi positive que possible, la force de la cavalerie qu'elle avait devant elle » puis de prendre une position en arrière et de rétrograder en continuant à couvrir le corps d'armée (3).

La 1ʳᵉ brigade (de Bernis), chargée d'exécuter cette reconnaissance, se porte à cet effet à l'Ouest de Buzancy et se couvre, au delà de cette localité, par le 4⁰ escadron du 12⁰ chasseurs. La deuxième division de cet escadron,

---

(1) *Journal* de marche de la 2⁰ division de cavalerie.
(2) Le 3⁰ lanciers était à Metz avec la brigade Lapasset; le 5⁰ hussards était réparti entre les divisions d'infanterie.
(3) *Journal* de marche de la 1ʳᵉ brigade de la division de cavalerie du 5⁰ corps.

sous les ordres du capitaine en second Raymond, se disperse en tirailleurs dans l'angle formé par les routes de Buzancy à Nouart et à Bayonville, et envoie des patrouilles vers le bois de la Folie; la première division, sous le commandement du capitaine d'Ollonne, reste en soutien. Les éclaireurs ennemis se replient. Soudain trois pelotons (1) de cavalerie saxonne apparaissent sur la crête de la côte de Bellevue et en descendent au galop de charge. Les tirailleurs ont à peine le temps de faire feu et de rallier la première division, et tout l'escadron français est ramené sur Buzancy, où l'ennemi pénètre même à sa suite. Mais le 3ᵉ escadron du 12ᵉ chasseurs (de Bournazel) se porte rapidement en avant de Buzancy; en même temps le 4ᵉ se rallie. Alors se livre, pendant quelques minutes, un combat corps à corps, à l'arme blanche, qui finit par la retraite des Saxons poursuivis par les chasseurs.

A leur tour, ceux-ci sont assaillis à 1000 mètres environ au Sud-Est de Buzancy, de front et sur leur flanc gauche, par le 1ᵉʳ escadron du 3ᵉ régiment de *Reiter*, dont l'intervention permet aux trois pelotons primitivement engagés de se remettre face aux Français. Une nouvelle mêlée se produit et se termine à l'avantage des cavaliers saxons qui, pour la seconde fois, ramènent les chasseurs sur Buzancy et y entrent derrière eux par la grande rue. A ce moment, débouche par une ruelle latérale et conduit par le colonel de Tucé, le 5ᵉ escadron (Compagny), qui, après avoir déchargé ses armes, se lance sur l'ennemi. Les Saxons font demi-tour et rétrogradent dans la direction de Bayonville, mais la poursuite des Français est

---

(1) L'*Historique du Grand État-Major prussien* dit : « Quelques pelotons » (7ᵉ livraison, p. 949). Il y avait, en réalité, deux pelotons du 5ᵉ escadron et un peloton du 1ᵉʳ escadron du 3ᵉ régiment de *Reiter* saxons.

arrêtée par le feu de la batterie à cheval de la 12ᵉ division (1/12), qui est venue, sur ces entrefaites, s'établir sur la croupe 278 au Nord de Sivry-lez-Buzancy. Les trois escadrons français se rallient à l'entrée Nord-Est de Buzancy sur le reste de la division (1).

Jugeant que le but de la reconnaissance avait été atteint, le général Brahaut fit cesser le combat. Deux chasseurs avaient été tués, une trentaine de cavaliers et quatre officiers blessés; en outre, le lieutenant-colonel de La Porte, démonté, atteint de trois coups de sabre, et ayant eu le bras droit cassé, resta au pouvoir de l'ennemi (2). Les Saxons avaient eu également trente blessés environ, parmi lesquels les capitaines commandant les deux escadrons engagés.

Croyant à un combat sérieux, le général de Failly avait prescrit : à la 1ʳᵉ division, de s'établir en bataille sur deux lignes, parallèlement au chemin d'Harricourt à Sommauthe, la droite à la grande route de Reims à Montmédy; à la 2ᵉ, de prolonger le front de la 1ʳᵉ, dans la même formation, au Sud de Bar; à la 3ᵉ, de prendre position à Briquenay et de se relier à la 1ʳᵉ par Harricourt; aux réserves d'artillerie et du génie, de s'arrêter à l'Ouest d'Harricourt. Ainsi, un engagement de cava-

---

(1) *Journal* de marche de la 1ʳᵉ brigade de la division de cavalerie du 5ᵉ corps; *Historique* manuscrit du 12ᵉ chasseurs; Renseignements communiqués verbalement par M. le général Pendezec qui appartenait, comme capitaine, à l'état-major de la division de cavalerie du 5ᵉ corps.

(2) Le lieutenant-colonel de La Porte avait été transporté à Bar. Plus tard, quand le général Brahaut reçut, du général de Failly, l'ordre de se replier sur Authe, les officiers du 12ᵉ chasseurs demandèrent que la retraite fût ralentie, afin de leur permettre de chercher à Bar leur lieutenant-colonel. Le général Brahaut transmit cette demande au commandant du 5ᵉ corps en ajoutant que la division de cavalerie seule soutiendrait le 12ᵉ chasseurs. Le général de Failly refusa (*Journal* du capitaine de Lanouvelle, de l'état-major du 5ᵉ corps).

lerie, de minime importance, avait provoqué le déploiement de tout le corps d'armée.

L'ennemi ne dessinant aucune attaque, le général de Failly prit le parti d'exécuter l'ordre de retraite qu'il avait reçu du maréchal de Mac-Mahon. Les troupes du 5ᵉ corps reprirent, en sens inverse, les itinéraires qu'elles avaient suivi dans la matinée, couvertes par la division de cavalerie renforcée par une batterie à cheval.

Mais cette marche rétrograde, se produisant au moment où une affaire sérieuse semblait devoir s'engager, eut une influence fâcheuse sur le moral des soldats; « ils crurent qu'on reculait avant d'avoir combattu, et on entendait dans les rangs de nombreuses plaintes contre l'incertitude des mouvements faits jusqu'alors (1) ».

La détermination prise par le maréchal de Mac-Mahon de se replier sur toute la ligne était regrettable. Il ne pouvait plus espérer dérober sa marche à l'ennemi. Dès lors, il semblait judicieux de jeter sur le flanc droit de l'armée de Châlons la plus grande partie de sa cavalerie et de lui ordonner de percer le rideau tendu par la cavalerie adverse, de façon à être renseigné sur la situation et la force des colonnes d'infanterie. La division de cuirassiers Bonnemains s'était trouvée un instant, à Vouziers, en situation d'appuyer les divisions de cavalerie des 1ᵉʳ et 7ᵉ corps pour tenter une opération de ce genre, mais on s'était empressé de la renvoyer à Attigny, sur les derrières de l'armée, dès que l'on avait pu rejeter l'éventualité d'un combat.

Entre 4 et 5 heures de l'après-midi, les camps du 5ᵉ corps furent établis à Authe (division de cavalerie) (2), Brieulles (1ʳᵉ division), Belleville (2ᵉ), Châtillon (3ᵉ, avec les réserves d'artillerie et du génie).

---

(1) *Journal* du capitaine de Lanouvelle, de l'état-major du 5ᵉ corps.
(2) Une grand'garde du 5ᵉ lanciers fut placée à Autruche, avec de petits postes vers Bar.

Plus à l'Est, la division de cavalerie Margueritte venait bivouaquer sur les hauteurs entre Osches et Saint-Pierremont (1).

Jusqu'alors, toutes les tentatives faites pour communiquer avec le maréchal Bazaine étaient demeurées infructueuses; le commandant en chef de l'armée de Châlons n'en avait aucune nouvelle directe depuis le télégramme qui, daté du 19 août, était arrivé à Reims le 22 et avait déterminé, du moins suivant toute apparence, son mouvement vers l'Est, au-devant de l'armée de Metz.

En arrivant au Chesne-Populeux, où avait été transféré le grand quartier général, le maréchal de Mac-Mahon apprit, « de différents côtés, que, l'avant-veille, le maréchal Bazaine n'avait pas encore quitté Metz (2) ». D'autre part, les renseignements qu'il recevait sur l'ennemi devenaient inquiétants. Des forces évaluées à 50,000 hommes étaient établies, disait-on, sur la rive droite de la Meuse pour s'opposer, directement et de front, à la marche de l'armée française vers Metz (3). On signalait une colonne qui, le 26, se dirigeait de Stenay sur Mouzon (4); 400 uhlans avaient occupé le même jour la gare de Longuyon et coupé les fils télégraphiques, pillé la gare et enlevé les rails; des troupes

---

(1) « Eu égard à la proximité de l'ennemi, on bivouaque la bride au bras, sans feu, dans un terrain fraîchement labouré et détrempé; pluie pendant la nuit » (*Historique* du 3ᵉ régiment de chasseurs d'Afrique). Cf. *Historique* du 1ᵉʳ régiment de chasseurs d'Afrique.

(2) *Instruction relative au procès Bazaine*, Déposition du maréchal de Mac-Mahon (n° 2). La nouvelle lui en fut donnée par M. de Montaignac, de Sedan, qu'il avait chargé de tenter de communiquer avec le maréchal Bazaine (*Enquête*, t. I, p. 33).

(3) Le maréchal de Mac-Mahon au Ministre de la guerre, 27 août.

(4) Le procureur impérial de Charleville au Ministre de la guerre, 27 août.

nombreuses, venant de Baalon et Mouzay, près de Stenay, se dirigeaient sur Dun-sur-Meuse (1).

Le maréchal de Mac-Mahon savait en outre — l'Empereur en avait reçu la nouvelle dans l'après-midi — que l'armée du prince royal de Prusse avait suspendu sa marche sur Paris et s'avançait vers le Nord (2); les troupes allemandes qui passaient, le 26, à Vitry-sur-Châlons avaient reçu contre-ordre le même jour et semblaient se porter actuellement sur Sainte-Menehould (3). Déjà, leurs coureurs avaient paru, disait-on, à Semide et à Saint-Étienne-à-Arnes; l'infanterie aurait atteint Somme-Py et Ardeuil. On annonçait en même temps la présence à Châlons-sur-Marne du prince Albert de Prusse avec 6,000 cavaliers et de l'artillerie, et même, d'après une source plus sujette à caution, il est vrai, l'arrivée dans cette ville du Prince royal avec 40,000 hommes. Déjà l'ennemi était signalé aux portes de Reims; « il y a lieu de craindre, disait un bulletin, qu'il ne soit en force (4). »

Ainsi, les communications directes de l'armée de Châlons avec Paris étaient menacées.

D'après une dépêche de Vienne, le total des forces allemandes marchant sur Paris serait de 250,000 hommes, se trouvant actuellement tant sur le front que sur le flanc droit et presque sur les derrières de l'armée de Châlons. Le maréchal de Mac-Mahon n'ignorait pas d'ailleurs que « les Ire et IIe armées, plus de 200,000 hommes, bloquaient Metz, principalement sur la rive gauche (5) ».

---

(1) Le sous-préfet de Sedan au maire du Chesne, 27 août.
(2) Prince Bibesco, *loc. cit.*, p. 60.
(3) Renseignements du préfet de l'Aube et du sous-préfet de Nogent-sur-Seine, transmis par le Ministre de la guerre le 27 août.
(4) Le procureur impérial de Reims au Ministre de la justice, 27 août.
(5) Le maréchal de Mac-Mahon au Ministre de la guerre, 27 août.

La gravité de cette situation, qui ne pouvait qu'empirer de jour en jour, n'échappa point au maréchal de Mac-Mahon.

Continuer le mouvement vers Metz, c'était probablement aller au-devant d'un échec, au passage de la Meuse, et peut-être d'un désastre, si le Prince royal parvenait à intercepter complètement les communications de l'armée de Châlons. Le Maréchal résolut donc de « reprendre la direction du Nord dans le but de ne pas compromettre le sort de son armée et de la réserver pour la défense de Paris (1) ». Il se proposait de gagner la capitale par Mézières et le département du Nord (2). A 3 h. 25 de l'après-midi, à la suite d'un long entretien avec l'Empereur (3), il fit part de sa décision au maréchal Bazaine par le télégramme suivant, que le commandant de la place de Sedan fut chargé de lui faire parvenir « par tous les moyens possibles » :

« Le maréchal de Mac-Mahon prévient le maréchal Bazaine que l'arrivée du Prince royal à Châlons le force à opérer le 29 sa retraite sur Mézières et de là à l'Ouest, s'il n'apprend pas que le mouvement de retraite du maréchal Bazaine soit commencé (4). »

L'intention du commandant de l'armée de Châlons était donc, à ce moment, de ne mettre son projet à exécution que le 29 août, si, à cette date, le maréchal Bazaine n'avait pas fait connaître son départ de Metz. Mais plus tard, dans l'après-midi (5), les renseignements

---

(1) *Journal* de marche du grand quartier général.
(2) *Ibid.*
(3) Prince Bibesco, *loc. cit.*, p. 60. Le commandant Loizillon, de l'état-major du 7ᵉ corps, se trouvait à ce moment au Chesne. — L'Empereur partageait l'avis du maréchal de Mac-Mahon. (*Œuvres posthumes*, p. 114).
(4) D. T. ch. n° 27554, transmise à Sedan à 3 h. 45 s.
(5) Vraisemblablement vers 4 heures.

que l'on reçut au Chesne sur les mouvements et la situation de l'ennemi devinrent plus nombreux et plus inquiétants, et firent ressortir, inexactement il est vrai, sa proximité.

Le maréchal de Mac-Mahon résolut alors de se diriger sur Mézières dès le lendemain, 28 août. Il en informa le Ministre de la guerre, à 8 h. 30 du soir, par une dépêche qu'il dicta lui-même au colonel Stoffel (1) :

« Les Ire et IIe armées, plus de 200,000 hommes, bloquent Metz, principalement sur la rive gauche. Une force évaluée à 50,000 hommes serait établie sur la rive droite de la Meuse pour gêner ma marche sur Metz. Des renseignements annoncent que l'armée du prince royal de Prusse se dirige aujourd'hui sur les Ardennes avec 150,000 hommes ; elle serait déjà à Ardeuil. Je suis au Chesne avec un peu plus de 100,000 hommes.

« Depuis le 19, je n'ai aucune nouvelle de Bazaine. Si je me porte à sa rencontre, je serai attaqué de front par une partie de la Ire et de la IIe armée qui, à la faveur des bois, peuvent dérober une force supérieure à la mienne ; en même temps par l'armée du prince royal de Prusse me coupant toute ligne de retraite. Je me rapproche demain de Mézières, d'où je continuerai ma retraite, selon les événements, vers l'Ouest (2). »

---

(1) Colonel Stoffel, *La dépêche du 20 août*, p. 82.

(2) Le colonel Stoffel relate, de la manière suivante, les conditions dans lesquelles la dépêche fut expédiée :

« Portez cette dépêche à d'Abzac, me dit le Maréchal, et qu'il l'expédie de suite. » Je me levais pour exécuter l'ordre qui m'était donné, lorsqu'entra le général Faure, chef d'état-major général. « Voici une « dépêche que j'écris au Ministre », lui dit le Maréchal, et, me la prenant des mains, il la présenta au général. Le chef d'état-major en prit connaissance et dit au Maréchal ces paroles, que je n'ai pu oublier, tant elles étaient prophétiques et tant elles témoignent de la juste appréciation que fit des hommes et de la situation l'honorable général Faure : « Ne pensez-vous pas, monsieur le Maréchal, que vous avez tort

Des ordres traçant les nouvelles directions de marche furent envoyés, à tous les corps, dans la soirée même (1).

Le 1ᵉʳ corps devait se porter de Voncq sur Mazerny; le 7ᵉ, de Vouziers à Chagny-les-Omont; le 12ᵉ, du Chesne à Vendresse; le 5ᵉ, de Brieulles et Châtillon à Poix, où devait être transféré le grand quartier général. La division de cuirassiers Bonnemains, toujours considérée comme « cavalerie de réserve (2) » en vue d'une bataille, et reléguée comme telle en arrière des corps d'armée, devait se rendre d'Attigny à Launois. Enfin, la division Margueritte, restant en position à Sommauthe, avait pour mission d' « assurer les derrières de l'armée (3) »; sa zone de stationnement, dans la soirée du 27, était aux environs de Chémery.

Au 7ᵉ corps, le parc du génie, les bagages et le convoi administratif se mirent en marche sur Chagny dès 9 heures du soir, sous la direction du lieutenant-colonel Davenet, sous-chef d'état-major général. Le général Douay jugeait nécessaire « d'avoir évacué la vaste position à l'Est de Vouziers dès la première heure du jour, et d'avoir atteint la tête du défilé qui s'étend de Vouziers au Chesne-Populeux, avant d'être attaqué (4) ».

« d'envoyer cette dépêche au Ministre? On vous répondra de Paris de
« telle façon que vous serez peut-être empêché de mettre vos nouveaux
« projets à exécution. Vous pourriez ne l'expédier que demain, lorsque
« nous serons déjà en route sur Mézières. » Le Maréchal prit la dépêche, la relut avec attention et me la rendit en disant : « Allez la faire expé-
« dier » (Colonel Stoffel, *loc. cit.*, p. 83-84).

(1) L'ordre destiné au 1ᵉʳ corps lui parvint à 5 heures de l'après-midi (*Journal* de marche du 1ᵉʳ corps); les instructions concernant le 7ᵉ corps furent remises au commandant Loizillon, au Chesne, à 6 heures; celles qui étaient adressées au 5ᵉ corps firent l'objet d'un télégramme expédié du Chesne à 10 heures du soir.

(2) Ordre de mouvement du grand quartier général pour le 28 août.

(3) *Ibid.*

(4) Prince Bibesco, *loc. cit.*, p. 70.

De même, au 1ᵉʳ corps, le convoi administratif, le parc d'artillerie et les bagages commencèrent, à 11 heures du soir, sous l'escorte du 74ᵉ de ligne, leur mouvement sur Chagny-les-Omont, par Le Chesne.

Partout on se prépara à entamer la marche vers le Nord dès les premières heures de la journée du 28.

La détermination prise par le maréchal de Mac-Mahon dans l'après-midi du 27 pouvait sauver l'armée de Châlons et éviter à la France la catastrophe de Sedan. Si des considérations politiques n'étaient pas intervenues, si l'on avait admis à Paris que le général en chef est seul en état d'apprécier la situation stratégique et de prendre les mesures qu'elle exige, la retraite vers le Nord-Ouest eût été le salut. Le maréchal de Mac-Mahon l'a dit avec raison : « Le moment décisif de la campagne a été au Chesne-Populeux (1). » Si ses ordres avait été exécutés, l'armée se serait trouvée, le 28, dans une bonne situation, couverte par le canal des Ardennes et à proximité d'une voie ferrée.

En réalité, il n'était même pas nécessaire de se porter vers le Nord pour se soustraire à l'adversaire ; il suffisait de descendre l'Aisne par Rethel et de revenir ensuite sur l'Oise (2).

L'armée de la Meuse devant exécuter, le 27 août, une marche de flanc dans la direction générale de Damvillers, le prince royal de Saxe avait prescrit, dans la nuit du 26 au 27, aux divisions de cavalerie dont il avait le commandement, de couvrir l'opération et d'arrêter en même temps la marche des Français. A cet effet, la 6ᵉ devait se porter de Tahure sur Vouziers; la 5ᵉ, de Montcheutin sur Grand-Pré et Buzancy ; celle de la Garde, de

---

(1) *Instruction* relative au procès Bazaine, déposition du maréchal de Mac-Mahon (n° 2).

(2) Colonel Derrécagaix, *Cours de l'École supérieure de guerre*, 1886-1887; A. G., *loc. cit.*, 43.

Récicourt sur Sommerance; celle du corps saxon, de Bantheville vers Landres et Rémonville.

Derrière ce rideau, le XIIᵉ corps franchirait la Meuse à Dun et prendrait position face à l'Ouest, tenant le pont qu'il avait utilisé et celui de Stenay; la Garde viendrait à Montfaucon, le IVᵉ corps à Germonville; ces deux unités établissant, le jour même, sur la Meuse, à Sivry et à Charny, le nombre de ponts nécessaires à la continuation du mouvement sur Damvillers.

La 5ᵉ division de cavalerie, informée dans la matinée que Grand-Pré était évacué par l'adversaire, fait occuper cette localité par la 11ᵉ brigade de cavalerie; celle-ci détache le 13ᵉ régiment de uhlans pour suivre les Français, qui avaient effectué leur retraite sur Beaurepaire et Olizy. Les patrouilles rencontrent des partis ennemis dans les bois qui avoisinent Longwé et constatent la présence, aux environs de Vouziers « de masses de troupes considérables (1) ». Les deux autres brigades se dirigent de Grand-Pré vers le Nord-Est; la 13ᵉ débouche dans l'après-midi à Buzancy et relève la cavalerie saxonne dans l'observation de la marche des colonnes du 5ᵉ corps (2); la 12ᵉ prend ses cantonnements à Champigneulle.

La 6ᵉ division de cavalerie reçut, avant son départ des bivouacs de Tahure, le rapport de ses patrouilles, relatant, qu'au dire des habitants, des forces importantes se seraient dirigées, quelques jours auparavant, de Reims sur Rethel (3). De Savigny, l'escadron d'avant-garde du 15ᵉ régiment de uhlans remarquait, aux environs de Vouziers, « des troupes françaises qu'il évaluait à plusieurs divisions (4) ».

---

(1) *Historique du Grand État-Major prussien*, 7ᵉ livraison, p. 950.
(2) Voir p. 182.
(3) Voir journée du 26 août.
(4) *Historique du Grand État-Major prussien*, 7ᵉ livraison, p. 951.

Dans le courant de l'après-midi, deux rapports furent expédiés à Clermont. Le premier annonçait qu'un corps d'armée français était à Vouziers et qu'une brigade d'infanterie avec plusieurs batteries était signalée à Blaise et à la Chambre-aux-Loups (1). Le second relatait, d'après les observations personnelles du duc Guillaume de Mecklembourg, que l'adversaire avait réuni plus d'un corps d'armée à Vouziers et que les prisonniers ramenés par les éclaireurs comptaient aux 52ᵉ et 82ᵉ de ligne, qui faisaient partie du corps d'armée du général Douay (2). Mais la division se contenta d'observer Vouziers, sans pousser des éléments de découverte au Nord, de sorte que le mouvement du 1ᵉʳ corps, de Voncq sur Vandy, ne fut pas signalé.

Le gros de la division bivouaqua à Monthois, avec des avant-gardes du *15ᵉ* uhlans à Saint-Morel et Savigny.

A la *12ᵉ* division de cavalerie, la *23ᵉ* brigade s'était réunie près de Landres dans la matinée; la *24ᵉ* se portait vers le Nord. L'un des régiments de cette dernière, le *18ᵉ* uhlans, explorait le pays dans la direction de la route de Buzancy à Stenay, tandis que l'autre, le *3ᵉ Reiter*, avec la batterie à cheval, était arrivé à Rémonville, d'où il avait poussé une avant-garde sur Buzancy (3). Celle-ci mandait, vers 11 heures, qu'elle se trouvait en présence de cavalerie française, et que le bourg était occupé par de l'infanterie.

Sur ces entrefaites, le *18ᵉ* uhlans, qui avait terminé sa reconnaissance, s'était rabattu sur Rémonville. Le général Senfft de Pilsach, disposant alors de toute sa bri-

---

(1) Ce *Rapport* parvint au grand quartier général le 27, à 10 heures du soir. La Chambre-aux-Loups est une ferme à 1200 mètres au Sud de Vouziers.

(2) Ce second *Rapport* arriva au grand quartier général le 28, à 9 heures du matin.

(3) Un peloton du 1ᵉʳ escadron et deux du 5ᵉ.

gade, la porta sur Bayonville et donna l'ordre à son avant-garde, avec laquelle il se trouvait, de charger la cavalerie ennemie. Ainsi se produisit, près de Buzancy, la rencontre avec le 12ᵉ chasseurs qui a été précédemment exposée (1).

Le prince de Saxe reçut après le combat un rapport d'une reconnaissance d'officier, lancée la veille sur Beaumont, d'où il ressortait que l'adversaire se trouvait à 12 kilomètres à peine de Stenay, objectif du XIIᵉ corps. Il prescrivit aussitôt à la *12ᵉ* division de cavalerie de se porter sur Nouart afin d'explorer promptement cette région. Le mouvement ne commença cependant qu'à 5 heures du soir, quand la *13ᵉ* brigade de cavalerie, arrivée à Buzancy, se fut chargée d'observer les colonnes du 5ᵉ corps en retraite vers le Nord-Ouest. Les *17ᵉ* et *18ᵉ* uhlans saxons se portèrent alors sur Nouart et Tailly; les deux régiments de *Reiter*, vers Barricourt et Villers-devant-Dun.

Enfin, la division de cavalerie de la Garde vint, dans la soirée, de Récicourt à Rémonville, pour remplacer la cavalerie saxonne; la brigade de uhlans de cette division poussa jusqu'à Bayonville.

On observera que, dans l'après-midi, les trois divisions de cavalerie allemandes, *6ᵉ* à Monthois, *5ᵉ* à Grand-Pré, *12ᵉ* à Buzancy, se trouvèrent complètement isolées et incapables, par les distances qui les séparaient, de se venir en aide, en cas de rencontre. Même la *12ᵉ* fut, pendant un certain temps, fractionnée en deux brigades, exposées à être écrasées successivement par une masse de cavalerie supérieure en nombre.

Couverts par ces quatre divisions de cavalerie, les trois corps de l'armée de la Meuse exécutent leur marche dans la direction générale de Damvillers.

---

(1) Voir p. 171-172.

Le XIIᵉ corps se met en mouvement à 6 heures du matin. La *48ᵉ* brigade (1) se porte de Montfaucon, par Dun, sur Stenay, qu'elle atteint à 4 heures de l'après-midi, après une marche de 35 kilomètres (2).

La faible profondeur de la Meuse ne permettait pas de la considérer comme un obstacle sérieux. Néanmoins, le général von Schultz fait mettre la ville en état de défense, barricader les ponts principaux et incendier quelques passages secondaires. Les troupes avancées de la brigade s'établissent à Laneuville. Une patrouille de cavalerie, envoyée sur Chauvency pour y détruire la gare, la trouve occupée par un détachement d'infanterie française venu de Montmédy. Un voyageur belge, de passage à Stenay, assurait qu'il avait rencontré le général Margueritte à Beaumont, avec 3,000 à 4,000 chasseurs et, qu'au dire des habitants, il y avait 80,000 à 100,000 hommes entre Le Chesne et Buzancy (3).

La *23ᵉ* division et l'artillerie de corps se rendent de Varennes à Dun et environs ; tandis que la *47ᵉ* brigade, suivant l'itinéraire Charpentry, Romagne-sous-Montfaucon, Dun, stationne à Milly-devant-Dun. Les convois et les colonnes de munitions restent à Clermont.

La Garde part à 6 heures du matin de Dombasle et marche, en une seule colonne, d'Esnes sur Montfaucon, où elle s'établit en stationnement assez dense (4). L'avant-garde pousse jusqu'à Nantillois. Un pont est jeté sur la Meuse entre Dannevoux et Sivry. Les trains des divisions, les trains régimentaires, les voitures portant les sacs restèrent parqués à Dombasle. Les convois et

---

(1) Renforcée par le 2ᵉ régiment de cavalerie et la 3ᵉ batterie légère.
(2) Le *106ᵉ* reste à Mouzay.
(3) Von Schimpff, *Das XII. Corps im Kriege, 1870-1871*, t. II, p. 37 (*Rapport* expédié de Stenay à 5 h. 30 par le général von Schultz).
(4) La tête de colonne arriva vers midi, la queue vers 8 heures du soir. — L'infanterie était très fatiguée (Prince de Hohenlohe, *loc. cit.*, II, 160).

colonnes de munitions furent dirigés de Saint-André, par Ippécourt, sur Dombasle. En prévision d'un combat, ces dernières poursuivirent leur marche et atteignirent Malancourt le 28, à 3 heures du matin.

Le IV⁰ corps rompt d'Ippécourt à 6 heures du matin et se porte, en une seule colonne, par Nixéville et Sivry-la-Perche, sur Germonville et Fromeréville. Il établit deux ponts à Vacherauville et à Charny. Les trains des divisions avaient suivi les troupes; les trains régimentaires, laissés d'abord à Fleury-sur-Aire, rejoignirent assez tard dans la nuit; les colonnes de munitions vinrent à Vadelaincourt et Ippécourt.

Le quartier général de l'armée de la Meuse est transféré de Clermont-en-Argonne à Malancourt.

Les deux corps bavarois avaient reçu directement, du grand quartier général, leurs instructions pour la journée du 27. Le I⁰ʳ partit à 11 heures du matin d'Érize-la-Petite et suivit la route de Bar-le-Duc à Verdun. La tête du gros de la colonne arriva à Nixéville à 6 heures du soir; les derniers éléments n'atteignirent leurs cantonnements qu'à 3 heures du matin. L'avant-garde fut poussée dans la direction de Verdun. Les bagages furent coupés au Sud de Nixéville par les convois du IV⁰ corps et ne purent rejoindre les troupes que le lendemain matin. Les convois et colonnes de munitions furent laissés sur leurs emplacements du 26, dans la région au Nord de Bar-le-Duc.

Le II⁰ corps bavarois, très fatigué par la marche de la nuit précédente, ne commença son mouvement que vers midi. La 5⁰ brigade d'infanterie fut détachée à Clermont-en-Argonne, en vertu d'un ordre du grand quartier général. Le reste du corps d'armée se dirigea, de Belval et Charmontois, sur Dombasle (1). Mais le chemin de

---

(1) A dater du 27, les sacs furent portés par des voitures de réquisition.

Rarécourt, par Jubécourt, à Dombasle, présentait des pentes très raides et était défoncé, ce qui occasionna de nombreux arrêts à une colonne de voitures, appartenant à la Garde, qui précédait le IIe corps bavarois, et finit par empêcher celui-ci de poursuivre son mouvement. Aussi une partie du gros de la colonne fut-elle obligée de faire un détour par Clermont-en-Argonne et Parois; les derniers éléments n'arrivèrent à leurs bivouacs qu'à 3 h. 30 du matin (1). Succédant à l'étape très longue de la veille, cette marche fut des plus pénibles pour les troupes qui, pour la plupart, étaient exténuées. Les convois et colonnes de munitions atteignirent, sans difficulté, Waly et Foucaucourt.

La brigade de uhlans bavarois s'était portée, le 27, de Suippes jusqu'à Somme-Py, et ses avant-postes se reliaient, à Semide, à ceux de la 6e division de cavalerie. Dans la soirée, elle reçut l'ordre de se rapprocher de son corps d'armée et, dans la nuit même, elle se rendit à Ripont et Cernay-en-Dormois.

Les autres corps de la IIIe armée exécutèrent à leur tour une conversion vers le Nord, mais en s'accumulant tous sur l'unique chaussée de Vitry-le-François à Sainte-Menehould.

Le gros du Ve corps et une fraction de la division würtembergeoise suivirent la grande route de Vitry-le-François à Sainte-Menehould et stationnèrent entre cette dernière localité et Vieil-Dampierre, tandis que l'ancienne avant-garde du corps d'armée se portait vers le Nord par le chemin dit de la Serre et que la majeure partie de la division würtembergeoise se rendait de Sermaize à Passavant sans emprunter la grande route. Le premier échelon des colonnes de munitions suivit

---

(1) Les trois bataillons de la 7e brigade, venant de Toul, rejoignirent leurs corps.

immédiatement les troupes du V⁰ corps. Le reste, les trains régimentaires et les convois furent laissés à Pargny.

Le XI⁰ corps, partant de Heiltz-l'Évêque et de Saint-Lumier, exécuta sa marche en deux colonnes. Celle de gauche, constituée par la *21⁰* division, utilisa le chemin Vanault-le-Châtel, Bussy-le-Repos, Noirlieu, et cantonna dans la zone Épense, Noirlieu, Varimont, Dommartin-sur-Yèvre. Celle de droite suivit la grande route et s'établit entre la Neuville-aux-Bois et Saint-Mard-sur-le-Mont, non sans avoir eu à souffrir, pendant sa marche, de la présence, devant elle, de voitures appartenant au V⁰ corps. Les trains régimentaires, les colonnes de munitions et les convois formèrent à droite une colonne distincte qui, passant par Heiltz-le-Maurupt et Vroil, se porta sur Noyers et Nettancourt (1).

De Thiéblemont, le VI⁰ corps suivit également la grande route de Vitry-le-François à Sainte-Menehould, sauf l'ancienne avant-garde qui, devenant flanc-garde de gauche, marcha de Changy sur Bussy-le-Repos. Mais

---

(1) Le 26 août, les trois corps prussiens de la III⁰ armée et la division wurtembergeoise avaient leur tête de colonne sur la route de Vitry-le-François à Sainte-Menehould ou dans le voisinage. L'ordre de mouvement du quartier général, donné à Revigny dans l'après-midi, faisait effectuer à ces unités une conversion telle qu'elles allaient se trouver placées l'une derrière l'autre sur une seule route, avec cette aggravation que l'intervalle qui existait entre elles était notablement inférieur à la profondeur en colonne. Les difficultés eussent été considérables, « insurmontables » de l'aveu du Grand État-Major prussien, si les commandants de corps d'armée n'avaient fait marcher, de leur propre initiative, une partie des troupes et des voitures sur des chemins latéraux (*Heeresbewegungen*, p. 47-48). « Il eût été préférable pour le maintien de l'ordre, la conservation des forces physiques des soldats, l'aptitude et la préparation au combat, de faire marcher les corps les uns à côté des autres, ce qu'eût permis largement le réseau routier » (*Ibid.*, p. 48).

bien que la tête de colonne ne fût venue se présenter sur la grande route, à Changy, qu'à 11 heures du matin, elle se heurta bientôt à la queue de colonne du XI° corps et ne put atteindre ses cantonnements qu'à la nuit. La 12° division s'établit dans la zone : Bussy-le-Repos, Possesse, Charmont, Vanault-le-Châtel; la 11°, à Rosay, Doucey, Vavray-le-Grand, Sogny-en-l'Angle; l'artillerie de corps, à Heiltz-le-Maurupt.

La 2° division de cavalerie arrivait, le 27, vers Coole, à l'Ouest de Vitry; la 4°, vers Souain, au Nord de Suippes.

Le quartier général de la III° armée restait à Revigny (1).

Ainsi, le 27 août, les V°, XI°, VI° corps et la division wurtembergeoise se trouvaient séparés du reste de la III° armée et échelonnés sur une profondeur de plus de 40 kilomètres. Aussi le général von Blumenthal pouvait-il écrire avec raison : « Le cas le plus défavorable serait celui où Mac-Mahon se jetterait subitement sur nous avec toutes ses forces, car nous ne pourrions lui opposer que trois corps et demi, c'est-à-dire environ 80,000 hommes..... (2). »

Les nouvelles qu'avait reçues le grand quartier général depuis la soirée du 26 lui permettaient déjà de se faire une idée assez nette des positions de l'armée de Châlons. On savait que des troupes françaises avaient

---

(1) *Historique du Grand État-Major prussien*, p. 951-953; *Heeresbewegungen*, p. 31-34.
(2) *Tagebücher des Generalfeldmarschalls Graf von Blumenthal*, p. 87
« Les combats antérieurs et les marches excessivement pénibles avaient réduit à une moyenne de 600 à 700 hommes l'effectif des bataillons d'infanterie; le mouvement en avant avait été trop rapide pour que les troupes de remplacement aient pu rejoindre; mais les hommes, actuellement présents sous les armes, pouvaient être considérés comme des soldats d'élite » (Von Hahnke, *loc. cit.*, p. 163).

marché, les jours précédents, de Reims vers Rethel, que des forces importantes s'étaient dirigées aux environs de Vouziers, et s'y trouvaient encore le 27 (1). De la cavalerie française s'était montrée entre Vouziers et Buzancy (2), ainsi que vers Beaumont (3). Grand-Pré, occupé pendant quelque temps, avait été évacué dans la nuit du 26 au 27; les troupes françaises qu'on y avait signalées s'étaient repliées sur Vouziers (4). Le service des renseignements avait fourni, vraisemblablement, des informations complémentaires.

« De l'ensemble de toutes ces indications, le grand quartier général concluait que l'adversaire s'avançait en partie par Buzancy, en partie par Beaumont; mais que, selon toute apparence, son mouvement avait subi un arrêt le 27 et que, en tout cas, il n'avait pas encore atteint la Meuse (5). »

Comme d'ailleurs on savait les ponts de Dun et de Stenay déjà occupés par le XIIe corps, on était en droit d'admettre, d'après les emplacements occupés dans la soirée du 27 par les autres corps de l'armée de la Meuse et ceux de la IIIe armée, « qu'il serait encore possible de joindre l'adversaire, avec des forces supérieures, sur la rive gauche de la Meuse (6) ».

Dans ces conditions, le grand quartier général allemand pouvait avec raison abandonner le projet de la concentration à Damvillers, et renoncer à la coopération de deux corps de l'armée de blocus de Metz (7).

---

(1) Renseignements fournis par les *5e* et *6e* divisions de cavalerie
(2) *Ibid.*
(3) *Rapport* de la *12e* division de cavalerie.
(4) *Rapport* d'un officier du *1er* régiment de cavalerie, transmis par la *23e* division d'infanterie.
(5) *Historique du Grand Etat-Major prussien*, 7e livraison, p. 953.
(6) *Ibid.*, p. 954.
(7) Dès 8 heures du matin, en apprenant qu' « une grande partie des

A 7 h. 30 du soir, Moltke expédia un ordre général d'opérations réglant les marches des 28 et 29 août dans la direction générale de Vouziers, Buzancy et Beaumont. Les V⁰, VI⁰ et XI⁰ corps de la III⁰ armée et la division würtembergeoise devaient atteindre, autant que possible, le 28, par leurs têtes de colonnes, la ligne Malmy-Laval, et se porter le 29 entre Séchault et Somme-Py en se concentrant.

Les 5⁰ et 6⁰ divisions de cavalerie, qui opéraient à l'Ouest de l'Argonne, étaient placées, momentanément, sous les ordres du prince royal de Prusse, avec l'invitation d'envoyer directement leurs comptes rendus au grand quartier général.

Les autres corps d'armée devaient se conformer, pour les deux jours suivants, au tableau ci-après (1) :

	28 AOUT.	29 AOUT.
II⁰ corps bavarois............	Vienne et en arrière (1).	Grand-Pré.
1ᵉʳ corps bavarois............	Varennes et en arrière.	
Garde...................	Bantheville.	Buzancy.
XII⁰ corps................	Reste à Dun.	Nouart.
IV⁰ corps................	Montfaucon.	Bantheville.

(1) En marge : « Ce corps suivra, de Dombasle à Clermont, la route de Brabant-en-Argonne et Vraincourt. »

---

forces ennemies se trouvait hier soir encore à Vouziers », Moltke avait prescrit au commandant de la II⁰ armée de ne faire entamer aucun mouvement aux deux corps d'armée désignés pour se rendre à Damvillers « avant de nouveaux ordres » (*Correspondance militaire du maréchal de Moltke*, t. I, n° 220). A 7 heures du soir, il avisa qu'il y avait lieu de « supprimer tout envoi de troupes » (*Ibid.*, n° 223). Mais déjà les ordres antérieurs avaient été exécutés, le III⁰ corps était arrivé à Étain, le II⁰ à Briey.

(1) *Correspondance militaire du maréchal de Moltke*, t. I, n° 226.

La situation de l'armée de Châlons, dans la soirée du 27 août, était la suivante :

Grand quartier général.........		Le Chesne.
1er corps.	Quartier général.....	Neuville-et-Day.
	1re division.........	Ouest de Neuville-et-Day.
	2e —	Ibid.
	3e —	Nord-Est de Voncq.
	4e —	Ibid.
	Division de cavalerie.	Ouest de Voncq.
	Réserves d'artillerie et du génie.........	Nord de Voncq.
5e corps..	Quartier général.....	Châtillon-sur-Bar.
	1re division.........	Brieulles-sur-Bar.
	2e —	Belleville-sur-Bar.
	3e —	Châtillon-sur-Bar.
	Division de cavalerie.	Authe.
	Réserves d'artillerie et du génie.........	Châtillon-sur-Bar.
7e corps.....................		Sans modification.
12e corps.....................		Tout entier au Sud du Chesne, sauf la division de cavalerie à la ferme Basancourt.
1re division de réserve de cavalerie.		Entre Osches et Saint-Pierremont.
2e division de réserve de cavalerie.		Sud d'Attigny.
Parcs d'artillerie.	5e corps..........	Sans modification.
	7e corps..........	Ibid.
	12e corps..........	Écordal.
Grand parc....................		Sans modification.
Équipage de pont de réserve.....		Paris.

CHAPITRE VI

Journée du 28 août.

En réponse à son télégramme du 27, manifestant son intention de battre en retraite sur Mézières, le Maréchal reçut au Chesne, le 28, à 1 heure du matin, la dépêche suivante du Ministre de la guerre, qui était presque une sommation de reprendre le mouvement vers Montmédy. A côté d'assertions inexactes, le message groupait toutes les informations propres à faire revenir le Maréchal sur sa détermination :

« Si vous abandonnez Bazaine, la révolution est dans Paris, et vous serez attaqué par toutes les forces de l'ennemi. Contre le dehors, Paris se gardera ; les fortifications sont terminées. Il me paraît urgent que vous puissiez parvenir rapidement jusqu'à Bazaine. Ce n'est pas le Prince royal de Prusse qui est à Châlons, mais un des princes, frère du roi de Prusse, avec une avant-garde et des forces considérables de cavalerie. Je vous ai télégraphié ce matin deux renseignements qui indiquent que le Prince royal de Prusse, sentant le danger auquel votre marche tournante expose et son armée et l'armée qui bloque Bazaine, aurait changé de direction et marcherait vers le Nord. Vous avez au moins trente-six heures d'avance sur lui, peut-être quarante-huit. Vous n'avez devant vous qu'une partie des forces qui bloquent Metz et qui, vous voyant vous retirer de Châlons à Reims, s'étaient étendues vers l'Argonne. Votre mouvement sur Reims les avait trompées, comme le Prince royal. Ici tout le monde a senti la nécessité de dégager Bazaine, et l'anxiété avec laquelle on vous suit est extrême. »

Si l'on en croit certains témoignages, le général de

Palikao était absolument sincère. Il affirmait à son entourage que, malgré le temps perdu, Mac-Mahon et Bazaine se rejoindraient ; que l'armée de Châlons gardait une avance sur l'ennemi ; il avait, affirmait-il, ses espions dont les rapports ne le trompaient point (1).

La réalité était toute différente.

De l'aveu même du Ministre de la guerre, le maréchal de Mac-Mahon n'avait sur le Prince royal qu'une avance de deux jours au maximum, avec cette circonstance aggravante que l'armée française, dépourvue d'équipage de pont, avait un fleuve à franchir en présence de forces adverses évaluées la veille à 50,000 hommes, maîtresses des points de passage et libres de les rendre inutilisables.

Sans doute, les avant-gardes des 5⁰ et 12⁰ corps pouvaient le 28, à l'issue de la marche, atteindre la Meuse à Stenay et à Mouzon. Mais, à supposer que l'on trouvât les ponts intacts et que l'on réussît à s'en emparer le 29, la traversée du fleuve ne pourrait vraisemblablement s'effectuer que le 30.

Quant aux 1ᵉʳ et 7ᵉ corps, ils devraient : ou suivre les traces des 5⁰ et 12ᵉ corps, ce qui les exposait à être attaqués à revers par les têtes de colonnes du Prince royal, pendant le passage de la Meuse ; ou faire un détour en s'éloignant vers le Nord-Est, ce qui obligerait les 5⁰ et 12ᵉ corps à les attendre sur la rive droite.

Dans les deux hypothèses d'ailleurs, les communications de l'armée de Châlons avec l'Ouest étaient définitivement coupées ; ses convois étaient en partie capturés par la cavalerie allemande ; une bataille perdue devenait un désastre.

---

(1) *Le Ministère de l'Intérieur, du 11 août au 4 septembre*, Relation inédite de M. Henri Chevreau (Cité par Pierre de la Gorce, *Histoire du Second Empire*, t. VII, p. 258).

Aussi le télégramme du Ministre de la guerre jeta-t-il le maréchal de Mac-Mahon « dans une grande hésitation (1) ». Il lui fallait, ou ne pas tenir compte des avis venus de Paris et refuser de porter secours à un collègue placé dans une situation critique ; ou risquer de compromettre gravement son armée. Dans cette cruelle alternative, il fit appeler le général Ducrot en qui il avait grande confiance, et lui demanda son avis au sujet de la continuation de la marche sur Montmédy. Le commandant du 1er corps aurait répondu que ce mouvement « présentait, selon lui, des dangers ; mais qu'il était persuadé qu'en jetant toute notre cavalerie sur notre droite, on pourrait arrêter la marche de l'ennemi et arriver à rejoindre le maréchal Bazaine (2) ».

Cette opinion, si elle est exactement relatée, était, tout au moins, optimiste. Il était permis d'admettre, sans doute, qu'un certain nombre de divisions de cavalerie françaises, réunies sous un seul commandement, battraient la cavalerie adverse, puis prendraient le contact des colonnes de l'armée du Prince royal et leur feraient même éprouver quelque retard dans leur marche. Mais supposer que l'on parviendrait ainsi à « arrêter » leur mouvement assez longtemps pour effectuer la jonction avec le maréchal Bazaine, était se faire grandement illusion.

Sans avoir aucune donnée précise sur les emplacements

---

(1) Maréchal de Mac-Mahon, *Souvenirs inédits*.
(2) *Ibid*.

Il est difficile de discerner le moment exact de la journée du 28 auquel eut lieu cette entrevue, et de savoir, par conséquent, l'influence qu'elle eut sur les décisions du Maréchal. D'une part, celui-ci en fait mention aussitôt après l'arrivée du télégramme du Ministre de la guerre et avant de relater qu'il annula les ordres de marche sur Mézières. D'autre part, d'après d'autres passages du manuscrit, l'entrevue n'aurait eu lieu que dans le courant de l'après-midi, à Stonne, quand déjà le mouvement sur Metz était repris. L'opinion du général Ducrot n'en demeure pas moins entière.

des corps du Prince royal, on ne pouvait douter que ceux du prince de Saxe ne fussent plus rapprochés de Metz que l'armée de Châlons, obligée à un détour par Montmédy, et ne pussent, dès lors, venir s'interposer entre elle et les troupes d'investissement. Or, ces dernières, victorieuses de l'armée de Metz dans deux grandes batailles, et établies, depuis lors, autour de la place sur des positions retranchées, étaient de force à distraire certaines unités destinées à renforcer le prince de Saxe.

Un premier succès remporté sur l'armée de la Meuse était donc aléatoire, même dans l'hypothèse où elle n'aurait point reçu de secours directs de celle du Prince royal de Prusse. Pendant ce temps, cette dernière aurait poursuivi son mouvement vers le Nord et le maréchal de Mac-Mahon n'eût pas tardé à se trouver dans une situation très critique. L'opinion du général Ducrot se justifie donc difficilement.

En fait, d'après sa déposition à l'Enquête sur les actes du Gouvernement de la Défense nationale, le maréchal de Mac-Mahon fut influencé par les deux considérations suivantes :

« Croyant devoir céder aux observations si nettement exprimées par le Ministre de la guerre, et espérant que le gros de l'armée du Prince royal de Prusse n'était pas encore assez rapproché de moi pour m'empêcher de rejoindre le maréchal Bazaine qui pouvait, en définitive, être en marche pour me rejoindre, je pris la résolution de marcher sur Montmédy (1). »

Les ordres donnés la veille pour la retraite de l'armée sur Mézières furent annulés dans les premières heures de la journée du 28, et remplacés par d'autres ayant pour objet la reprise du mouvement sur Montmédy et **Metz**.

---

(1) Tome I, page 33.

Ces nouvelles instructions allaient parvenir aux corps d'armée quand déjà ils étaient en marche, et déterminer à la fois des temps d'arrêt, des croisements de colonnes, des fatigues de tous genres et une dépression morale dont l'armée, qui ne pouvait discerner les motifs de ce contre-ordre, devait se ressentir profondément (1).

Sa décision prise, le maréchal de Mac-Mahon envoya un aide de camp auprès de l'Empereur pour l'en informer. Peu après, le général Pajol fut chargé par le souverain de dire au Maréchal qu'il regrettait le dernier parti auquel il s'était arrêté (2). Le Maréchal fit répondre qu'il avait mûrement réfléchi et qu'il lui était impossible désormais de contremander les ordres qu'il avait récem-

---

(1) « Il en résulta un à-coup et une confusion inexprimable » (Le général Broye au général de Vaulgrenant, 6 novembre 1903, Papiers du général Broye). Cf. Prince Bibesco, *loc. cit.*, p. 75.

(2) Maréchal de Mac-Mahon, *Souvenirs inédits*.

D'après la déposition du Maréchal à l'*Enquête sur les actes du gouvernement de la Défense nationale*, l'Empereur aurait été plus affirmatif encore en faisant observer au Maréchal « que le mouvement sur Montmédy était bien dangereux, qu'il vaudrait peut-être mieux reprendre le projet de la veille..... ».

Dans ses *Œuvres posthumes*, Napoléon III dit, en effet, qu'il « partageait entièrement l'avis du maréchal de Mac-Mahon »; mais il ajoute ce membre de phrase, qui est en contradiction avec les *Souvenirs inédits* du Maréchal : « L'Empereur..... aurait pu s'opposer à ce conseil, venu de Paris, qui était presque un ordre; mais, résigné à subir les conséquences de la position que les événements lui avaient faite, il laissa celui auquel il avait remis le commandement entièrement libre d'agir comme il l'entendrait » (*loc. cit.*, p. 114).

Le colonel Stoffel donne la même version que le Maréchal : « Il (l'Empereur) envoya à deux reprises au Maréchal, d'abord un de ses écuyers, puis un de ses aides de camp, non pas pour peser sur lui, mais simplement pour lui rappeler que les deux dépêches du Ministre de la guerre ne constituaient pas des ordres; que le Maréchal, n'en ayant pas à recevoir, conservait son libre arbitre, et qu'il le priait de réfléchir mûrement avant de renoncer à ses projets de retraite. Mais le Maréchal se rendit aux instances venues de Paris..... » (*loc. cit.*, p. 86).

ment donnés (1). Il envoya trois émissaires au maréchal Bazaine pour le prévenir qu'il marchait à sa rencontre (2) et, à midi trente, il expédia de Stonne, où avait été transféré le grand quartier général, la dépêche suivante au Ministre de la guerre :

« Je marche sur Montmédy ; tenterai demain de forcer le passage de la Meuse à Stenay, dont je crains que ennemi ait déjà fait sauter les ponts. »

De son côté, le général de Palikao surpris et inquiet peut-être de n'avoir pas reçu de réponse du maréchal de Mac-Mahon, lui expédiait à 1 h. 30 un nouveau télégramme, dans lequel, avec le but manifeste de peser plus encore sur sa décision, il faisait intervenir deux nouvelles autorités : « Au nom du Conseil des Ministres et du Conseil privé, écrivait-il, je vous demande de porter secours à Bazaine en profitant des trente-six heures d'avance que vous avez sur le Prince royal de Prusse. Je fais porter le corps Vinoy sur Reims. »

En réalité, ce second télégramme fut sans effet, le premier ayant suffi pour modifier les intentions très sages du commandant en chef. Le maréchal de Mac-Mahon s'est-il, dans la circonstance, laissé persuader par les arguments d'ordre stratégique du Ministre de la guerre ou a-t-il repris le mouvement vers Metz, contre son gré, pour des motifs d'ordre politique et dynastique? Il est difficile de se prononcer. Peut-être les deux causes ont-elles agi simultanément, sans qu'on puisse discerner la part qui revient à chacune d'elles.

Dans la première hypothèse, on a dit avec raison « qu'en entrant dans les vues du Ministre, le Maréchal

---

(1) « Ce fut la seule fois, dans toute la campagne, dit le maréchal de Mac-Mahon, que l'Empereur m'adressa une observation au sujet de la marche des opérations » (*Souvenirs inédits*).

(2) *Enquête*, déposition du maréchal de Mac-Mahon, t. I, p. 33.

n'a fait qu'assumer une plus grande part de responsabilité dans le désastre final. Son erreur est même moins excusable que celle du Ministre, car ce dernier était à cinquante lieues du théâtre des opérations, tandis que le Maréchal était à l'armée et devait savoir à quoi s'en tenir sur les dangers qui le menaçaient (1) ».

Dans le second cas, on peut dire avec Napoléon : « Un général en chef n'est pas à couvert par un ordre d'un Ministre ou d'un Prince, éloigné d'un champ d'opérations et connaissant mal ou ne connaissant pas le dernier état des choses : 1° tout général en chef qui se charge d'exécuter un plan qu'il trouve mauvais ou désastreux est criminel ; il doit représenter, insister pour qu'il soit changé, enfin, donner sa démission plutôt que d'être l'instrument de la ruine des siens... ; 2° un général en chef est le premier officier de la hiérarchie militaire. Le Ministre, le Prince, donnent des instructions auxquelles il doit se conformer en âme et conscience ; mais ces instructions ne sont jamais des ordres militaires, et n'exigent pas une obéissance passive ; 3° un ordre militaire même n'exige une obéissance passive, que lorsqu'il est donné par un supérieur qui, se trouvant présent au moment où il le donne, a connaissance de l'état des choses, peut écouter les objections et donner les explications à celui qui doit exécuter l'ordre (2) ».

---

(1) A. G., *loc. cit.*, p. 49.

(2) *Mémoires de Napoléon*, écrits par Montholon, t. IV, p. 316-317. Cf. Bonaparte au Directoire, 25 floréal an IV (*Correspondance de Napoléon*, n° 420).

Jourdan, écrivant au Ministre de la guerre le 29 pluviôse an VII, avait nettement établi les deux termes du dilemme en présence duquel peut se trouver un général en chef, et en avait déduit la ligne de conduite qu'un gouvernement sage doit suivre à son égard :

« Le gouvernement, disait-il, en prescrivant à un général en chef la division de ses forces et en lui indiquant les positions qu'il doit prendre, met ce général dans une alternative embarrassante ; car, s'il obéit litté-

Le maréchal de Mac-Mahon aurait donc dû se refuser énergiquement à céder aux conseils, aux invitations, aux sommations mêmes qu'il recevait, et à modifier la détermination qu'il avait prise de battre en retraite sur Mézières. « Si quelques hommes, plus dévoués à la dynastie qu'à la France, voulaient risquer de perdre l'armée sous prétexte de sauver l'Empire », il appartenait au général en chef « en se retirant, de leur laisser supporter tout le poids de leur coupable entreprise », contraire aux véritables intérêts de la Patrie (1).

Il est d'ailleurs vraisemblable que devant un refus formel du Maréchal de poursuivre l'exécution du plan Palikao, le Conseil de régence n'eût pas insisté davantage. Enfin, même en se plaçant au point de vue dynastique, si le duc de Magenta avait conscience du désastre qu'entraînait pour son armée la marche vers Metz, il devait pressentir, en même temps, que la défaite aurait pour conséquence inévitable une terrible révolution à Paris.

Mieux valait donc, à tous égards, n'obéir qu'aux consi-

---

ralement et qu'il soit battu, on lui dit qu'il aurait dû porter aux ordres reçus les changements nécessités par les circonstances. Si, au contraire, il n'obéit pas littéralement et qu'il soit battu, non seulement on le blâme, mais encore on l'accuse d'insubordination. Vous, Citoyen Ministre, qui avez commandé en chef, vous penserez sans doute comme moi qu'il serait à désirer que le gouvernement, après avoir indiqué les bases générales de la campagne et le but qu'il veut atteindre, laissât agir librement le général à qui il a accordé sa confiance. »

Le 16 juin 1855, le général Pélissier, commandant en chef l'armée d'Orient, écrivait de Sébastopol à l'Empereur :

« ..... L'exécution radicale de vos ordres du 14 est impossible : c'est me placer, Sire, entre l'indiscipline et la déconsidération. Jamais je n'ai connu l'une ; je ne voudrais pas subir l'autre. L'armée est pleine de confiance et d'ardeur. La mienne égale mon dévouement ; mais que Votre Majesté me dégage des limites étroites qu'elle m'assigne ou qu'elle me permette de résigner un commandement impossible à exercer de concert avec nos loyaux alliés, à l'extrémité quelquefois paralysante d'un fil télégraphique. »

(1) A. G., *loc. cit.*, p. 50.

dérations militaires et se retirer sur Paris où l'émeute — si elle s'était produite — serait promptement réprimée par l'armée. Malheureusement le maréchal de Mac-Mahon crut devoir céder aux sollicitations pressantes du Ministre de la guerre et consentit à mettre à exécution un plan qu'il réprouvait, partageant ainsi, avec le général de Palikao, la responsabilité de la catastrophe (1). Il ne se méprit point d'ailleurs sur les dangers que présentait la tentative de jonction avec Bazaine et, d'après le témoignage d'un de ses aides de camp, il se serait écrié : « Eh bien! allons nous faire casser les reins (2)! »

Les derniers ordres du maréchal de Mac-Mahon ne parvinrent aux troupes, le 28 août, dans la matinée, qu'au moment où elles avaient déjà entamé leur mouvement vers le Nord-Ouest. Les difficultés du changement de direction vers le Nord-Est, jointes au mauvais état des routes détrempées par une pluie torrentielle, ne permirent aux corps d'armée que de gagner peu de

---

(1) A. G., *loc. cit.*, p.50. — Le colonel Frédéric Robert, capitaine d'état-major en 1870, apprécie dans les termes suivants la résolution prise par le maréchal de Mac-Mahon :

« Au départ de Châlons, l'obéissance du Maréchal à des ordres qu'il n'approuvait pas, quoique coupable, avait une excuse : il y avait peut-être une chance favorable sur mille et il pouvait, à la rigueur, vouloir l'essayer. Mais le 27, où il était convaincu de l'impossibilité absolue du succès, où il voyait clairement que la persistance dans les projets primitifs amènerait fatalement la perte de l'armée, son obéissance fut un crime, dont la responsabilité pèse à la fois sur lui et sur ceux qui l'ont poussé dans cette voie.

« Il sacrifiait ainsi l'armée à l'Empereur, les intérêts du pays à ceux de la dynastie. Voilà jusqu'à quel point le régime de l'Empire avait éteint chez ceux qui le servaient, même dans les âmes les plus pures, les consciences les plus honnêtes, les notions élémentaires du droit et du devoir » (*La Campagne de 1870*, par un officier d'état-major de l'armée du Rhin, p. 89). — Cf. général de Woyde, *loc. cit.*, t. II, p. 277.

(2) Le général Broye (ancien aide de camp du maréchal de Mac-Mahon) au général de Vaulgrenant, 28 février 1904 (Papiers du général Broye).

terrain vers Montmédy. Les objectifs qui leur étaient assignés par le commandant en chef étaient :

5ᵉ corps................................	Vers Nouart.
7ᵉ —	Vers Nouart.
12ᵉ —	La Besace.
1ᵉʳ —	Le Chesne.
Division de cavalerie Margueritte.......	Mouzon.
Division de cavalerie Bonnemains.......	Grandes Armoises.

Le 1ᵉʳ corps (1) reçut, à 5 heures du matin, d'un capitaine de l'état-major général, les instructions qui le concernaient. Il se dirigea sur Le Chesne en deux colonnes qui se mirent en marche vers midi : la 4ᵉ division et la cavalerie par les Alleux et la grande route de Vouziers; les trois autres divisions par la voie romaine, la 1ʳᵉ fournissant l'arrière-garde. Entre 11 heures et midi, les avant-postes de la division de Lartigue échangèrent une fusillade assez nourrie avec des détachements de cavalerie allemande venant de Quatre-Champs. D'autre part, une escarmouche eut lieu vers 3 h. 30, près de Voncq, sur la rive gauche de l'Aisne, entre le 4ᵉ escadron du 10ᵉ dragons, soutenu par une fraction du 18ᵉ de ligne, et un détachement de la 6ᵉ division de cavalerie.

Les bagages, déjà arrivés en partie à Mazerny, rebroussèrent chemin ainsi que le 74ᵉ de ligne qui les escortait, et gagnèrent Le Chesne par la route de Mézières et celle de Tourteron.

La division de cuirassiers Bonnemains, en marche sur

---

(1) Le 28, le 1ᵉʳ corps fut rejoint par le 1ᵉʳ et le 2ᵉ régiment de marche, qui avaient appartenu d'abord à la 2ᵉ division du 12ᵉ corps et qui furent versés le 29, l'un à la 2ᵉ brigade de la 2ᵉ division, l'autre à la 2ᵉ brigade de la 4ᵉ division.

La veille, le 1ᵉʳ corps avait déjà reçu le bataillon de volontaires de Paris, composé en grande partie d'anciens soldats, et qui avait été versé à la 2ᵉ division.

Launois, fut arrêtée à hauteur d'Amagne, se rabattit sur Le Chesne par Tourteron, et vint camper entre Tannay et Grandes Armoises (1).

« Toutes ces colonnes, partant de directions différentes et venant converger sur l'unique voie de Vouziers au Chesne et du Chesne à Stonne, amenaient des encombrements et des entassements inextricables d'hommes, de voitures et de chevaux. Le défilé dura non seulement toute la journée, mais encore toute la nuit du 28 au 29 (2). »

Le 12e corps partit du Chesne en deux colonnes. A droite, la division de cavalerie se porta d'abord, vers 10 heures du matin, de la ferme Basancourt aux Petites Armoises et, de là, vers le Nord, à la croisée des routes de Sedan et de Stenay. Arrivée en ce point, elle reçut l'ordre, après une attente de plusieurs heures, d'atteindre le plus rapidement possible Beaumont, où les coureurs ennemis étaient signalés. Le général de division prit les devants avec la brigade légère Le Forestier de Vendeuvre et le 4e régiment de chasseurs d'Afrique, et se dirigea sur Beaumont par Grandes Armoises, Stonne, la Besace. Toute la division s'établit, vers 4 heures du soir, près de Beaumont, face à la direction de Sommauthe. Beaumont avait été occupé, dès 2 h. 30, par la brigade d'infanterie de marine Martin des Pallières, de la 3e division du 12e corps, qui s'y était rendue par les Petites Armoises et Sommauthe.

A gauche, les 1re et 2e divisions d'infanterie, le reste de la 3e et la réserve d'artillerie du corps d'armée, se portèrent du Chesne sur la Besace par la grande route de Stenay. La 1re division s'arrêta à Stonne.

---

(1) La division avait d'abord établi son bivouac au Chesne. Un contre-ordre survint, qui l'envoya près de Tannay.

(2) *Journal* de marche du 1er corps.

La division de cavalerie Margueritte, qui avait bivouaqué entre Osches et Saint-Pierremont, se déplaça à peine dans la journée et vint camper à la Berlière. A 4 h. 15 du matin, le maréchal de Mac-Mahon lui avait envoyé l'ordre de s'établir sur le point le plus convenable pour « éclairer la Meuse, spécialement dans la direction de Stenay » et d'examiner si l'ennemi se trouvait en face du gué situé au Nord-Est de Luzy. Mais ces instructions ne parvinrent pas au général Margueritte.

En somme, les troupes qui constituaient, en quelque sorte, l'aile gauche de l'armée de Châlons, avaient atteint les objectifs qui leur avaient été assignés. Il n'en fut pas de même des 5e et 7e.

Le 5e corps avait reçu du maréchal de Mac-Mahon l'ordre de se reporter le 28 à Buzancy, de suivre ensuite la route de Stenay pour se reporter vers Nouart et de prendre position sur le point qui paraîtrait le plus convenable au général de Failly, en se reliant au 7e corps établi à Boult-aux-Bois.

Le 5e corps exécuta son mouvement en deux colonnes. A droite, la brigade de Maussion, la division de Lespart et la réserve d'artillerie, partant de Belleville et de Châtillon-sur-Bar, marchèrent sur Buzancy par Boult-aux-Bois et Germont. A gauche, la division Goze, venant de Brieulles-sur-Bar, et la division de cavalerie, débouchant d'Authe, se portèrent également sur Buzancy par Autruche (1). En arrivant à Boult-aux-Bois, vers 9 heures, le général de Failly apprit que des forces ennemies considérables défilaient, « par une marche rapide, avec artillerie et cavalerie, à quelques kilomètres en arrière de Buzancy (2) ».

---

(1) Ces deux divisions avaient déjà entamé la marche sur Poix.
(2) *Journal* de marche du 5e corps, rédigé par le capitaine de Piépape.

Cette nouvelle suffit à provoquer l'arrêt et le déploiement du 5ᵉ corps, dépourvu de service de sûreté et de reconnaissance.

La brigade de Maussion, de la 2ᵉ division, prit position sur les hauteurs à l'Ouest de la ferme de la Malmaison, « afin de protéger le flanc droit du corps d'armée dans sa marche sur Buzancy (1) ». La division Goze se forma d'abord au Sud d'Autruche, puis se porta au Nord d'Harricourt et s'établit parallèlement à la route de Sommauthe sur deux lignes : la première déployée (brigade Saurin), la seconde par bataillons en colonne (brigade Nicolas). La division de Lespart se plaça en réserve derrière la précédente, ainsi que les réserves d'artillerie et du génie. La division de cavalerie vint se rassembler, vers 10 heures, en arrière et à gauche de la division Goze.

Cependant, la cavalerie de l'avant-garde, comprenant deux escadrons divisionnaires du 5ᵉ hussards, se porta en avant, refoula les éclaireurs ennemis et arriva à Buzancy où elle engagea une fusillade qui dura une heure avec le 5ᵉ escadron du 3ᵉ régiment de uhlans de la Garde (2). Bar fut occupé par deux compagnies du 61ᵉ de ligne (3), tandis que le 46ᵉ (4), franchissant la route de Sommauthe, puis le vallon du ruisseau du Moulin, poussa ses tirailleurs sur la crête à l'Ouest. La 5ᵉ batterie du 6ᵉ d'artillerie vint s'y établir sous cette protection et lança quelques obus d'abord sur Buzancy, qui fut évacué par la cavalerie ennemie, puis sur d'autres escadrons qu'on aperçut au delà du village (5).

---

(1) *Journal* de marche du 5ᵉ corps, rédigé par le colonel Clémeur.
(2) *Journal* de marche du 5ᵉ corps, rédigé par le colonel Clémeur ; *Historique manuscrit* du 5ᵉ hussards.
(3) 1ʳᵉ division, 2ᵉ brigade.
(4) 1ʳᵉ division, 1ʳᵉ brigade.
(5) Les deux *Journaux* de marche du 5ᵉ corps, l'*Historique* du 5ᵉ hus-

D'après les renseignements recueillis, « les forces ennemies en position sur les hauteurs à l'Est de Buzancy (de Sivry à Fossé) pouvaient être évaluées à une division (1) ». Ce furent cette nouvelle et l'éventualité d'un combat qui décidèrent vraisemblablement le maréchal de Mac-Mahon à placer le 7e corps sous les ordres du général de Failly. Il en informa ce dernier à 11 h. 30 du matin, en le chargeant de se mettre en communication avec le général Douay. Celui-ci avait reçu, du commandant en chef, l'ordre de porter son corps d'armée au Sud-Est de Boult-aux-Bois « pour tourner la position par la droite, tandis que l'attaque du 5e aurait lieu vers Fossé (2) ».

Un officier de l'état-major de la division de L'Abadie fut envoyé à Boult-aux-Bois pour entrer en relations avec le général Douay et réclamer son concours, consistant dans l'envoi d'une brigade à la ferme de la Malmaison où elle devait remplacer celle de la 2e division du 5e corps qui occupait ce point d'appui. Mais le général Douay fit répondre que la marche de son corps d'armée avait été retardée par le convoi ; que ses troupes étaient arrivées très fatiguées à Boult-aux-Bois ; qu'il lui était impossible, en conséquence, d'appuyer le 5e corps. Singulière conception de la camaraderie de combat.

D'ailleurs, à 2 heures de l'après-midi, le général de Failly reçut, du maréchal de Mac-Mahon, les instructions suivantes rédigées au Chesne et qui lui furent apportées par un officier de l'état-major général :

---

sards et celui du 6e d'artillerie sont d'accord sur cet incident, qui est exposé d'une manière différente par l'*Historique du Grand État-Major prussien* (7e livraison, p. 959).

(1) *Journal* de marche du 5e corps, rédigé par le colonel Clémeur.

(2) *Journal* de marche du 5e corps, rédigé par le capitaine de Piépape.

« Il est de la plus haute importance que nous traversions la Meuse le plus tôt possible. Poussez donc, dès ce soir, dans la direction de Stenay aussi loin que vous le pourrez.

« Le général Douay, qui vous suit, a été invité à marcher derrière votre dernière colonne. Il campera au delà de Bar. Si l'ennemi vous force à quitter momentanément la grande route, faites-le connaître au général Douay, pour que sa tête de colonne prenne la même direction.

« Nous marchons sur Montmédy pour délivrer le maréchal Bazaine. Attendez-vous à rencontrer demain une vive résistance pour enlever Stenay.

« Faites interroger tous les gens qui viennent de ce côté pour savoir si l'ennemi n'a pas fait sauter les ponts. Dans le cas où il les aurait fait sauter, faites-le moi connaître. Je pars pour Stonne. »

Ignorant la valeur des forces ennemies qui se trouvaient en sa présence et ne pouvant plus compter dans la journée sur le concours du 7e corps, le général de Failly résolut de « tourner » la position qu'occupait l'adversaire au Sud-Est de Buzancy et de regagner la route de Stenay à Nouart, d'où il se proposait d'aller s'établir à Beaufort et Beauclair (1). C'était admettre que les Allemands resteraient immobiles ou ignoreraient sa marche.

A cet effet, la division Goze resta déployée face à Buzancy pour couvrir le mouvement, tandis que la division de cavalerie suivie par la division de Lespart s'écoula par les Petites Sartelles, Vaux-en-Dieulet, Belval. La 1re brigade de la division Goze et la réserve d'artillerie se replièrent à leur tour; puis vint la brigade

---

(1) *Journal* de marche du 5e corps, rédigé par le colonel Clémeur. Le *Journal* du capitaine de Piépape mentionne que le général de Failly avait déjà donné ses ordres pour l'attaque quand les instructions du maréchal de Mac-Mahon lui parvinrent.

de Maussion, de la 2ᵉ division, et enfin la brigade Nicolas de la 1ʳᵉ qui, renforcée du 4ᵉ bataillon de chasseurs et des deux batteries de 4 de la division, constitua l'arrière-garde et entretint des feux de bivouac après la tombée de la nuit.

En raison de la nécessité que l'on avait admise d'attendre que la brigade de Maussion eût rejoint par Bar, la marche n'avait pu commencer qu'à 5 heures du soir. Elle fut ralentie par le mauvais état des chemins détrempés et d'ailleurs accidentés ; aussi les troupes ne purent-elles commencer à installer leurs bivouacs qu'à 7 heures. Certaines unités n'arrivèrent qu'à minuit.

La division de cavalerie stationna au Sud-Est de Bois des Dames, près de la ferme de la Fontaine au Croncq ; la 3ᵉ division, entre Bois des Dames et la ferme de Bellevue, la brigade de Fontanges fournissant des grand'gardes ; la 1ʳᵉ et la 2ᵉ, ainsi que l'artillerie de réserve, à Belval. Le quartier général fut établi à la ferme Harbeaumont.

Aucune distribution n'avait pu être faite pendant cette journée, et la plupart des corps en furent réduits au biscuit de réserve. La fatigue était d'ailleurs générale, et les soldats, dont les vêtements étaient trempés, durent coucher dans la boue sans pouvoir allumer de feux.

Partout on avait signalé l'ennemi comme se repliant en masse derrière la Meuse dont il détruisait les ponts, et ne laissant sur la rive gauche que des partis de cavalerie (1).

Un peloton du 12ᵉ chasseurs qui avait mis pied à terre avait refoulé à coups de fusil, aux environs Sud de Bois des Dames, un détachement de uhlans qui, toutefois, ne céda définitivement la place qu'à

---

(1) *Journal* de marche du 5ᵉ corps, rédigé par le capitaine de Piépape.

l'arrivée de l'infanterie de la brigade de Fontanges (1).

A 10 heures du soir, le lieutenant-colonel Broye, aide de camp du maréchal de Mac-Mahon, transmit au général de Failly des instructions verbales et un ordre ainsi conçu :

« Les 5ᵉ et 7ᵉ corps devront opérer de concert jusqu'au passage de la Meuse. Le général de Failly prendra le commandement des deux corps d'armée. »

Le projet de marche sur Beaufort et Beauclair fut maintenu, et il fut convenu que le commandant du 5ᵉ corps y attendrait de nouvelles instructions relatives à une attaque combinée sur Stenay.

Le 7ᵉ corps avait levé ses bivouacs à l'Est de Vouziers, à 1 heure du matin; l'objectif de sa marche étant Chagny. La division de cavalerie partit à 2 h. 30 : les 1ᵉʳ et 2ᵉ escadrons du 8ᵉ lanciers furent envoyés en reconnaissance sur la route de Buzancy et poussèrent jusqu'à Longwé; le reste de la division se porta sur Ballay et Quatre-Champs, pour observer les débouchés de Boult-aux-Bois et de la Croix-aux-Bois. Pendant ce temps, les 2ᵉ et 3ᵉ divisions et la réserve d'artillerie se portaient par échelons sur Quatre-Champs, sous la protection de la 1ʳᵉ qui avait pris position face à Vouziers, sur deux lignes d'une brigade chacune, entre la grande route du Chesne et le village de Chestres, et qui suivit, à son tour, le mouvement. Au 7ᵉ corps, les alertes des jours précédents faisaient apprécier tout particulièrement le mouvement de retraite sur Mézières.

« Une seule et même pensée nous animait tous, dit un témoin oculaire : sortir à tout prix de ce *statu quo* plein de périls; prendre, sans plus tarder, un parti..... Aussi, avec quelle promptitude, les ordres furent-ils exécutés !..... Chacun marchait d'un pas plus ferme; on

---

(1) *Historique* manuscrit du 12ᵉ chasseurs.

semblait avoir oublié le froid, la pluie, l'anxiété des jours précédents. On sentait dans l'air comme des bouffées d'espoir, car la pensée de reprendre bientôt une revanche sous Paris venait tout à coup d'éclairer notre horizon (1). »

A 5 h. 30 du matin, le général Douay arrivait à Quatre-Champs, quand un aide de camp du maréchal de Mac-Mahon vint lui faire connaître que le projet de retraite sur Mézières était abandonné et que l'armée allait reprendre la direction de Montmédy. En conséquence, le 7e corps devait se porter sur Nouart. Mais le général Douay voulut d'abord rallier son convoi, dirigé sur Chagny sous la direction du lieutenant-colonel Davenet, sous-chef d'état-major du corps d'armée, et il ordonna, à cet effet, une grand'halte à Quatre-Champs, en prenant des dispositions de combat en cas d'une attaque que lui faisait craindre la présence des éclaireurs de cavalerie ennemie (2).

La 1re division, rejointe dans la soirée par le convoi, fut maintenue à Quatre-Champs avec les 5e et 6e escadrons du 4e hussards; la 2e division, la division de cavalerie, les réserves d'artillerie et du génie poussèrent jusqu'à Boult-aux-Bois, où s'établit le quartier général; la 3e division bivouaqua à Belleville pour conserver la communication avec Quatre-Champs.

« En définitive, dit un témoin oculaire, c'est une mauvaise journée pour notre armée, que celle du 28 août. Elle n'a point livré de combat, pas éprouvé de

---

(1) Prince Bibesco, *loc. cit.*, p. 71.
(2) Le convoi du 7e corps, mis en route, la veille au soir, sur Chagny, sous la direction du lieutenant-colonel Davenet, était parvenu en ce point, sauf une fraction qui s'était trompée de direction et était allée à Terron. Le lieutenant-colonel Davenet reçut l'ordre de se rabattre sur Quatre-Champs par Le Chesne. La fraction égarée à Terron gagna Quatre-Champs par un chemin de traverse.

pertes, et cependant un grand malaise plane sur elle ; chacun a le cœur serré, l'âme remplie d'appréhensions. On a comme le pressentiment que l'ennemi aura mis à profit nos incertitudes et tout le temps perdu (1). »

Dans la journée du 28, les nouvelles du maréchal Bazaine font défaut d'une manière absolue, et l'on ne peut plus guère se dissimuler, au grand quartier général français, qu'il s'agit non pas de se porter à sa rencontre, ainsi qu'on l'avait cru jusqu'alors, mais d'aller le « délivrer ». L'expression se trouve, pour la première fois, dans des instructions adressées par le maréchal de Mac-Mahon au général de Failly (2).

Le changement de direction d'une grande partie de l'armée du Prince royal vers le Nord ne peut plus faire de doute. Les troupes allemandes qui occupaient le département de l'Aube l'ont évacué et se sont dirigées sur Sainte-Menehould (3). On signale d'autres colonnes importantes qui, déjà arrivées à Châlons dans la nuit du 27 au 28 et dans la matinée du 28, ont marché ensuite sur Suippes, sur Vouziers et sur Sainte-Menehould (4). 20,000 cavaliers, sous les ordres des princes Albert et Adalbert, qui ont traversé Mourmelon le 27 (5), seraient à Souain avec de l'artillerie, suivis à six lieues de distance par de l'infanterie et précédés par une avantgarde à Somme-Py.

Le général d'Exéa, commandant la 1re division du

---

(1) Prince Bibesco, *loc. cit.*, p. 80.
(2) Voir p. 206.
(3) Renseignement fourni par le préfet de l'Aube (Le Ministre de la guerre au maréchal de Mac-Mahon).
(4) Renseignement fourni par le général commandant la division du 13° corps à Reims.
(5) Renseignement fourni par le sous-préfet de Reims (Le Ministre de la guerre au maréchal de Mac-Mahon).

13ᵉ corps à Reims, qui donne cette dernière nouvelle comme de « source certaine », ajoute que leur intention serait de se porter sur Vouziers ou de suivre la vallée de l'Aisne. C'est sur Suippes également qu'ont rétrogradé les détachements dont les coureurs étaient en vue de Reims le 27 (1). Plus au Nord, le maire de Juniville fait connaître la présence de l'ennemi sur le territoire de cette commune. Des troupes allemandes « arrivant par la Croix-aux-Bois, Grand-Pré, Monthois » se trouvent près de Vouziers (2). Cette ville a été occupée dès 8 heures du matin.

Ces nouvelles, jointes à celles de la veille, enlevaient au maréchal de Mac-Mahon l'espoir de conserver ses communications avec Reims et même avec Rethel. La présence de la division d'Exéa (3), du 13ᵉ corps, à Reims n'avait pas empêché les Allemands de les intercepter et d'exécuter leur mouvement vers le Nord, en partant de Châlons, et il était bien vraisemblable que l'arrivée de tout le 13ᵉ corps à Reims, annoncée par le Ministre de la guerre au maréchal de Mac-Mahon (4), serait un palliatif insuffisant et un secours bien précaire.

Le général de Palikao s'en rendit parfaitement compte. Comme il était d'un intérêt primordial de ménager au moins à l'armée de Châlons une issue éventuelle vers les places du Nord et un point d'appui sérieux à Mézières, le Ministre demanda, par télégramme, au maréchal de Mac-Mahon, s'il pensait que la présence de 25,000 hommes dans cette ville pourrait assurer ses derrières. Le Maréchal répondit que cette occupation de

---

(1) Renseignement fourni par le procureur impérial de Reims (Le Ministre de la guerre au maréchal de Mac-Mahon).
(2) Renseignement fourni par le procureur impérial de Charleville (*Ibid.*).
(3) La division d'Exéa était à Reims depuis le 26 août.
(4) Voir p. 197.

Mézières aurait l'avantage d'assurer à l'armée de Châlons, pendant quelque temps, ses communications avec Paris par le Nord; que ces troupes pourraient toujours se replier par voie de fer, mais qu'il leur fallait un chef entreprenant, et il désignait, à cet effet, le général de Wimpffen (1).

Les renseignements sur la situation des forces ennemies signalées les jours précédents sur la rive droite de la Meuse sont peu nombreux. On apprend seulement que Mouzay, Servizy, Stenay sont occupés, cette dernière localité par 10,000 à 12,000 hommes, dit-on (2). Déjà quelques cavaliers ont été vus à Mouzon. D'après une information de la Compagnie de l'Est, un combat a eu lieu à Chauvency, près Montmédy, « 50 Français contre 800 Prussiens », mandait-on, non sans exagération. Enfin, dans la soirée du 28, le maréchal de Mac-Mahon apprit que Stenay était, en effet, au pouvoir d'une division ennemie et que le pont avait été rompu (3).

Le prince de Saxe avait prescrit, pour la journée du 28 : à la division de cavalerie saxonne, de jeter des partis de Nouart vers Beaumont; à la cavalerie de la Garde, de se porter entre Rémonville et Buzancy, d'occuper cette dernière localité et, de concert avec la division de cavalerie saxonne, d'établir le contact avec l'adversaire sur son front, « tout en évitant de se montrer pressante (4) ».

Il chargeait, d'autre part, les 5e et 6e divisions de cavalerie de suivre le mouvement de l'armée française sur son flanc droit, en se reliant elles-mêmes avec la

---

(1) Dès le 22 août, le général de Wimpffen avait été désigné pour le commandement du 5e corps (Général de Wimpffen, *Sedan*, p. 117).

(2) Renseignements fournis par le préfet des Ardennes et par le procureur impérial de Sedan (Le Ministre de la guerre au maréchal de Mac-Mahon).

(3) Maréchal de Mac-Mahon. *Souvenirs inédits*.

(4) *Historique du Grand État-Major prussien*, 7e livraison, p. 958.

cavalerie de la Garde et en s'abstenant également de presser les Français de trop près.

La cavalerie allemande et l'armée de Châlons étaient séparées par la route de Vouziers à Stenay par Buzancy, et, comme le terrain était très favorable à l'observation, le contact allait être facilement conservé, malgré un temps un peu brumeux. Toutefois, les marches et les contremarches occasionnées par les ordres successifs du maréchal de Mac-Mahon devaient donner lieu à certaines déductions erronées au sujet des projets de l'armée française.

Les avant-postes de la *6ᵉ* division de cavalerie avaient signalé, à 3 heures du matin, que les feux de bivouac du 7ᵉ corps étaient éteints à Vouziers, et que les détachements français qui se trouvaient au Sud de la ville n'avaient pas tardé à se replier, après avoir feint de se porter en avant.

La division se porta sur Vouziers à 5 h. 30 du matin. Le *15ᵉ* régiment de uhlans, qui tenait la tête, ne tarda pas à rejoindre l'arrière-garde d'une colonne ennemie (1), qu'il suivit dans la direction de Ballay. Il constata ensuite que les troupes françaises se rassemblaient vers Quatre-Champs. Cependant, le gros de la division s'était arrêté à Vouziers, d'où il avait lancé deux pelotons, l'un vers Attigny, l'autre vers Voncq. Sur ce dernier point, on observa la présence de six bataillons français (2). On apprit en outre, « par voie de renseignements (3) », que, depuis le 23 août, 12,000 hommes de troupes françaises avaient passé par Attigny (4). On recueillit le bruit, qui

---

(1) Division Conseil Dumesnil, du 7ᵉ corps.
(2) Appartenant à la 1ʳᵉ division du 1ᵉʳ corps.
(3) *Historique du Grand État-Major prussien*, 7ᵉ livraison, p. 959.
(4) Ce chiffre de 12,000 est donné sous toutes réserves. C'est celui du *Rapport* envoyé au grand quartier général par la *6ᵉ* division de

courait dans le pays, de la présence sur la Meuse de Napoléon III et du maréchal de Mac-Mahon, à la tête de quatre corps d'armée. La division stationna à Vouziers et au Nord de cette ville.

La 5e division de cavalerie avait dirigé, de grand matin, le 13e régiment de uhlans de Grand-Pré sur Vouziers. Au moment où il venait de dépasser Falaise, des coups de fusil furent tirés sur le 2e escadron, qui marchait en queue de colonne, par des isolés embusqués dans les dernières maisons. Cet escadron mit pied à terre, et un combat s'engagea, au cours duquel le feu se déclara dans le village (1). Le régiment continua alors sur Vouziers, où il rencontra le 15e uhlans.

Le reste de la 11e brigade de cavalerie (2) et la 12e, appelée de Champigneulle, se dirigeaient vers l'Ouest, sur Monthois. La 13e brigade se portait de Buzancy à Grand-Pré, d'où elle se maintenait en liaison avec la division de cavalerie de la Garde.

Celle-ci avait dirigé, vers 9 heures du matin, sa brigade de uhlans de Rémonville sur Buzancy. Le 5e escadron du 3e régiment de uhlans de la Garde l'avait précédée dans cette direction pour relever les avant-postes de la 13e brigade de cavalerie, qui devait se rendre à Grand-Pré. Cet escadron eut, vers Buzancy, avec deux escadrons du 5e hussards, de la division de cavalerie du 5e corps, l'engagement qui a été relaté précédemment (3). Il fut renforcé par les 3e et 4e escadrons

---

cavalerie (*Historique du Grand État-Major prussien*, 7e livraison, p. 257*, édition allemande). Dans le cours du récit, le chiffre donné est, au contraire, 120,000 (*Ibid.*, p. 1007).

(1) *Historique du Grand État-Major prussien*, 7e livraison, p. 959 ; *Historique du 13e uhlans*, p. 31-32.

(2) La 11e brigade de la 5e division de cavalerie se composait du 4e cuirassiers, du 13e uhlans et du 19e dragons.

(3) Voir p. 204.

du *3ᵉ* uhlans de la Garde, tandis que le reste de la brigade se portait sur Bayonville, où la rejoignait la 3ᵉ batterie à cheval. Le bruit de la fusillade amenait aussi à Buzancy le régiment de cavalerie de la Garde saxonne. Un premier renseignement d'une reconnaissance, envoyé à 3 heures de l'après-midi, relatait la marche de troupes françaises de Beaumont sur Autruche et Vouziers, d'où l'on conclut que le maréchal de Mac-Mahon renonçait à son mouvement sur Metz. Un second rapport du *3ᵉ* uhlans de la Garde exposait, au contraire, à 6 h. 30 du soir, que des forces ennemies, évaluées à un corps d'armée, défilaient, par Autruche, dans la direction de l'Est (1).

Ces nouvelles contradictoires laissaient le grand quartier général allemand dans l'incertitude sur le véritable état des choses.

Vers le soir, la 10ᵉ compagnie du régiment des fusiliers de la Garde arrivait à Bayonville pour couvrir le camp de la cavalerie, établi près de cette localité et de Rémonville. Un dernier rapport de la division de cavalerie de la Garde, expédié à 9 h. 30, faisait connaître qu'il y avait des « feux de bivouac ennemis sur la ligne Bar—Fossé—Bois des Dames et dans la direction de Stenay, en avant de tout le front de l'armée de la Meuse, et que Nouart serait occupé par l'adversaire (2) ».

La *12ᵉ* division de cavalerie s'était rassemblée, dans la matinée du 28, à Nouart, Tailly et Barricourt. De Nouart, le régiment de la Garde s'était porté sur

---

(1) C'était le mouvement du 5ᵉ corps, de Bar sur Belval, Bois des Dames.

(2) *Historique du Grand État-Major prussien,* 7ᵉ livraison, p. 240*.
Les feux de bivouac signalés vers Bar étaient ceux qu'avait entretenus la brigade Nicolas, de la 1ʳᵉ division du 5ᵉ corps, avant de se dérober sur Belval. A Fossé, il n'y avait pas de troupes françaises.

Buzancy, au bruit de l'engagement qui s'y livrait, puis était revenu au point de départ. Le 17e uhlans avait établi des avant-postes vers le Nord, mais les patrouilles envoyées dans la direction de Beaumont se heurtaient partout à des partis ennemis qui les empêchaient de pousser plus avant. Il parvint cependant à se relier avec la 48e brigade à Stenay.

« A partir de 5 heures du soir, la division reçut plusieurs rapports qui lui annonçaient un mouvement de plusieurs escadrons français suivis d'infanterie (1) » de Bois des Dames sur Nouart (2). Elle se mit aussitôt en retraite dans la direction du Sud, en ne laissant en face de l'adversaire que l'escadron d'avant-postes (3) et la batterie à cheval, qui tira quelques coups de canon. Elle vint bivouaquer, à 10 heures du soir, à Andevanne.

La 4e division de cavalerie se porta, le 28, de Souain aux environs Sud de Vouziers ; la 2e, de Coole à Suippes.

Derrière ces masses de cavalerie, les colonnes allemandes continuaient leur mouvement dans la direction générale du Nord (4).

a) *Armée de la Meuse.* — Le commandant de l'armée de la Meuse, se conformant aux dispositions adoptées

---

(1) *Historique du Grand État-Major prussien*, 7e livraison, p. 961.

(2) Il est difficile de discerner quelles étaient les troupes françaises en question. La division de cavalerie Brahaut, qui tenait la tête de colonne du 5e corps, n'arriva sur le plateau de Bois des Dames qu'à 7 heures du soir. Il s'agit vraisemblablement du peloton du 12e chasseurs dont on a relaté le léger engagement précédemment.

Vers 7 heures, deux compagnies du Ier bataillon du 60e vinrent occuper, en grand'gardes, les hauteurs boisées au Nord de Nouart.

(3) Les 3e et 4e escadrons du 17e uhlans, d'après von Schimpff (*Das XII. Corps im Kriege 1870-1871*, p. 48).

(4) Ce qui va suivre est extrait des deux sources : *Historique du Grand État-Major prussien*, 7e livraison, p. 961-963 ; *Heeresbewegungen*, p. 35-40.

le 27 par le grand quartier général relativement à ses trois corps d'armée, avait donné des ordres en conséquence pour le 28. En vue de la concentration, désormais décidée, des forces allemandes sur la rive gauche de la Meuse, il avait prescrit que le XIIe corps, appelé à rester autour de Dun et de Stenay, aurait à établir de nouveaux moyens de passage sur la rivière, dans le cas où les ponts de Stenay seraient détruits.

Le commandant du corps d'armée, croyant, d'après les avis reçus dans la journée, à une attaque de la ligne de la Meuse, avait pris toutes ses dispositions pour en défendre énergiquement le passage à Dun et à Stenay. La *48*e brigade surtout, qui occupait Stenay, fut constamment tenue en alerte par les nouvelles contradictoires qui lui parvenaient, jusqu'au moment où, vers 8 heures du soir, elle apprit enfin que les Français avaient établi leur camp autour de Beaumont. Elle se tint prête néanmoins à toute éventualité pendant la nuit. Dans la journée, une compagnie du *13*e bataillon de chasseurs et un escadron du *2*e régiment de *Reiter* envoyés à Chauvency avaient délogé de la gare le détachement français qui l'occupait, exécuté le travail de destruction dont ils étaient chargés et regagné ensuite Stenay.

Les colonnes de munitions et les convois se dirigèrent de Clermont en Argonne sur Malancourt (1).

La Garde, après avoir replié le pont qu'elle avait jeté sur la Meuse, entre Dannevoux et Sivry, s'était mise en marche à 8 heures du matin, en deux colonnes. A droite, la *1*re division, suivie de l'artillerie de corps, se porta de

---

(1) Le *3*e régiment de hussards, de la *6*e division de cavalerie, qui, dès le 25, avait été envoyé en observation vers la frontière belge et qui, le 27, avait vainement essayé de s'emparer de Longwy, arriva à Stenay le 28 et fit des reconnaissances sur Beaumont.

Montfaucon, par Cunel, sur Bantheville ; à gauche, la 2ᵉ division, de Montfaucon, par Cierges, sur Romagne (1). Les colonnes de munitions et les convois vinrent à Nantillois.

Le IVᵉ corps replia également les ponts qu'il avait établis sur la Meuse à Vacherauville et Charny, et partit, à 9 heures du matin, de son bivouac de Fromeréville, d'où il se porta, par Esnes, sur Montfaucon et environs. Les colonnes de munitions stationnèrent à Esnes.

Le quartier général de l'armée de la Meuse demeura à Malancourt.

b) *IIIᵉ armée.* — Le Iᵉʳ corps bavarois partit à 8 heures du matin de Nixéville et se porta sur Varennes par Dombasle et Neuvilly. Les colonnes de munitions, les convois et une partie des trains régimentaires, qui avaient été précédemment séparés des troupes, vinrent, des environs Nord de Bar-le-Duc, à Fleury et Erize-la-Petite.

Le IIᵉ corps bavarois marcha de Dombasle, par Brabant-en-Argonne, Clermont-en-Argonne, les Islettes, sur Vienne-le-Château et environs. Sa brigade de uhlans s'établit à Binarville. Les colonnes de munitions stationnèrent à Jubécourt, les convois aux Islettes.

Avant d'avoir reçu l'ordre général d'opérations du 27 août, le prince royal de Prusse avait pris des disposi-

---

(1) « Cette marche n'était pas considérable..... Nous pensions que l'infanterie serait plus fraîche que la veille, car elle s'était reposée depuis l'après-midi de la veille jusqu'à 8 heures du matin. Malgré cela, elle laisse bien des hommes en route ; presque tous étaient blessés aux pieds. Tous ceux que l'on interrogeait faisaient la même réponse : « Nos chaussettes (ou chaussettes russes) sont encore humides d'hier, elles nous écorchent les pieds ; et nous n'avons pas de quoi en changer, car nous avons déposé nos sacs avant-hier. » Nous reconnûmes par là qu'il n'y avait pas grand avantage à déposer les sacs » (Hohenlohe, *loc. cit.*, t. II, p. 183).

tions pour faire poursuivre la marche, le 28, par les V⁰, XI⁰, VI⁰ corps et la division würtembergeoise, sur l'unique route le long de laquelle ils étaient échelonnés dans la soirée du 27, le V⁰ corps devant atteindre Bouconville, le XI⁰ Cernay-en-Dormois, le VI⁰ Berzieux.

L'ordre du 27, qui lui parvint le 28 à 4 h. 30 du matin, ne prescrivant que d'atteindre ce jour-là la ligne Malmy-Laval, modifia ses intentions.

Le V⁰ corps, parti à 5 heures de Sainte-Menehould, se porta à Berzieux, avec une avant-garde à Cernay-en-Dormois ; ses colonnes de munitions vinrent à Verrières.

La division würtembergeoise s'établit à Virginy.

Le XI⁰ corps effectua son mouvement en deux colonnes. A droite, la *21⁰* division et l'artillerie de corps suivirent la grande route de Givry-en-Argonne à Sainte-Menehould et s'établirent à Courtémont et environs, après une marche très pénible en raison des nombreux arrêts et des à-coups causés par les voitures du V⁰ corps, que l'infanterie dut longer pendant un certain temps (1). A gauche, la *22⁰* division marcha par Epense, Dampierre-le-Château, Valmy sur Hans. A dater de ce jour, les sacs de l'infanterie furent transportés sur des voitures. Les colonnes de munitions et les convois allèrent de Nettancourt à Villers-en-Argonne.

Le VI⁰ corps exécuta également son mouvement en deux colonnes, qui ne s'ébranlèrent qu'à 10 heures du matin, conformément à l'ordre de la III⁰ armée. Une

---

(1) Afin d'éviter les à-coups qui s'étaient produits la veille, l'état-major général de la III⁰ armée avait fixé lui-même les heures de départ des unités même d'ordre inférieur. Mais il n'avait pas tenu suffisamment compte de la profondeur des colonnes des divisions de tête, de sorte que les mêmes inconvénients se reproduisirent, bien que les commandants de corps d'armée eussent, de leur propre initiative, fait marcher leurs troupes en deux colonnes.

brigade de la *12e* division prit à Possesse la grande route de Sainte-Menehould et s'établit au Nord de cette ville assez avant dans la soirée, retardée dans sa marche par les voitures du XIe corps qui, en colonne par trois de front, obstruaient absolument la route ; l'autre suivit le chemin Bussy-le-Repos, Epense, Dampierre-le-Château, et stationna à Dommartin-la-Planchette. La *11e* division, formant aussi deux colonnes — l'artillerie de corps suivant celle de droite — vint cantonner au Sud-Ouest de Sainte-Menehould.

Le quartier général de la IIIe armée fut transféré dans cette ville.

En somme, « sur le front de 40 kilomètres de Stenay à Cernay-en-Dormois, se trouvaient huit corps allemands et demi, prêts à continuer les opérations ; toutefois, à l'aile gauche, où trois d'entre eux stationnaient serrés l'un derrière l'autre, la liberté de mouvement désirable n'était point encore acquise (1) ».

Les rapports du commandant de l'armée de la Meuse relatifs à l'engagement de cavalerie de Buzancy et les renseignements recueillis jusqu'au 27 à midi par les *5e* et *6e* divisions de cavalerie ne parvinrent au grand quartier général allemand que dans la matinée du 28. Il ressortait de ces informations que les Français avaient évacué Grand-Pré et qu'ils semblaient en voie de quitter la région située à l'Ouest de Buzancy pour se diriger vers le Nord. A 2 h. 30 de l'après-midi, arriva un rapport plus récent, expédié dans la matinée par la *6e* division de cavalerie, et relatant qu'à ce moment les Français avaient abandonné Vouziers et marchaient vers le Nord. Enfin, la *5e* division de cavalerie confirmait cette nouvelle et

---

(1) *Heeresbewegungen*, p. 39.

rendait compte de l'occupation de Vouziers par les troupes allemandes (1).

Ces données ne permettaient pas encore à Moltke de savoir si l'armée française se proposait, par ces marches vers le Nord, de se concentrer vers Le Chesne ou vers Rethel (2). Dans ces conditions, il n'y avait qu'à prescrire provisoirement la continuation du mouvement en avant. L'armée de la Meuse devait se porter, le 29, sur le front Nouart (XIIe), Buzancy (Garde); le IVe corps venant, en seconde ligne, à Rémonville; le XIIe laissant une brigade à Stenay. Le prince de Saxe était invité à tenir compte de la possibilité d'une attaque venant du Chesne et à faire reconnaître, à cet effet, le terrain au Sud de Nouart et de Buzancy.

Les deux corps bavarois recevaient comme objectif de leur marche : le Ier Champigneulles, le IIe, Grand-Pré, d'où ils se tiendraient prêts à soutenir éventuellement le prince de Saxe. Les trois corps prussiens de la IIIe armée et la division würtembergeoise marcheraient de leur côté sur Vouziers et à l'Ouest de cette ville (3).

---

(1) *Historique du Grand État-Major prussien*, 7e livraison, p. 964.
Ces nouvelles rendaient inutile un « projet d'attaque sur Vouziers » que Moltke avait formé dans la journée du 28 août. « Un ou deux corps d'armée ennemis se trouvaient encore hier soir près de Vouziers, écrivait-il. Il est vraisemblable que le reste des forces de l'adversaire se trouve près du Chesne ». Vouziers devait être attaqué directement par le IIe corps bavarois se portant de Termes sur Falaise; par le Ier corps bavarois et par le Ve corps débouchant sur la Chambre-aux-Loups, le premier par Chatel, Autry, le second par Monthois. Cette attaque devait être protégée sur son flanc droit contre les forces françaises du Chesne par les trois corps de l'armée de la Meuse. « On verra, d'après la marche du combat, s'il y a lieu d'amener aussi le XIe corps pour coopérer à l'attaque directe, ou bien d'envoyer notre VIe corps couper la ligne de retraite de l'ennemi sur Reims » (*Correspondance militaire du maréchal de Moltke*, t. I, n° 228).

(2) *Correspondance militaire du maréchal de Moltke*, t. I, n° 229.

(3) *Ibid.*

Moltke prévint en outre le prince royal de Saxe que le commandant en chef de l'armée d'investissement de Metz avait reçu, dans la nuit du 27 au 28, l'ordre de rappeler les IIe et IIIe corps arrivés à Briey et Étain, et qu'il n'y avait plus désormais à compter sur leur appui (1).

Les instructions qui précèdent étaient déjà expédiées, quand le grand quartier général reçut, vers 9 heures du soir, les rapports de la Garde, relatant les dernières observations faites à Buzancy par sa brigade de uhlans. « L'apparition de troupes françaises à Harricourt, les vastes campements signalés le long de la route de Vouziers à Buzancy ne laissaient plus aucun doute sur les intentions de l'adversaire; il était certain désormais qu'il ne s'était point replié vers le Nord, mais qu'il continuait sa marche vers la Meuse (2). »

Il en résultait, vraisemblablement, que si l'ensemble des forces allemandes, dont le front était porté face au Nord-Ouest, continuait son mouvement, l'aile droite, qui se trouvait former échelon avancé, allait se heurter à des forces considérables, sinon supérieures de l'adversaire. On considéra donc comme judicieux de la retenir et d'effectuer la concentration sur elle. Moltke rédigea, en conséquence, à 11 heures du soir, l'ordre de mouvement ci-après :

Quartier général, Clermont, 28 août 1870, 11 heures soir.

« La présence de fractions importantes d'infanterie à Bar, près de Buzancy, indique que l'ennemi veut tenter de débloquer Metz. On peut admettre qu'un ou deux corps prendront à cet effet la route Vouziers,

---

(1) *Correspondance militaire du maréchal de Moltke*, t. I, n° 229.
(2) *Historique du Grand État-Major prussien*, 7e livraison, p. 964.

Buzancy, Stenay, tandis que le reste de l'armée marchera plus au Nord par Beaumont.

« Afin de ne pas provoquer une offensive de l'adversaire avant que nous n'ayons rassemblé assez de forces, S. A. R. le prince de Saxe pourra réunir d'abord, et de bonne heure, les XIIe et IVe corps et la Garde dans une position défensive à peu près sur la ligne Landres, Aincreville.

« La ligne **Dun, Stenay**, sera observée par la brigade détachée.

« Les deux corps bavarois rompront à 5 heures du matin. Le Ier corps, qui recevra d'ici des ordres directs, se portera par Fléville sur Sommerance, où il devra arriver à 10 heures du matin (1). Le IIe corps marchera sur Saint-Juvin, par Binarville, Chatel, Cornay.

« Le Ve corps se portera sur **Grand-Pré par** Bouconville, Moncheutin, Senuc.

« L'offensive ultérieure contre **la route** Vouziers, Buzancy, Stenay, demeure réservée.

« Les deux autres corps de la IIIe armée devront être dirigés de manière à pouvoir, en cas de besoin, être employés le 30 à la lutte décisive.

« Sa Majesté se rendra à 9 heures du matin d'abord à Varennes (2). »

Moltke ajouta, de sa main, sur l'exemplaire envoyé à l'armée de la Meuse :

« Les prescriptions ci-dessus n'interdisent pas de se porter immédiatement en avant pour occuper la route de Buzancy contre de faibles troupes ennemies (3). »

---

(1) Ces ordres directs, reproduits dans la *Correspondance militaire du maréchal de Moltke*, sous le n° 232, ne contiennent rien de particulier.
(2) *Correspondance militaire du maréchal de Moltke*, t. Ier, n° 231.
(3) *Ibid.*

Dans la soirée, l'armée de Châlons était répartie ainsi qu'il suit :

Grand quartier général.........		Stonne.
1er corps..................		Tout entier au Chesne.
5e corps.	Quartier général....	Ferme Harbeaumont.
	1re division.........	Belval.
	2e —	*Ibid.*
	3e —	A l'Ouest de Bois des Dames.
	Division de cavalerie.	Sud-Est de Bois des Dames.
	Réserves d'artillerie et du génie	Belval.
7e corps.	Quartier général....	Boult-aux-Bois.
	1re division.........	Quatre-Champs.
	2e —	Boult-aux-Bois.
	3e —	Belleville.
	Division de cavalerie.	Boult-aux-Bois.
	Réserves d'artillerie et du génie......:....	*Ibid.*
12e corps.	Quartier général.....	La Besace.
	1re division.........	Stonne.
	2e —	La Besace.
	3e —	La Besace et Beaumont.
	Division de cavalerie.	Beaumont.
	Réserves d'artillerie et du génie.........	La Besace.
1re division de réserve de cavalerie.		La Berlière.
2e division de réserve de cavalerie.		Entre Tannay et Grandes Armoises.
Parcs d'artillerie.	5e corps...........	Sans modification.
	7e corps...........	En marche sur Mézières, sauf l'équipage de pont à Tergnier.
	12e corps..........	En marche sur Poix et Mézières.
Grand parc..................		En formation à Mézières.
Équipage de pont de réserve		En route de Paris à Sedan, par chemin de fer.

En comparant ces emplacements à ceux des 26 et 27, on observera que l'armée de Châlons avait, depuis trois jours, gagné bien peu de terrain vers Montmédy. Deux de ses corps, les 1er et 7e, avaient, pour ainsi dire, piétiné sur place ; le 12e, qui avait progressé à peu près régulièrement, n'avait fait que 45 kilomètres de Rethel à la Besace. Cette lenteur était due sans doute aux hésitations, aux inquiétudes, aux contre-ordres du Maréchal, mais aussi à la préparation défectueuse des marches.

Ainsi avait disparu un des facteurs principaux, suivant le Ministre, du succès de l'opération : la rapidité dans l'exécution du mouvement. Le général de Palikao, qui connaissait la position de l'armée le 27, n'avait pas cru pourtant devoir renoncer à son projet. Bien plus, il avait sommé le commandant en chef de reprendre la direction de Metz (1) et, malheureusement pour la France, il avait été obéi.

« Le moment décisif de la campagne a été au Chesne-Populeux », a dit le maréchal de Mac-Mahon après la guerre (2). Il ne faut pas entendre par là que l'armée était perdue dès le 28 août. On verra qu'elle pouvait encore, le 30 au soir et même le 31, se dérober à l'étreinte de l'adversaire (3). Le Maréchal a voulu dire sans doute qu'à dater de ce jour il abandonnait toute idée de retraite vers l'intérieur du pays et qu'il n'était plus préoccupé que du projet d'aller jusqu'à Metz pour délivrer Bazaine, fût-ce au risque d'une catastrophe.

---

(1) « La sommation de Palikao », car on ne peut l'appeler d'un autre nom (P. de la Gorce, *loc. cit.*, t. VII, p. 262).
(2) *Instruction* relative au procès Bazaine.
(3) Capitaine Derrécagaix, *loc. cit.*, p. 270 ; A. G., *loc. cit.*, p. 56.

CHAPITRE VII.

L'armée de Châlons dans la matinée du 29 août.

Le maréchal de Mac-Mahon avait reçu le 28 au soir, au grand quartier général à Stonne, la nouvelle de l'occupation de Stenay par une division ennemie. Le pont de cette ville était miné, disait-on, et prêt à être détruit s'il ne l'était déjà. Il en conclut qu'il fallait renoncer à passer la Meuse en ce point et il résolut de la franchir à Mouzon et à Remilly, puis de se porter sur Carignan et de là sur Metz, par Montmédy. Les dangers du mouvement allaient croître de jour en jour avec la plus grande proximité de la frontière belge et les progrès des colonnes de l'armée du Prince royal de Prusse.

Les instructions du Maréchal portaient que le 12e corps devait marcher de la Besace sur Mouzon et y traverser la Meuse; le 1er, du Chesne sur Raucourt; le 7e, de Boult-aux-Bois sur la Besace; le 5e, de Belval sur Beaumont; la division de cavalerie Margueritte, de la Berlière sur Mouzon; la division de cavalerie Bonnemains de Grandes-Armoises sur Raucourt.

On observera que l'effort demandé par le Maréchal à ses troupes ne répondait pas à la mission qu'il avait entrepris — ou plutôt accepté — de remplir. Si, en effet, après un arrêt prolongé dans l'Argonne, l'armée de Châlons avait encore chance de devancer l'ennemi sur la route de Metz, « ce n'était qu'à la condition de marcher très vite (1) ». Une autre considération devait l'y déterminer également : la nécessité de franchir la Meuse avant une attaque sur son flanc droit par des corps de la IIIe armée. Le Maréchal l'avait bien compris le 28 août en invitant le général de Failly à pousser sa marche

---

(1) A. G., loc. cit., p. 59.

le plus loin possible vers l'Est (1), mais les distances à parcourir le 29 n'excédaient pas une vingtaine de kilomètres pour le 7ᵉ corps et 10 seulement pour le 5ᵉ.

Cette lenteur a vraisemblablement pour cause « la fausse situation dans laquelle se trouvait le Maréchal, car la confiance seule produit l'énergie ». Or tout en consentant à aller à Metz, le commandant en chef « ne devait pas discerner bien nettement les moyens d'atteindre le but qui lui était assigné, et il subissait peut-être, sans bien s'en rendre compte, les conséquences de cette situation qu'il n'avait pas recherchée » et dans laquelle les événements et sa déférence excessive aux instructions du Ministre l'avaient entraîné malgré lui (2). Peut-être n'osa-t-il pas demander davantage aux troupes dont le moral commençait à se déprimer et dont la cohésion diminuait de jour en jour. Parmi elles régnait un véritable malaise par suite du dernier changement de direction, de l'intuition qu'elles avaient de la situation générale, et de la présence constante, dans leur voisinage, de reconnaissances de cavalerie ennemies épiant leurs mouvements et relevant les emplacements de leurs camps (3). Cette marche en avant ressemblait presque à une retraite et les effets de cette analogie se faisaient vivement sentir.

Les mouvements de l'armée française ne se firent pas sans difficulté d'ailleurs, du moins pour les corps les plus rapprochés de l'ennemi.

La division de cavalerie Margueritte partit de la Berlière au point du jour, franchit la Meuse à Mouzon et vint camper à Vaux. Le 4ᵉ chasseurs d'Afrique fut détaché à Moulins et se couvrit par des grand'gardes dans la direction de Stenay.

---

(1) Voir *suprà*, p. 206.
(2) A. G., *loc. cit.*, p. 59.
(3) Prince de Hohenlohe, *loc. cit.*, t. II, p. 214 ; prince Bibesco, *loc. cit.*, p. 78.

La division de cuirassiers Bonnemains leva son bivouac de Tannay à 7 heures du matin et arriva à Raucourt à 10 heures.

Le 1ᵉʳ corps ne put se mettre en marche « qu'à une heure avancée de la matinée (1) » en raison d'encombrements de voitures dans les rues du Chesne; il se dirigea, par Stonne et la Besace, sur Raucourt, la 1ʳᵉ division formant tête de colonne.

Averti par un paysan des Alleux que l'ennemi occupait Voncq avec de la cavalerie et de l'artillerie, le général Ducrot prescrivit au général de Lartigue, commandant la 4ᵉ division, de ne quitter Le Chesne que lorsque les bagages et les convois des 1ᵉʳ et 12ᵉ corps (2) se seraient écoulés. Il lui adjoignit le 3ᵉ régiment de hussards. Les troupes de la division prirent position à cet effet sur les hauteurs à l'Ouest du Chesne. Des reconnaissances de cavalerie envoyées dans les bois de Voncq et du Chesne, se heurtèrent à des patrouilles allemandes et échangèrent avec elles quelques coups de carabine. Une grand'garde du 56ᵉ de ligne établie près de la ferme de Girondelle ouvrit également le feu, et la fusillade devint si vive, vers 2 h. 30 de l'après-midi, que l'on crut un moment à une attaque sérieuse (3). Une panique se produisit dans la partie du convoi qui était encore campée sur les deux côtés de la route du Chesne à Tourteron, et un grand nombre de voitures durent être abandonnées faute d'attelages (4).

Le gros du 1ᵉʳ corps campa au Nord de Raucourt. La 4ᵉ division quitta Le Chesne à 4 h. 30 du soir et n'ar-

---

(1) *Journal* de marche du 1ᵉʳ corps.

(2) Il y avait aussi au Chesne des voitures appartenant aux convois des 5ᵉ et 7ᵉ corps.

(3) *Journal* du colonel d'Andigné, chef d'état-major de la 4ᵉ division du 1ᵉʳ corps.

(4) Le général de Lartigue au général Ducrot, Le Chesne, 29 août, 4 h. 30.

riva à Raucourt qu'à 1 heure du matin. Elle s'établit au Sud du village auprès de la division de cavalerie. Le 3ᵉ zouaves qui avait suivi l'itinéraire Tannay, Maisoncelle, pour servir d'arrière-garde aux bagages du 12ᵉ corps dut s'arrêter à Villers-devant-Raucourt en raison de l'encombrement de la route.

Le 12ᵉ corps exécuta son mouvement en deux colonnes. Les trois divisions d'infanterie, suivies des réserves d'artillerie et du génie, prirent la grande route de Stenay jusqu'à Warniforêt (1), puis le chemin de grande communication qui conduit à Mouzon par Yoncq.

La division de cavalerie avait envoyé, dès la pointe du jour et d'heure en heure, des reconnaissances des 7ᵉ et 8ᵉ chasseurs sur la route de Stenay et sur le chemin de Beaumont au Bois de Dieulet. Quelques coups de feu furent échangés entre celles du 7ᵉ chasseurs et des vedettes ennemies à Laneuville-sur-Meuse.

La division, après être restée à Beaumont jusqu'à 1 heure de l'après-midi pour couvrir le mouvement du 12ᵉ corps, se porta à son tour sur Mouzon par le chemin qui traverse le bois Givodeau. Arrêtée près de Mouzon par le défilé des réserves d'artillerie et du génie, elle ne put franchir la Meuse qu'à la nuit tombante.

Les instructions du maréchal de Mac-Mahon portaient que le 12ᵉ corps occuperait les hauteurs de la rive droite, à l'Est de Mouzon, en y prenant les meilleures dispositions pour une défense énergique (1). La 1ʳᵉ division s'établit sur les hauteurs situées immédiatement au Nord-Est de Mouzon; la 2ᵉ, entre la route de Stenay et la Meuse, sa 1ʳᵉ brigade sur deux lignes, sur les hauteurs à l'Ouest du ruisseau de Moulins, sa 2ᵉ brigade en colonne au Nord du bois des Flaviers; la 3ᵉ division, au Nord-Ouest

---

(1) La brigade d'infanterie de marine, qui avait passé la nuit du 28 au 29 à Beaumont, vint s'intercaler dans la colonne à Warniforêt.

(2) Général Lebrun, *loc. cit.*, p. 53.

de Vaux, à cheval sur la route de Carignan et faisant face à l'Est; la division de cavalerie, au Nord-Est de Mouzon, entre la route de Stenay et la Meuse; les réserves d'artillerie et du génie, au Nord-Ouest de Mouzon entre la route de Sedan et la Meuse.

A 4 h. 30 de l'après-midi, la 5e compagnie du 3e régiment du génie (1) reçut l'ordre de se rendre à Villers-devant-Mouzon et d'y établir un pont de chevalets. Le travail commença dès 8 heures du soir et se poursuivit toute la nuit et dans la matinée du 30.

Le 7e corps, qui avait stationné à Quatre-Champs, Boult-aux Bois et Belleville, devait se porter à la Besace. La 1re division reçut l'ordre de s'y rendre par Belleville, Châtillon, Brieulles, Verrières et Osches, en ralliant à Brieulles la partie du convoi que le lieutenant-colonel Davenet amenait du Chesne où il avait passé la nuit.

Le 4e hussards, adjoint à la division, fut divisé en trois fractions. Deux escadrons remplirent le rôle de cavalerie divisionnaire. Le 4e fut envoyé de grand matin à la Croix-aux-Bois, d'où il revint à 6 heures sans avoir rencontré l'ennemi. Le 3e se porta sur Grand-Pré, par Briquenay et le Morthomme, où il se heurta à un détachement de cavalerie qui l'obligea à se replier sur Thénorgues; là il apprit que Buzancy était occupé par l'adversaire et, après une légère escarmouche, il rétrograda sur Boult-aux-Bois.

La marche de la 1re division fut arrêtée une première fois par des encombrements de voitures; une seconde fois à Châtillon, où un aide de camp du général Liébert vint prévenir que la 2e division était fortement menacée, ce qui amena le déploiement de la brigade de Bretteville sur les hauteurs au Nord-Ouest d'Authe; une troi-

---

(1) Compagnie divisionnaire de la 1re division du 12e corps.

sième fois à Brieulles, où il fallut attendre jusqu'à 3 h. 30 du soir une fraction du convoi qui avait pris au Chesne une fausse direction. Les convois des 5e et 7e corps, enfin réunis et comptant plus de 2,000 voitures, se dirigèrent sur Osches où ils n'arrivèrent que tard dans la soirée. L'arrière-garde de la 1re division n'établit son bivouac près de cette localité qu'à 10 heures du soir.

Le reste du 7e corps devait se porter sur la Besace par Germont, Authe, Saint-Pierremont et Osches. Les gardes forestiers du pays avaient signalé au général Douay, dans la matinée, « la présence d'un corps allemand à Buzancy et d'un grand nombre de pièces d'artillerie dans la forêt de Dieulet, située entre Stenay et Bois-des Dames (1) ». D'autre part, les reconnaissances de cavalerie envoyées vers 3 heures du matin dans la direction de la Croix-aux-Bois et de Briquenay, avaient échangé des coups de sabre avec des escadrons prussiens. Aussi redoubla-t-on de précautions et apporta-t-on dans l'organisation et l'ordre de marche de l'arrière-garde, un soin minutieux (2).

La 3e division prit la tête de la colonne, suivie de la 2e encadrant la réserve d'artillerie. La division de cavalerie marcha à l'arrière-garde. Le 53e de ligne et une batterie de la 2e division avaient été envoyés, vers 2 heures du matin, sur Germont, avec ordre de prendre position sur les hauteurs situées au Sud d'Autruche et de flanquer ainsi la marche de la colonne. Les éclaireurs de cavalerie ennemie suivirent toute la journée le mouvement de très près (3).

« … Pendant que nos troupes défilent, les vedettes prussiennes, postées sur les hauteurs, observent de loin notre marche. Point d'attaques d'ailleurs ; mais on ne

---

(1) Prince Bibesco, *loc. cit.*, p. 82.
(2) *Ibid.*
(3) *Journal* de marche de la 2e brigade de la 2e division.

saurait se méprendre sur la cause de cette apparente réserve : si l'ennemi ne nous aborde pas, c'est qu'il ne peut encore disposer que de cavalerie. Mais avec quelle habileté il s'en sert pour nous envelopper à distance, comme dans un réseau qui devient à chaque instant plus étroit, et lui permet de ne pas perdre de vue nos mouvements, d'agir sur le moral déjà ébranlé de notre soldat, et d'entraver notre marche par des démonstrations faites à propos (1) ».

Ainsi, vers 11 heures du matin, le colonel du 53e et le général commandant la division de cavalerie font connaître qu'on aperçoit des hauteurs au Sud de Germont, «'des masses ennemies (2) » dans la direction de Buzancy. Le général Liébert renforce aussitôt le 53e par le 89e de ligne et établit sa 1re brigade sur les hauteurs au Nord d'Authe. La 3e division et la réserve d'artillerie se déploient également vers la ferme du Fond Barré. La marche n'est reprise qu'après deux heures d'attente.

Au delà de Saint-Pierremont, la route devenait plus accidentée, plus resserrée et les pluies des jours précédents en avaient rendu le parcours des plus pénibles. Aussi la colonne s'allongea-t-elle en même temps que le mouvement se ralentissait, et la tête de colonne du 7e corps n'atteignit Osches que vers 5 heures du soir. Les troupes en marche depuis le matin étaient très fatiguées (3), les attelages des convois semblaient hors d'état d'aller plus loin, et le général Douay ne crut pas pouvoir atteindre la Besace. Il se décida à camper à Osches, espérant, en partant le lendemain de très bonne heure, regagner le temps perdu. La 1re brigade de la 3e division s'établit

---

(1) Prince Bibesco, *loc. cit.*, p. 82-83.
(2) *Journal* de marche de la 2e brigade de la 2e division.
(3) *Journal* de marche de la 1re division; prince Bibesco, *loc. cit.*, p. 84.

sur le plateau qui sépare Osches de Saint-Pierremont ; la 2ᵉ brigade avec la réserve d'artillerie sur les collines boisées au Nord d'Osches ; le reste du corps d'armée autour du village même. Un grand nombre de voitures restèrent entassées dans les rues, ce qui causa le 30 des difficultés sérieuses pour la mise en marche de la colonne.

« Cette négligence n'atteignit d'ailleurs que les troupes du 7ᵉ corps; mais une faute beaucoup plus grave, qui eut certainement une influence fâcheuse sur les opérations postérieures de l'armée, fut la résolution prise par le général Douay de modifier l'itinéraire tracé par le Maréchal et de rester à Osches, alors que l'ordre du mouvement lui enjoignait de se rendre à la Besace. En principe, les commandants de corps d'armée, comme tous ceux qui sont en sous-ordre, doivent exécuter à la lettre les prescriptions du général en chef; il faut qu'à tout moment celui-ci puisse être sûr que ses troupes occupent bien l'emplacement qu'il leur a indiqué (1). »

Au 5ᵉ corps survinrent également des incidents qui mirent obstacle à l'exécution des instructions du commandant en chef.

Dans la matinée, le maréchal de Mac-Mahon avait fait expédier au général de Failly un ordre conçu à peu près en ces termes : « Le pont de Stenay a été détruit. Le 5ᵉ corps ne devra pas se diriger sur ce point, mais sur Beaumont, de façon à passer la Meuse à Mouzon sous la protection du 12ᵉ corps qui l'occupe déjà (2). » Cet ordre ne parvint pas au destinataire, le capitaine de Grouchy qui en en était porteur ainsi que d'autres

---

(1) *La Campagne de 1870*, par un officier d'état-major de l'armée du Rhin, p. 93.

(2) « Ce sont à peu près les termes de cet ordre égaré tels qu'ils ont été rappelés depuis par les officiers de l'état-major du Maréchal » (*Journal* de marche du 5ᵉ corps, rédigé par le capitaine de Piépape).

dépêches, ayant été fait prisonnier, près de Germont, par un parti du *3ᵉ* régiment de uhlans de la Garde, soutenu par l'escadron d'avant-postes (1). Le grand quartier général allemand eut ainsi connaissance des dispositions du commandant en chef des forces françaises pour la journée du 29 août et de divers renseignements sur les mouvements effectués les jours précédents par l'armée de Châlons (2).

« Reçu en temps opportun, a dit avec raison le général de Failly, cet ordre eût évité aux troupes une journée de marche inutile sur Stenay, leur eût permis d'arriver à Beaumont le 29 dans l'après-midi et d'y prendre un peu de repos (3).

Le besoin s'en faisait vivement sentir, en effet, au 5ᵉ corps, après l'étape pénible de la journée du 28, suivie d'un manque de vivres à peu près complet et d'une nuit pluvieuse passée au bivouac. Aussi le général de Failly avait-il ordonné que le mouvement sur Stenay, par Beaufort et Beauclair, ne commencerait qu'à 11 heures du matin. La 1ʳᵉ division, la réserve d'artillerie, la 2ᵉ division ainsi que les ambulances et les bagages, devaient se porter sur Beaufort, à travers les bois de Belval et par la ferme de Maucourt; la 3ᵉ division, sur Beauclair en passant par Bois des Dames et rejoignant, par le Champy Haut, la grande route de Stenay. Le général de Failly avait fait aux colonnes cette recom-

---

(1) L'itinéraire du capitaine de Grouchy pour se rendre de Stonne à Belval n'était point par Germont. Il est possible que cet officier ait été chargé de transmettre d'abord des instructions au commandant du 7ᵉ corps à Boult-aux-Bois. On ne s'explique pas que le grand quartier général français n'ait pas expédié à chacun des 5ᵉ et 7ᵉ corps, en deux expéditions au moins, des ordres aussi importants. Un officier qui se serait rendu directement de Stonne à Belval, n'aurait pu tomber entre les mains de l'ennemi dès le lever du jour.

(2) *Historique du Grand État-Major prussien*, 7ᵉ livraison, p. 968.

(3) *Opérations et marches* du 5ᵉ corps, p. 44.

mandation — qui paraîtrait superflue aujourd'hui tant elle est évidente — de « marcher militairement et de se faire éclairer sur leur front et sur les flancs ». Toutefois il ne croyait pas que l'on pût avoir affaire à d'autres troupes ennemies qu'à « une cavalerie assez nombreuse, avec quelques pièces d'artillerie (1) ».

De la ferme Harbeaumont, où se trouvait le quartier général du 5ᵉ corps, on avait aperçu, ou cru apercevoir, dans la matinée, des colonnes ennemies défilant vers l'Est, sur les hauteurs situées entre Fossé et Nouart (2). On avait entendu en outre des roulements de voitures sur les routes (3). De son côté, le commandant Lemoine, chef du Iᵉʳ bataillon du 68ᵉ, dont deux compagnies étaient en grand'garde sur la crête boisée au Nord-Ouest de Nouart, fit prévenir (4) que « des colonnes d'infanterie, avec de l'artillerie, étaient en mouvement et paraissaient prendre position en arrière et à droite du village de Nouart (5) ».

Avant de mettre ses colonnes en marche, le général de Failly envoya sa division de cavalerie, réduite à deux régiments (12ᵉ chasseurs et 5ᵉ lanciers) en reconnaissance sur Beauclair. Elle devait précéder en même temps, dans sa marche sur cette localité, la division de Lespart. De son côté, le 5ᵉ hussards réduit à trois escadrons devait se porter sur Beaufort (1ᵉʳ, 2ᵉ, 3ᵉ escadrons), avec une section de la 5ᵉ batterie du 20ᵉ.

La division se mit en marche en colonne par quatre, trompettes en tête, suivis du général de division et de son état-major ; puis venait le 12ᵉ chasseurs et enfin le

---

(1) Ordre de marche du 5ᵉ corps pour le 29 août.
(2) *Journal* de marche du 5ᵉ corps.
(3) Renseignements verbaux donnés par M. le général Pendézec.
(4) L'heure n'a pu être déterminée.
(5) *Historique* manuscrit du 68ᵉ de ligne.

5e lanciers. Deux escadrons du 5e hussards, les 2e et 5e, éclairaient sur les flancs (1).

Un peloton du 12e chasseurs, envoyé sur Nouart, revint bientôt annonçant que cette localité était occupée par de l'infanterie ennemie. Quelques cavaliers apparaissaient d'ailleurs sur les crêtes qui dominent le village au Sud.

Le colonel de Tucé, du 12e chasseurs, reçut l'ordre de reconnaître le terrain au Sud de la Wiseppe et de s'assurer de la force de l'adversaire. Le 4e escadron, dispersé « en tirailleurs » et prolongé bientôt par le 5e, franchit les hauteurs, situées entre le Champy Haut et la route de Stenay, traversa cette route et gravit les pentes assez raides qui bordent la rive droite de la Wiseppe, à peu près en face de la corne Sud-Ouest du bois de Nouart. Le reste de la colonne s'arrêta au pont.

Peu après, le 6e escadron, ayant à sa tête le colonel de Tucé, suivit en arrière comme soutien, avec le général de division et tout l'état-major; le 3e resta dans les prairies voisines du pont avec le 5e lanciers (2). Les éclaireurs signalant de l'infanterie allemande occupant une forte position entre Barricourt et le bois de Nouart (3), le général de division et le général de Bernis, accompagnés de leurs états-majors, se portèrent en avant de la ligne des tirailleurs des 4e et 5e escadrons du 12e chasseurs pour se rendre compte, par eux-mêmes, de la situation.

En arrivant sur la crête du plateau, le général de division aperçut de nombreux tirailleurs couchés, qui se levèrent et ouvrirent le feu. Derrière eux se trouvaient

---

(1) Renseignements verbaux donnés par M. le général Pendézec.
(2) *Historique* du 12e chasseurs.
(3) *Rapport* sur les marches et opérations de la division de cavalerie du 5e corps; *Journal* de marche de la 1re brigade de la division de cavalerie du 5e corps.

« des troupes sur plusieurs lignes, s'étendant, autant que la vue pouvait porter, dans la direction de Barricourt, ayant leur droite non loin du bois de Nouart... (1) ».

Les fantassins allemands (2) se portèrent bientôt en avant en courant et en exécutant un feu violent, mais mal ajusté, qui n'atteignit qu'un petit nombre d'hommes et de chevaux. En même temps, une batterie ennemie se démasqua et lança quelques obus sur le reste de la division Brahaut qui s'était déployée près du pont en attendant le résultat de la reconnaissance. Les deux escadrons du 12e chasseurs redescendirent dans la vallée, se rallièrent derrière le bois de Nouart et furent rejoints par le 5e lanciers. Toute cette cavalerie, poursuivie par les feux de mousqueterie et d'artillerie, dégagea le front de la division de Lespart qui se déployait, et se porta : partie avec le général Brahaut sur le Champy Haut (3), partie avec le général de Bernis sur Beaufort (4), d'où elle chassa un parti de cavalerie saxonne (5). Le général Besson, chef d'état-major du 5e corps, envoya au général de Bernis l'ordre de s'y maintenir jusqu'à 5 heures du soir.

---

(1) *Journal* de marche de la 1re brigade de la division de cavalerie du 5e corps.

(2) C'était, ainsi qu'on le verra plus loin, les 10e et 11e compagnies du *102e* régiment (*46e* brigade du XIIe corps).

(3) Un escadron (3e) du 12e chasseurs, deux du 5e lanciers.

(4) 1er et 2e du 5e lanciers et les 4e, 5e, 6e, du 12e chasseurs.

(5) D'après le capitaine de Lanouvelle, la division de cavalerie se serait fractionnée en deux tronçons dont l'un se rallia derrière la division de Lespart, l'autre se rendant à Beaufort. Cette version est également celle du *Journal* de marche du 5e corps, rédigé par le colonel Clémeur. D'après le général Brahaut (*Rapport* sur les marches et opérations de la division de cavalerie du 5e corps), il aurait conservé avec lui deux escadrons du 12e chasseurs et deux escadrons du 5e lanciers. L'*Historique* du 12e chasseurs dit, au contraire, qu'un seul escadron, le 3e, resta à Bois des Dames.

CHAPITRE VIII

L'armée de la Meuse dans la matinée du 29 août.

Les troupes auxquelles s'était heurtée inopinément la cavalerie du 5e corps appartenaient au XII° corps saxon.

Les informations reçues au quartier général de l'armée de la Meuse dans la journée du 28 tendaient à faire supposer un mouvement des Français, des environs de Beaumont et de Buzancy, vers l'Ouest. Désireux d'être mieux fixé sur ce point, le prince royal de Saxe avait donné, le 28 au soir, l'ordre à la division de la cavalerie de la Garde de se renseigner plus exactement sur les agissements de l'adversaire et surtout de battre le pays dans la direction du Chesne ; à la *12e* division de cavalerie, de suivre la précédente ; au commandant du corps de la Garde enfin, de pousser une avant-garde sur Rémonville, où elle devait prendre position le 29, à 7 heures du matin. Vers minuit, le prince royal de Saxe reçut le premier des deux ordres expédiés par le grand quartier général dans la soirée du 28 (1) et prescrivant de porter, le lendemain, l'armée de la Meuse sur le front Nouart-Buzancy. Il eut connaissance également des plus récentes informations recueillies, en contradiction avec l'hypothèse d'une retraite de l'armée française vers le Nord ou vers l'Ouest. Avant de se prononcer sur la direction définitive à donner à ses colonnes, le prince royal de Saxe prit d'abord le parti d'attendre le résultat des reconnaissances de cavalerie qu'il avait prescrites. Dans la nuit, il s'était décidé pourtant à marcher sur

---

(1) Voir *suprà*, p. 222.

Buzancy-Nouart, quand, vers 4 heures du matin, lui parvint le second ordre du grand quartier général. Il arrêta alors les dispositions suivantes :

« L'avant-garde que la Garde a portée à Rémonville, y restera pour servir d'appui aux reconnaissances que la cavalerie de ce corps doit exécuter sur Bar ; le gros du corps d'armée demeurera en position de garde-à-vous à Bantheville. Le XII⁰ corps se hâtera de passer la Meuse à Dun, et prendra position entre Cléry-le-Grand et Aincreville ; la *12⁰* division de cavalerie, couverte par une avant-garde jetée vers Villers-devant-Dun, éclairera dans la direction de Nouart. Comme il suffit de surveiller la Meuse, entre Dun et Stenay, la *48⁰* brigade pourra aussi rallier, le long de la rivière. Le IV⁰ corps viendra provisoirement jusqu'au Nord de Nantillois...... (1) »

A 8 heures du matin, les commandants de corps d'armée se réunirent sur la hauteur au Sud d'Aincreville pour recevoir des instructions plus détaillées du commandant en chef. Celui-ci fut mis au courant du résultat des reconnaissances de la cavalerie de la Garde : dans la matinée même, le 4⁰ escadron du 3⁰ régiment des uhlans avait franchi la ligne des avant-postes à Buzancy et poussé jusqu'au Nord de Bar et d'Harricourt sans trouver trace de l'ennemi. Le commandant du XII⁰ corps fit connaître que, pendant la nuit, les patrouilles du 2⁰ régiment de *Reiter* n'avaient pu s'avancer au delà de la forêt de Dieulet ; que la *12⁰* division de cavalerie avait reçu l'ordre de se porter de nouveau vers Nouart ; que l'avant-garde du XII⁰ corps était en marche, depuis 7 heures du matin de Doulcon sur Villers-devant-Dun, le gros se concentrant sur les points indiqués, où il serait rallié, vers midi seulement, par la *48⁰* brigade ; enfin,

---

(1) *Historique du Grand État-Major prussien*, 7ᵉ livraison, p. 966.

que trois escadrons du 2ᵉ régiment de *Reiter* avaient été laissés à Stenay où se trouvait aussi, depuis la veille, le 3ᵉ régiment de hussards.

Le commandant du IVᵉ corps rendit compte de l'arrivée de ses troupes au Nord de Nantillois.

Le prince royal de Saxe jugea alors « qu'il convenait d'abord de reprendre plus directement le contact, un peu affaibli en avant de l'aile gauche, et surtout de se renseigner exactement sur la véritable situation à Beaumont (1) ».

Sans doute, il devenait nécessaire, à cet effet, d'amener l'armée de la Meuse jusqu'à la route de Buzancy à Stenay mais, suivant l'*Historique du Grand État-Major prussien*, « cela ne pouvait contrarier les vues du grand quartier général, puisque, dans les circonstances présentes, on n'avait plus à craindre que ce mouvement provoquât une bataille prématurée (2) ». On a vu au contraire, précédemment, que cette éventualité contre laquelle le commandant de l'armée de la Meuse avait été mis en garde (3), pouvait se produire.

Quoi qu'il en soit, il fut décidé que la division de cavalerie de la Garde se porterait, par Boult-aux-Bois et Authe, vers Beaumont et la route de cette localité au Chesne ; que la 1ʳᵉ division d'infanterie de la Garde et l'artillerie de corps marcheraient de Banthoville sur Buzancy, où se dirigerait aussi la 2ᵉ division venant de Romagne. La division de cavalerie saxonne eut pour mission de gagner, par Nouart et Osches, la route du Chesne à Beaumont, L'avant-garde du XIIᵉ corps devait suivre dans la même direction, le gros marchant sur

---

(1) *Historique du Grand État-Major prussien*, 7ᵉ livraison, p. 967.
(2) *Ibid*, p. 967.
(3) Voir *suprà*, p. 223, ordre du grand quartier général, 11 heures du soir.

Nouárt. Enfin le IVe corps reçut l'ordre de se porter de Nantillois sur Rémonville et Bayonville.

Le prince royal de Saxe appelait l'attention sur ce point « que tous ces mouvements avaient simplement pour but de se renseigner sur la situation de l'adversaire, l'intention du commandant en chef étant de ne pas engager l'offensive avant le lendemain (1) ».

Ces dispositions arrêtées et notifiées au grand quartier général, le commandant de l'armée de la Meuse se rendit à Bayonville.

Dans le courant de la matinée, l'avant-garde de la 1re division d'infanterie de la Garde atteignit Bar. Elle y fut suivie de la division de cavalerie de la Garde qui poussa au delà, jusqu'au Nord d'Harricourt, où elle s'établit. Le gros de la 1re division entra à Buzancy vers midi et demi et fut suivi de l'artillerie de corps; la 2e division se dirigea, à partir de Bayonville, sur Sivry-lez-Buzancy, Thénorgues et Briquenay. Elle devait stationner près de ces deux dernières localités.

Les mesures prises par le prince royal de Saxe répondaient-elles à la situation et au but qu'il se proposait d'atteindre? Il est permis d'en douter. Dès l'instant où il voulait seulement se renseigner, le dispositif convenable eût consisté, semble-t-il, en un corps d'armée en première ligne et deux en deuxième ligne, au lieu de l'inverse. On peut être surpris également de voir le grand quartier général allemand demeurer si loin du front, au moment où les opérations vont entrer manifestement dans une période décisive. Pareil fait s'était déjà produit les 14 et 15 août, et le commandement suprême n'avait pas eu à se louer de cet éloignement excessif.

---

(1) *Historique du Grand État-Major prussien*, 7e livraison, p. 967.

CHAPITRE IX

Combat de Nouart.

§ 1er. — *Marche et déploiement de l'avant-garde du XIIe corps.*

En vertu des instructions verbales données par le prince royal de Saxe sur la hauteur d'Aincreville, le XIIe corps avait été mis définitivement en marche de Dun sur Nouart.

Son avant-garde composée de la *46e* brigade d'infanterie (*102e* et *103e* régiments), du *1er* régiment de *Reiter*, de la 1re batterie lourde et de la 1re batterie légère, d'un peloton de la 3e compagnie de pionniers, et placée sous les ordres du colonel von Seydlitz, avait quitté Doulcon à 7 heures du matin et était arrivée à Villers-devant-Dun à 8 heures.

La *12e* division de cavalerie, chargée d'éclairer, par Nouart et Osches, la route du Chesne à Beaumont, avait détaché le *3e* régiment de *Reiter* à l'Est de Barricourt. Mais, avant de se mettre en mouvement, elle attendait, à Andevanne, que l'avant-garde du XIIe corps eût occupé Nouart, car une patrouille du *3e* régiment de *Reiter* s'était heurtée, de très grand matin, au Nord de cette localité, à de l'infanterie ennemie. D'autre part, les patrouilles d'un escadron du *1er* régiment de *Reiter*, lancé sur Nouart, avaient été accueillies au delà par des coups de fusil, et constaté la présence de troupes françaises au Champy Haut. Le colonel von Seydlitz détacha alors sur sa droite, vers Montigny, le 2e escadron de ce régiment, en le chargeant de battre le pays vers le Nord, dans la direction de la Meuse. Les trois autres escadrons (1) contournèrent les bois de la Folie et se dirigèrent par Fossé sur Saint-Pierremont, où, s'étant heurtés au 7e corps, ils rétrogradèrent sur Buzancy.

Nouart une fois occupé par la 3e compagnie du *103e*, deux escadrons du *3e* régiment de *Reiter* se portèrent vers les hauteurs du Champy Haut et de Bois des Dames, mais une vigoureuse fusillade les obligea à revenir au Sud de Nouart.

Vers midi, l'avant-garde du XIIe corps s'était déployée sur la croupe qui s'étend entre Nouart et Tailly : en première ligne, les deux batteries encadrées et couvertes par le *102e*; en seconde ligne, le *103e*. Le gros du corps d'armée (2) s'approchait des hauteurs au Sud de Tailly. La *48e* brigade, venant de Stenay, atteignait les environs de Dun, tandis que trois escadrons du *2e* régiment de *Reiter* et le *3e* régiment de hussards observaient la ligne de la Meuse et poussaient leurs patrouilles sur Beaumont et Beauclair.

Le déploiement de l'avant-garde était terminé quand le colonel von Seydlitz aperçut le mouvement de la division de cavalerie du 5e corps. Le IIIe bataillon du *102e* reçut l'ordre d'appuyer de Nouart vers le bois de Nouart : les 10e et 11e compagnies se déployèrent sur la croupe découverte située à l'Est du village, à peu près à hauteur du moulin de Nouart; les 9e et 12e suivant en demi-bataillon. Les deux batteries prirent position au même point et le feu fut ouvert simultanément par l'infanterie et l'artillerie saxonnes au moment où les tirailleurs du 12e régiment de chasseurs français, précédant la division Brahaut, apparurent sur la crête des hauteurs, près de la corne Sud-Ouest du bois de Nouart. Les chasseurs redescendirent les pentes et toute la division Brahaut

---

(1) L'escadron envoyé sur Nouart avait été rappelé.
(2) *45e* et *47e* brigades avec l'artillerie de corps.

disparut vers le Nord-Est, le long de la route de Stenay. Les deux batteries saxonnes firent alors un changement de front et prirent pour objectif la tête de colonne de la division de Lespart qui suivait la route de Bois des Dames au Champy Haut (1).

§ 2. — *Dispositions prises par le commandant du 5ᵉ corps.*

A la division de Lespart, la 2ᵉ brigade (de Fontanges) marchait en tête, le 17ᵉ de ligne à l'avant-garde, puis venaient l'artillerie et la 1ʳᵉ brigade (Abbatucci). Au moment où l'infanterie et l'artillerie saxonnes ouvrirent le feu, les premières fractions de la colonne avaient déjà dépassé le Champy Haut. Le général de Fontanges, apercevant le mouvement de retraite de la cavalerie, prescrivit au Iᵉʳ bataillon du 17ᵉ de prendre position à la sortie du hameau dans un chemin creux bordant une prairie, afin d'arrêter l'ennemi dans la poursuite qu'il aurait pu tenter. Le chef de ce bataillon, commandant de Gourville, détacha aussitôt la 4ᵉ compagnie sur le mamelon boisé situé à l'Est du Champy Haut, avec mission d'observer les débouchés du bois de Nouart. Le IIᵉ bataillon du 17ᵉ, qui se trouvait dans ce hameau, en garnit les lisières et les jardins ; le IIIᵉ se rassembla à proximité. Sous la protection de cette infanterie, le général Brahaut rallia le 3ᵉ escadron du 12ᵉ chasseurs et une partie du 5ᵉ lanciers (2).

Pendant ce temps, le général de Failly s'occupait personnellement du 68ᵉ de ligne (3), deuxième régiment de la brigade de Fontanges. Le IIᵉ bataillon s'établit en bataille à 1000 mètres environ au Nord de Nouart et

---

(1) *Historique du Grand État-Major prussien*, 7ᵉ livraison, p. 972-973.
(2) Voir *suprà*, p. 237.
(3) Le Iᵉʳ bataillon, qui avait été aux avant-postes, venait de rejoindre.

déploya en tirailleurs une compagnie en avant de son front. Le IIIe bataillon, prenant la route de la ferme de la Fontaine au Croncq à Nouart, vint occuper les pentes orientales de la crête boisée au Nord-Est de la cote 279; le Ier reçut d'abord l'ordre de se porter en seconde ligne derrière le IIe, et, avant d'y arriver, fut dirigé sur la croupe au Nord-Est de la ferme de la Fontaine au Croncq.

Une des batteries de l'artillerie divisionnaire (11e du 2e) prit position au Nord du Champy Haut entre la sortie Nord du hameau et la cote 280; les deux autres (9e à balles et 12e du 2e), près de l'intersection des routes qui, venant du Champy Haut et de la ferme de la Fontaine au Croncq, se dirigent sur Nouart. Ces deux dernières batteries se trouvaient ainsi un peu en arrière de l'intervalle entre les IIe et IIIe bataillons du 68e de ligne. Toutes trois ouvrirent immédiatement le feu; la 11e du 2e sur l'artillerie, les deux autres sur l'infanterie adverses.

La brigade Abbatucci, remontant le vallon situé à l'Oeust de la ferme de la Fontaine au Croncq, se rassembla d'abord à l'Est des Fontaines de Puiseux. Ce mouvement n'avait pas échappé à l'artillerie saxonne qui prit la colonne pour objectif, et le tir exécuté « avec une précision remarquable », eût fait beaucoup de mal si les projectiles n'étaient venus tomber sur un terrain détrempé (1). Le 27e se forma en bataille, son IIIe bataillon appuyant sa droite au chemin de Fossé à Nouart, les IIe et Ier à sa gauche. Le Ier bataillon du 30e se déploya à gauche du 27e, en garnissant la corne d'un petit bois, le IIe, formant échelon en arrière et à gauche, vint border la lisière des bois; le IIIe se plaça en réserve derrière le IIIe du 68e. Le 19e bataillon de chasseurs fut désigné comme soutien des deux batteries divisionnaires établies

---

(1) *Historique* manuscrit du 30e de ligne.

au Nord de Nouart ; trois de ses compagnies allèrent, un peu plus tard, renforcer la droite du III⁰ bataillon du 27ᵉ (1).

Tandis que la 3ᵉ division prenait ces emplacements, le général de Failly prescrivait à son autre colonne, précédemment dirigée sur Beaufort, de revenir rapidement sur ses pas pour « prendre position à Bois des Dames (2) ». La division Goze, la réserve d'artillerie et du génie, déjà engagées dans le bois de Belval quand cet ordre leur parvint, firent immédiatement demi-tour et revinrent sur leurs pas. La division de L'Abadie, au contraire, qui se disposait seulement à rompre de Belval à la suite de la réserve du génie, se dirigea sur la ferme Harbeaumont par un chemin dont la raideur des pentes exigea quelques travaux d'aménagement de la part de la compagnie du génie divisionnaire (3).

Enfin le général de Failly envoya un officier de son état-major au grand quartier général de l'armée, à Stonne, pour rendre compte au Maréchal des événements et lui demander de nouvelles instructions pour le cas où il ne serait pas possible au 5ᵉ corps de déboucher sur Stenay (2).

§ 3. — *Développement du combat.*

La nature couverte et accidentée de la région ne permettant pas de se rendre compte de l'importance des forces françaises, l'avant-garde du XIIᵉ corps reçut l'ordre,

---

(1) *Rapport* du général Abbatucci. Ce rapport n'est pas plus détaillé en ce qui concerne ces trois compagnies, et l'*Historique* du corps ne permet pas de préciser ni leurs numéros, ni le moment où elles furent envoyées à l'extrême-droite. Il en est de même du *Rapport* du capitaine commandant le bataillon.

(2) *Journal* de marche du 5ᵉ corps, rédigé par le colonel Clémeur.

(3) *Journal* de marche de la 2ᵉ division du 5ᵉ corps.

peu de temps après midi, « de se porter offensivement sur le Champy Haut, tout en conservant les hauteurs de Nouart, afin d'amener les Français à se déployer (1) ».

En conséquence, vers 1 heure, les IIe et IIIe bataillons du *103e* se mettent en mouvement. Ils descendent des hauteurs à l'Est de Nouart et traversent, sous le feu de la batterie de canons à balles de la division de Lespart, et non sans difficulté, le vallon marécageux de la Wiseppe, au moulin situé au Nord-Est de Nouart (2). Le IIe marche sur le Champy Haut, le IIIe à gauche, sur le mamelon boisé le plus rapproché de Nouart, au Nord.

L'attaque est préparée par les deux batteries de l'avant-garde, renforcées, un peu plus tard, par la IIe batterie.

Les 11e et 12e compagnies du *103e* gagnent la lisière Nord du petit bois qui couronne le mamelon dont il a été question ; la 10e s'établit sur la croupe découverte qui s'allonge à l'Est, se reliant ainsi au IIe bataillon. La fusillade s'engage entre elles et les tirailleurs du IIe bataillon du 68e qui rétrogradent lentement. La 9e compagnie reste en réserve.

Les 10e, 11e et 12e compagnies du *103e* tentent de progresser et d'atteindre la crête du plateau, mais elles se trouvent bientôt arrêtées par les feux convergents des IIe et IIIe bataillons du 68e de ligne et subissent des pertes assez fortes parmi lesquelles les trois capitaines. Sur ce point le combat restera stationnaire jusqu'à la fin.

---

(1) *Historique du Grand État-Major prussien*, 7e livraison, p. 974.

(2) « Il fut facile, dit le lieutenant Cohadon, de cette batterie, d'observer les effets du tir, l'ennemi défilant sur des pentes découvertes, entièrement exposées aux vues. Il se produisit d'abord une grande agitation dans la colonne, puis un éparpillement général dans tous les sens. Bientôt tout disparut dans les bois » (*Historique* manuscrit du 2e régiment d'artillerie).

En arrivant sur la croupe au Nord-Est de la ferme de la Fontaine au Croncq (1) le Ier bataillon du 68e y fut assailli « par une grêle d'obus (2) ». Le général de Failly, jugeant qu'il disposait de forces suffisantes sur ce point, le fit redescendre dans le vallon entre la ferme et Bois des Dames et le renvoya ensuite à la position qui lui avait été primitivement assignée, derrière le IIe bataillon du 68e.

Aux environs des Champy, l'action prenait une tournure un peu plus sérieuse.

A la droite du IIIe bataillon du *103e*, le IIe du même régiment s'était dirigé sur un bois de bouleaux situé à 400 mètres environ au Nord-Ouest de la croisée de la route de Stenay avec le chemin venant du Champy Bas. Apercevant ce mouvement, le commandant de Gourville, chef du Ier bataillon du 17e de ligne, envoie sur le même point sa 1re compagnie. Elle s'y porte au pas de course, pénètre dans le bois en même temps que les Saxons et engage avec eux une lutte sanglante au cours de laquelle le capitaine Morlot de Wengi est atteint de trois coups de feu, le sous-lieutenant Le Couëdic, blessé deux fois. Les Français, très inférieurs en nombre, sont obligés de rétrograder et d'évacuer le bois complètement.

Pour dégager la 1re compagnie, le commandant de Gourville envoya la 2e à 400 mètres en avant et un peu sur la droite; elle s'établit derrière un rideau d'arbres et un petit mur, et ouvrit un feu nourri. Son chef, le capitaine Vallet, fut blessé. Les trois compagnies restantes du bataillon (3e, 5e et 6e) sortirent également du chemin creux où elles étaient restées abritées jusqu'alors, et se portèrent jusqu'au chemin de terre qui, du Champy Haut, se dirige vers le Nord-Est. De là elles exécutèrent, à

---

1) Voir *suprà*, p. 245.
(2) *Historique* du 68e de ligne.

600 mètres, d'abord des feux de peloton, puis le feu à volonté, abritées partie en arrière d'une haie, partie en arrière d'un ressaut de terrain. L'ennemi riposta énergiquement ; néanmoins les hommes furent admirables de sang-froid, tirant avec calme, obéissant et s'arrêtant pour écouter les conseils de leurs officiers (1). Parmi ceux-ci, le capitaine Lagant fut tué, le sous-lieutenant Girard légèrement atteint à l'épaule.

Le mouvement de ces trois compagnies avait fait craindre à l'ennemi d'être débordé sur sa droite (2). La 9ᵉ compagnie du *103ᵉ*, jusqu'alors conservée en réserve, fut appelée à son tour et, soutenue par un peloton de la 5ᵉ, pénétra dans la partie orientale du bois de bouleaux.

Les IIᵉ et IIIᵉ bataillons du 17ᵉ de ligne qui se trouvaient au Champy Haut et aux abords du hameau, n'appuyèrent point le Iᵉʳ dans la phase du combat qui vient d'être relatée. Le IIᵉ ne pouvant faire aucun mouvement offensif à travers les murs, les haies et les obstacles locaux et constatant d'ailleurs que l'adversaire ne continuait pas l'attaque, sortit du hameau et vint s'établir dans un chemin creux situé sur les pentes qui le dominent immédiatement. Mais il y fut bientôt en butte aux feux de l'artillerie et obligé de se porter plus au Nord sur la crête, où il se déploya ainsi que le IIIᵉ bataillon (3).

Pendant ce temps, sur l'ordre du colonel commandant l'avant-garde du XIIᵉ corps, le Iᵉʳ bataillon du *103ᵉ* (4) avait franchi également la Wiseppe au moulin situé au Nord-Est de Nouart. Après s'être avancé quelque temps le long de la route de Stenay, il appuyait à gauche

---

(1) *Rapport* du colonel Weissenburger, du 17ᵉ de ligne.
(2) *Historique du Grand État-Major prussien*, 7ᵉ livraison, p. 975.
(3) *Rapport* du colonel Weissenburger.
(4) Moins la 3ᵉ compagnie qui occupait Nouart.

et venait renforcer, dans le bois de bouleaux, les unités qui s'y trouvaient déjà (1). Les Saxons ne prononçaient pas, du reste, leur offensive au delà et le combat se transformait en une fusillade de pied ferme.

Vers 2 h. 30, le feu de l'ennemi ayant diminué d'intensité, et les cartouches commençant à manquer au Ier bataillon du 17e, le commandant de Gourville prit le parti de faire rentrer toutes ses compagnies dans le chemin creux où elles s'étaient abritées au début de l'action (2). Un peloton de la 2e compagnie du *103*e vint occuper alors le mamelon boisé situé à l'Est du Champy Haut et ouvrit le feu dans le flanc des tirailleurs français qui garnissaient la lisière Sud-Est de ce hameau (3).

Sur ces entrefaites, la réserve d'artillerie du 5e corps, engagée déjà derrière la division Goze sur le chemin de Beaufort à travers le bois de Belval, et arrivée au Sud de l'étang Champy, avait été rappelée également, par le général de Failly. Les quatre batteries de 4 (4) devaient précéder l'infanterie de cette division, les deux batteries de 12 (5), au contraire, reçurent l'ordre de la suivre. En conséquence, les batteries de 4 s'étaient hâtées de faire demi-tour et, après avoir gravi « un chemin étroit, rocailleux et très raide (6) » où il leur fallut doubler les attelages, elles avaient débouché sur le plateau au Nord-Est de Bois des Dames. Elles s'étaient établies sur un même front au Nord-Ouest de la cote 280, à 200 mètres environ de la lisière des bois et avaient ouvert le feu immédiatement sur les batteries ennemies. Celles-

---

(1) *Historique du Grand État-Major prussien*, 7e livraison, p. 975.
(2) Rapport du colonel Weissenburger.
(3) *Historique du Grand État-Major prussien*, 7e livraison, p. 975.
(4) 6e et 10e du 2e ; 5e et 6e (Ch.) du 20e. Une section de la 5e batterie du 20e était avec la cavalerie à Beaufort.
(5) 11e du 10e, 11e du 14e.
(6) *Journal* de marche de la réserve d'artillerie du 5e corps.

ci ripostèrent et on ne tarda pas, dit le rapport d'un des chefs d'escadron, « à constater la grande supériorité de leur tir sur le nôtre ; tandis que les projectiles arrivaient au milieu de nous avec une précision presque mathématique, les nôtres ne pouvaient l'atteindre et on remarqua même que plusieurs éclataient prématurément (1) ». Les pertes eussent été sensibles, sans doute, si le plus grand nombre des obus saxons ne s'étaient enterrés dans le sol détrempé.

La 6ᵉ batterie du 20ᵉ ayant eu quelques chevaux atteints, fit un mouvement en avant, à bras, d'environ 100 mètres dont l'ennemi ne s'aperçut pas et qui suffit à la garantir de son feu. Un peu plus tard elle exécuta, ainsi que la 5ᵉ du 20ᵉ, un nouveau bond plus considérable d'environ 400 mètres, pour battre à bonne portée, la lisière du bois de bouleaux (2).

§ 4. — *Mouvement rétrograde de la division de Lespart.*

Constatant le mouvement de recul du 17ᵉ de ligne, dû à l'obligation de se soustraire aux effets de l'artillerie ennemie, le général de Failly résolut de replier toute la division de Lespart afin « d'occuper des positions plus sûres (3) » vers Bois des Dames (4).

La division de L'Abadie, arrivée à la ferme Harbeau-

---

(1) *Rapport* du chef d'escadron Cailloux, commandant les 6ᵉ et 10ᵉ batteries du 2ᵉ ; *Historique* du 20ᵉ d'artillerie.
(2) Renseignements fournis à la Section historique, le 8 novembre 1903, par M. le général Macé ; *Historique* du 20ᵉ d'artillerie. Ces deux batteries à cheval sont représentées sur cette nouvelle position.
(3) *Rapport* du général Abbatucci.
(4) Cette localité est qualifiée de « clé du pays » dans le *Journal* de marche du 5ᵉ corps.

mont, fut chargée de relever la brigade de Fontanges qui reçut elle-même l'ordre de se rallier au Nord de Bois des Dames. L'artillerie de cette division (5ᵉ et 8ᵉ batteries du 2ᵉ) (1), s'établit vers la cote 280, à l'Est de Bois des Dames. Elle n'entra point en lutte d'ailleurs avec l'artillerie adverse trop éloignée et se borna à envoyer « quelques volées de coups de canon contre des masses d'infanterie ennemie qui faisaient quelques mouvements dans la plaine (2) ».

Le 88ᵉ de ligne se fractionna en deux groupes : le IIᵉ bataillon se porta au Champy Bas et remplaça le Iᵉʳ du 17ᵉ; les deux autres se formèrent en bataille, au Sud de la cote 280, le IIIᵉ à droite des batteries de la 2ᵉ division, le Iᵉʳ derrière celles-ci. Les IIᵉ et Iᵉʳ bataillons du 49ᵉ (3) se déployèrent plus au Nord, à hauteur et à l'Est de la ferme Harbeaumont, le Iᵉʳ détachant un peu plus tard ses trois compagnies de gauche sur la crête 286 qui borde à l'Est le vallon du Champy Bas.

Le 14ᵉ bataillon de chasseurs, l'escadron divisionnaire du 5ᵉ hussards et la compagnie du génie restèrent en réserve un peu en arrière de la ferme Harbeaumont (4).

La brigade de Fontanges ne fut complètement ralliée, au Nord de Bois des Dames, que vers 5 heures du soir, par l'arrivée du Iᵉʳ bataillon du 17ᵉ venant du Champy. De leur côté, la brigade Abbatucci et les deux batteries de la 3ᵉ division, qui se trouvaient au Nord-Ouest de Nouart, se replièrent dans la direction générale du Nord-

---

(1) La troisième batterie de cette division (7ᵉ du 2ᵉ) était à Metz.
(2) « On eut le regret de constater, dans ce tir, qu'une grande partie de nos projectiles éclataient au milieu de leur course, bien qu'on eût soin de ne pas déboucher le petit canal de la fusée » (*Rapport* du lieutenant-colonel commandant l'artillerie de la 2ᵉ division).
(3) Le IIIᵉ bataillon escortait le convoi.
(4) *Journal* de marche de la 2ᵉ division.

Ouest et prirent, vers 4 heures, une nouvelle position à la côte Jean, s'étendant à droite jusqu'à la ferme des Tyrônes.

La division Goze avait suivi le mouvement des batteries de 4 de la réserve d'artillerie. Elle passa par la ferme Harbeaumont et vint s'établir sur la crête située entre le vallon de Bois des Dames et celui du château de Belval, au Nord de la ferme de Bellevue. Elle constituait ainsi la réserve du corps d'armée, mais fut bientôt fractionnée.

Vers 4 heures, en effet, le général de Failly s'aperçut que la cavalerie ennemie cherchait « à le tourner sur sa droite pour se diriger, par Nouart et Fossé, sur Sommauthe (1) ». La conservation de cette dernière localité lui étant utile « pour rester en communication avec Stonne et l'armée (2) », il fit prendre position, en arrière de sa droite et face à l'Ouest, sur un mamelon qui dominait toute la contrée (3), à la brigade Nicolas de la division Goze, renforcée de trois compagnies du 4e bataillon de chasseurs et de la 5e batterie du 6e. Ces dispositions eurent pour effet d'éloigner la cavalerie ennemie, qui disparut définitivement.

Suivant la division Goze, les deux batteries de 12 de la réserve d'artillerie (11e du 10e, 11e du 14e) avaient débouché à leur tour sur le plateau au Nord-Est de Bois des Dames. Mais la 11e du 14e seule entra en action à côté des batteries de 4, puis, un peu plus tard, sur une position plus avancée, au Nord-Est de la ferme Bron-

---

(1) *Journal* de marche du 5e corps, rédigé par le colonel Clémeur. C'était la *12e* division de cavalerie (Voir p. 257).

(2) *Ibid.*

(3) C'est ainsi que le *Journal* de marche de la 2e division désigne cette position, qui n'est pas autrement définie dans les documents de la journée. Peut-être s'agit-il de la croupe cotée 308, à l'Ouest du château de Belval, peut-être aussi de la ferme Bellevue.

veaux peut-être (1), d'où elle tira, à une distance de 3,000 mètres, sur des colonnes d'infanterie ennemie qui sortaient des bois de Nouart. L'autre batterie de 12, la 11ᵉ du 10ᵉ, arriva quand déjà le colonel de Fénelon, considérant la distance comme trop grande et jugeant que le tir n'avait d'autre résultat qu'une consommation inutile de munitions, avait fait cesser le feu (2).

§ 5. — *L'avant-garde du XIIe corps rompt le combat.*

L'entrée en ligne de la réserve d'artillerie du 5ᵉ corps, jointe au relèvement de la brigade de Fontanges par la brigade de Maussion fit penser au prince Georges de Saxe que les Français allaient prendre l'offensive (3). Il prescrivit en conséquence au *102ᵉ* de se tenir prêt à recueillir les troupes engagées, de concert avec l'artillerie, qui venait d'être renforcée par une nouvelle batterie, la IV· lourde de la *24ᵉ* division, établie au Sud-Est de Nouart.

Le IIIᵉ bataillon du *102ᵉ* qui se trouvait au col situé à 1200 mètres environ au Nord-Ouest de Tailly se porta donc vers la grande route, à l'Ouest du bois de Nouart. Mais lorsqu'il l'atteignit, « la courte démonstration offensive des Français avait déjà pris fin (4) » et l'aile droite du *103ᵉ* se disposait à marcher sur les Champy. Toutefois l'intention du commandant du XIIᵉ corps n'était pas de poursuivre l'attaque, car il considérait

---

(1) Les documents ne permettent pas de la définir. Le *Rapport* dit : « sur une pointe avancée ».

(2) *Rapports* du chef d'escadron Cailloux et du capitaine Deshautschamps.

(3) *Historique du Grand État-Major prussien*, 7ᵉ livraison, p. 975. Le prince Georges de Saxe commandait le XIIᵉ corps ; le prince royal de Saxe, l'armée de la Meuse.

(4) *Historique du Grand État-Major prussien*, 7ᵉ livraison, p. 975.

que le but de la reconnaissance était atteint. Il évaluait les forces adverses à une division, pour le moins, avec cinq batteries, une ou deux batteries de mitrailleuses et deux régiments de cavalerie (1). Sans doute, le gros du XIIe corps était assez rapproché alors pour pouvoir soutenir son avant-garde, mais « c'eût été donner à l'affaire un développement considérable, et on n'ignorait pas que telles n'étaient pas les vues du grand quartier général pour ce jour-là (2) ». D'ailleurs, l'attention du prince Georges de Saxe était appelée vers la droite par un rapport qui lui parvenait à ce moment même.

Le commandant de l'escadron envoyé dans la matinée vers Montigny (3), mandait en effet que les Français avaient occupé Halles et Beauclair, et que des forces ennemies assez considérables étaient en mouvement vers l'Est dans les environs de ces deux localités. On ne recevait point, d'autre part, de renseignements de Laneuville-sur-Meuse et on en concluait que les communications étaient coupées dans cette direction. Dans ces conditions, inquiet de ce qui se passait entre Nouart et Stenay, le prince Georges de Saxe adressait, à 3 heures de l'après-midi, à l'avant-garde, l'ordre de cesser le combat et de regagner les hauteurs entre Nouart et Tailly (4). A 4 heures, les troupes se conformaient à ces prescriptions.

Sur ces entrefaites le gros du XIIe corps avait serré sur son avant-garde. La *45e* brigade s'était rassemblée à 800 mètres environ à l'Est de Barricourt, derrière un petit bois ; le IIIe bataillon du *108e* occupant le village même, au Sud-Est duquel se trouvait la *12e* division de

---

(1) *Rapport* du prince Georges de Saxe, daté du 29 août, 7 h. 30 du soir (*Historique du Grand État-Major prussien*, 7e livraison, p. 242*).
(2) *Historique du Grand État-Major prussien*, 7e livraison, p. 976.
(3) 2e du *1er* régiment de *Reiter*.
(4) *Historique du Grand État-Major prussien*, 7e livraison, p. 976.

cavalerie. La *47e* brigade et l'artillerie de corps étaient massées au Sud de Tailly, la *48e* brigade au Sud de Villers-devant-Dun.

Dans le but d'être fixé sur la situation du côté de la Meuse, le prince Georges de Saxe prescrivit à la *45e* brigade, renforcée par deux escadrons du *3e* régiment de *Reiter* et « quelques batteries (1) » de la *23e* division, de s'avancer par Tailly sur Beauclair. Deux bataillons du *108e* occupèrent les abords du ruisseau de Tailly et le saillant Nord-Est du bois de Nouart ; deux bataillons du *100e* bordèrent la lisière orientale du bois de Tailly, d'où, un peu après 4 heures, ils envoyèrent, par Halles, une compagnie en reconnaissance sur Beaufort (2).

Cependant de nouveaux renseignements de la cavalerie signalèrent la présence, à Beaufort et à Beauclair, de 'roupes assez nombreuses avec de l'artillerie (3). Cette nouvelle détermina le commandant du XIIe corps à ordonner, vers 5 heures, un mouvement général de la *45e* brigade dans cette direction. Les bataillons du *108e* et du *100e* déjà déployés se portèrent donc sur Halles et Beauclair, le *101e* se dirigea sur Montigny (4). La *47e* brigade vint remplacer la *45e* à l'Est de Barricourt.

Plus tard, le prince Georges de Saxe apprit que « tout le pays était libre depuis Montigny jusqu'à Beaufort (5) » et il fit parvenir à toutes les troupes envoyées sur la droite l'ordre de rallier le gros du XIIe corps à Tailly.

---

(1) C'est l'expression même de l'*Historique du Grand État-Major prussien*, 7e livraison, p. 977.

(2) *Historique du Grand État-Major prussien*, 7e livraison, p. 977.

(3) C'était, on le sait, une partie de la division Brahaut avec une section d'artillerie.

(4) La *45e* brigade comprenait les *100e*, *101e*, *108e*, à trois bataillons chacun.

(5) *Historique du Grand État-Major prussien*, 7e livraison, p. 977.

Vers 4 heures, la *12ᵉ* division de cavalerie fut chargée de déborder la droite des forces françaises et de pousser ses investigations sur Beaumont. Le *102ᵉ* devait lui servir de repli et occuper à cet effet les positions précédemment tenues par le *103ᵉ* sur les hauteurs entre Nouart et les Champy. Cette reconnaissance ne put aboutir en raison des difficultés que rencontra la division. Le *17ᵉ* régiment de uhlans se heurta à des tirailleurs français de la brigade Abbatucci embusqués dans des fourrés à l'Est et à l'Ouest de la côte Jean. Il constata également la présence de troupes nombreuses aux abords de la ferme des Tyrônes. Le régiment de cavalerie de la Garde trouva des fractions d'infanterie de la même brigade non loin de Fossé. Le gros de la division reçut des coups de canon au Nord-Ouest de Nouart. Quelques escadrons parvinrent à s'approcher davantage des positions françaises et aperçurent des forces considérables aux environs de Belval (1) et de Saint-Pierremont (2).

Dans la soirée du 29 août, le XIIᵉ corps bivouaqué entre Tailly et Barricourt, s'entourait d'un vaste réseau d'avant-postes, commençant à Montigny pour s'étendre, par Beaufort, jusqu'entre Nouart et les Champy, et fourni par le *102ᵉ*, le *108ᵉ*, le *17ᵉ* uhlans et quelques autres escadrons. La *12ᵉ* division de cavalerie s'établissait aux Tuileries, au Sud de Tailly ; la *48ᵉ* brigade restait à Villers-devant-Dun. Vers le soir, la communication fut rétablie avec le régiment des hussards de Ziethen et les trois escadrons du *2ᵉ* régiment de *Reiter* demeurés à Stenay. Les patrouilles de ce dernier, lancées de Laneuville sur Beaumont, arrivaient dans la soirée jusqu'aux premières maisons de cette localité et découvraient un

---

(1) Brigade Nicolas de la division Goze.
(2) 7ᵉ corps. — *Historique du Grand État-Major prussien*, VII, 978.

camp français établi au delà. D'autres partis, envoyés de Stenay vers le Nord, sur la rive droite de la Meuse, se heurtaient vers Inor aux postes de la division Margueritte (1).

Les pertes du XII° corps, portant presque exclusivement sur le *103°*, s'élevaient à 13 officiers et 356 hommes. Le 5° corps avais perdu 1 officier tué, 8 blessés et environ 250 hommes de troupe (2).

§ 6. — *Le 5° corps se porte à Beaumont.*

Entre 1 heure et 1 h. 15 de l'après-midi, le capitaine de Lanouvelle, envoyé dans la matinée auprès du général Douay pour solliciter son appui, revint à Bois des Dames. Il prévint le général de Failly qu'il ne fallait pas compter sur l'appui du 7° corps et lui remit la copie de l'ordre du Maréchal indiquant le point que chaque corps d'armée devait atteindre le 29 août. Beaumont était l'objectif de marche assigné au 5° corps (3). En même temps, le capitaine de Lanouvelle fit ressortir la nécessité d'occuper immédiatement la hauteur de Sommauthe (4). Il fallut donc se remettre en marche malgré les fatigues de la journée et celles de la nuit précédente, et sans que les troupes eussent pu préparer leur nourriture.

Toutefois, le général de Failly, pensant, d'après les renseignements recueillis depuis plusieurs jours, qu'il

---

(1) *Historique du Grand État-Major prussien*, 7° livraison, p. 978-979.

(2) A lui seul, le 17° de ligne avait 7 officiers et 118 hommes de troupe hors de combat.

(3) Voir page 233.

(4) Renseignements adressés à la Section historique, le 12 mars 1906, par M. le général de Lanouvelle.

avait devant lui des forces considérables, ne voulut pas quitter de suite une position très forte et risquer d'être poursuivi dans des conditions désavantageuses. Il prit donc le parti de contenir l'ennemi jusqu'à la nuit et de « dérober » alors son mouvement (1). Il prescrivit de continuer une lente canonnade et recommanda d'allumer de grands feux à la tombée de la nuit, comme si les troupes devaient camper sur leurs positions.

Seule, la cavalerie prit les devants vers 3 h. 30 (2). Le général Brahaut conduisit les deux escadrons du 12e chasseurs et les deux escadrons du 5e lanciers qu'il avait sous la main de Bois des Dames à Beaumont, par Vaux-en-Dieulet et Sommauthe. Le général de Bernis, avec le reste de la division, évacua de même Beaufort, revint à Bois des Dames et suivit ensuite le même itinéraire. Toute la division de cavalerie se trouva réunie à Beaumont entre 9 heures et 11 heures du soir (3). Le général Besson, chef d'état-major général, s'y était rendu également pour reconnaître les camps, mais il arriva trop tard, à 1 heure du matin seulement.

L'infanterie et l'artillerie du corps d'armée commencèrent leur mouvement à 7 heures sous la protection de la brigade Nicolas (2e de la 1re division) à droite et de la division de L'Abadie à gauche, celle-ci devant rester la dernière en position et former l'arrière-garde. Les troupes prirent deux itinéraires jusqu'à la Forge : par la ferme Harbeaumont et la ferme des Pêches d'une part;

---

(1) *Journal* de marche du 5e corps, rédigé par le colonel Clémeur.
(2) *Journal* de marche de la division de cavalerie du 5e corps.
(3) L'heure d'arrivée de la division de cavalerie varie, suivant les documents, de 9 heures (*Journal* de marche de la 1re brigade) à 11 heures (*Journal* de marche du 5e corps, rédigé par le colonel Clémeur). Le *Journal* de marche du capitaine de Piépape donne une autre version : « La division de cavalerie, qui devait protéger la retraite, fit fausse route et resta dans l'impuissance et l'inaction à Sommauthe. »

par un chemin forestier à l'Ouest du Grand Étang d'autre part. La brigade Saurin (1re de la 1re division) prit la tête de la colonne de l'Ouest, encadrant les ambulances et les bagages; puis vinrent : la division de Lespart; la réserve d'artillerie, moins les 6e et 10e batteries du 2e provisoirement adjointes à la 2e division; la réserve du génie; la brigade Nicolas, celle-ci suivie de la 2e division dont les derniers éléments ne purent partir qu'à minuit.

Un grand encombrement se produisit à la Forge où les deux itinéraires se réunissaient. La nuit était très obscure; et, à partir de là, le chemin étroit et difficile.

La colonne unique n'avance qu'avec une extrême lenteur. Les troupes, épuisées par les marches précédentes et le combat du 28, privées depuis plusieurs jours de distributions régulières, « tombent de fatigue et de sommeil (1) ». Un grand nombre d'hommes s'affaissent en marchant et se couchent en travers du chemin, contribuant ainsi à augmenter l'allongement. Des à-coups, des arrêts qui durent parfois une demi-heure se produisent constamment.

Cette marche si pénible dura six à sept heures pour parcourir une distance de 12 kilomètres à peine. La tête de colonne n'atteignit Beaumont que vers minuit; la division de L'Abadie n'arriva à son campement qu'après 5 heures; son dernier élément, le 14e bataillon de chasseurs à pied, à 7 heures du matin seulement (2). La route était semée de nombreux retardataires. « Les forces de tout le monde étaient à bout......, un état d'engourdissement général s'était emparé du corps d'ar-

---

(1) *Journal* de marche du 5e corps, rédigé par le capitaine de Piépape.

(2) *Notes* adressées à la Section historique par M. le général Edon, le 10 janvier 1901.

mée (1). » Le découragement et la démoralisation étaient extrêmes.

Les troupes, entassées les unes sur les autres, campèrent comme elles purent, sans ordre, là où le hasard les avait arrêtées, et attendirent le jour avec la préoccupation de leur repos plus que de leur sécurité compromise.

Néanmoins quelques grand'gardes très rapprochées des camps furent établies; mais toute la cavalerie était au milieu de l'infanterie, sans qu'une patrouille fût restée au contact de l'adversaire qu'on savait en forces à courte distance. C'est dans cette situation tactique déplorable et dans ces conditions de dépression physique et morale que nos troupes vont être surprises.

---

(1) *Journal* de marche du 5ᵉ corps, rédigé par le colonel Clémeur.

CHAPITRE X

Les armées allemandes pendant le combat de Nouart.

A la gauche du XII° corps, la Garde avait conservé, d'une manière générale, les emplacements qu'elle avait pris vers midi à Buzancy et au Sud (1). En entendant le bruit du canon vers Nouart, le prince de Würtemberg hésita, soit à se porter dans cette direction, soit à attaquer le 7° corps dont le 2° régiment de uhlans lui avait signalé les colonnes à Boult-aux-Bois et entre cette localité et Autruche, c'est-à-dire à 4 kilomètres à peine des troupes les plus avancées de la 1re division. Il prit le parti, à 1 h. 45, d'en référer au commandant de l'armée de la Meuse, en joignant à sa demande les rapports qu'il avait reçus et en faisant ressortir qu'une opération offensive contre le 7° corps « se trouverait, il est vrai, dans de mauvaises conditions, » mais qu'un mouvement sur Nouart aurait l'inconvénient « de découvrir la croisée de routes de Buzancy (2). »

A 2 h. 30, le prince royal de Saxe lui répondit qu'il s'agissait simplement, pour la journée, de tenir les positions de Bar et de Buzancy; qu'il n'y avait pas lieu de faire participer la Garde au combat de Nouart, à moins qu'il ne prît une plus grande extension; que la cavalerie n'avait d'autre mission que de ne pas perdre le contact avec l'adversaire s'il venait à se replier.

Dans ces conditions, le prince de Würtemberg mit en

---

(1) Voir p. 241.
(2) *Historique du Grand État-Major prussien*, 7° livraison, p. 969.

marche d'abord le régiment des hussards de la Garde, puis la 1re brigade de cavalerie, afin de se relier aux unités du XII° corps engagées vers Nouart. Mais ces forces furent arrêtées par des troupes françaises « considérables » qui les empêchèrent de dépasser Fossé; un escadron du régiment des Gardes du Corps, envoyé sur la gauche, se heurtait de même à de l'infanterie ennemie au Sud-Ouest de Vaux-en-Dieulet.

Dans la soirée, la cavalerie de la Garde et l'avant-garde de la 1re division d'infanterie bivouaquaient à Harricourt; le gros de cette division, à Bar et à Buzancy; la 2e division, à Thénorgues et Briquenay; l'artillerie de corps, à Sivry-lez-Buzancy. Deux escadrons du 1er uhlans de la Garde avaient suivi les colonnes du 7° corps et mandaient, de Saint-Pierremont, qu'elles avaient établi leurs bivouacs aux environs de cette localité. Ils passaient la nuit au Nord de Fontenoy, là même où auraient dû être établis les avant-postes français. Un escadron du 2e uhlans était à Boult-aux-Bois et à Germont; des patrouilles d'officier de ce régiment trouvaient les villages d'Autruche, d'Authe et de Belleville évacués par les Français.

De son côté, le IV° corps avait poursuivi, à 9 heures du matin, sa marche par Nantillois; la 7° division et l'artillerie de corps s'établissaient à Rémonville; la 8e, à Bayonville. Le quartier général de l'armée de la Meuse avait été transféré, dans la matinée, dans cette dernière localité (1).

La III° armée (2) continuait, le 29 août, son mouvement vers le Nord, dans les limites spécifiées par les

---

(1) *Historique du Grand État-Major prussien*, 7° livraison, p. 979.
(2) Les sources pour les opérations de la III° armée sont : *Historique du Grand État-Major prussien*, 7° livraison, p. 980-981; *Heeresbewegungen*, p. 42-45.

instructions du grand quartier général, en date du 28, 11 heures du soir (1).

Le Ier corps bavarois, se dirigea de Varennes, par la vallée de l'Aire, sur Sommerance et Saint-Juvin.

Le IIe corps bavarois, partant de Vienne-le-Château, suivit l'itinéraire Binarville, Autry, d'où son avant-garde poussa jusqu'à Chevières, et le gros, moins l'artillerie de réserve, jusqu'à Cornay. Celle-ci ne put utiliser en effet le chemin à pentes raides d'Autry à Chatel, rendu impraticable aux voitures par le passage des unités précédentes. Elle stationna à Autry. Les colonnes de munitions et les convois, coupés par le passage des troupes du VIe corps, ne purent atteindre leurs bivouacs entre Vienne-le-Château et la Chalade que vers minuit.

Le Ve corps se porta de Berzieux sur Grand-Pré par Montcheutin ; son avant-garde, de Cernay-en-Dormois à Beffu, par Séchault et Mouron.

La division wurtembergeoise vint de Virginy à Montcheutin.

Le XIe corps effectua son mouvement en deux colonnes. A droite, la 21e division et l'artillerie de corps, stationnées aux environs de Courtémont, suivirent la route Sainte-Menehould—Vouziers ; l'avant-garde poussa jusqu'à Saint-Morel. Comme la veille, celle-ci vint se heurter aux dernières fractions du Ve corps, d'où une série d'à-coups fatigants ; puis elle marcha à côté d'elles et finit par atteindre son cantonnement vers 4 heures de l'après-midi. A gauche, la 22e division se porta de Hans sur Liry par Somme-Tourbe, Laval, Minaucourt, Liry. Des ponts furent établis sur l'Aisne par les soins du XIe corps, à Olizy, Savigny et Falaise.

Le VIe corps reçut assez tard l'ordre de l'armée, et son avant-garde ne put rompre de Sainte-Menehould qu'à

---

(1) Voir Journée du 28 août, p. 222.

9 heures du matin. La marche s'effectua d'abord sur Varennes par Florent, le Claon, Neuvilly. La *12e* division, tête de colonne, avait atteint cette dernière localité vers midi et y faisait une grand'halte, quand un contre-ordre du quartier général prescrivit au corps d'armée de rester à l'Ouest de l'Argonne. En conséquence, la *11e* division et l'artillerie de corps se portèrent du Claon sur Vienne-le-Château et Binarville, l'avant-garde, à Condé-lez-Autry. La *12e* les suivit, par la Chalade, sur Vienne-le-Château, mais arrêtée par des voitures du II° corps bavarois, elle n'atteignit son cantonnement qu'à 11 heures du soir.

Le quartier général de la III° armée fut transféré de Sainte-Menehould à Senuc, au Sud-Ouest de Grand-Pré.

La *4e* division de cavalerie resta à Vouziers, sans motif apparent; la *2e* se porta à Gratreuil et environs. Celle-ci mandait que, d'après des ouvriers belges, 100,000 hommes seraient arrivés de Paris et de Cherbourg à Reims et que des troupes se concentraient aussi à Soissons. Un officier, rentrant d'une reconnaissance aux environs de Reims, prétendait également avoir vu des forces françaises considérables à l'Ouest de cette ville.

Les divisions de cavalerie de l'armée de la Meuse, momentanément rattachées à la III° armée, se trouvaient en avant de son aile gauche, à une certaine distance vers le Nord-Est. La *5e* se portait sur Attigny pour menacer de là les communications de l'adversaire; un de ses partis coupait le chemin de fer à Faux, entre Rethel et Mézières. La *6e*, établie à Vouziers, avait chargé la *15e* brigade de surveiller les troupes françaises à Voncq, Quatre-Champs, Boult-aux-Bois, et de déterminer les directions prises par leurs colonnes. Le *16e* régiment de hussards arrivant devant Voncq où étaient restés le 28, après le départ du 1er corps, une vingtaine d'isolés, attaqua le village. Les 1er et 2e escadrons, mettant pied à terre, devaient l'aborder par la lisière Sud-Ouest, tandis que le 4e, passant l'Aisne à Vrizy et suivi du 3e, avait pour mission de prendre les Français à revers. Après un court engagement, qui coûta aux hussards 5 hommes et 11 chevaux, Voncq fut enlevé et méthodiquement incendié (1). Le 4ᵉ escadron se porta de Terron sur Le Chesne; il trouva cette localité encore occupée par le 1ᵉʳ corps, dont il continua à surveiller les mouvements.

Le grand quartier général allemand, qui avait été transféré le 29 de Clermont à Grand-Pré, recevait, dans le cours de la journée, d'importantes nouvelles. Dès 9 heures du matin, un rapport du prince royal de Saxe faisait connaître que les Français avaient quitté leurs positions autour de Bar et que, par suite, l'armée de la Meuse s'était avancée vers la route de Buzancy à Stenay. A 3 h. 45, arrivait, de la Garde, la nouvelle de l'occupation par l'ennemi de Germont et d'Autruche; de la marche de longues colonnes vers Beaumont; de la présence aux Champy d'une division. A 4 h. 30, la 6ᵉ division de cavalerie annonçait qu'elle était à Voncq, mais qu'au Chesne se trouvaient des troupes ennemies de toutes armes avec de nombreux convois, et que les Français occupaient aussi Quatre-Champs, Boult-aux-Bois, Belleville. En outre, dans le courant de l'après-midi, parvenaient les dépêches enlevées au capitaine de Grouchy aux environs de Buzancy (2).

Enfin, deux officiers supérieurs d'état-major envoyés en mission par le grand quartier général, fournissaient des renseignements précieux. L'un faisait connaître que les Français tenaient Bois des Dames, les Champy,

---

(1) Voir pour les détails de l'incendie la *Vie militaire* du général Ducrot, t. II, p. 391. — « Les Prussiens venaient de mettre le feu à ce village pour se venger de la résistance de la veille » (*Souvenirs* du capitaine Peloux).

(2) Voir p. 233.

Beauclair, et compléta cette information à son retour, vers 8 heures du soir, en ajoutant qu'il paraissait y avoir deux corps français à Saint-Pierremont et Bois des Dames, et d'autres troupes à Beaumont. L'autre, de retour vers 9 heures, avait aperçu également des bivouacs français à Saint-Pierremont et constaté l'évacuation de Germont et d'Autruche (1).

De l'ensemble de ces renseignements on pouvait conclure que l'armée de Châlons marchait vers la Meuse, suivant une direction générale Nord-Est, et que, dans la matinée du 30, le gros de ses forces se trouverait entre Le Chesne et Beaumont, tandis que d'importantes arrière-gardes seraient au Sud de cette ligne. En conséquence, Moltke résolut de porter le lendemain les deux armées allemandes en avant et d'attaquer l'ennemi avant qu'il eût franchi la Meuse. Il envoya à cet effet, à 11 heures du soir, les instructions suivantes aux commandants des deux armées allemandes :

« Toutes les nouvelles reçues aujourd'hui s'accordent à montrer que l'ennemi se trouvera demain matin, avec ses forces principales, entre Beaumont et Le Chesne, et éventuellement au Sud de cette ligne.

« Sa Majesté prescrit de l'attaquer.

« La subdivision d'armée de S. A. R. le prince royal de Saxe franchira, à 10 heures, la ligne Beauclair—Fossé, en se dirigeant sur Beaumont. Elle disposera des routes à l'Est de la grand'route Buzancy, Beaumont. La Garde qui, pour le moment, passera en réserve, devra avoir évacué cette route pour 8 heures du matin.

« La IIIe armée rompra de bonne heure, et dirigera son aile droite sur Beaumont par Buzancy. Elle se tiendra prête à appuyer, avec deux corps, l'offensive de S. A. R.

---

(1) *Historique du Grand État-Major prussien*, 7e livraison, p. 981-982.

le prince royal de Saxe, tandis que les autres corps se dirigeront d'abord plutôt vers Le Chesne.

« Un bataillon de la III⁰ armée occupera Grand-Pré.

« Sa Majesté partira d'ici pour Buzancy à 10 heures du matin (1) ».

---

(1) *Correspondance militaire du maréchal de Moltke*, t. I, n° 236.

CHAPITRE XI

Réflexions sur le combat de Nouart.

A en juger par les documents des 28 et 29 août, deux solutions seulement paraissent s'être présentées à l'esprit du maréchal de Mac-Mahon : retraite sur Mézières ou marche sur Metz par Montmédy. Il y en avait une troisième, semble-t-il, qui consistait à attaquer résolument les forces adverses les plus rapprochées au lieu de chercher à se glisser, pour ainsi dire, devant elles avec cette « idée fixe : éviter le combat à tout prix (1) ».

L'argument primordial invoqué par le Ministre de la guerre en faveur de la marche vers Metz était l'avance d'au moins trente-six heures que l'armée de Châlons avait, à son avis, le 28 août, sur celle du Prince royal.

Il était essentiel de chercher à obtenir la confirmation de ce renseignement, car si les assertions du Ministre étaient fausses, ou si la situation s'était modifiée depuis lors, l'armée française allait manifestement, en continuant sa marche vers le Nord-Est, se trouver aux prises avec des forces très supérieures et ne pourrait plus éviter un désastre, à si faible distance de la frontière belge. Or, pour être fixé sur ce point, il n'y avait qu'un seul moyen : marcher à l'ennemi et attaquer. Certes, on s'exposait à perdre, en livrant combat, une partie de l'avance que l'on croyait posséder ; mais cet inconvénient était peu de chose comparé au résultat que l'on pouvait obtenir. Entre les deux partis, consacrer une journée à obtenir des renseignements certains ou continuer à négliger les forces allemandes qui se trouvaient sur son flanc droit, le Maréchal ne pouvait guère hésiter, car, dans ce dernier cas, il ne risquait pas seulement de

---

(1) A. G., *loc. cit.*, p. 63.

perdre une bataille, il s'exposait à être arrêté de front et à perdre, en même temps, toute ligne de retraite. La prudence lui commandait donc, avant de continuer sa marche, d'être renseigné sur les forces adverses avec lesquelles il était en contact (1).

La nouvelle de l'occupation de Stenay par l'ennemi, qui lui était parvenue dans la soirée du 28, ne devait nullement le détourner de se porter sur ce point. Loin de là, il importait de savoir si l'on se trouvait en présence d'un simple détachement ou d'un corps nombreux. Dans le premier cas, on pouvait obtenir un succès partiel, forcer le passage et continuer peut-être le mouvement sur Metz. Dans le second, on aurait à livrer bataille, mais, quelle qu'en fût l'issue, on aurait été édifié sur la présence de forces trop considérables pour que l'on pût continuer la marche vers l'Est. Au reste, en obliquant vers le Nord, dans le but d'éviter Stenay, on augmentait la distance à parcourir et l'on ralentissait ainsi le mouvement presque autant que si l'on eût livré bataille, en renonçant de plus à toutes les chances d'avoir des renseignements certains. Enfin, en laissant à l'adversaire la possession de Stenay, on lui abandonnait le chemin direct de Montmédy, et, en admettant que l'on eût réussi à franchir la Meuse et à échapper à ses atteintes sur la rive gauche du fleuve, on lui laissait le moyen de le passer à Stenay, de suivre la corde de l'arc décrit par l'armée de Châlons et de prévenir celle-ci à Montmédy (2).

Il paraît donc logique de conclure que tout commandait au maréchal de Mac-Mahon de livrer bataille le 29 août. Cette détermination devait être la conséquence rationnelle du parti qu'il avait pris la veille. Il était d'ailleurs en mesure d'y faire concourir toutes ses forces. Le 12e corps se serait porté de la Besace sur Stenay, deux divisions d'infanterie par Beaumont et la rive

---

(1) A. G., *loc. cit.*, p. 64.
(2) *Ibid.*, p. 65.

gauche de la Meuse, la troisième et la division de cavalerie par Létanne, Pouilly et la rive droite. En même temps le 5ᵉ corps aurait poussé une forte reconnaissance dans la direction Nouart-Barricourt, sa cavalerie appuyée par la division Margueritte. Le 7ᵉ, de Boult-aux-Bois et Belleville, se serait dirigé sur Buzancy et Stenay, en s'éclairant vers Grand-Pré et Bantheville au moyen de sa division de cavalerie renforcée par celle du général Bonnemains. Enfin le 1ᵉʳ corps serait venu dans la matinée du Chesne sur Stonne et la Besace, en mesure soit d'appuyer le 5ᵉ corps, soit éventuellement de franchir la Meuse. Si les reconnaissances des 5ᵉ et 7ᵉ corps ne trouvaient devant elles que des détachements peu nombreux et composés surtout de cavalerie, on pouvait admettre que l'on avait, en effet, quelque avance sur les Allemands et prendre le parti de se porter sur Metz. Si, au contraire, ces deux corps se heurtaient à des forces considérables, il fallait évidemment combattre. Du moins le maréchal de Mac-Mahon avait-il la certitude de livrer bataille avec tous ses moyens et, vainqueur ou non, il eût puisé dans les péripéties du combat des raisons et des données suffisantes pour prendre une résolution motivée au sujet des opérations ultérieures (1).

L'armée de Châlons n'aurait eu d'abord à combattre, en réalité, que le XIIᵉ corps à Nouart et Stenay et la Garde à Buzancy, renforcés ultérieurement par le IVᵉ corps venant de Nantillois. Plus tard encore, seraient intervenus le Iᵉʳ cors bavarois, arrivant de Varennes, sur Sommerance et Sivry-lez-Buzancy (2), et l'avant-garde du Vᵉ corps débouchant de Grand-Pré (3).

---

(1) A. G., *loc. cit.*, p. 66-67. — Cf. général de Woyde, *Causes des succès et des revers pendant la guerre de 1870*, t. II, p. 273.

(2) La tête de colonne du Iᵉʳ corps bavarois, partie de Neuvilly à 5 heures du matin, pouvait arriver à Sivry-lez-Buzancy à midi.

(3) L'avant-garde du Vᵉ corps, partie de Ville-sur-Tourbe à 7 heures, pouvait atteindre Verpel à 3 heures.

Vraisemblablement la bataille eût été indécise. Mais le maréchal de Mac Mahon, constatant qu'il se trouvait en présence de forces au moins égales aux siennes (1) et pouvant être supérieures le lendemain, en aurait conclu à l'impossibilité de la marche vers Metz et à la retraite sur Mézières. L'armée de Chalons eût été sauvée moyennant quelques combats d'arrière-gardes. A Mézières elle eût trouvé le 13ᵉ corps dont le Ministre de la guerre annonçait au Maréchal la concentration dans cette ville (2). Malheureusement, il semblait que le maréchal de Mac-Mahon fût d'accord avec les commandants de corps d'armée pour penser que le succès de l'opération exigeait, qu'au lieu de combattre, « il fallait tout faire pour se dérober à l'ennemi (3) ». Cette idée est certainement une des causes du désastre final.

Dans l'après-midi du 29 août, le maréchal de Mac-Mahon reçut à Raucourt des nouvelles du maréchal Bazaine. Un industriel de Mouzon, M. Hulme, lui remit la dépêche suivante envoyée de Thionville, le 27 août, par le colonel Turnier commandant supérieur de cette place : « Le colonel Turnier fait savoir qu'il reçoit de Metz pour être communiquée à l'armée française, s'il est possible, une dépêche ainsi conçue : « Nos communications sont coupées, mais faiblement, nous pourrons percer quand nous voudrons, et nous vous attendons (4) ».

---

(1) D'après Kolbe (*Das französische Generalstabswerk über den Krieg 1870-1871*), il y aurait eu en présence : du côté français, 112,700 fusils, 16,385 sabres, 468 pièces; du côté allemand, 116,700 fusils, 12,300 sabres, 545 pièces.

(2) Le Ministre de la guerre au maréchal de Mac-Mahon, 29 août, 6 h. 5 soir.

(3) A. G., *loc. cit.*, p. 70. — Cf. général de Woyde, *loc. cit.*, 272.

(4) Cette dépêche avait été confiée par le colonel Turnier à M. Lallement, procureur impérial de Sarreguemines, de passage à Thionville. M. Lallement la remit à Sedan au général de Beurmann, commandant supérieur de cette place, qui chargea M. Hulme de l'apporter au maréchal de Mac-Mahon.

Au moment du procès Bazaine, le Maréchal ne s'est pas rappelé avoir reçu cette dépêche. Confronté avec le Maréchal, M. Hulme a persisté dans ses déclarations. Il est probable qu'au milieu des incidents de

Le maréchal de Mac-Mahon eut dans la soirée une longue conférence avec le général Ducrot, à l'issue de laquelle il fut décidé que l'armée se porterait dans la direction de Thionville par la rive droite de la Chiers dont on se couvrirait. De là, on tâcherait de donner la main au maréchal Bazaine (1).

Les voitures de réquisition vidées et tous les hommes et chevaux indisponibles furent dirigés sur Mézières. Les bagages des corps furent réduits au strict nécessaire; du moins tel fut l'ordre du Maréchal (2).

Le même jour, à 1 heure de l'après-midi, revint de Thionville, au quartier général de l'armée de Châlons, un courageux citoyen, M. Lagosse, maire de Montgon, que le général Ducrot avait chargé de transmettre au maréchal Bazaine les renseignements ci-après par l'intermédiaire du colonel Turnier :

« Le maréchal de Mac-Mahon arrive, le général Ducrot le remplace dans le commandement de son corps d'armée. L'armée française sera le 27 au soir à Stenay. Tenez-vous prêt à marcher au premier coup de canon. »

Le colonel Turnier avait envoyé cette dépêche par trois hommes sûrs à Metz. Deux d'entre eux, Flahaut et Marchal, arrivaient au Ban Saint-Martin dans l'après-midi du 29 août (3).

M. Lagosse fut aussitôt chargé d'une nouvelle mission consistant à se rendre à Vouziers et à rapporter des nouvelles de l'armée du Prince royal. Il revint à Raucourt dans les premières heures de la matinée du 30,

---

toutes sortes qui se sont produits dans l'après-midi du 29, le souvenir de cette dépêche n'a pas laissé de trace dans la mémoire du maréchal de Mac-Mahon (*Procès Bazaine*, Déposition Hulme, p. 418; Brun, p. 419; Rouy, p. 429).

(1) Papiers du général Broye.
(2) Ordre de l'armée en date du 29 août.
(3) *Procès Bazaine, Rapport* du général de Rivière, p. 94.

annonçant que Vouziers était occupé par les Allemands (1).

D'après les instructions du grand quartier général allemand, en date du 28 août, 11 heures du soir, l'armée de la Meuse devait s'abstenir « jusqu'à nouvel ordre de continuer le mouvement offensif vers la route de Vouziers-Buzancy-Stenay (2) ». Le prince royal de Saxe était autorisé toutefois à l'occuper si les troupes françaises qu'il avait devant lui étaient « insignifiantes (3) ». Moltke avait même appelé son attention sur l'éventualité de réunir tout d'abord ses trois corps « dans une position défensive, entre Aincreville et Landres (4) », et cela, afin de ne pas provoquer une offensive de l'adversaire avant une concentration suffisante des forces allemandes.

Ces prescriptions étaient très sages, car Moltke se rendait compte de la densité du groupement de l'armée de Châlons et de l'impossibilité pour la III⁰ armée de concourir à une affaire décisive le 29 août. Il ne prévoyait la coopération de celle-ci que pour le lendemain 30 août.

Or, lorsque les commandants des corps de l'armée de la Meuse se trouvèrent réunis le 29, à 8 heures du matin, à Aincreville, le prince royal de Saxe n'avait pas encore reçu, de la division de cavalerie de la Garde et de la division de cavalerie saxonne, des renseignements précis sur la situation de l'adversaire. Il jugea néanmoins que le XII⁰ corps et la Garde pouvaient atteindre la ligne Nouart-Buzancy et décida même qu'une avant-garde

---

(1) Notes adressées par M. Lagosse au Ministre de la guerre, le 10 octobre 1901 ; Renseignements verbaux donnés par M. Lagosse.
(2) *Historique du Grand État-Major prussien*, 7ᵉ livraison, p. 965. — Cf. *Correspondance militaire du maréchal de Moltke*, t. I, n° 231.
(3) *Ibid.*
(4) *Ibid.*

saxonne suivrait la *12ᵉ* division de cavalerie, par Nouart et Osches, vers la route du Chesne à Beaumont. Mais, ayant conscience d'avoir dépassé les instructions du grand quartier général, il rappela qu'il ne s'agissait que de se renseigner sur la situation de l'adversaire et que l'intention du commandant en chef était de ne pas livrer bataille avant le lendemain (1).

Ces restrictions ne modifiaient nullement le fait, envisagé en lui-même. Quelque nom que le prince royal de Saxe donnât aux mouvements qu'il avait ordonnés, ce n'en était pas moins une opération offensive, dont l'exécution pouvait entraîner une rencontre avec des forces dont le nombre était inconnu et peut-être supérieur à celui des troupes disponibles de l'armée de la Meuse. C'est précisément cette éventualité que les instructions du grand quartier général prescrivaient d'éviter.

Sans doute, il faut chercher les véritables causes de cet abus d'initiative dans le désir, très justifié dans certaines conditions, de joindre rapidement l'ennemi. Mais, dans le cas présent, il se trouvait en opposition formelle avec les ordres reçus et, de plus, en contradiction avec les nécessités les plus essentielles de la situation stratégique (2).

Il s'agissait en effet, à ce moment, pour le grand quartier général allemand, de profiter des circonstances critiques où se trouvait l'armée de Châlons, à proximité de la frontière belge et assez loin de Metz, pour lui faire éprouver un désastre irréparable en se saisissant de sa ligne de retraite et en l'acculant au territoire neutre. Mais, avec la certitude que l'on croyait avoir depuis le 27 août, de l'atteindre, avec des forces supérieures, sur la rive

---

(1) *Historique du Grand État-Major prussien*, 7ᵉ livraison, p. 967, Prince de Hohenlohe, *loc. cit.*, t. II, p. 206.
(2) Général de Woyde, *loc. cit.*, t. II, p. 227.

gauche de la Meuse (1), il fallait se garder de montrer au maréchal de Mac-Mahon la faute qu'il avait commise et éviter à cet effet, non seulement une attaque prématurée, mais même l'apparition de troupes nombreuses d'infanterie, dont la présence, sur son flanc droit, aurait pu le décider à battre en retraite vers le Nord-Ouest. Un succès comme un échec partiels, survenant le 29 août à l'armée de la Meuse, pouvaient tout compromettre. Le prince royal de Saxe n'avait pas à patienter longtemps d'ailleurs, car le grand quartier général lui faisait entrevoir le dénouement pour le lendemain (2).

Si le commandant de l'armée de la Meuse, se conformant à la pensée fondamentale des instructions du 28, se fût maintenu sur la position Aincreville-Landres, les Ve et XIe corps et la division wurtembergeoise pouvaient arriver à sa hauteur le 29 au soir, tandis que les deux corps bavarois, rapprochés de son aile gauche, lui eussent fourni un appui immédiat.

Les deux armées allemandes auraient été en mesure de prendre une offensive générale le 30. Si, par hasard, les Français se fussent mis en retraite le 29, on aurait pu essayer de les devancer et de les couper de Paris, mais cette mission eût incombé évidemment à l'aile gauche de la IIIe armée et nullement aux corps de l'armée de la Meuse. Même dans cette hypothèse, la marche en avant hâtive de cette dernière ne pouvait se justifier.

De ces considérations il semble permis de conclure que les ordres donnés par le prince de Saxe, le 29 au matin, et contraires aux instructions de Moltke, constituaient une faute. Le commandant de l'armée de la Meuse y persista d'ailleurs en prescrivant à la Garde, à

---

(1) *Historique du Grand État-Major prussien*, 7e livraison, p. 954.
(2) *Ibid.*, p. 965.

2 h. 30 de l'après-midi, de tenir les positions de Bar et de Buzancy et de n'intervenir dans le combat de Nouart que s'il prenait une plus grande extension. Il admettait donc que cette éventualité pouvait se présenter, bien qu'il commît ainsi une infraction aux instructions du grand quartier général et que tout, dans la situation stratégique, dût le détourner d'une rencontre sérieuse (1).

L'*Historique du Grand État-Major prussien* a cherché à atténuer cette faute. Il déclare que le mouvement de l'armée de la Meuse jusqu'à la route de Buzancy à Stenay « ne pouvait contrarier les vues du grand quartier général, puisque, dans les circonstances présentes, on n'avait plus à craindre que ce mouvement provoquât une bataille prématurée (2) ».

L'assertion paraît aventurée si l'on considère que le prince royal de Saxe lui-même se proposait d'engager la Garde dans le cas où le combat de Nouart aurait pris un plus grand développement. Donc, si le 29 l'armée de Châlons s'était portée résolument à l'attaque, deux corps d'armée allemands, soutenus ensuite par un troisième, eussent été inévitablement entraînés dans une lutte dont l'issue ne pouvait être, en tout cas, que désavantageuse pour les projets du grand quartier général.

Dans la soirée du 29 août, l'armée de Châlons occupait les emplacements ci-après :

Grand quartier général..........	Raucourt.
1er corps.....................	Raucourt.
5e corps.....................	Beaumont.
7e corps.....................	Osches et Saint-Pierremont.
12e corps....................	A l'Est de Mouzon, sur la rive droite de la Meuse.

---

(1) Général de Woyde, *loc. cit.*, t. II, p. 229-230.
(2) 7e livraison, p. 967.

1re division de réserve de cavalerie.	Vaux.
2e division de réserve de cavalerie.	Raucourt.
Parcs d'artillerie. { 5e corps............	Beaumont, sauf l'équipage de pont à Mézières.
7e corps............	Mézières, sauf l'équipage de pont à Tergnier.
12e corps............	Mézières.
Grand parc....................	En formation à Mézières.
Équipage de pont de réserve.....	En route de Paris à Sedan par voie ferrée.

CHAPITRE XII

Mouvements des armées opposées le 30 août.

Depuis deux jours, la préoccupation constante du maréchal de Mac-Mahon, était de mettre la Meuse entre lui et l'ennemi. D'après ses instructions, l'armée de Châlons devait, le 30, franchir le fleuve, le 1er corps à Remilly, les 5e et 7e à Mouzon, et « s'établir aux environs de Carignan pour marcher ensuite sur Montmédy par la rive gauche de la Chiers (1) ». Le 12e corps resterait en position à l'Est de Mouzon, pendant tout le temps du passage. Le Maréchal pensait ainsi parer au danger le plus imminent, et il fit tous ses efforts pour activer l'opération qui constituait une période de crise (2). Il ne pouvait se dissimuler, sans doute, combien la situation de l'armée, opérant ensuite à courte distance de la frontière belge, allait être précaire, mais il continuait d'obéir aux ordres venus de Paris. Peut-être avait-il cette dernière lueur d'espoir que le maréchal Bazaine ne resterait pas inerte, et qu'une diversion de sa part rétablirait les affaires.

Des mouvements prescrits pour le 30 août, il résulta que, vers le milieu de la journée, les deux corps de droite de l'armée de Châlons, 5e et 7e, se trouvèrent à peu près isolés sur la rive gauche de la Meuse et exposés à recevoir, pendant leur marche, le choc des masses allemandes sur leur flanc droit ou leurs derrières, sans

---

(1) *Souvenirs* inédits du maréchal de Mac-Mahon.
(2) *Journal* de marche de l'armée de Châlons.

pouvoir être secourus. Tous deux devaient passer, avec des alternatives diverses, par des péripéties inattendues (1).

Le 1er corps, campé tout entier aux environs immédiats de Raucourt, devait franchir la Meuse à Remilly. Les compagnies du génie du corps d'armée, envoyées sur ce point dans la nuit du 29 au 30, et renforcées dans la matinée du 30 par celle de la 3e division, organisaient, pour la cavalerie et les voitures, un pont de circonstance en utilisant le bac existant, et construisaient pour l'infanterie une passerelle, un peu en amont du confluent de la Chiers (2). Tandis que ces travaux s'achevaient, la 3e division arrivait à Remilly à 7 heures du matin (3), jetait à la hâte quelques bataillons sur la rive droite et se massait sur les hauteurs qui dominent le village. Les batteries de combat de la réserve d'artillerie, les 2e et 1re divisions, la cavalerie, la 4e division, le reste des voitures de l'artillerie, les bagages atteignirent successi-

---

(1) Colonel Derrécagaix, *loc. cit.*, p. 818.

(2) *Rapport* du commandant du génie de la 3e division du 1er corps sur la construction des ponts de Remilly-sur-Meuse; *Renseignements* fournis par le général Lefort.

Auprès du village de Remilly existait un bac que l'on abordait de chaque rive par une chaussée. L'intervalle entre les deux chaussées, occupé par un canal assez profond, fut rempli au moyen des deux bateaux-bacs, l'extrémité de l'un s'appuyant à la chaussée de la rive gauche, l'extrémité de l'autre à la chaussée de la rive droite, tous deux placés perpendiculairement à l'axe de la Meuse. Dans l'espace restant entre les deux bateaux on établit des chevalets. Les rampes d'accès, partant des chaussées, furent rechargées de pierres et de fascines et raccordées avec les bateaux au moyen de madriers. D'autre part, la passerelle pour l'infanterie fut construite au moyen des matériaux suivants, en partant de la rive gauche : une voiture en travers, un bac dans sa longueur, un bateau en travers, deux longs bateaux réunis solidement et formant une portière, deux chevalets.

(3) *Journal* des marches et opérations du 1er corps. D'après l'ordre du mouvement, la 3e division devait se mettre en marche à 7 h. 30.

vement Remilly et exécutèrent le même mouvement (1).

Vers 10 heures l'artillerie des divisions commença à passer; elle fut suivie par les batteries de la réserve et par une partie de la division de cavalerie du 1er corps; puis, comme le pont destiné à l'infanterie n'était pas terminé, les 2e et 4e divisions effectuèrent leur passage, précédant le reste des voitures de l'artillerie, le convoi et les bagages. A 1 h. 30, la 1re division commença de franchir la Meuse sur la passerelle. La 3e division et la brigade de Septeuil restèrent en position jusqu'au moment où arrivèrent à Remilly, pour passer à leur tour, la division de cavalerie Bonnemains et les premières troupes du 7e corps. Les 1er et 3e escadrons du 11e chasseurs, envoyés en reconnaissance sur Raucourt, le 6e sur Autrecourt, rendirent compte des événements survenus au 5e corps et à la division Conseil Dumesnil, du 7e.

La 3e division se mit en mouvement vers 8 heures (2) par la passerelle, tandis que la brigade légère de la division de cavalerie du 1er corps empruntait le pont (3). Mais l'usage en devenait de plus en plus lent. Sous le poids des voitures et sous l'influence subite d'une crue produite par la fermeture d'un barrage aux abords de Sedan, les terres avaient cédé, les bacs qui supportaient le tablier avaient été en partie submergés, et le pont, affaissé, se trouvait immergé de 4 à 5 centimètres.

---

(1) Pour gagner du temps, le général Ducrot pensa à faire passer l'artillerie par le pont du chemin de fer en aval de Remilly et la colonne des parcs et bagages par Sedan, sous la protection de la division de cavalerie. Mais la crainte de détériorer la seule voie ferrée qui reliait l'armée avec le Nord et Paris, et celle de surmener les chevaux des convois l'empêchèrent de donner suite à ce projet (*Journal* des marches et opérations du 1er corps).

(2) Entre 8 heures et 9 heures, disent certains rapports.

(3) Le colonel Dastugue, commandant le 11e chasseurs, dit, dans son rapport, que son régiment ne put traverser la Meuse que vers 7 h. 30 du soir. Le 3e hussards le précédait.

Les troupes franchirent les prairies qui s'étendent au Sud-Est du confluent de la Meuse et de la Chiers. Pour éviter l'encombrement, le général Ducrot avait dirigé les 2e et 4e divisions, la cavalerie et la réserve d'artillerie sur Tétaigne, les 1re et 3e sur Douzy: de ces deux points elles devaient ensuite gagner Carignan par la grande route.

Entendant le bruit du canon dans la direction de Mouzon, le général Ducrot, qui marchait avec la colonne de droite, fit masser les 2e et 4e divisions à Tétaigne avant de traverser la Chiers et envoya un de ses aides de camp, le capitaine Bossan, au maréchal de Mac-Mahon avec mission de prendre ses ordres et de lui rapporter les renseignements nécessaires. Au bout d'une demi-heure, le général recevait de son aide de camp un billet lui annonçant qu'il poussait sur Mouzon où se trouvait le Maréchal, disait-on, et lui faisant connaître que l'Empereur était à Carignan (1).

Le général Ducrot, qui avait reçu l'ordre de se porter sur Carignan, jugea qu'il ne devait pas retarder l'exécution de ce mouvement, « ce qui eût eu pour conséquence de laisser l'Empereur isolé (2) ». Il ordonna en conséquence la reprise de la marche. En arrivant à Carignan,

---

(1) Le texte du billet est : « L'Empereur est à Carignan ; je pousse sur Mouzon où est le Maréchal, à ce qu'on dit. » Dans la *Vie militaire du général Ducrot* (p. 402), ce texte est différent : « Je viens de rencontrer l'Empereur se rendant de Mouzon à Carignan, il paraît que tout va bien. »

(2) *Journal* des marches et opérations du 1er corps d'armée, par le commandant Corbin, sous-chef d'état-major général.

La *Vie militaire du général Ducrot* (p. 402) donne le même motif pour la continuation de la marche sur Carignan.

Le *Journal* des marches et opérations du 1er corps, rédigé par le colonel Robert, ajoute : « Le Maréchal fit répondre qu'il avait autant de troupes qu'il en pouvait désirer et l'invite à continuer sa marche sur Carignan ».

il fut rejoint par le capitaine Bossan qui lui portait, de la part du Maréchal, l'ordre de prendre ses dispositions pour protéger sa retraite, soit sur Douzy, soit sur Carignan, et de prier l'Empereur de se rendre au plus vite à Sedan.

Le général Ducrot prescrivit aux 1re et 3e divisions de rester à Douzy ou d'y retourner si elles avaient dépassé ce point, et de s'y établir de manière à couvrir la retraite du Maréchal, si elle avait lieu dans cette direction. Il établit les 2e et 4e divisions entre Carignan et Blagny, et envoya de l'artillerie au mont Tilleul à l'Est de Carignan (1). Il se rendit ensuite chez l'Empereur et essaya de le décider à se rendre à Sedan.

Napoléon III, qui ignorait l'importance des événements de la journée (2), s'y refusa d'abord et déclara qu'il ferait sa retraite avec les deux divisions du 1er corps; mais plus tard il se ravisa et partit pour Sedan par chemin de fer (3).

---

(1) *Journal* des marches et opérations du 1er corps (commandant Corbin) Le *Journal* rédigé par le colonel Robert relate d'une manière un peu différente les emplacements des 2e et 4e divisions: l'une au bord de la Chiers, l'autre à mi-côte du mont Tilleul, la cavalerie et la réserve d'artillerie à l'Est de la grande route. La *Vie militaire du général Ducrot* (p. 403) adopte la version du commandant Corbin et ajoute cette disposition quelque peu surprenante : « Je fis masser à l'Ouest du village de Carignan tous les bagages, voitures, artillerie et autres *impedimenta*..... »

(2) A 5 h. 30, il télégraphiait à l'Impératrice : « Il y a encore eu un petit engagement aujourd'hui sans grande importance. Je suis resté à cheval assez longtemps » (*Papiers et Correspondance de la famille impériale*, t. I, p. 421).

(3) Dans le trajet de Carignan à Sedan, la dépêche suivante du maréchal Bazaine fut remise à l'Empereur par M. de Benoist, capitaine de la garde nationale mobile de Verdun :

« Les derniers renseignements indiquent un mouvement du gros des forces ennemies..... Si ces renseignements se confirment, je pourrais entreprendre la marche que j'avais indiquée précédemment

A son arrivée dans cette ville, on lui proposa de continuer sa route jusqu'à Mézières, où sa personne eût été hors des atteintes de l'ennemi et d'où, à la tête du 13ᵉ corps, aux ordres du général Vinoy, il pouvait rétrograder sur Paris. Mais il ne voulut pas y consentir : « Il n'avait pas voulu gêner les plans des généraux en chef, il ne voulait pas non plus porter le découragement dans l'armée par son départ à l'heure suprême de la lutte ; il entendait partager les dangers et le sort de l'armée (1). »

Les troupes du 1ᵉʳ corps campèrent sur les emplacements qu'elles occupaient dans la soirée, à Carignan et à Douzy. La 3ᵉ division toutefois n'atteignit cette dernière localité que vers minuit; elle fut d'ailleurs séparée, à dater de ce moment, de son artillerie que le maréchal de Mac-Mahon achemina directement sur Sedan, et qu'elle ne revit plus.

Le mouvement de la brigade de Septeuil ne s'était pas effectué sans peine : « Nous marchâmes en ordre parfait et par quatre pendant une demi-heure environ, nous tenant sur le côté droit de la route. Mais bientôt des hommes à pied dispersés par petits paquets, des chevaux d'attelage sans voitures, des cavaliers isolés, des convoyeurs, des blessés, des cantiniers, etc., venant en sens inverse de nous, sur cette route, la remplirent si bien qu'à un moment donné, il fut impossible de se mou-

---

vers les places du Nord. Les batteries ont été réorganisées et réapprovisionnées, ainsi que l'infanterie.

« L'armement de la place est presque au complet et j'y laisserai deux divisions. »

Cette dépêche avait été remise le 24 août 1870 à M. Macherez, qui l'avait apportée le 27 au général Guérin de Waldersbach, commandant supérieur de Verdun (*Procès Bazaine, Rapport*, p. 93-94).

(1) *Relation* de la bataille de Sedan, par le général Pajol (Général de Wimpffen, *Sedan*, p. 303).

voir et même de s'écouler par les fossés qui, à leur tour, se trouvèrent bondés d'hommes et de chevaux. Au milieu de ce pêle-mêle inextricable, nous restâmes dans une immobilité complète pendant deux ou trois heures.

« Enfin toute cette cohue d'hommes, de voitures et d'animaux commença à se ranger un peu et j'aperçus à travers l'obscurité le général de Septeuil, commandant notre brigade, qui revenait en tête du 3e hussards marchant par un, et qui me dit de le suivre. Les deux escadrons détachés dans la journée venaient de nous rejoindre.

« Vers 1 heure du matin seulement, notre brigade parvint à s'arracher complètement de ce chaos sans pareil (1). »

La division de cuirassiers Bonnemains avait quitté Raucourt à 2 heures de l'après-midi. Arrivée à Remilly vers 5 heures, elle dut attendre jusqu'à 7 heures pour franchir la Meuse par le pont de circonstance, à la suite de la brigade de cavalerie de Septeuil. A 10 heures du soir, son passage, retardé par l'affaissement du tablier et l'obscurité, n'était pas terminé.

« Les chevaux effrayés de ne pouvoir distinguer ce plancher mouvant caché sous les eaux et qui se dérobe sous leurs pieds à chacun de leurs pas, n'avancent qu'avec répugnance, le cou tendu, les oreilles dressées. Droits sur leurs étriers, enveloppés dans leurs grands manteaux blancs, les cuirassiers passent silencieux ; ils semblent portés par les eaux. Deux feux allumés sur chacune des rives, aux deux extrémités du pont, éclairent seuls de leur lumière blafarde, hommes et chevaux ; leurs flammes se reflètent, d'une façon étrange, dans les casques brillants des cavaliers, et donnent à ce spectacle quelque chose de fantastique (2). »

---

(1) Rapport du colonel Dastugue.
(2) Prince Bibesco, *loc. cit.*, p. 115.

Après le passage de la Meuse, la division Bonnemains franchit la Chiers à Douzy et prit ensuite la route de Carignan, encombrée de voitures de toute espèce, de matériel d'artillerie, de troupes de toutes armes. Déjà la tête de colonne était arrivée près de Sachy, quand, à la suite d'un contre-ordre, la division fit demi-tour et revint à Douzy, où elle établit son bivouac à 2 heures du matin.

Le 7ᵉ corps avait campé, dans la nuit du 29 au 30 août, à Osches et aux environs immédiats. Le 30, dès 3 h. 30 du matin, toutes les troupes étaient sous les armes. A 4 heures, le long convoi qui accompagnait le corps d'armée commença le mouvement et s'engagea sur la route de Stonne (1). La 2ᵉ brigade de la 1ʳᵉ division formait l'avant-garde, le 99ᵉ en tête, le 47ᵉ réparti le long des voitures. La 1ʳᵉ brigade devait suivre ; avec elle se trouvaient l'artillerie de la division et deux escadrons du 4ᵉ hussards (2). Les escadrons disponibles de la division de cavalerie Ameil, au lieu d'assurer tout au moins le service de sûreté du corps d'armée, furent chargés également d'escorter le convoi.

---

(1) « Le 7ᵉ corps levait le camp à 4 heures du matin et voyait défiler devant lui la suite interminable des 1500 voitures de réquisition que l'intendance avait traînées à la remorque de nos convois..... vides pour la plupart » (*Histoire de l'armée de Châlons*, par un volontaire de l'armée du Rhin, p. 121).

(2) *Notes* sur les opérations de la 1ʳᵉ division du 7ᵉ corps, par le capitaine Mulotte.

D'après l'*Historique* manuscrit du 47ᵉ de ligne, la 1ʳᵉ brigade aurait pris la tête ; la 2ᵉ aurait marché sur le flanc gauche du convoi, à travers champs, en colonne à distance entière par division, les bataillons espacés de 600 mètres. C'est également la version donnée par le prince Bibesco (*loc. cit.*, p. 95).

Dans un *Mémoire*, le chef d'escadron Tassin, de l'état-major de la division Conseil Dumesnil, fait observer que c'était un ordre de marche analogue à celui qu'avait adopté Bugeaud à Isly.

Au moment du départ, de nombreux éclaireurs ennemis se montrèrent sur les hauteurs qui dominent Osches (1). Craignant une attaque, le général Douay fit prendre à la 1re brigade une position défensive sur les crêtes à l'Ouest du village; elle y resta quelque temps et, constatant que l'ennemi ne faisait que des démonstrations, se mit en marche à son tour. Le général Douay prescrivit en même temps au général Conseil Dumesnil de prendre le commandement de la 2e brigade et de hâter le plus possible la marche du convoi en se gardant sur sa gauche et en s'arrêtant au besoin sur les emplacements avantageux. Les voitures d'ambulance et celles du train, qui étaient bien attelées, marchaient les premières et avançaient rapidement. Mais, à la sortie de La Berlière, quand il s'agit de gravir une côte que les pluies des derniers jours avaient rendue glissante, il fallut doubler les attelages des voitures de réquisition. On perdit là un temps précieux (2).

Le mouvement continua néanmoins; la division Liébert et la réserve d'artillerie devaient succéder à la division Conseil Dumesnil, et la division Dumont former l'arrière-garde. Au moment où le général Douay allait partir d'Osches, le maréchal de Mac-Mahon arriva, très préoccupé du retard qu'il constatait dans la marche du 7e corps (3). Il déclara à Douay qu'il fallait franchir la Meuse « coûte que coûte (4) » le soir même, et se débarrasser, en arrivant au bivouac, du lourd convoi qui entravait la marche. Toutes les voi-

---

(1) Ces éclaireurs appartenaient à deux escadrons du 1er régiment de uhlans de la Garde qui avaient suivi la veille le 7e corps.
(2) Notes du capitaine Mulotte; Prince Bibesco, *loc. cit.*, p. 95.
(3) Dans ses *Souvenirs inédits*, le maréchal de Mac-Mahon dit qu'il rencontra le général Douay à La Berlière.
(4) Prince Bibesco, *loc. cit.*, p. 95.

tures vides devaient, sans plus tarder, être évacuées sur Mézières (1).

Le Maréchal indiqua trois points de passage : l'un à Mouzon, sur un pont de pierre où le 12e corps avait déjà passé et qui devait servir au 5e ; le second, à Villers-devant-Mouzon, où le génie terminait un pont de bateaux ; le troisième à Remilly, destiné au 1er corps et à la 2e division de cavalerie de réserve. Le général Douay hésita entre Mouzon et Villers. Mais comme la tête du convoi était déjà engagée sur le chemin de La Besace, il parut préférable, pour ne pas retarder la marche du corps d'armée, de le faire accompagner par la 1re division, qui suivait aussi la route de Mouzon par Yoncq. Les deux autres divisions et l'artillerie devaient prendre la route de Raucourt et d'Autrecourt, qui aboutit à Villers-devant-Mouzon. Le convoi et la 1re division semblaient suffisamment protégés par le 5e corps, que l'on savait encore à Beaumont et qui allait s'avancer sur la droite. Ces résolutions prises par le général Douay, le Maréchal partit, en insistant encore sur la nécessité de franchir la Meuse le soir même (2).

Le lieutenant-colonel Davenet, sous-chef d'état-major du 7e corps, et le capitaine Danès furent envoyés au général Conseil Dumesnil pour le prévenir des dispositions arrêtées et guider le convoi vers Mouzon. La division de cavalerie Ameil devait faire une halte à Stonne, laisser défiler les voitures et franchir également la Meuse à Mouzon.

Aussitôt après, on entendit le canon sur les derrières du corps d'armée. La brigade Bittard des Portes, 2e de

---

(1) *Ordre* du général Douay, daté d'Osches, 30 août.

(2) Le Maréchal aurait dit : « Vous aurez 60,000 hommes sur les bras ce soir si vous n'êtes pas au delà de la Meuse » (Prince Bibesco, *loc. cit.*, p. 96-97).

la 3ᵉ division, qui, renforcée par l'artillerie divisionnaire, formait l'arrière-garde, s'était à peine mise en mouvement, à 10 heures du matin, que des patrouilles de cavalerie ennemie, qui l'observaient, l'avaient suivie en tenant les hauteurs (1). Les deux régiments s'étaient mis en marche, formés en colonnes par pelotons, le 82ᵉ en tête, puis venaient les deux premiers bataillons du 83ᵉ, l'artillerie, et enfin le IIIᵉ bataillon du 83ᵉ (2). Vers 11 heures, des troupes de cavalerie plus considérables apparurent au Nord d'Osches, et, une demi-heure plus tard, deux batteries, en position à la cote 278 au Nord de Saint-Pierremont, ouvrirent le feu sur la colonne (3).

Le général Bittard des Portes arrêta les derniers pelotons du 83ᵉ de ligne et fit riposter par les deux batteries de 4 de la division (8ᵉ et 9ᵉ du 6ᵉ) établies près de La Berlière. Mais le général Douay survint, fit cesser le feu et reprendre la marche. « En effet, répondre, c'était perdre un temps précieux; c'était se prêter aux manœuvres de l'ennemi dont le but était de retarder notre marche à tout prix, tandis que notre intérêt était d'avancer quand même (4). » Un peu plus loin, alors que le 82ᵉ était déjà engagé dans Stonne, la cavalerie allemande essaya de pousser sur le bois du Fay, mais elle fut dispersée par quelques salves de la batterie de canons à balles de la 3ᵉ division (10ᵉ du 6ᵉ), qui avait pris position à l'Ouest de Stonne, couverte par trois compagnies du 83ᵉ déployées en tirailleurs.

---

(1) Ces patrouilles appartenaient au 4ᵉ régiment de cavalerie würtembergeoise, qui faisait partie de l'avant-garde du Vᵉ corps.

(2) *Historique* de la brigade Bittard des Portes.

(3) C'étaient les deux batteries de l'avant-garde du Vᵉ corps $\left(\frac{I, II}{5}\right)$. Un officier et sept ou huit hommes furent mis hors de combat.

(4) Prince Bibesco, *loc. cit.*, p. 97.

Sur ces entrefaites, en approchant de Stonne, le général Douay entendit sur sa droite le bruit du canon, qui devenait de plus en plus distinct à mesure qu'il avançait. Sa première pensée fut de marcher dans cette direction. Mais, des hauteurs voisines du village, il constata qu'une ligne de feux demi-circulaire entourait Beaumont et qu'une partie des troupes du 5ᵉ corps était déjà en retraite sur Mouzon. Pour lui porter secours, il fallait, pensa le général Douay, faire halte, réunir en toute hâte les éléments du 7ᵉ corps échelonnés sur la route de Stonne à Raucourt, leur frayer un passage à travers la colonne Conseil Dumesnil qui encombrait la route de Beaumont et franchir sans se désunir les dix kilomètres qui séparaient Stonne du champ de bataille. C'était, à son avis, risquer d'arriver trop tard et de se faire écraser en détail. Or on avait déjà l'ennemi sur ses derrières et l'ordre était de gagner la Meuse au plus tôt. Le maréchal de Mac-Mahon ne l'avait pas modifié depuis que le canon avait retenti. Au surplus, le commandant en chef n'ignorait pas que le 5ᵉ corps était exténué par les marches, les contremarches, les combats et les privations des trois jours précédents ; il avait certainement pris les mesures nécessaires pour assurer son passage à Mouzon et tenir tête à une attaque éventuelle. S'il ne faisait donner aucun avis au 7ᵉ corps, c'est que la Meuse était toujours l'objectif à atteindre dans la journée. Il n'y avait donc qu'à se conformer à ses instructions : marcher et se hâter vers les points de passage du fleuve.

C'est ainsi du moins que le général Douay jugea la situation (1). Il poursuivit donc sa marche, l'arrière-garde toujours escortée de patrouilles de cavalerie ennemie, que deux compagnies du 83ᵉ obligèrent à s'éloigner. En

---

(1) Prince Bibesco, *loc. cit.*, p. 101-105.

approchant de Raucourt, l'état-major du 7ᵉ corps aperçut tout à coup, sur le chemin qui conduit d'Yoncq à Raucourt, des voitures du train roulant à bride abattue, des officiers et des soldats blessés, d'autres se traînant à peine, enfin une grande quantité de fuyards appartenant surtout à la 1ʳᵉ brigade de la division Conseil Dumesnil. Ces troupes avaient été englobées, entre Warniforêt et la Thibaudine, dans la lutte que livrait le 5ᵉ corps.

A la vue de cette déroute, le général Douay hésita sur la direction qu'il convenait de suivre. Craignant de trouver le pont de Villers-devant-Mouzon obstrué par le 5ᵉ corps, ou peut-être au pouvoir de l'ennemi, il prit le parti de se porter sur Remilly. Il rappela donc sa cavalerie en marche sur Villers et engagea toutes ses troupes dans l'étroit vallon d'Haraucourt. Malgré la fatigue, les soldats avaient le sentiment du danger que leur aurait fait courir une attaque inopinée; aussi dans tous les corps, activa-t-on la marche (1).

Vers 5 h. 15, au moment où la brigade d'arrière-garde atteignait Raucourt, dont les rues étaient assez encombrées, trois batteries de la 1ʳᵉ division bavaroise ouvrirent le feu sur le village. Le général Bittard des Portes arrêta ses deux régiments et fit prendre position : au 83ᵉ au Sud, au 82ᵉ à l'Ouest du village, tous deux abrités et dissimulés par des talus et des taillis. Puis le 82ᵉ reprit sa marche, tandis que le 83ᵉ, dont la plupart des compagnies étaient déployées en tirailleurs, arrêtait l'ennemi par sa ferme contenance, et se repliait, après l'écoulement de la colonne, par les bouquets de bois situés à l'Ouest et au Nord-Ouest de Raucourt. A son tour, le 82ᵉ établissait son IIᵉ bataillon à la

---

(1) Prince Bibesco, *loc. cit.*, p. 109. — Il semble que l'ordre à la cavalerie ne soit pas parvenu, car il paraît résulter du *Rapport* du général Ameil qu'après avoir protégé le passage du convoi à Villers-devant-Mouzon, elle franchit la Meuse à son tour en ce point.

lisière du Gros Bois et une compagnie (1re du IIIe) sur une croupe à l'Est de la route; ces unités, après avoir échangé quelques coups de fusil avec l'infanterie ennemie, rétrogradèrent ensuite sur Angecourt, accompagnées par quelques obus inoffensifs.

En arrivant à 1 kilomètre de Remilly, la tête de colonne du 7e corps trouva le chemin obstrué par la division de cuirassiers Bonnemains, qui n'avait pas terminé son passage. Le général Douay fit déboîter les troupes des deux côtés de la route et continuer la marche vers le pont de Remilly. Mais il trouva le village encombré de troupes et constata qu'il fallait attendre que la division L'Hériller du 1er corps et la division de cuirassiers Bonnemains eussent achevé de franchir la Meuse. Il était 7 h. 15; la nuit arrivait; il fallait compter sur plus de deux heures d'attente. Les troupes du 7e corps reçurent l'ordre de former les faisceaux sur les emplacements mêmes qu'elles occupaient. Des grand'gardes furent établies et toute la réserve d'artillerie, rassemblée à l'Est de la route, fit face au Sud pour battre au besoin le débouché d'Angecourt.

La situation était grave; chacun le sentait et gardait une attitude silencieuse. Les troupes profitèrent de ce temps d'arrêt pour prendre quelques instants de repos. Mais, comprenant les dangers auxquels le corps d'armée était exposé s'il n'avait pas franchi la Meuse avant le jour, le général Douay était dans une anxiété extrême.

Enfin, vers 10 h. 15, le mouvement put commencer. Mais, à 2 heures du matin, en raison des dégradations sans cesse croissantes que subissaient les ponts, seules l'infanterie de la 3e division et l'artillerie de la 2e avaient effectué leur passage.

A ce moment, le commandant de Bastard, attaché à l'état-major du maréchal de Mac-Mahon, vint apprendre au général Douay que l'armée entière se dirigeait sur Sedan.

A cette nouvelle, le commandant du 7ᵉ corps fit donner à chaque chef de corps l'ordre peu justifié de se porter immédiatement sur cette ville, chacun pour son compte et par la voie la plus prompte. Le général Doutrelaine, commandant le génie du corps d'armée, fut chargé de veiller à ce que les troupes en train d'effectuer leur mouvement l'eussent terminé avant le jour, après quoi il devait détruire les ponts. Le général Douay prit ensuite la direction de Sedan, par la rive gauche de la Meuse, avec la 2ᵉ division, l'artillerie de la 3ᵉ division et la réserve d'artillerie.

« On commença alors une marche insensée, les voitures se doublant l'une l'autre dans la nuit noire et bousculant sans merci des groupes d'hommes épars de tous les régiments et de tous les corps, marchant au hasard droit devant eux, sans ordres et sans chefs (1). »

Le général Douay atteignit Sedan le 31, vers 5 heures du matin, suivi de près par la colonne qui avait longé la rive droite. Le général Conseil Dumesnil qui, avec le 99ᵉ de ligne, avait escorté le convoi et passé la Meuse à Villers, était arrivé à Balan à 2 heures du matin, précédé par la division de cavalerie Ameil.

« Hommes et chevaux étaient brisés par la fatigue, la faim, le froid, et les émotions qu'ils subissaient sans relâche depuis vingt-quatre heures. Les chevaux faisaient pitié; ils se traînaient plutôt qu'ils ne marchaient. Quant aux hommes, la lassitude était arrivée à ce point qu'à peine assis les plus énergiques succombaient au sommeil (2). »

Le 12ᵉ corps devait rester en position près de Mouzon, sur les hauteurs de la rive droite de la Meuse, pendant

---

(1) *Histoire de l'armée de Châlons*, par un volontaire de l'armée du Rhin, p. 131.
(2) Prince Bibesco, *loc. cit.*, p. 17.

tout le temps qu'emploieraient les autres éléments de l'armée pour franchir le fleuve. Sa 1ʳᵉ division était campée au Nord-Est de la ville; la 2ᵉ entre la route de Stenay et la Meuse, sa 1ʳᵉ brigade sur deux lignes, sur les collines à l'Ouest du ruisseau de Moulins, sa 2ᵉ brigade en colonne au Nord du bois des Flaviers; la 3ᵉ division sur les crêtes au Nord-Ouest de Vaux, à cheval sur la route de Carignan, faisant face à l'Est. La division de cavalerie était établie au Sud-Est de Mouzon, entre la route de Stenay et la Meuse; les réserves d'artillerie et du génie au Nord-Ouest de la ville, entre la route de Sedan et la Meuse. La division de cavalerie Margueritte bivouaquait à Vaux, détachant le 4ᵉ régiment de chasseurs d'Afrique à Moulins, d'où il se couvrait par des grand'gardes dans la direction de Stenay.

Dans la matinée, deux escadrons de la division Lichtlin exécutèrent une reconnaissance : l'un sur Malandry et Olizy; l'autre sur Inor et Martincourt. L'ordre spécifiait qu'ils seraient rentrés au camp à 2 heures de l'après-midi et que, si Inor était occupé par l'infanterie ennemie, on ne devait pas y pénétrer.

La 5ᵉ compagnie du 3ᵉ régiment du génie, qui avait commencé, le 29 au soir, les travaux nécessaires à l'établissement d'un pont de chevalets à Villers-devant-Mouzon, les reprit le 30, à 6 h. 30 du matin. Elle fut renforcée, un peu plus tard, par la 11ᵉ compagnie du même régiment (1). Le pont fut terminé un peu après 4 heures de l'après-midi.

Dans la soirée du 29 août, le grand quartier général allemand évaluait à deux ou trois corps d'armée les troupes françaises occupant le terrain compris entre les Champy et Saint-Pierremont, par Belval. Il apprenait,

---

(1) Appartenant à la réserve du génie du 12ᵉ corps.

d'autre part, que Beaumont était encore occupé, mais qu'une partie de l'armée française avait déjà franchi la Meuse et poussé des détachements jusqu'à Inor. De ces renseignements et de l'attitude générale des Français le prince royal de Saxe concluait que l'intention du maréchal de Mac-Mahon était de masser, le lendemain, toutes ses forces sur la rive droite de la Meuse. Il espérait qu'en se portant vivement en avant lui-même, il pourrait encore atteindre quelques corps isolés et les écraser sur la rive gauche. Il fit donc prendre des dispositions préparatoires à cet effet, dès le 29 au soir.

Entre minuit et le point du jour, les avant-postes du XIIe corps remarquèrent que l'adversaire évacuait les Champy et Belval. Ce mouvement leur sembla tout d'abord dirigé vers Stenay, mais, en même temps, on sut que cette ville était toujours gardée par un bataillon saxon (1) et que l'ennemi n'occupait pas la forêt de Dieulet. On pouvait en inférer qu'il avait dû se retirer de Belval et des Champy vers le Nord.

Les patrouilles de la cavalerie de la Garde vinrent d'ailleurs confirmer cette hypothèse. On n'avait point de nouvelles du 7e corps signalé à Osches, mais on considérait comme très vraisemblable que les Français tiendraient d'abord à Beaumont afin de protéger le passage du fleuve.

Cependant, le commandant de l'armée de la Meuse avait reçu les instructions du grand quartier général datées du 29, 11 heures du soir, et relatives à la marche offensive des deux armées allemandes sur Beaumont et Le Chesne. Il prescrivit en conséquence, dès 3 heures du matin : au IVe corps de marcher de Rémonville, Bayonville, sur Nouart et Fossé; au XIIe de se concentrer par division à Beauclair et à l'Ouest du bois de

---

(1) Ier du *108e*, remplacé ensuite par le IIIe du *108e*.

Nouart. Ces troupes devaient faire halte en ces points à 10 heures du matin et se tenir prêtes à poursuivre leur mouvement.

Vers 6 heures du matin, à la réception des renseignements envoyés par les avant-postes, un second ordre régla, avec plus de détails, la marche vers Beaumont. Elle devait s'exécuter en quatre colonnes.

La *12e* division de cavalerie, la *23e* division d'infanterie et l'artillerie de corps saxonne devaient, de Beauclair, aller rejoindre, à Laneuville, la grande route de Stenay à Beaumont.

La *24e* division, partant du bois de Nouart, prendrait le chemin qui passe par Beaufort pour aboutir à la ferme de Belle Tour en traversant la forêt de Dieulet.

La *7e* division avait reçu l'ordre de se diriger de Nouart sur le Champy-Haut et, à travers le bois de Belval, sur Belle Tour.

La *8e* marcherait directement de Fossé sur Beaumont, par Belval et le bois du Petit Dieulet.

Le terrain qu'avait à parcourir le centre étant particulièrement boisé, le commandant en chef recommandait d'attribuer l'artillerie de corps aux colonnes des ailes.

La Garde, déjà avisée dans le courant de la nuit d'avoir à dégager la route de Buzancy à Beaumont, afin d'en laisser la disposition à la IIIe armée, recevait en outre l'ordre de venir s'établir en position de rendez-vous à l'Ouest de Nouart, à 10 heures du matin.

Le prince royal de Saxe réunissait ses commandants de corps d'armée à Bayonville à 8 heures du matin, et leur communiquait ses appréciations sur la situation. La difficulté consistait évidemment dans le débouché concordant des colonnes au Nord de la forêt de Dieulet. Il importait à cet égard d'éviter des affaires partielles contre un ennemi supérieur en nombre et dont les forces étaient vraisemblablement groupées. Aussi le commandant en chef de l'armée de la Meuse prescrivit-il que chaque division d'infanterie, après avoir atteint la lisière Nord des bois, n'engagerait provisoirement l'action que par son artillerie et attendrait que les colonnes latérales eussent débouché à leur tour de la forêt. Dans le cas où les chemins marqués sur la carte se trouveraient être impraticables dans les bois, le prince de Saxe recommandait de maintenir tout au moins la direction générale prescrite. De sa personne, il se rendait ensuite par Nouart aux environs de Fossé.

A la réception des instructions du grand quartier général, le commandant de la IIIe armée avait désigné les deux corps bavarois pour appuyer l'attaque sur Beaumont. Ils devaient, à cet effet, se mettre en marche : le Ier, à 6 heures du matin, en deux colonnes, pour venir, de Sommerance et Saint-Juvin, sur Buzancy et Bar, puis gagner, par Sommauthe, la grande route de Beaumont à Stonne ; le IIe, à 7 heures du matin, pour se porter des environs de Cornay à 2 kilomètres au Sud de Sommauthe et y rester en réserve.

Le prince royal de Prusse avait prescrit en outre :
au Ve corps, de se diriger de Grand Pré et Beffu, par Briquenay et Authe, sur Osches, afin de pouvoir s'engager ensuite, soit à droite, soit à gauche, suivant les circonstances ;

à la division würtembergeoise, de marcher de Grand Pré sur Le Chesne par Longwé, Boult-aux-Bois et Châtillon ;

au XIe corps, de se porter, de Monthois et Saint-Morel, également sur Le Chesne, par Vouziers et Quatre-Champs, avec une colonne latérale passant par Terron ;

au VIe corps, de suivre de Vienne jusqu'à Vouziers et d'y prendre des cantonnements très resserrés sur la rive gauche de l'Aisne.

Le départ était fixé à 6 heures du matin pour les Würtembergeois, le Ve corps et le XIe; toutefois il était recommandé à leurs avant-gardes respectives, ainsi qu'à celle du Ier corps bavarois, de rompre de meilleure heure.

Les troupes ne devaient se faire suivre que des voitures nécessaires en cas de combat. Tout le reste devait demeurer au loin en arrière.

Deux des divisions de cavalerie étaient appelées dans le voisinage du théâtre de la lutte éventuelle ; la 2e de Gratreuil, par Senuc, jusqu'au Nord de Buzancy ; la 4e suivant, depuis Vouziers, le XIe corps jusqu'à Quatre-Champs, et se portant ensuite sur Châtillon. Les deux autres étaient destinées à inquiéter les communications de l'armée française. A cet effet, la 5e devait, d'Attigny, gagner les environs de Tourteron ; la 6e, de Vouziers, se porter par Voncq sur Semuy, jeter de là des partis vers le Nord et surveiller en même temps les troupes ennemies récemment signalées à Reims.

L'intention du Prince royal était, en cas d'engagement, de s'établir de sa personne à Saint-Pierremont.

Telles sont les forces qui vont converger sur Beaumont et attaquer le 5e corps français qui, malgré l'engagement de la veille, se repose en toute quiétude, sans avoir pris aucune des mesures propres à se garantir contre les entreprises de l'ennemi.

TROISIÈME PARTIE
Beaumont.

CHAPITRE Ier

La surprise.

§ 1er. — *Description du champ de bataille.*

Le champ de bataille de Beaumont est une zone de terrain relativement étroite comprise entre la Meuse au Nord et à l'Est, le ruisseau marécageux de la Wamme et un de ses affluents de gauche au Sud, le ruisseau d'Yoncq à l'Ouest. Large d'environ 6 kilomètres dans sa partie Sud, cette bande se rétrécit jusqu'à en présenter moins de 4 sous le parallèle du village d'Yoncq, au delà duquel elle s'agrandit légèrement à hauteur d'une colline improprement appelée le mont de Brune. Les routes du Chesne à Stenay et de Buzancy à Mouzon coupent cette zone de l'Ouest à l'Est et du Nord au Sud. Le bourg de Beaumont, bâti à l'intersection de ces deux voies de communications, est situé au fond d'une sorte de cuvette bordée au Sud par la forêt de Dieulet, dont la lisière forme une sorte de courtine flanquée par deux bastions : la forêt de Jaulnay à l'Est, le bois du Grand Dieulet à l'Ouest. Le terrain au Nord, à l'Ouest et au Sud du bourg est légèrement mamelonné et entièrement découvert. Immédiatement à l'Est s'élèvent les hauteurs dominantes dites des Gloriettes, parsemées de bouquets de bois. Au Nord la route de Mouzon gravit des pentes généralement dénudées que termine une crête jalonnée par la ferme de la Harnoterie, le bois Failly et le promontoire de Sainte-Hélène, surplombant une boucle tracée par la Meuse en aval de Létanne. Plus loin, elle laisse à l'Est le bois Givodeau qui projette deux avancées vers le Sud et le Sud-Ouest, de part et d'autre de la ferme de la Sartelle, et dont le versant oriental tombe sur la Meuse par des pentes relativement raides. La route borde ensuite le bois du Fond de Limon, impraticable, comme le précédent, en dehors des chemins. Elle contourne dans une dépression un mamelon boisé coté 295, qui la sépare de la vallée d'Yoncq et du moulin de Grésil, et se dirige vers le faubourg de Mouzon, dominée à droite par les hauteurs de Villemontry et du bois Luquet, à gauche par le mont de Brune, dont le point culminant ne dépasse pas 222 mètres et que franchit la voie romaine de Reims à Carignan.

Dans la nuit du 29 au 30 août, les camps du 5ᵉ corps avaient été établis aux abords mêmes de Beaumont; ceux des 1ʳᵉ et 3ᵉ divisions et de la réserve d'artillerie au Sud, entre le chemin qui conduit à la ferme Beauséjour et la route de Stenay, les troupes les plus avancées vers la cote 212; ceux de la 2ᵉ division et de l'artillerie de la 3ᵉ immédiatement au Nord du bourg et à l'Ouest de la route de Mouzon; ceux de la division de cavalerie entre la route de Stonne et celle de Sommauthe (1). Les fermes qui parsèment le terrain compris entre Beaumont et la lisière Nord de la forêt de Dieulet n'étaient pas occupées. Sauf sur la route de Stenay où se trouvait une grand'garde du 17ᵉ de ligne, le 5ᵉ corps n'avait aucun service de sûreté.

---

(1) Les emplacements indiqués sur la carte pour chaque corps ne sont qu'approximatifs, faute de documents permettant de les préciser.

§ 2. — *Le 5ᵉ corps dans la matinée.*

Le 30 août, de grand matin, le maréchal de Mac-Mahon se rendit de Raucourt à Beaumont où il arriva vers 7 heures. Son but était, à la fois, de se rendre compte de la situation des 5ᵉ et 7ᵉ corps qui étaient en présence de l'ennemi (1) et d'accélérer, autant que possible, leur marche et leur passage de la Meuse (2). En dépit des événements de la veille et bien qu'il ignorât « s'il avait devant lui une division ou plusieurs corps d'armée », le général de Failly ne se montrait nullement préoccupé (3). Le Maréchal lui expliqua que, dans les circonstances présentes, il ne s'agissait plus de combattre, mais de franchir la Meuse dans le plus bref délai (4). Il lui prescrivit en conséquence de marcher sur Mouzon, où il traverserait le fleuve sous la protection du 12ᵉ corps qui y était déjà établi depuis la veille.

En recevant cet ordre, le commandant du 5ᵉ corps crut devoir rendre compte au Maréchal de l'état d'épuisement dans lequel se trouvait son corps d'armée, dont les derniers détachements venaient d'arriver au bivouac depuis deux heures à peine (5). Il lui fit connaître qu'après toutes les pénibles journées de marche et de combat, pendant lesquelles son corps d'armée surmené n'avait pas reçu de distributions régulières, il lui était de toute impossibilité de le remettre en route, sans lui avoir donné quelques heures de repos et des vivres. La plupart des officiers et des soldats étaient arrivés au bivouac à jeun. Mais le convoi qui avait été laissé au Chesne le 27

---

(1) *Souvenirs* inédits du maréchal de Mac-Mahon.
(2) *Journal* de marche du 5ᵉ corps rédigé par le colonel Clémeur.
(3) *Enquête*, t. I, p. 36, Déposition du maréchal de Mac-Mahon.
(4) *Ibid.*
(5) Voir p. 260.

devait rejoindre dans la matinée à Beaumont, et l'on pourrait alors faire quelques distributions. « Cette opération aussitôt terminée, déclara le général de Failly, dès que les hommes se seront un peu reposés, séchés, et qu'ils auront pris quelque nourriture, le 5e corps se mettra en marche pour Mouzon (1). »

Le Maréchal n'insista pas et quitta le général de Failly en lui recommandant de franchir la Meuse dans le plus bref délai, pour trouver un abri derrière cette ligne de défense.

Le commandant du 5e corps donna aussitôt une série d'ordres préparatoires au départ. Les chefs de corps devaient remettre leurs troupes en état, faire rejoindre les hommes dispersés dans les différents bivouacs, renouveler les munitions, prescrire des appels, nettoyer les armes, qui en avaient le plus grand besoin, par suite des pluies des jours précédents et du combat de la veille. Les malades, les blessés, les chevaux indisponibles seraient dirigés sur Mézières.

Le général de Failly convoqua, à 9 heures, auprès de lui les généraux de division et les chefs de service. Leurs rapports ne signalèrent aucun incident de nature à faire supposer que la marche du 5e corps avait été suivie par l'ennemi. Les grand'gardes n'avaient pas rendu compte de sa présence, ce qui n'avait rien de surprenant en raison de la faible distance à laquelle elles se trouvaient en avant des camps. D'après tous les renseignements, il y avait lieu de croire que les différentes colonnes allemandes avaient continué leur mouvement sur Stenay, dont le pont avait été rétabli (2). On ajouta d'autant plus foi à ces informations que la cavalerie n'en avait pas

---

(1) *Journal* de marche du 5e corps rédigé par le colonel Clémeur.
(2) *Ibid.* — Cf. général de Failly, *Opérations et marches du 5e corps*, p. 45.

d'autres et que le général de Failly avait confiance en elle, « après tous les ordres qu'il lui avait donnés et renouvelés pendant tout le courant de la campagne, au sujet des reconnaissances journalières du matin (1) ». Toutefois, malgré le combat de la veille, on négligea de lui en demander le résultat, ce qui eût fait constater leur inanité ou leur absence.

On n'avait donc, pour le moment, aucune appréhension et les généraux n'avaient d'autre sujet de préoccupation que les mesures à prendre immédiatement pour reconstituer leurs régiments, pourvoir à leurs besoins, resserrer les liens tactiques un peu relâchés et faire remettre en état les armes rouillées. On reconnut que l'emplacement des bivouacs au Sud de Beaumont était défectueux, mais on jugea inutile d'y apporter des modifications pour ne pas fatiguer les troupes sans nécessité, puisque ces camps devaient être levés dans quelques heures. Le convoi, venant du Chesne, était signalé en effet ; les distributions allaient avoir lieu et le corps d'armée se mettrait en marche à midi.

Pendant ce rapport, les généraux commandant les divisions insistèrent sur la nécessité de modifier la direction imprimée jusqu'alors à la conduite des troupes. Les marches forcées qu'elles avaient exécutées, sans trêve ni repos, depuis un mois, les démoralisaient et avaient développé en elles un esprit d'indiscipline qui avait déjà produit les plus fâcheux résultats (2). L'insuffisance et parfois l'absence totale des distributions, ainsi que l'abus des réquisitions irrégulières avaient commencé à répandre des habitudes de maraude qui ne pouvaient plus être tolérées. Les généraux conclurent en déclarant qu'il était plus que temps de modifier un pareil état de choses, sinon, n'ayant plus leurs troupes dans la main,

---

(1) *Journal* de marche du 5e corps, rédigé par le colonel Clémeur.
(2) Des scènes de pillage avaient eu lieu déjà à Reims et à Rethel.

ils ne pouvaient plus répondre de rien au jour d'une grande affaire (1). On verra néanmoins, qu'en dépit de ces déclarations pessimistes, les soldats du 5ᵉ corps se comportèrent le 30 août avec une vaillance que dépassèrent rarement des troupes surprises dans des conditions aussi critiques.

A la fin de ce rapport, et pour répondre aux observations qui lui avaient été présentées, le général de Failly donna, pour le départ, les instructions suivantes :

« .... Le maréchal de Mac-Mahon, commandant l'armée, a donné l'assurance positive que les vivres pour le 5ᵉ corps étaient assurés pour quatre jours, sur la rive droite de la Meuse, à environ 2 kilomètres sur le chemin qui va de Mouzon à Vaux, pays non encore dévasté. Sur la rive gauche de la Meuse, il est impossible de trouver des vivres ; le pays est épuisé par les deux armées. Il y a donc urgence d'aller aux vivres, outre la nécessité militaire de rejoindre promptement le maréchal Bazaine et d'éviter, sur ses derrières, des combats qui arrêtent la marche sans grand résultat militaire.

« Les officiers et les soldats comprendront la nécessité de marcher en avant aujourd'hui même.

« En conséquence, le 5ᵉ corps se mettra en marche aujourd'hui pour se porter sur Mouzon (8 kilomètres), traverser la Meuse et prendre position à 2 kilomètres : position sur laquelle les vivres sont rassemblés. »

Ces instructions étaient suivies d'un ordre de mouvement. Le 5ᵉ lanciers, partant à midi, devait hâter sa marche sur Mouzon et atteindre rapidement le camp du 30 au soir, afin de garder le convoi de vivres destiné au 5ᵉ corps. La division de L'Abadie s'ébranlerait ensuite, « entre 1 heure et 2 heures (2) » avec le parc d'artillerie,

---

(1) *Journal* de marche du 5ᵉ corps, rédigé par le colonel Clémeur.
(2) *Ordre* de mouvement pour le 30 août. « Un planton, ajoutait l'ordre, sera envoyé à l'état-major général pour l'heure exacte du départ, qui

les bagages et les grosses voitures d'ambulance. Puis viendraient : la division de Lespart ; la réserve d'artillerie, moins les deux batteries de 12 ; la brigade Nicolas de la division Goze. La brigade Saurin, de cette dernière division, constituerait l'arrière-garde, suivie elle-même de trois escadrons du 5e hussards et du 12e chasseurs, renforcés par une batterie à cheval. Les batteries de 12 devaient prendre position (1) et rester sur place jusqu'à l'écoulement complet du gros de la colonne ; la brigade Saurin était chargée de les emmener.

Sur ces entrefaites, le convoi était arrivé du Chesne vers 9 heures, et une distribution de vivres avait eu lieu aussitôt. Le parc d'artillerie, composé de 60 voitures, avait rejoint en même temps et s'était installé auprès de la réserve d'artillerie. Les troupes avaient fait la soupe ; les hommes réparaient leurs effets et nettoyaient leurs armes ; le temps redevenait beau et, sous ces influences, la confiance semblait renaître quand la situation s'assombrit tout à coup.

De graves nouvelles commençaient à circuler. Des paysans, fuyant devant les troupes allemandes, accouraient de Stenay, de Belval, de Bois des Dames et annonçaient que des colonnes ennemies s'avançaient à travers les forêts de Dieulet et de Belval (2). Dans sa conviction, peu fondée du reste, que l'adversaire de la veille marchait sur Stenay, le général de Failly ne trouva rien d'étonnant à ce que les bois au Sud de Beaumont fussent traversés par quelques-unes de ses colonnes. Il ne jugea pas utile d'ailleurs d'envoyer des reconnais-

---

ne peut s'effectuer qu'après la distribution et la soupe mangée. Pour les autres parties de la colonne, les généraux..... enverront des officiers au camp pour suivre le mouvement des troupes et prévenir leur chef du moment où ils devront partir. »

(1) L'ordre de mouvement ne spécifiait pas en quel point.
(2) *Rapport* du colonel Weissenburger, commandant le 17e de ligne.

sances pour vérifier le fait et pour observer leur marche.

Une femme énergique, Mme Bellavoine, fondatrice du petit hospice de Beauséjour, n'hésita pas, au péril de sa vie, à se rendre auprès du général de Failly pour le prévenir des dangers qui menaçaient les troupes françaises. Elle ne put le joindre qu'avec difficulté et fut à peine écoutée (1). Il en fut de même de M. Lagosse, maire de Montgon, qui signala l'arrivée de colonnes allemandes par la route de Stenay, et aux affirmations duquel le général de Failly ne voulut pas ajouter foi (2).

Pleinement rassuré par les renseignements sans valeur qu'il tenait de reconnaissances insuffisantes et d'avant-postes trop rapprochés, le général de Failly demeura convaincu que les Allemands avaient renoncé à le suivre.

Peu de temps après, vers midi 15, au moment où l'avant-garde allait se mettre en route, des obus éclatèrent à Beaumont et dans les camps situés au Sud, où les troupes étaient occupées, pour la plupart, à préparer ou à prendre leur repas, à nettoyer leurs fusils, à passer des revues d'armes, à exécuter diverses corvées, à conduire les chevaux à l'abreuvoir.

§ 3. — Le IVe corps engage l'action.

Les deux divisions du IVe corps avaient quitté, le 30 août, dès l'aube, leurs bivouacs des environs d'Andevanne et de Bayonville et, à 10 heures du matin, après

---

(1) **Defourny,** curé de Beaumont, *L'Armée de Mac-Mahon et la bataille de Beaumont,* |p. 96-97. Cf. *Journal* de marche du 5e corps, rédigé par le capitaine de Piépape et général Canonge, *Trois Héros.*

(2) *Note adressée à la Section historique, le 11 février 1902, par M. Lagosse qui, en 1870, remplit avec le plus grand dévouement plusieurs missions dont il fut chargé par le maréchal de Mac-Mahon et le général **Ducrot.**

une courte halte à Nouart et à Fossé, elles s'étaient remises en marche sur Beaumont. Le mauvais état des chemins, encombrés d'ailleurs par d'autres voitures, causait quelque retard à l'artillerie de corps, à la traversée du bois de la Folie; elle ne tarda pas cependant à rejoindre, par Fossé, la 8ᵉ division, avec laquelle marchait également le général von Alvensleben I, commandant le IVᵉ corps.

A Belval, la division rencontra le *17ᵉ* régiment de uhlans saxons, en reconnaissance de ce côté depuis 5 heures du matin. D'une hauteur voisine de Bois des Dames, le colonel avait remarqué des camps français à Beaumont. Afin de se renseigner plus complètement, il avait envoyé, à travers le bois du Petit Dieulet, un escadron qui était arrivé jusqu'à la lisière Nord et, de là, avait fait savoir « qu'on n'apercevait pas de postes avancés sur le front des campements et, qu'au dire d'un paysan, les troupes françaises se reposaient en toute confiance (1) ». Ces nouvelles importantes furent aussitôt transmises au commandant de la *8ᵉ* division.

Tandis que le *17ᵉ* uhlans se portait sur Laneuville pour rallier le XIIᵉ corps, la *8ᵉ* division continuait, aussi silencieusement que possible, sa marche à travers la forêt, par la Forge et la ferme de la Belle Volée. Au débouché du bois, le 2ᵉ escadron du *12ᵉ* régiment de hussards, qui formait la pointe d'avant-garde, se met à l'abri des vues; la 1ʳᵉ compagnie du *4ᵉ* bataillon de chasseurs se glisse jusqu'à la ferme de Petite Forêt.

De la hauteur située immédiatement au Nord-Est on distinguait, à 500 mètres environ, un premier camp au Sud de Beaumont, puis un second au Nord-Ouest. On évaluait les forces occupant la partie visible de ces camps à une brigade d'infanterie et un régiment de cavalerie.

---

(1) *Historique du Grand État-Major prussien*, 7ᵉ livraison, p. 992.

On constatait d'ailleurs que les Français n'avaient pas établi d'avant-postes et qu'ils reposaient dans une quiétude absolue (1).

D'après les recommandations du prince royal de Saxe, la *8e* division eût dû attendre, pour continuer son mouvement en avant, que les colonnes latérales fussent arrivées à sa hauteur (2). Mais le général von Alvensleben I, qui avait rejoint son avant-garde, jugea que les Français ne tarderaient pas à s'apercevoir du danger et craignit de laisser échapper une si belle occasion de surprise. Aussi prit-il la responsabilité d'une attaque immédiate (3).

Vers 11 h. 30 il ordonna en conséquence :

au *4e* bataillon de chasseurs de rejoindre en silence sa *1re* compagnie sur la hauteur située au Nord Est de Petite Forêt et derrière laquelle la *16e* brigade viendrait se rassembler;

au commandant de l'artillerie divisionnaire d'établir les deux batteries d'avant-garde à l'Est de la ferme Beauséjour; d'y amener aussi, le plus vivement possible, les deux batteries du gros, puis, le rassemblement de la *16e* brigade terminé, d'ouvrir brusquement le feu pour appuyer le mouvement offensif de l'infanterie;

au *12e* hussards de rester provisoirement défilé aux vues.

Ces mouvements commencèrent aussitôt, sans que les Français en eussent aucun soupçon. Déjà les deux batteries de l'avant-garde (4, III/4) avaient pris position entre la ferme de Petite Forêt et Maison Blanche et le *4e* bataillon de chasseurs avait atteint Petite Forêt, quand une vive agitation se produisit tout à coup dans

---

(1) *Historique du Grand État-Major prussien*, 7e livraison, p. 993.
(2) Voir p. 297.
(3) *Das Abbrechen von Gefechten, herausgegeben vom grossen Generalstabe*, p. 74.

les camps les plus proches, occupés par les 11ᵉ et 46ᵉ de ligne (1).

Ce dernier régiment avait été prévenu, en effet, de l'arrivée des Allemands par un soldat isolé qui était accouru en criant « *Aux armes!* » et cet appel semble s'être répercuté dans le camp du 11ᵉ (2).

Le général von Alvensleben I, constatant le fait, ne crut pas devoir attendre que la *16ᵉ* brigade fût déployée et, à midi 15 environ, il prescrivit aux batteries d'avant-garde d'ouvrir le feu.

Ces coups de canon déterminèrent la 7ᵉ division à entrer en ligne (3). Le peloton de dragons, qui marchait à la pointe d'avant-garde de cette division, était arrivé, vers 11 h. 30, à la ferme de Belle Tour qu'il trouvait inoccupée mais il ne tardait pas à rencontrer, sur une hauteur au Nord, une fraction d'infanterie française (4).

Le *66ᵉ* sortait à ce moment des bois et se déployait :

---

(1) Ces deux régiments constituaient, avec le 4ᵉ bataillon de chasseurs, la 1ʳᵉ brigade de la division Goze.
(2) *Historiques* manuscrits des 11ᵉ et 46ᵉ de ligne.
(3) *Ordre* de marche de la 7ᵉ division d'infanterie :

Avant-garde.... { 1 peloton du 3ᵉ escadron du 7ᵉ dragons ;
IIIᵉ bataillon du *66ᵉ* ;
3ᵉ compagnie de pionniers de campagne ;
2ᵉ batterie du *4ᵉ*.

Gros .... { Iᵉʳ et IIᵉ bataillons du *66ᵉ* ;
1ʳᵉ, Iʳᵉ, IIᵉ batteries du *4ᵉ* ;
Iᵉʳ, IIᵉ, IIIᵉ bataillons du *26ᵉ* ;
Iᵉʳ, IIᵉ, IIIᵉ bataillons du *93ᵉ* ;
Iᵉʳ, IIᵉ, IIIᵉ bataillons du *27ᵉ* ;
7ᵉ dragons.

(4) C'était peut-être — sans qu'on puisse l'affirmer — la compagnie de grand'garde du 17ᵉ de ligne (6ᵉ du IIᵉ bataillon). L'*Historique du Grand État-Major prussien* dit à ce sujet (7ᵉ livraison, p. 995), que le « gros d'infanterie », comme il l'appelle, se replia aussitôt devant le peloton de dragons prussiens Le fait paraît quelque peu invraisem-

le III⁰ bataillon sur le versant Sud de la hauteur, à cheval sur le chemin de Belle Tour à Beaumont, les tirailleurs poussant jusqu'à la crête ; le Ier bataillon à l'Est, le IIe à l'Ouest de ce chemin.

De Belle Tour on n'apercevait ni les camps français de Beaumont ni les mouvements de la *8e* division. Aussi le général von Schwarzhoff, commandant la *7e*, se conformant aux instructions d'Alvensleben, avait-il l'intention de rassembler d'abord toutes ses troupes et d'attendre l'arrivée des colonnes latérales. Mais les bataillons de tête étaient à peine formés que les premiers coups de canon se faisaient entendre du côté de la 8e division. Le général von Schwarzhoff se décida alors à intervenir et ordonna à la batterie d'avant-garde (2/*4*) de venir prendre position sur la hauteur qu'occupaient déjà les tirailleurs du IIIe bataillon du *66*^{e}.

§ 4. — *Premières dispositions prises au 5⁰ corps.*

Au premier coup de canon, suivi d'un court silence puis d'une immense clameur, chacun, dans le camp français, avait couru aux armes. Ce furent tout d'abord un désarroi et une confusion inexprimables dans cette masse d'hommes s'équipant à la hâte, se précipitant aux faisceaux, sellant ou harnachant les chevaux parfois affolés, courant en tous sens avec leurs attelages. La population de Beaumont, saisie d'épouvante, augmentait encore le désordre en fuyant à travers les tentes et les

---

blable. L'*Historique* ajoute d'ailleurs que le peloton rétrograda également.

L'*Historique* du 7⁰ régiment de dragons relatant textuellement le *Rapport* sur la bataille de Beaumont s'exprime ainsi (p. 54) : « Le peloton d'avant-garde, sous les ordres du lieutenant de Gustedt, se heurta, d'abord au débouché des bois et en se dirigeant sur Beaumont, à une grand'garde ennemie qui, immédiatement après, s'engagea contre notre infanterie. Le 3⁰ escadron perdit là trois chevaux. Le régiment déboucha de la forêt vers 1 heure. »

parcs. Partout les officiers faisaient des prodiges de vigueur et de sang-froid, et se multipliaient pour conjurer les effets de cette crise, pour empêcher leurs unités de se débander, pour les réunir et les former en bataille. Grâce à leurs efforts et à la proportion des cadres et des soldats éprouvés par plusieurs campagnes, la panique fut évitée (1).

Revenues de leur première surprise, les troupes parvinrent à se ressaisir assez vite et à se former à la voix de leurs chefs, en dépit d'une grêle d'obus et même de balles dont l'intensité augmentait sans cesse. Les généraux, montés immédiatement à cheval, parcouraient les camps, donnant l'exemple du calme et du mépris de la mort, et prenaient leurs dispositions pour parer, dans la mesure du possible, à cette attaque imprévue.

Les troupes qui avaient bivouaqué au Nord de Beaumont, 2ᵉ division et artillerie de la 3ᵉ, furent relativement soustraites au désarroi, en raison de leur éloignement et des préparatifs de leur mise en route. Tout d'abord, le général de L'Abadie d'Aydrein s'était contenté de prendre quelques mesures « pour défendre le camp (2) ».

Au 14ᵉ bataillon de chasseurs, les 5ᵉ et 6ᵉ compagnies avaient été envoyées auprès de l'artillerie de la 2ᵉ division pour lui servir de soutien ; les 1ʳᵉ et 3ᵉ s'étaient portées à 500 mètres environ en avant du front de bandière et s'étaient embusquées dans des jardins de Beaumont, derrière des haies et des murs de clôture ; la 4ᵉ était restée au camp (3). Le 49ᵉ de ligne, de son côté, s'échelonna par bataillons, la gauche aux premières maisons du bourg.

Une panique faillit avoir lieu au 88ᵉ de ligne. L'artil-

---

(1) Defourny, *loc. cit.*, p. 98-99.
(2) *Journal* de marche de la 2ᵉ division.
(2) La 2ᵉ compagnie était à Metz avec la brigade Lapasset.

lerie, qui avait formé son parc derrière ce régiment, présentait une masse de chevaux et de voitures qui attirait les obus de l'artillerie prussienne. Un certain nombre de caissons font explosion; des chevaux affolés se jettent dans les bivouacs du 88e; quelques voitures attelées à la hâte se lancent à toute allure parmi les tentes. Surexcités, les soldats se précipitent aux faisceaux et les rompent, les uns pour faire le coup de feu, les autres pour s'enfuir. Le régiment, en tout cas, allait être disloqué, désorganisé, quand le colonel Demange, grâce à son imperturbable assurance, empêcha le désordre imminent de se produire. Le premier, il s'était porté devant le front de bandière, avait ordonné de reformer les faisceaux et de rester sur deux rangs en arrière. Puis, d'une voix très calme, il avait demandé son cheval et ses armes.

« Je le vois encore, dit un témoin oculaire, entourant lentement et méthodiquement sa taille d'une ceinture de zouave, tout en rassurant les hommes qui se trouvaient le plus près de lui. Enfin, montant à cheval et dressant sa haute stature, il tire son épée, fait faire un roulement, puis il commande : « Rompez les faisceaux ! »

« *Cette attitude avait déjà produit son effet.* Les hommes sont immobiles et s'alignent, quelques-uns plaisantent ; les officiers sont à leurs places de bataille et achèvent de remonter par leur exemple le moral de leurs soldats (1). »

Constatant « que c'était une véritable bataille qui s'engageait (2) », le général de L'Abadie laissa les tentes

---

(1) Récit rédigé en 1881 par le capitaine Guèze, qui était sous-lieutenant au 88e, à Beaumont (Cité par le général Canonge, *Traité d'histoire et d'art militaire*, t. II, livraison 49).

( ) *Journal* de marche de la 2e division. Cf. *Relation* du colonel en retraite Lespinasse, commandant alors le IIIe bataillon du 88e.

dressées, fit mettre sac au dos et, disposant ses troupes par échelons, prescrivit d'occuper la ligne de hauteurs qui dominent au Nord Beaumont et Létanne. Le mouvement fut exécuté « avec beaucoup d'ordre (1) ». Le 88e de ligne s'établit vers Sainte-Hélène après une marche « admirable d'ordre et de silence (2) » sous le feu de l'artillerie ennemie; successivement les Ier, IIe et IIIe bataillons du 49e se déployèrent à sa droite; le 14e bataillon de chasseurs, en réserve, à 500 mètres en arrière (3).

Les deux batteries de la 2e division prirent immédiatement position : la 5e du 2e, à 400 mètres environ au Nord du moulin à vent, à l'abri d'un talus bordant la route de Mouzon; la 8e du 2e, à 100 mètres seulement du camp, près du moulin à vent même (4). Cette dernière, prise en écharpe, changea bientôt d'emplacement; elle s'établit en un point peu éloigné du premier, où elle subit les mêmes inconvénients, puis près de la route de Mouzon, à hauteur de la lisière méridionale du bois Failly. La 5e du 2e exposée, elle aussi, à des coups d'écharpe, vint l'y rejoindre.

Les batteries de la 3e division $\left(\frac{9, 11, 12}{2}\right)$, qui avaient campé à la sortie Nord de Beaumont, à côté de celles de la 2e, se placèrent d'abord près de la 5e du 2e, à 400 mètres environ au Nord du moulin à vent, les 11e et 12e à l'Est, la 9e à l'Ouest de la route de Mouzon.

La 12e batterie du 2e n'avait que cinq pièces; la sixième, dont l'attelage de derrière avait été tué, était restée au parc. Sans hésiter, le maréchal des logis

---

(1) Journal de marche de la 2e division.
(2) Récit du capitaine Guèze.
(3) Les 5e et 6e compagnies étaient restées auprès de l'artillerie; les 1re et 3e avaient rallié la 4e.
(4) La troisième batterie divisionnaire (7e du 2e) était à Metz avec la brigade Lapasset.

Pourchaire, suivi du 1ᵉʳ conducteur Simplot, retourna au parc, parvint à atteler cette bouche à feu sous une grêle de projectiles et la ramena à sa place de batterie (1).

Déjà, d'ailleurs, une des batteries de la 1ʳᵉ division, la 6ᵉ du 6ᵉ, qui avait campé dans le vallon au Nord-Ouest de Beaumont et qui, devant marcher à l'avant-garde, avait ses chevaux harnachés, s'était établie, dix minutes après le premier coup de canon, sur les hauteurs au Sud de la cote 225.

La division de cavalerie Brahaut, dont le 5ᵉ lanciers était en marche sur Mouzon (2), se trouvait réduite au 5ᵉ hussard et au 12ᵉ chasseurs. Dans ces deux régiments, bivouaqués à la sortie Nord-Ouest de Beaumont, les chevaux furent sellés sous les projectiles avec un sang-froid tel qu'au 5ᵉ hussards, par exemple, un seul homme démonté manqua à l'appel. Le rassemblement des escadrons s'effectua au Nord de Beaumont derrière les batteries de la 2ᵉ division.

Parmi les troupes stationnées au Sud de Beaumont, divisions Goze et de Lespart, « la défense s'était bientôt organisée, prompte et vigoureuse (3) ». Non sans une certaine confusion, il est vrai, les brigades Saurin, à droite, et de Fontanges, à gauche, se forment en première ligne, les brigades Nicolas et Abbatucci derrière celles-ci.

A la brigade Saurin campée à l'Ouest du chemin de Petite Forêt, le 4ᵉ bataillon de chasseurs, prêt le premier, se porte rapidement en avant vers la crête à l'Ouest de la cote 212 et s'engage contre le 4ᵉ bataillon

---

(1) *Historique* manuscrit du 2ᵉ régiment d'artillerie.
(2) Il devait y prendre et escorter un convoi de vivres destiné au 5ᵉ corps.
(3) *Historique du Grand État-Major prussien,* 7ᵉ livraison, p. 1002.

de chasseurs prussiens, qui débouche de la ferme de Petite Forêt. Il est soutenu bientôt à sa gauche par le 11º de ligne, dont les trois bataillons se déploient dans l'ordre de leurs numéros, de la droite à la gauche, le IIe formant échelon en arrière. Le 46e de ligne, gêné dans son déploiement par le 11e, n'intervient tout d'abord dans l'action que par quelques tirailleurs (1).

A la brigade de Fontanges, le 68e de ligne, campé à l'Ouest du chemin de Belle Tour, passait, par un heureux hasard, la revue des armes et des cartouches au moment même où le premier coup de canon fut tiré. Deux compagnies du Ier bataillon, aussitôt déployées en tirailleurs, se portèrent sur les hauteurs au Sud, où elles se trouvèrent face à face avec les tirailleurs prussiens du 66e, qu'elles chargèrent à la baïonnette. Les IIe et IIIe bataillons se déployèrent derrière ces compagnies, le reste du Ier demeurant en réserve (2).

Le 17e de ligne, campé à l'extrême gauche entre le chemin de Belle Tour et la route de Stenay, avait placé en grand'garde la 6e compagnie du IIe bataillon, qui résista énergiquement à l'attaque et eut deux officiers blessés, le capitaine Le Pape et le sous-lieutenant de La Pena. Dès le début, le Ier bataillon, qui n'avait pu encore remplacer ses cartouches épuisées la veille, fut renvoyé en arrière; les IIe et IIIe se déployèrent entre la route de Stenay et la gauche du 68e, poussant en avant, en tirailleurs, les 2e et 3e compagnies, plus une section de la 4e compagnie du IIe bataillon et la 1re du IIIe, celle-ci destinée plus particulièrement à appuyer la grand'garde sur sa gauche (3).

---

(1) *Historique* manuscrit du 11e de ligne.
(2) *Historique* manuscrit du 68e de ligne.
(3) *Rapport* du colonel Weissenburger du 17e de ligne; *Historique* manuscrit du 17e de ligne.

Cependant, les batteries de la réserve d'artillerie (1), campées au Sud de Beaumont, dans le vallon au Nord-Ouest de la cote 212, se hâtaient d'atteler leur matériel et y parvenaient en moins d'un quart d'heure.

« Inexprimable fut la confusion du premier moment de cette surprise ; toutefois, officiers et canonniers firent admirablement leur devoir ; les chevaux, non tués à la corde, furent garnis, sellés, bridés et attelés sous le feu même de l'ennemi (2). »

Les deux premières pièces prêtes appartiennent à la 6ᵉ batterie du 2ᵉ ; elles sont conduites, l'une par le chef d'escadron Cailloux et le lieutenant en second Courtès-Bringou un peu au delà de la crête située au Sud du camp ; l'autre par le lieutenant en premier Nicollet un peu plus en arrière. Le colonel de Salignac-Fénelon, commandant la réserve d'artillerie, et le capitaine commandant de Tessières accompagnent cette dernière pièce (3).

Pendant ce temps, l'adjudant Morel a rassemblé les quatre autres bouches à feu et les met en batterie (4). A peine le lieutenant Courtès-Bringou a-t-il ouvert le feu qu'un de ses servants est blessé et deux chevaux atteints. Le colonel de Salignac-Fénelon est renversé avec son cheval par un obus qui éclate dans la terre près de lui. Il faut quitter cette position si aventurée. La 6ᵉ batterie se replie et vient s'établir à côté de la 10ᵉ du 2ᵉ, vraisemblablement sur les hauteurs du moulin à vent (5).

Des deux batteries de 12, la 11ᵉ du 10ᵉ dont les conduc-

---

(1) 6ᵉ et 10ᵉ (de 4) du 2ᵉ ; 11ᵉ (de 12) du 10ᵉ ; 11ᵉ (de 12) du 14ᵉ ; 5ᵉ et 6ᵉ (à cheval) du 20ᵉ.
(2) *Journal* de marche de la réserve d'artillerie.
(3) *Rapport* du chef d'escadron Cailloux (sans date).
(4) *Historique* manuscrit du 2ᵉ régiment d'artillerie.
(5) Le *Rapport* du chef d'escadron Cailloux dit : « Au delà de Beau-

teurs étaient au fourrage, mit ses pièces en batterie à bras et ouvrit le feu sur l'emplacement même du camp; elle y resta jusqu'au moment où elle put disposer de ses attelages et recula ensuite jusqu'à une deuxième crête (1) située un peu au Nord de l'intersection du chemin de Petite Forêt avec un autre chemin venant de la sortie Sud-Ouest de Beaumont. Moins heureuse, la 11e du 14e fut forcée d'abandonner trois pièces dont les attelages avaient été tués; le reste gagna le carrefour au Nord-Est de la Harnoterie.

Aux deux batteries à cheval (5e et 6e du 20e) les hommes avaient pris toutes leurs dispositions « avec le plus grand sang-froid et sans désordre (2) ». Le lieutenant en second Majorelle, de la 6e batterie, dont la section avait été prête la première, fit ouvrir le feu derrière la crête qui masquait le camp, au jugé, pour faire comprendre à l'infanterie qu'elle était appuyée par l'artillerie (3). Les deux batteries s'établirent bientôt, moins de dix minutes après le premier coup de canon, « à hauteur et à droite de leur campement (4) », puis auprès de la 11e du 10e, sur la deuxième crête au Sud de Beaumont (5).

Plusieurs caissons de la réserve d'artillerie dont les conducteurs et les attelages avaient été tués ou dont les chevaux effrayés s'étaient détachés et enfuis, furent laissés au camp. Il en fut de même des tentes et des bagages,

---

mont....., dans une position assez avantageuse....., le terrain s'élevant en pente douce en arrière, sans présenter de dépression. »

(1) Les vues de cette deuxième crête sont très limitées. On n'aperçoit pas le terrain situé au delà de la première crête (celle de la cote 212), vers Petite Forêt.

(2) *Historique* manuscrit du 20e régiment d'artillerie.

(3) Renseignements communiqués sur le terrain même par le colonel Majorelle.

(4) Renseignements fournis à la Section historique le 8 novembre 1903 par M. le général Macé; *Historique* du 20e régiment d'artillerie.

(5) *Journal* de marche de la réserve d'artillerie.

ainsi que d'une trentaine de voitures du parc d'artillerie qui, pourvues de conducteurs moins solides et moins expérimentés que ceux des batteries, tombèrent un peu plus tard aux mains de l'ennemi.

La 5ᵉ batterie du 6ᵉ, de la 1ʳᵉ division, prit une première position (1) où elle se maintint environ une demi-heure, tirant tantôt sur l'artillerie, tantôt sur l'infanterie ennemie. Elle se replia ensuite au Nord-Ouest de Beaumont. La 7ᵉ du 6ᵉ, de la même division, traversant le bourg, s'établit à 800 mètres environ au Nord-Ouest.

§ 5. — *Combats au Sud de Beaumont.*

Sur tout le front, les troupes françaises campées en première ligne s'étaient portées en avant, avec un sentiment très remarquable de l'offensive et une bravoure à laquelle il faut rendre hommage. Mais sous la pression des circonstances, chaque chef de corps, de bataillon, quelquefois même de compagnie, avait pris le commandement des troupes sous ses ordres et les avait engagées selon ses vues. De là un désordre inévitable qui, joint à la confusion provenant de la surprise, avait rendu toute direction impossible.

Bientôt, le 4ᵉ bataillon de chasseurs, les 11ᵉ, 46ᵉ, 68ᵉ et 17ᵉ de ligne eurent constitué, à 1000 mètres environ au Sud de Beaumont, entre le chemin de la ferme Beauséjour et la route de Stenay, d'épaisses lignes de tirailleurs qui firent subir, en quelques instants, des pertes considérables à leurs adversaires. Les deux batteries d'avant-garde de la 8ᵉ division $\left(\frac{\text{III, 4}}{4}\right)$ ne disposèrent plus, au bout de peu de temps, que de deux ou trois servants par pièce; celle de l'avant-

---

(1) Les documents existants ne permettent pas de la définir.

garde de la $7^e \left(\dfrac{2}{4}\right)$ fut également très éprouvée (1).

Vers midi et demi, les deux autres batteries de la 8e division $\left(\dfrac{3,\ IV}{4}\right)$ vinrent s'établir à côté des deux premières en s'intercalant entre elles; elles tirèrent tant contre l'artillerie française établie à l'Ouest de Beaumont que contre l'infanterie.

Des cinq bataillons restants (2) de la *16ᵉ* brigade : le IIIᵉ du *96ᵉ* était employé à couvrir l'artillerie, le IIIᵉ du *86ᵉ* demeurait en réserve à la ferme de Belle Volée, les Iᵉʳ et IIᵉ du *86ᵉ*, le IIᵉ du *96ᵉ* se formaient auprès de la Tuilerie.

A la 7e division, les trois batteries du gros de la colonne $\left(\dfrac{1,\ 1,\ II}{4}\right)$ n'avaient pas tardé à renforcer celle de l'avant-garde, non loin de la cote 217, au Nord de la ferme de Belle Tour; les deux batteries lourdes à droite. la 1ʳᵉ légère à gauche de celle-ci. Plus en arrière, le *26ᵉ*, deuxième régiment de la *13ᵉ* brigade, commençait à se déployer.

Vers midi 45, les trois corps de la brigade Saurin (3), 4ᵉ bataillon de chasseurs, 11ᵉ et 46ᵉ de ligne, fondus tout entiers en tirailleurs, exécutent un mouvement offensif sous l'impulsion de la brigade Nicolas (4), dont les régiments, campés en arrière, sont parvenus à constituer quelques unités tactiques. Sous la vigoureuse direction du colonel de Béhagle, le 11ᵉ de ligne se lance sur Petite Forêt; le 46ᵉ, à sa gauche, se conforme à ce mouvement.

---

(1) *Historique du Grand État-Major prussien,* 7ᵉ livraison, p. 994 et 996.

(2) Le 4ᵉ bataillon de chasseurs avait été engagé dès le début; le Iᵉʳ du *96ᵉ* était avec l'artillerie de corps.

(3) 1ʳᵉ de la division Goze.

(4) 2ᵉ de la division Goze.

Le major von Lettow, commandant le 4ᵉ bataillon de chasseurs, appelle sa 4ᵉ compagnie, maintenue jusque-là en arrière ; elle parvient, par des feux de salve et à volonté, à arrêter quelque temps les tirailleurs français qui lui font face. A leur tour, les trois bataillons prussiens qui se sont formés près de la Tuilerie se portent en avant et, dépassant les chasseurs, couronnent la crête de la hauteur au Nord-Est de Petite Forêt : le IIᵉ bataillon du 96ᵉ se déploie entre le Iᵉʳ du 86ᵉ à sa droite et le IIᵉ du 86ᵉ à sa gauche. Deux compagnies du 4ᵉ bataillon de chasseurs, les 2ᵉ et 3ᵉ, viennent s'intercaler sur le front, une à chaque aile du IIᵉ bataillon du 96ᵉ ; les deux autres organisent défensivement la ferme de Petite Forêt (1).

Le mouvement offensif de la brigade Saurin est arrêté par une violente fusillade et par l'artillerie de la 8ᵉ division, dont l'efficacité augmente en proportion de la densité sans cesse croissante des groupements français. Au 11ᵉ de ligne, le colonel de Béhagle et un grand nombre d'officiers sont mortellement atteints ; le commandant Friant, du IIᵉ bataillon, blessé une première fois, est forcé, à la suite d'une blessure nouvelle, de confier le commandement au capitaine adjudant-major Bonnet. Au 46ᵉ, les pertes sont également très fortes.

L'entrée en action des deux régiments de la brigade Nicolas détermine néanmoins un mouvement en avant général. Les deux bataillons présents du 86ᵉ, qui se trouvaient d'abord l'un derrière l'autre, se forment en bataille sur une seule ligne, le Iᵉʳ à la droite du IIIᵉ. Dès les premiers coups de feu, le commandant Mathis, du Iᵉʳ bataillon, et les capitaines Perken et Bourdel sont frappés mortellement ; le commandant Maly a son cheval tué sous lui ; bientôt après, le colonel Berthe, déjà blessé une première fois, est grièvement atteint ; les capitaines

---

(1) *Historique du Grand État-Major prussien*, 7ᵉ livraison, p. 994-995.

Cuny, Schram et Houlès sont hors de combat. L'offensive du 86ᵉ est secondée à gauche par le 61ᵉ, qui forme brigade avec lui.

Mais quatre nouveaux bataillons prussiens interviennent dans la lutte. Le général von Schöler, commandant la *8ᵉ* division, ordonne au IIIᵉ bataillon du *96ᵉ*, employé jusque-là à couvrir l'artillerie, de venir renforcer la première ligne, et au *31ᵉ*, qui marche en tête de la *15ᵉ* brigade, de s'engager sur-le-champ. Le *71ᵉ* s'établit en réserve à la sortie de la forêt. Enfin, les six batteries de l'artillerie de corps, qui suivent la *15ᵉ* brigade, débouchent du couvert et viennent prendre position près de celles de la *8ᵉ* division. Elles n'avaient pas ouvert le feu toutefois que déjà l'offensive des Français était enrayée.

Les troupes prussiennes qui combattaient au Nord de Petite Forêt avaient reçu également un appui sur leur droite. La *8ᵉ* division avait fait connaître en effet à la 7ᵉ qu'elle s'était heurtée à une vigoureuse résistance au Nord de Petite Forêt. Aussi le général von Schwarzhoff avait-il donné l'ordre de faire avancer aussitôt toutes les troupes déjà sorties du couvert. Tandis que le Iᵉʳ bataillon du *66ᵉ* se dirigeait vers la route de Stenay, les IIᵉ et IIIᵉ prolongeaient l'extrême droite de la première ligne de la *8ᵉ* division. Le *26ᵉ* déployait ses deux premiers bataillons, en quatre demi-bataillons, derrière cette aile, entre le chemin de Belle Tour et la route de Stenay, et faisait tenir par deux compagnies du IIIᵉ le bouquet de bois voisin de la ferme de Beaulieu pour faciliter aux divisions saxonnes le débouché de la forêt (1).

Les deux régiments de la *14ᵉ* brigade s'établissaient : le *93ᵉ* derrière l'artillerie de la division, près de la pointe boisée la plus en saillie vers le Nord, le *27ᵉ* en réserve près de Belle Tour. C'est sur ce point que s'était porté le général von Alvensleben I, commandant le IVᵉ corps. Son

---

(1) *Historique du Grand État-Major prussien,* 7ᵉ livraison, p. 996.

chef d'état-major envoyait des officiers au XII⁰ corps saxon et au 1ᵉʳ corps bavarois « pour les mettre au courant des événements et leur demander de s'inspirer de la situation pour entrer en ligne dans la bataille engagée à Beaumont (1) ».

L'arrivée de renforts sur le front et à l'aile droite de la première ligne de la *8⁰* division détermine un mouvement en avant général, efficacement appuyé par l'artillerie. Le combat oscille quelque temps sur la crête au Nord-Est de Petite Forêt avec des alternatives diverses. Par deux fois, le 86ᵉ de ligne tente une charge à la baïonnette qui échoue « sous un feu écrasant d'écharpe et de face (2) ». Il parvient cependant à ne pas céder de terrain. A trois reprises le 46ᵉ, très éprouvé par l'artillerie ennemie, recule, puis se reporte en avant. L'espace perdu est reconquis « au prix de grands efforts et de nouvelles victimes (3) ». Neuf officiers sont tués, parmi lesquels le commandant de Lacvivier.

Pressentant l'issue de ce combat inégal, le général Liédot, commandant l'artillerie du 5ᵉ corps, avait prescrit aux batteries de la réserve de quitter leurs positions à l'Ouest et au Sud de Beaumont, et de venir s'établir sur les hauteurs au Nord-Est du bourg. Cette retraite, nécessaire sans doute en raison des progrès de l'adversaire, allait priver l'infanterie de la division Goze de l'appui de l'artillerie et la laisser exposée aux feux de l'infanterie et des batteries adverses à la fois.

La 6ᵉ batterie du 6ᵉ se maintint encore, pendant un quart d'heure environ, au Sud de la cote 225, puis, considérant qu'elle n'avait pour soutien qu'une compagnie de chasseurs et qu'elle était « complètement isolée (4) »,

---

(1) *Historique du Grand État-Major prussien*, 7ᵉ livraison, p. 997.
(2) *Historique* manuscrit du 86ᵉ de ligne.
(3) *Historique* manuscrit du 46ᵉ de ligne.
(4) *Rapport* du chef d'escadron Pérot.

elle s'établit d'abord au Nord-Est de la cote 225, puis elle fit sa retraite par section, pour gagner le sommet de l'angle formé par la route de Mouzon et le chemin de la Harnoterie. Elle y retrouva les deux autres batteries de la 1re division (5e et 7e du 6e).

Des péripéties analogues caractérisaient le combat livré par les deux régiments de la brigade de Fontanges, (68e et 17e de ligne), déployés à la gauche des troupes de la division Goze.

Les deux compagnies du Ier bataillon du 68e déployées primitivement en tirailleurs avaient été refoulées par le IIIe du 66e (1) sur la ligne formée par les IIe et IIIe bataillons établis à cheval sur le chemin de Belle Tour. Ceux-ci avaient dû céder ensuite peu à peu sous l'effort produit par les IIe et IIIe du 66e, soutenus en arrière par les quatre demi-bataillons du 26e et appuyés par l'artillerie.

Le lieutenant-colonel Paillier, commandant le 68e, dont le courage et le sang-froid furent au-dessus de tout éloge (2), parvint cependant à reconquérir le terrain perdu « par différentes charges à la baïonnette exécutées à propos (3) ». Au cours de l'une d'elles, les tirailleurs faisant plier le IIe bataillon et la 4e compagnie du 66e poussèrent « jusqu'à 50 pas des pièces prussiennes (4) ». Mais le IIIe bataillon du 66e intervient à droite et à gauche ; en outre « toutes les troupes de soutien sont successivement appelées en première ligne (5) » ; le 68e recule à son tour.

Le lieutenant-colonel Paillier fait entrer en ligne les quatre dernières compagnies du Ier bataillon maintenues

---

(1) Tête de colonne de la 7e division. Voir p. 308.
(2) *Rapport* du général de Fontanges, 9 septembre 1870.
(3) *Ibid.*
(4) *Historique du Grand État-Major prussien*, 7e livraison, p. 997.
(5) *Ibid.*

jusque-là en réserve et parvient ainsi à enrayer les progrès de l'ennemi sur ce point. Mais ce résultat n'est obtenu qu'au prix de pertes considérables en hommes de troupe et en officiers; parmi ceux-ci sont le commandant Lacazedieu tué et le commandant Frelaut blessé grièvement de trois coups de feu (1).

A l'extrême gauche, entre le chemin de Belle Tour et la route de Stenay, l'ennemi, qui n'avait engagé dans ce secteur que les trois premières compagnies du 66e, était facilement contenu par les IIe et IIIe bataillons du 17e de ligne.

La moindre intensité de l'attaque à l'aile gauche française avait déterminé le général Guyot de Lespart à ne laisser au Sud de Beaumont que sa 2e brigade et à diriger la 1re sur les hauteurs au Nord.

Le commandant du 19e bataillon de chasseurs donna l'ordre d'abattre les tentes, de faire les sacs, et « quand on eut ramassé jusqu'au dernier ustensile de campement (2) », le bataillon se forma en bataille, rompit par sections dans le plus grand ordre et se mit en mouvement sous un feu d'artillerie très vif. Il descendit au fond du vallon parcouru par le ruisseau de Beaumont et laissant le bourg à l'Ouest, gravit les pentes opposées, puis vint se placer à droite de la ligne de bataille que constituaient les troupes de la division de L'Abadie. Le 27e de ligne avait pris, au Nord de Beaumont, la route de Mouzon. Le 30e, à sa droite, marchait à travers champs; les trois premières compagnies du IIe bataillon s'arrêtèrent un moment « pour protéger de leurs feux l'établissement d'une batterie à mi-côte, destinée à retarder la marche de l'ennemi (3) ».

---

(1) *Historique* manuscrit du 68e de ligne.
(2) *Historique* manuscrit du 19e bataillon de chasseurs.
(3) *Historique* manuscrit du 30e de ligne.

De fait, l'héroïque résistance de la division Goze touchait à sa fin. Débordé sur son flanc gauche, le 46ᵉ dut battre en retraite. Le Iᵉʳ bataillon reconstitua à l'Ouest de Beaumont quelques compagnies qui se reportèrent encore une fois en avant à l'entrée d'une des rues principales, mais durent bientôt évacuer définitivement le bourg et se diriger vers le Nord. L'une d'elles servit de soutien à la batterie de mitrailleuses (9ᵉ du 2ᵉ) de la 3ᵉ division (1). Des portions des IIᵉ et IIIᵉ bataillons se replièrent directement sur Beaumont ou entre Beaumont et Létanne. Quelques détachements furent rejetés encore plus vers l'Est sur les hauteurs qui s'étendent entre le ruisseau de Beaumont, la Meuse et la route de Stenay (2). Ils occupèrent la lisière des bouquets de bois qui les parsèment, et ouvrirent le feu contre deux compagnies du IIIᵉ bataillon du 26ᵉ qui tenaient le bois de la Vache.

Les Iᵉʳ et IIIᵉ bataillons du 11ᵉ de ligne, dont le flanc gauche était découvert par la retraite du 46ᵉ, se replient d'abord un peu en désordre, mais parviennent pourtant à se rallier à hauteur du IIᵉ bataillon, qui forme échelon en arrière. Les compagnies furent reconstituées et le régiment tout entier, laissant Beaumont à sa gauche, rétrograda vers les hauteurs au Nord du bourg.

A son tour, le 61ᵉ, « tourné par sa gauche (3) », exécuta sur sa droite, appuyée au 86ᵉ, un changement de front en arrière, mais, dans ce mouvement, fait sans soutien en seconde ligne, « sous un feu écrasant d'écharpe et de face, le désordre se mit dans ses rangs (4) ». Le lieutenant-colonel Vichery, faisant placer le drapeau

---

(1) *Historique* manuscrit du 46ᵉ de ligne.
(2) Pour abréger, on appellera désormais ces hauteurs : hauteurs de Beauregard ou les Gloriettes.
(3) *Journal* de marche de la 2ᵉ brigade de la 1ʳᵉ division du 5ᵉ corps.
(4) *Ibid.*

auprès de lui, rallia d'abord les hommes sur un mamelon au Sud de Beaumont, puis sur les hauteurs au Nord.

Le 86ᵉ, sous l'impulsion énergique du lieutenant-colonel de Montcets, secondé par le commandant Maly, du IIIᵉ bataillon, fit les efforts les plus héroïques pour arrêter l'ennemi. Cet excellent régiment abandonna le dernier le terrain où avait lutté la division Goze, après avoir épuisé d'ailleurs toutes ses cartouches et perdu 13 officiers et 400 hommes de troupe (1). Le lieutenant-colonel de Montcets et le drapeau ne se retirèrent qu'au moment où les Prussiens n'étaient plus qu'à 50 mètres. Les capitaines Bourseul et Schram, celui-ci déjà blessé, furent tués. Les débris du régiment traversèrent Beaumont et se rallièrent au Nord.

Surprises dans leurs camps, équipées, armées et formées à la hâte sous le feu de l'ennemi parvenu déjà à courte distance, les troupes de la division Goze avaient eu une attitude admirable dans ce combat inégal et infligé à l'adversaire de lourdes pertes « qui, pour certains bataillons, s'élevaient à plus du quart de l'effectif (2) ».

§ 6. — *Prise de Beaumont.*

Après la retraite de la division Goze, les régiments de la *8ᵉ* division et le *66ᵉ* de la *7ᵉ* marchent concentriquement sur Beaumont.

A l'aile droite de la *8ᵉ*, trois compagnies du Iᵉʳ bataillon du *86ᵉ* pénétrent dans le camp français par sa face orientale, en même temps que le IIᵉ bataillon du *66ᵉ*; celui-ci enlève deux bouches à feu qui avaient continué à tirer jusqu'à la dernière extrémité.

---

(1) Pour deux bataillons.
(2) *Historique du Grand État-Major prussien*, 7ᵉ livraison, p 999.

A gauche de ce groupe, le II⁰ bataillon du *96ᵉ* atteint la face Sud du camp et s'empare de deux pièces. Plus à gauche encore, le II⁰ bataillon du *86ᵉ* y pénètre par la face Sud-Ouest et trouve trois canons et quelques avant-trains abandonnés (1).

Le *31ᵉ*, qui avait passé à l'Est de la Tuilerie, s'était déployé sur ces entrefaites, et les pelotons de tirailleurs des 2ᵉ et 3ᵉ compagnies avaient rejoint la première ligne de la *16ᵉ* brigade. Le III⁰ bataillon du *96ᵉ* suivait, réparti en arrière des deux ailes (2).

Vers 2 heures de l'après-midi, Beaumont, non défendu, est rapidement occupé par l'ennemi : le II⁰ bataillon du *86ᵉ* y entre par le Sud-Ouest, les Iᵉʳ et III⁰ bataillons du *31ᵉ* par les jardins à l'Est, tandis que la majeure partie du Iᵉʳ bataillon du *86ᵉ* contourne le bourg à l'Ouest et occupe un autre camp français où il est rejoint par les II⁰ et III⁰ bataillons du *96ᵉ*.

Le mouvement en avant de l'infanterie prussienne sur Beaumont avait eu pour résultat de masquer les batteries de la *8ᵉ* division et celles de l'artillerie de corps qui les avaient rejointes.

Seule la 2ᵉ batterie à cheval, placée à l'extrême gauche de la ligne, avait pu continuer à agir pendant quelques instants. Bientôt les quatorze batteries du corps d'armée se portèrent en avant en échelons et prirent de nouvelles positions au Sud de Beaumont (3).

Tandis que l'aile gauche du IV⁰ corps pénétrait dans les camps français, puis dans Beaumont, l'aile droite n'avait pu faire des progrès similaires. Débordée sur sa

---

(1) D'après les *Rapports* et les *Historiques* français, on ne trouve trace que de trois canons, abandonnés faute de chevaux, et nullement de pièces ayant tiré jusqu'à la dernière extrémité.

(2) Le Iᵉʳ bataillon du *96ᵉ* était avec l'artillerie de corps.

(3) Elles se trouvèrent dans l'ordre suivant, de la droite à la gauche : 2ᵉ Ch., III⁰, 3⁰, IV⁰, 4⁰, 3⁰ Ch., V⁰ et VI⁰ ; 5⁰, 1ʳᵉ, 6⁰, 2⁰, I⁰, II⁰.

droite par la retraite des troupes de la division Goze, la brigade de Fontanges avait exécuté une sorte de changement de front en refusant son aile droite et s'était établie le long de la route de Stenay. Elle y avait été rejointe par des fractions des II⁰ et III⁰ bataillons du 46⁰ de ligne. Le I⁰ʳ bataillon du *66*⁰ lui avait déjà fait face et avait été renforcé par les 6⁰ et 7⁰ compagnies de ce régiment, mêlées à des groupes de la *8*⁰ division, ainsi que par le II⁰ bataillon du *31*⁰ arrivant du Sud.

Constatant que les hauteurs au Nord de Beaumont se garnissaient d'infanterie et d'artillerie, et jugeant que c'était là la véritable position à occuper, le général de Fontanges donna l'ordre à ses deux régiments de s'y porter. Un mouvement offensif de l'ennemi succédant à une fusillade très vive et appuyé par son artillerie, fit refluer le II⁰ bataillon du 17⁰ avec quelque désordre, mais le III⁰ tint bon dans deux bouquets de bois des hauteurs de Beauregard et suivit ensuite le II⁰, précédé lui-même du I⁰ʳ, dépourvu de cartouches depuis le début de l'action. Par suite d'un malentendu, peu explicable à la vérité, le régiment auquel s'était jointe la compagnie du génie de la 3⁰ division se dirigea directement sur Mouzon et y franchit la Meuse à gué.

Le 68⁰ de ligne, au contraire, qui avait épuisé toutes ses munitions, se retira en ordre sur Beaumont, en échelons par la gauche ; le dernier, constitué par le bataillon sous les ordres du commandant Lemoine, exécuta un retour offensif à la baïonnette pour arrêter l'ennemi, qui se montrait un peu pressant. Ce régiment, qui laissait sur le terrain 32 officiers et environ 750 sous-officiers et soldats tués ou blessés, put encore opposer à Beaumont une courte résistance en utilisant les cartouches des hommes tués ou blessés (1).

---

(1) *Rapport* du général de Fontanges ; *Historiques* manuscrits des 17⁰ et 68⁰ de ligne.

Quelques détachements du Ier bataillon du *66*ᵉ s'engagèrent dans les fourrés des hauteurs de Beauregard, vers Létanne ; mais des troupes saxonnes débouchant déjà dans cette direction, ils se rabattirent du côté de la grande route. Le reste du régiment avait été réuni au Sud de Beaumont.

L'infanterie prussienne marquait un temps d'arrêt, les bataillons déjà engagés se reconstituant pour reprendre leur mouvement en avant, les autres serrant sur la première ligne. Le *26*ᵉ était venu directement derrière le *66*ᵉ, formé en cinq demi-bataillons, les 11ᵉ et 12ᵉ compagnies, laissées dans le bois voisin de la ferme de Beaulieu, ayant rejoint sur ces entrefaites, après avoir été relevées par des tirailleurs saxons (1). La *14*ᵉ brigade (*27*ᵉ et *93*ᵉ) ne pouvait se déployer pour le moment, faute d'espace ; seules, quelques fractions du *93*ᵉ avaient pénétré dans Beaumont.

A l'aile gauche de la *8*ᵉ division, le IIIᵉ bataillon du *86*ᵉ, d'abord maintenu en réserve à Belle Volée, s'était joint au mouvement de l'artillerie et, passant à l'Ouest de Beaumont, s'était dirigé vers le ravin qui remonte vers la ferme de la Harnoterie (2).

Les 1ʳᵉ et 2ᵉ compagnies du Ier bataillon du *96*ᵉ, laissées avec l'artillerie de corps, étaient également arrivées sur le champ de bataille vers 1 heure et s'étaient portées sur la gauche de la 2ᵉ batterie à cheval (3). Le *71*ᵉ, dernier régiment de la *8*ᵉ division, et les deux régiments de cavalerie divisionnaire débouchaient, de leur côté, au Sud-Ouest de Beaumont.

---

(1) Les 9ᵉ et 10ᵉ compagnies étaient avec l'artillerie divisionnaire et les équipages régimentaires.

(2) *Historique du Grand État-Major prussien*, 7ᵉ livraison, p. 999-1002.

(3) Les 3ᵉ et 4ᵉ compagnies marchaient derrière les trains et n'atteignaient le champ de bataille qu'à 3 h. 15 environ.

§ 7. — *Entrée en ligne du XIIe corps saxon.*

Les instructions du commandant de l'armée de la Meuse prescrivait à la *12e* division de cavalerie et à la *23e* division d'infanterie de se diriger de Beauclair sur Laneuville et d'y prendre la grande route de Stenay à Beaumont; à la *24e* division, partant du bois de Nouart, de suivre le chemin qui passe par Beaufort pour aboutir à la ferme de Belle Tour, en traversant la forêt de Dieulet. Des croisements de colonnes avec les fractions de la 7e division, en marche depuis le matin, d'Andevanne sur Tailly, puis l'arrivée de l'artillerie de corps qui, en vertu d'un ordre ultérieur, venait de Barricourt, s'intercaler entre les bataillons de la *23e* division, avaient retardé quelque peu l'heure à laquelle les deux colonnes du XIIe corps avaient pu se mettre en mouvement (1).

Il était 10 h. 45 environ quand la route de Nouart à Beauclair se trouvant enfin dégagée, la *24e* division parvenait à s'ébranler. Elle trouvait d'ailleurs impraticable le chemin qui devait l'amener à Belle Tour et, appuyant à droite, prenait une autre voie forestière qui sort du bois à la ferme de Fontaine-au-Fresne. La tête de colonne atteignait ce point vers midi 45 et, en raison de la canonnade dont, depuis plus d'une demi-heure, on percevait les échos, le déploiement s'effectuait aussitôt. Mais les rives marécageuses de la Wamme apportaient de sérieux obstacles à cette opération.

Le *12e* bataillon de chasseurs et le Ier bataillon du *104e* tentent d'abord de franchir le ruisseau à gué, mais leurs hommes enfonçant jusqu'à mi-corps dans l'eau et dans la vase, les autres bataillons appuient à gauche pour

---

(1) *Historique du Grand État-Major prussien*, 7e livraison, p. 1003 et suiv.

gagner le pont situé au Sud-Est de Belle Tour. La 3ᵉ compagnie de pionniers improvise un second passage qu'utilise la *48ᵉ* brigade, et la *24ᵉ* division se déploie tout entière sur la rive gauche de la Wamme, derrière la droite du IVᵉ corps. La cavalerie et l'artillerie avaient appuyé vers le Nord-Est pour emprunter le pont de la route de Stenay ; elles y trouvaient la *23ᵉ* division et s'intercalaient dans la colonne.

La *23ᵉ* division, venant de Beauclair et de Laneuville, était flanquée à droite par le régiment de grenadiers du Corps (*100ᵉ*) qui se dirigeait sur la ferme de la Wamme à travers la forêt de Jaulnay. Vers midi 45, le Iᵉʳ bataillon du *108ᵉ* (1) occupe le bois de la Vache ; le IIᵉ s'établit à la ferme de Beaulieu et dans un bouquet de bois situé à gauche de la route, où il relève les deux compagnies que le *26ᵉ* y avait laissées ; le IIIᵉ reste en réserve près de la ferme même. Le 4ᵉ escadron du *2ᵉ* régiment de *Reiter*, qui marchait à la pointe d'avant-garde se rallie au *7ᵉ* dragons.

En même temps, la 4ᵉ batterie (2) prend position, à 1 heure, au Nord de la grande-route ; elle est bientôt renforcée sur sa droite par la 2ᵉ. Toutes deux ouvrent le feu sur l'infanterie française, puis font un bond en avant de 800 mètres, rejointes par les IIIᵉ et IVᵉ, qui s'intercalent entre elles (3). A leur tour, les trois batteries restantes de la *23ᵉ* division $\left(\frac{1, I, II}{12}\right)$ arrivent en ligne : $\frac{1, I}{12}$ s'établissent à gauche des précé-

---

(1) Constituant, avec le 4ᵉ escadron du *2ᵉ* régiment de Reiter, la 2ᵉ batterie et la 3ᵉ compagnie de pionniers, l'avant-garde de la *23ᵉ* division.

(2) Appartenant à l'avant-garde de la *24ᵉ* division.

(3) *Das XII. Korps im Kriege 1870 1871*, p. 90. Ces deux batteries appartenaient à la *24ᵉ* division.

dentes, mais au Sud de la grande route ; $\frac{\text{II}}{12}$ ne trouvant plus d'emplacement convenable, se porte sur les hauteurs de Beauregard. C'est sur ces entrefaites que le général von Alvensleben I faisait demander qu'on engageât surtout de l'artillerie pour lui venir en aide.

Le prince Georges de Saxe, arrivé à la ferme de Beaulieu, prescrit alors aux sept batteries de l'artillerie de corps de s'établir sur les hauteurs de Beauregard. Les $\frac{6, \text{VII}, \text{VIII}}{12}$ arrivent les premières ; à leur gauche, la 2ᵉ de la 23ᵉ division ; puis, à leur droite, les $\frac{\text{V, VI}}{12}$, tandis que, plus à droite encore, la 2ᵉ batterie à cheval se place au sommet des pentes qui bordent immédiatement la Meuse (1).

Elles y sont rejointes, après l'enlèvement de Beaumont, par presque toutes les batteries des deux divisions d'infanterie, qui viennent successivement former une masse en avant et à gauche de l'artillerie de corps. Toutes ces bouches à feu contrebattent les batteries françaises établies au Nord de Beaumont, de concert avec les batteries prussiennes et bavaroises qui arrivent à leur tour.

Constatant que l'aile droite du IVᵉ corps débordait la route de Stenay, le prince Georges de Saxe ordonna au *108ᵉ* d'occuper le bouquet de bois situé sur les hauteurs de Beauregard, dans la direction de Létanne, afin de couvrir l'artillerie. Le gros de la *23ᵉ* division, une fois sorti de la forêt, devait continuer dans le secteur compris entre la grande route et la Meuse.

En conséquence, vers 1 h. 45, tandis que l'artillerie se

---

(1) La 8ᵉ batterie de l'artillerie de corps ne trouvait pas d'emplacement convenable et restait provisoirement en réserve derrière l'aile droite.

porte en avant par échelons, le *108ᵉ* se dirige du bois de la Vache et de la ferme de Beaulieu vers les hauteurs de Beauregard.

Le *100ᵉ*, qui flanquait la colonne sur sa droite, atteint à la même heure la lisière des bois à l'Est de la ferme de la Wamme. Accueilli par les obus des batteries françaises établies au Nord-Est de Beaumont, le régiment franchit au pas de course et par groupes successifs l'espace découvert qui le sépare de la ferme; puis, après s'être reformé, progresse le long de la Meuse.

La *12ᵉ* division de cavalerie avait reçu l'ordre de s'arrêter momentanément à l'Est de la forêt de Jaulnay et de reconnaître les chemins qu'elle aurait à suivre sous bois, ainsi que les rives de la Wamme.

CHAPITRE II

Combats au Nord de Beaumont.

§ 1. — *Occupation par le 5ᵉ corps des hauteurs au Nord de Beaumont.*

Les troupes de la division Goze et de la brigade de Fontanges qui avaient lutté avec tant de bravoure au Sud de Beaumont, furent recueillies par la division de L'Abadie et la brigade Abbatucci qui s'étaient portées, pendant ce temps, sur les hauteurs qui s'étendent de la ferme de la Harnoterie à Sainte-Hélène.

La brigade de Maussion, de la division de L'Abadie, qui s'y était établie la première, dès le début de l'action, occupait le secteur compris entre la route de Mouzon et Sainte-Hélène. A droite, se trouvait le 49ᵉ : le IIIᵉ bataillon immédiatement à l'Est de la route de Mouzon, entre cette route et le chemin de Beaumont à la ferme de la Sartelle, les IIᵉ et Iᵉʳ à l'Est de ce chemin. A gauche, le 88ᵉ dont les IIᵉ et IIIᵉ bataillons garnissaient, sur la lisière méridionale du bois Failly, un fossé naturel; le IIIᵉ occupant Sainte-Hélène; le Iᵉʳ en réserve. Les 1ʳᵉ, 3ᵉ et 4ᵉ compagnies du 14ᵉ bataillon de chasseurs se trouvaient à peu près à 500 mètres en arrière de la première ligne (1).

L'ennemi paraissant vouloir effectuer un mouvement débordant par sa gauche, le général de Failly avait envoyé sur sa droite une partie de la brigade Abbatucci qui venait de se replier des abords Sud de Beaumont et de se rallier à la droite de la brigade de Maussion, près de la route de Mouzon. Le 19ᵉ bataillon de chasseurs (2) fut chargé de l'occupation de la Harnoterie, avec mission « de chercher à arrêter ou du moins à retarder le mouvement tournant que l'ennemi dessinait..... (3) ». Le 27ᵉ de ligne fut également dirigé sur la Harnoterie dans le même but (4).

Quant au 30ᵉ de ligne, second régiment de la brigade, il resta disponible près de la route de Mouzon, rejoint bientôt par les trois premières compagnies du IIᵉ bataillon, qui s'étaient arrêtées quelque temps sur les pentes au Nord de Beaumont pour protéger de leurs feux l'établissement d'une batterie (5). Les deux premiers bataillons furent massés malencontreusement derrière l'artillerie et exposés ainsi sans utilité aux projectiles (6). Le IIIᵉ bataillon, après avoir laissé Beaumont sur sa gauche et traversé la route de Mouzon, perdit de vue les deux premiers. Son chef, le commandant de Lamarcodie, fit alors au général de L'Abadie la proposition de servir de soutien à la réserve d'artillerie, et remplit en effet cette mission (7).

L'autre brigade (de Fontanges) de la 3ᵉ division pou-

---

(1) Sans qu'on puisse spécifier leur emplacement exact.
(2) Moins les 5ᵉ et 6ᵉ compagnies, laissées à la garde des batteries.
(3) *Historique* manuscrit du 19ᵉ bataillon de chasseurs.
(4) *Historique* manuscrit du 27ᵉ de ligne.
(5) Voir p. 324.
(6) *Historique* manuscrit du 30ᵉ de ligne.
(7) *Ibid.*

vait être considérée comme inutilisable. Le 17e de ligne se dirigeait en effet sur Mouzon où il franchit la Meuse au gué voisin du pont. Le 68e ne comptait plus guère que 200 à 300 hommes valides qui, ralliés par le lieutenant-colonel et ravitaillés en munitions, furent envoyés vers Mouzon pour concourir à la défense du pont. Ils s'établirent sur le mont de Brune en seconde ligne.

Les régiments de la division Goze, considérablement réduits, ralliaient leurs tronçons avec difficulté.

Au 11e de ligne, le IIe bataillon, moins éprouvé, était le noyau autour duquel se groupaient les portions des Ier et IIIe entre la route de Mouzon et la Harnoterie. Le Ier bataillon du 46e, qui s'était replié à l'Ouest de Beaumont et qui avait pu reconstituer quelques compagnies, se joignait au 11e. Les débris des IIe et IIIe bataillons du 46e, dont il restait à peu près l'effectif de deux compagnies, se portaient de Létanne sur les hauteurs de Sainte-Hélène et s'y établissaient à gauche du IIIe bataillon du 88e, vers la cote 244, leur droite au chemin de Létanne.

Quelques centaines d'hommes des 64e et 86e de ligne se rassemblaient autour des drapeaux, au carrefour situé au Nord-Est de la Harnoterie. Après s'être ravitaillés en vivres et en munitions au convoi du 7e corps, ils allaient occuper le mont de Brune.

Les combats livrés au Sud de Beaumont avaient donc diminué, dans de très fortes proportions, le nombre des bataillons du corps d'armée utilisables pour la lutte ultérieure. La brigade de Fontanges ne comptait plus. De la division Goze, il ne restait guère que la valeur de trois bataillons qui, ajoutés aux sept de la brigade de Maussion et aux sept de la brigade Abbatucci, faisaient un total de dix-sept bataillons.

Les batteries divisionnaires et de réserve occupaient les emplacements suivants :

Les 5e, 6e et 7e du 6e (1re division) s'étaient réorganisées au Sud du carrefour formé par la route de Mouzon et le chemin de la Harnoterie. La 5ᵉ du 6ᵉ fut envoyée à la Harnoterie, afin d'appuyer le 19ᵉ bataillon de chasseurs et le 27ᵉ de ligne. Elle prit position « un peu en arrière et à droite de la ferme (1) ». La 7ᵉ du 6ᵉ et, à sa gauche, la 6ᵉ du 6ᵉ, s'établirent au Sud-Est (2). Les 8ᵉ et 5ᵉ batteries du 2ᵉ (2ᵉ division) étaient toujours près de la route de Mouzon, à hauteur de la lisière Sud du bois Failly. Les batteries de la 3ᵉ division, qui s'étaient portées en arrière, vinrent encadrer les deux précédentes : la 9ᵉ, à droite de la 5ᵉ, les 11ᵉ et 12ᵉ, à gauche de la 8ᵉ. Enfin, trois batteries de la réserve constituaient deux groupes au Sud du bois Failly (3), tandis que les deux batteries à cheval (5ᵉ et 6ᵉ du 20ᵉ), se trouvaient près de la ferme de la Harnoterie, où elles restèrent une demi-heure environ et d'où elles se portèrent, vers 1 h. 30, au Sud du bois de Givodeau (4).

La 11ᵉ du 14ᵉ, appartenant également à la réserve d'artillerie et réduite à trois pièces, s'établit d'abord au carrefour situé au Nord-Est de la Harnoterie et suivit ensuite le mouvement des 5ᵉ et 6ᵉ du 20ᵉ (5).

Du côté des Allemands une puissante ligne d'artillerie se constituait à Beaumont à partir de 1 h. 45 et, poussant peu à peu de l'avant par échelons, préparait par ses feux la nouvelle offensive de l'infanterie. Douze batteries saxonnes et quatre batteries prussiennes s'établissaient successivement sur les crêtes au Sud-Est du bourg, leur gauche atteignant presque aux premières maisons. Six **batteries prussiennes, auxquelles se joignaient ensuite**

---

(1) *Rapport* du chef d'escadron **Pérot**.
(2) *Ibid*.
(3) Les documents existants ne permettent pas de mieux préciser les emplacements de ces **deux** groupes et leur composition.
(4) Renseignements fournis le 8 novembre 1903 par M. le général Macé.
(5) *Historique* manuscrit du 14ᵉ régiment d'artillerie.

les deux batteries de l'avant-garde de la 2ᵉ division bavaroise et la 2ᵉ (de 4), qui avait devancé la colonne, prenaient position à l'Ouest de Beaumont. Cette masse d'artillerie constituait trois groupes :

1° Entre les pentes qui bordent la Meuse et les deux petits bois situés à l'Ouest de la cote 251, les 2ᵉ à cheval, VIᵉ, Vᵉ, VIIIᵉ, VIIᵉ, 6ᵉ, 2ᵉ du *12ᵉ* ;

2° A partir du bois septentrional jusqu'à la sortie Sud de Beaumont, les IIᵉ/*12ᵉ*, 5ᵉ/*4ᵉ*, IIIᵉ/*12ᵉ*, 2ᵉ/*4ᵉ*, IVᵉ/*12ᵉ* et 4ᵉ/*12ᵉ*, 1ʳᵉ/*12ᵉ*, Iʳᵉ/*4ᵉ*, IIᵉ/*4ᵉ* ;

Au Sud-Ouest du bourg, les IVᵉ, 3ᵉ à cheval, IIIᵉ, 3ᵉ, 2ᵉ à cheval, 1ʳᵉ du *4ᵉ* ; les 6ᵉ (de 6), 4ᵉ et 2ᵉ (de 4) de la 2ᵉ division bavaroise (1).

Ces vingt-cinq batteries concentrent leur feu contre l'artillerie du 5ᵉ corps, en position entre Sainte-Hélène et la Harnoterie, et prennent bien vite l'avantage sur celle-ci qui, pour se soustraire aux effets des projectiles, change fréquemment d'emplacements. Elles canonnent également les troupes d'infanterie française en retraite ou déjà établies sur les hauteurs au Nord de Beaumont (2).

§ 2. — *Entrée en ligne du Iᵉʳ corps bavarois.*

Le Iᵉʳ corps bavarois avait reçu à Sommerance, à 3 h. 30 du matin, l'ordre du commandant de la

---

(1) *Historique du Grand État-Major prussien*, 7ᵉ livraison, p. 1001. Les autres batteries du IVᵉ corps : 6ᵉ, Vᵉ et VIᵉ avaient suspendu le feu pour se joindre au mouvement de l'infanterie au Nord de Beaumont ; la 4ᵉ avait gagné les derrières pour se reconstituer. La 1ʳᵉ du *12ᵉ* occupait encore sa position antérieure, au Sud de Beaumont ; la 5ᵉ du *12ᵉ*, manquant d'espace pour se mettre en batterie, restait en réserve derrière l'aile droite ; la 3ᵉ du *12ᵉ* suivait avec les bataillons de la *24ᵉ* division.

(2) *Historique du Grand État-Major prussien*, 7ᵉ livraison, p. 1001.

III° armée de se porter en avant par Sommauthe. La
1re division et l'artillerie de corps devaient passer par
Thénorgues et Bar, la 2e par Imécourt et Buzancy.
L'avant-garde de cette dernière (1) (six bataillons,
quatre escadrons, une batterie), qui s'était mise en mouvement à 5 h. 45, avait atteint Buzancy à 8 h. 45 et les
environs Sud de Sommauthe vers midi. La brigade de
cuirassiers suivait à courte distance. Retardée par des
convois d'autres troupes, la tête de colonne de la
1re division n'arrivait à Buzancy qu'à midi. Le commandant du corps d'armée, général von der Tann, faisait
passer la réserve d'artillerie en tête et suivre à la
1re division l'itinéraire de la 2e par Bar sur Sommauthe.
Des hauteurs situées au Nord de cette dernière localité,
les patrouilles du 4° régiment de chevau-légers avaient
découvert les camps français de Beaumont, où semblait
régner la quiétude la plus complète (2).

Vers midi 15, au bruit du canon venant du Nord-Est,
le général von der Tann, qui se trouvait avec la 2° division, lui donnait l'ordre de marcher aussitôt sur Beaumont et de s'engager à gauche du IVe corps. La brigade
de cuirassiers devait se rassembler au Nord de Sommauthe. Les deux batteries d'avant-garde, escortées par
des chevau-légers, partent au trot à travers le bois de
Sommauthe; vers 1 heure, la 4° (de 4) s'établit à la
cote 226, d'où elle canonne le débouché Sud de Beaumont; elle est rejointe, vers 1 h. 30, par la 6° (de 6), qui
se place à sa droite; toutes deux agissent de concert
contre l'infanterie française et les batteries adverses éta-

---

(1) *Composition* : 1er et 2e escadrons du 4° régiment de chevau-légers; 7e bataillon de chasseurs; IIe et Ier bataillons du 13° régiment d'infanterie; 3e et 4e escadrons du 4° régiment de chevau-légers; 4e batterie (de 4) et 6e batterie (de 6) du 1er régiment d'artillerie; IIIe, IIe et Ier bataillons du 10e régiment d'infanterie.

(2) *Historique du Grand État-Major prussien*, 7e livraison, p. 1007.

blies au Nord du bourg. Le *4ᵉ* régiment de chevau-légers prend une formation de rassemblement dans le pli de terrain situé au Nord de la cote 226 (1).

Le général Schumacher, commandant la 2ᵉ division, s'était porté auprès de l'artillerie, où il rencontrait le major von Wittich, de l'état-major du IVᵉ corps. Celui-ci le mit au courant des événements et lui fit remarquer tous les avantages qui résulteraient d'un mouvement exécuté par les Bavarois sur le flanc et sur les derrières des positions occupées par l'adversaire au Nord de Beaumont. Il lui spécifia même le point de direction qu'il y avait lieu d'adopter; c'étaient des peupliers que l'on apercevait près de la ferme de la Thibaudine.

Le général Schumacher se rallia à cette opinion et dirigea aussitôt ses troupes le long de la lisière du bois des Murets. Le *7ᵉ* bataillon de chasseurs et le IIᵉ du *13ᵉ* se formaient en ligne de colonnes de compagnie à la gauche des batteries, les 5ᵉ et 6ᵉ compagnies du *13ᵉ* poussant sous bois pour protéger le flanc découvert. Le Iᵉʳ bataillon de ce régiment se rapprochait jusqu'à environ 400 mètres sur la lisière; le reste des troupes de la division continuaient dans la direction antérieure (2).

Les tirailleurs de la première ligne arrivaient à peu près à hauteur du *4ᵉ* chevau-légers, quand ce régiment reçut l'ordre de « s'élancer sur une batterie de mitrailleuses qui paraissait se trouver seule au Sud de la ferme de la Harnoterie (3) ».

---

(1) *Historique du Grand État-Major prussien*, 7ᵉ livraison, p. 1007.
(2) *Ibid.*, p. 1008.
(3) *Ibid.*
Dans l'ouvrage *Abbrechen von Gefechten*, du Grand État-Major prussien, un croquis indique, en ce point, la 5ᵉ batterie du 2ᵉ (p. 77). L'*Historique* du 2ᵉ régiment d'artillerie (manuscrit de 1893) dit, en effet, que cette batterie était allée s'établir au Sud de la Harnoterie, mais le rapport du capitaine commandant ne fait pas mention de cette position quelque peu aventurée. Ce rapport dit seulement : «.....Dans

Les escadrons s'ébranlent, mais à peine ont-ils franchi la route de Stonne à Beaumont qu'ils sont accueillis par les feux croisés de fractions d'infanterie (1) qui occupaient les bouquets de bois au Sud de la Harnoterie et de la batterie de canons à balles de la 2ᵉ division. Ils font alors demi-tour et regagnent leur position précédente.

Pendant ce temps, la première ligne d'infanterie bavaroise avait progressé vers la route de Stonne. Vers 2 heures, le 7ᵉ bataillon de chasseurs s'établissait derrière le remblai de la chaussée à l'Est de la Thibaudine ; à sa gauche, les 7ᵉ et 8ᵉ compagnies du *13ᵉ* faisaient front vers la ferme sur laquelle se dirigeait, d'autre part, le Iᵉʳ bataillon de ce régiment qui commençait à déboucher des bois. Plus au Sud, les autres éléments de la 2ᵉ division bavaroise poursuivaient leur mouvement le long de la lisière des bois. Enfin, la *1ʳᵉ* division et la réserve d'artillerie atteignaient à ce moment les abords de Sommauthe, où se trouvait également la brigade de cuirassiers (2).

Le mouvement vers le Nord de la 2ᵉ division allait être interrompu par le débouché de la tête de colonne de la division Conseil Dumesnil sur son flanc gauche.

§ 3. — *Engagement de la division Conseil Dumesnil du 7ᵉ corps entre la Thibaudine et Warniforêt.*

La 1ʳᵉ division du 7ᵉ corps, chargée de l'escorte du convoi du corps d'armée, avait fait une halte à Stonne (3)

---

le même temps, nous arrêtions par quelques salves une colonne de cavalerie qui s'avançait sur notre droite. » Il semble que ce passage se rapporte à un incident ultérieur.

(1) Les documents ne permettent pas de spécifier si ces fractions appartenaient au 19ᵉ bataillon de chasseurs ou au 27ᵉ de ligne.
(2) *Historique du Grand État-Major prussien*, 7ᵉ livraison, p. 1008.
(3) Voir p. 288.

où le maréchal de Mac-Mahon, qui arrivait de Beaumont et se rendait à Osches, avait donné l'ordre au général Conseil Dumesnil de repartir le plus tôt possible, de faire serrer les voitures les unes sur les autres, d'accélérer la marche et d'arriver à la Meuse, coûte que coûte, avant le soir. L'itinéraire était la route de Stonne à Beaumont jusqu'à l'Est de Warniforêt, puis celle d'Yoncq à Autrecourt et Villers-devant-Mouzon où l'on devait franchir la rivière sur un pont de chevalets construit par le génie. En conséquence, la division se remettait en marche à 11 heures, la 2ᵉ brigade (Chagrin de Saint-Hilaire) en tête; le 99ᵉ de ligne en avant du convoi, le 47ᵉ échelonné sur le flanc droit; le 21ᵉ de ligne, de la 1ʳᵉ brigade, derrière les voitures.

Le général de Bretteville, commandant cette dernière brigade, restait momentanément à Stonne avec le 3ᵉ de ligne; il devait rejoindre le reste de la division quand sa tête de colonne serait engagée sur la route d'Yoncq. Le général Douay gardait avec lui l'artillerie de la division et le 17ᵉ bataillon de chasseurs, qui avaient reçu l'ordre de suivre la route de Stonne à Raucourt avec les 2ᵉ et 3ᵉ divisions. La division de cavalerie Ameil stationnait à l'angle des routes de Beaumont et de Raucourt; elle avait pour mission de former l'extrême arrière-garde du corps d'armée et de couvrir, en particulier, la marche de la 1ʳᵉ division.

En arrivant à l'Ouest de Stonne, vers midi, le bruit du canon se fit entendre dans la direction de Beaumont, mais on n'y prêta pas, tout d'abord, une grande attention. On supposait que c'était la « répétition et la suite des combats d'avant-garde » que le 5ᵉ corps avait livrés le 29, avec succès, disait-on (1). Un peu plus loin, un officier d'ordonnance du général Ameil vint prévenir le

---

(1) *Notes* sur les opérations de la 1ʳᵉ division du 7ᵉ corps.

général Conseil Dumesnil que, d'après les dires des gens du pays, une brigade d'infanterie ennemie se trouvait embusquée dans les bois qui s'étendent au Sud de la route de Beaumont.

Afin d'éviter une surprise, le général Conseil Dumesnil prescrivit au général Morand de faire quitter la route au 21ᵉ de ligne qui marcherait ensuite par échelons de demi-bataillons à travers champs sur le flanc droit de la colonne, avec des flanqueurs et des éclaireurs dans la forêt.

La division continua ainsi son mouvement sans être inquiétée. Mais le jalonneur, placé au changement de direction à l'Est de Warniforêt, ayant quitté son poste, la tête de colonne du convoi, au lieu de prendre la route d'Yoncq, continua à suivre celle de Beaumont. Heureusement, le lieutenant-colonel Davenet, envoyé à la 1ʳᵉ division par le général Douay, s'aperçut de l'erreur et fit rétrograder les voitures engagées dans cette fausse direction.

D'autre part, la canonnade devenant plus vive vers Beaumont, le général Chagrin de Saint-Hilaire crut devoir prendre certaines dispositions pour parer à toute éventualité et couvrir la marche du convoi. Il plaça une partie du 47ᵉ et les IIᵉ et IIIᵉ bataillons du 99ᵉ de ligne sur le plateau à l'Ouest de la Thibaudine et fit demander du renfort au général Conseil Dumesnil. Celui-ci arriva bientôt, approuva les mesures prises, prévint le général Douay et le pria d'envoyer en toute hâte les batteries divisionnaires. Mais, pour se conformer aux instructions du maréchal de Mac-Mahon, il fit évacuer la position de la Thibaudine par les 47ᵉ et 99ᵉ, leur prescrivit de reprendre l'escorte du convoi et les remplaça par le 21ᵉ de ligne. Il fit venir, de Stonne, le 3ᵉ de ligne. Toute la 1ʳᵉ brigade devait suivre le convoi dès qu'il serait engagé sur la route d'Yoncq. On ne pensait pas qu'elle serait attaquée, « l'ennemi n'étant pas en vue (1) », et on négligea d'envoyer sur Beaumont un officier d'état-major avec quelques cavaliers pour s'enquérir de la situation.

Le 21ᵉ de ligne allait atteindre par sa tête de colonne le plateau de la Thibaudine, déjà évacué par le 99ᵉ, et quelques compagnies du 47ᵉ étaient encore dans les bois à l'Ouest de la ferme, quand on aperçut le mouvement des Bavarois débouchant des bois au Sud de la Thibaudine (2). Les fractions les plus avancées ouvrirent immédiatement le feu. Le Iᵉʳ bataillon du *13ᵉ* leur fit aussitôt face et se porta en avant, soutenu par les 7ᵉ et 8ᵉ compagnies qui vinrent en hâte occuper la Thibaudine, et par des fractions du 7ᵉ bataillon de chasseurs.

Deux compagnies du bataillon de tête du 21ᵉ avaient été déployées en tirailleurs. Elles battent en retraite jusqu'au petit bois qui borde à l'Est le ruisseau d'Yoncq. Là, elles sont recueillies par les soutiens qui, par des feux efficaces de bas en haut, contiennent les Bavarois sur la crête. De part et d'autre, le combat dégénère en une fusillade incessante de pied ferme.

Cependant, sur la gauche du Iᵉʳ bataillon du *13ᵉ*, les 5ᵉ et 6ᵉ compagnies de ce régiment avaient atteint, à leur tour, la lisière de la forêt. Bientôt après, débouchait aussi le *10ᵉ* tout entier ; son IIIᵉ bataillon renforça la gauche de la ligne, menacée par des fractions du IIIᵉ bataillon du 21ᵉ de ligne, qui étaient venues border la lisière orientale de la forêt du Grand Dieulet, au premier saillant au Sud de la grande route ; les deux autres bataillons du *10ᵉ* restèrent en réserve dans un pli de terrain. Une section de la 2ᵉ batterie (de 4), qui formait l'extrême gauche de la ligne d'artillerie allemande au Sud de Beaumont, prit position au Sud de

---

(1) *Notes* sur les opérations de la 1ʳᵉ division du 7ᵉ corps.
(2) Voir p. 341.

la Thibaudine afin de battre le petit bois adjacent au ruisseau d'Yoncq. Le Ier bataillon du *13*{e}, ayant épuisé ses cartouches, fut relevé par le Ier du *10*{e} ; celui-ci fut bientôt soutenu à gauche par le IIe.

Sur ces entrefaites, la *3*{e} brigade d'infanterie s'était également déployée à l'Est du bois des Murets et avait reçu l'ordre de se porter en avant, contre la droite des Français, dans la direction de Warniforêt, en prenant à gauche de la *4*{e} brigade.

Le *3*{e} régiment marchait sur ce point au travers des fourrés ; le *1*{er} bataillon de chasseurs se dirigeait le long de la lisière pour se relier à la gauche de la *4*{e} brigade ; le *12*{e} régiment et la 8e batterie (de 6) restaient disponibles sur le côté Nord-Est du bois des Murets.

Attaqués de front par des forces supérieures et menacés sur leur flanc droit, comptant d'ailleurs dans leurs rangs beaucoup d'hommes des bataillons de marche, les Ier et IIIe bataillons du 21e de ligne plient. Le général Morand se met à la tête de quelques fractions encore compactes et entraîne par son exemple une grande partie de la ligne. Le IIIe bataillon du *10*{e}, fortement éprouvé, est contraint de refuser sa gauche, « vivement pressée (1) ». Le *1*{er} bataillon de chasseurs intervient alors et oblige les troupes françaises qui lui font face à rétrograder.

Les bataillons bavarois, engagés à droite, prennent également l'offensive, refoulent les Français sur tout le front et les chassent des bois qu'ils occupaient au Nord de la route. C'est au cours de cet engagement que le général Morand est blessé mortellement en cherchant vainement à arrêter le mouvement de retraite du 21e et d'une partie du 47e (2).

A ce moment, débouche de Warniforêt, au delà du

( ) *Historique du Grand État-Major prussien*, 7e livraison, p. 1043.
(²) *Notes sur les opérations de la 1re division du 7e corps.*

ruisseau d'Yoncq, le 3ᵉ de ligne marchant en colonne par section et flanqué à droite par une ligne de tirailleurs longeant les bois.

Dans cette formation dense et sur ce terrain en contrebas, il subit, en peu de temps, des pertes assez fortes; ses rangs sont rompus d'ailleurs par les fuyards des 21ᵉ et 47ᵉ. Le régiment, déjà très éprouvé à Frœschwiller et comptant, comme tous ceux de la division Conseil Dumesnil, beaucoup d'hommes récemment incorporés, se jette presque tout entier dans les bois du Grand Dieulet, malgré les efforts du général de Bretteville, qui, lui aussi, est grièvement blessé.

« Les officiers ne peuvent parvenir à reformer les compagnies sous la mitraille et les balles ennemies..... En vain, le lieutenant-colonel Gillet et les officiers du régiment réunissent leurs efforts pour rallier nos soldats et les déployer en avant, on ne peut les faire sortir des bois où ils se tiennent à l'abri; les officiers seuls restent exposés aux coups de l'ennemi (1). »

A ce moment critique, le sous-lieutenant Varinot déploie le drapeau du régiment et, avec sa garde, se porte résolument en avant. Entraînés par ce noble exemple, quelques soldats sortent des bois et suivent ce vaillant officier, qui tombe bientôt grièvement blessé.

Le sous-lieutenant Sondorf saisit le drapeau et est aussitôt frappé par un éclat d'obus. Encore une fois, l'aigle est relevée et reste déployée entre les mains des sergents Perrin et Garnier. Mais le 3ᵉ de ligne, dont 11 officiers sont blessés, perd peu à peu du terrain et abandonne le petit bois adjacent au ruisseau d'Yoncq. Ses débris, joints à ceux des 21ᵉ et 47ᵉ de ligne, forment une ligne de tirailleurs confuse près de Warniforêt.

---

(1) *Historique* manuscrit du 3ᵉ de ligne.

La 5e batterie du 7e (1), envoyée par le général Douay, est venue prendre position au même point, au Nord de la route. Les 1re et 2e compagnies du 17e bataillon de chasseurs lui servent de soutien et recueillent une partie du 3e de ligne avec le drapeau. Les lieutenants Law de Lauriston et Gleizes-Raffin s'efforcent de rallier les isolés et en ramènent 150 environ près de Warniforêt.

Grâce à la ferme attitude des chasseurs à pied et de la batterie, le mouvement offensif des Bavarois peut être enrayé pendant quelque temps. Après avoir tiré environ vingt coups par pièce et, sur le point d'être cernée, la batterie se met en retraite, protégée sur chacun de ses flancs par une compagnie du 17e chasseurs et, sur ses derrières, par des isolés appartenant aux 3e, 21e et 47e de ligne et dont le lieutenant Gleizes-Raffin a pris le commandement. Elle doit abandonner à l'ennemi deux pièces, dont les servants et les attelages ont été tués.

A 3 h. 45, les Français sont en pleine retraite sur Raucourt, et la gauche allemande débouche sur la grande route à Warniforêt. De là les Bavarois poursuivent les troupes de la division Conseil Dumesnil, canonnées par la 8e batterie (de 6) qui s'est établie au Nord de la ferme. Déjà ils ont atteint le chemin de la Besace à Yoncq quand, à 4 h. 15, ils reçoivent l'ordre de s'arrêter.

La majeure partie de la 2e division se rassemble alors au Nord de Warniforêt; le 12e régiment, laissé en réserve, se porte sur la Thibaudine, ainsi que le IIIe bataillon du 10e.

Sur la demande des Prussiens, qui insistaient pour que les Bavarois continuassent à concourir à l'action sur la gauche du IVe corps, le commandant du Ier corps

---

(1) Appartenant à l'artillerie de la 1re division du 7e corps.

bavarois avait groupé sous les ordres du colonel Schuch quatre bataillons, deux escadrons et deux batteries avec mission de suivre la vallée d'Yoncq et les hauteurs des deux rives, en prolongeant la gauche du IVe corps auquel ces troupes resteraient subordonnées.

Le convoi du 7e corps et le 99e de ligne qui l'escortaient atteignirent la Meuse à Villers-devant-Mouzon avant l'achèvement du pont de chevalets construit par le génie. Le passage commença vers 4 h. 30. Le général Conseil Dumesnil et son état-major, le 99e et la moitié des voitures du convoi franchirent le fleuve, mais le pont fut alors canonné et en partie détruit par deux batteries bavaroises. Le général Conseil Dumesnil rejoignit la route de Mouzon à Douzy et Sedan à hauteur d'Amblimont. Il y trouva le général de Wimpffen, arrivant d'Afrique pour prendre le commandement du 5e corps, qui lui indiqua une position au Sud-Est d'Amblimont. Le 99e de ligne l'occupa. Tandis que les voitures, qui avaient pu passer sur la rive droite, prenaient les unes la route de Mouzon à Douzy, les autres celle de Mouzon à Carignan, celles qui étaient restées sur la rive gauche furent soit abandonnées, soit dirigées sur Remilly (1).

§ 4. — *Le Ier corps bavarois se porte sur la Besace et Raucourt* (2).

Vers 2 h. 15, le général von der Tann, commandant le Ier corps bavarois, avait reçu du prince royal de Prusse, l'ordre de faire converger le plus de forces possible sur la Besace afin de fermer la trouée existant sur le front des troupes allemandes entre Beaumont et Stonne. Déjà la 1re division, en marche par Sommauthe,

---

(1) *Notes* sur les opérations de la division Conseil Dumesnil.
(2) *Historique du Grand État-Major prussien*, p. 1013-1016.

avait été acheminée sur Warniforêt, par le bois de Sommauthe, pour appuyer la 2ᵉ engagée à la Thibaudine. Le général von der Tann la dirigea sur la Besace et prescrivit, en même temps, à la brigade de cuirassiers et à l'artillerie de réserve de continuer leur marche sur Beaumont et de se rassembler au Sud de la route de Stonne.

Vers 4 h. 15, le 3ᵉ régiment de chevau-légers, qui, au débouché de la forêt, avait pris les devants, arrivait devant la Besace, où il essuyait le feu de quelques fractions d'infanterie de la division Conseil Dumesnil qui ne tardaient pas cependant à se replier vers le Nord. Le 4ᵉ bataillon de chasseurs occupe le village ; le reste de la 1ʳᵉ division poursuit son mouvement sur Raucourt. Là, la tête de colonne se heurte à la brigade Bittard des Portes du 7ᵉ corps établie au Sud du bourg (1). La 2ᵉ brigade se déploie à cheval sur la route, le 2ᵉ régiment et le 9ᵉ bataillon de chasseurs en première ligne, le 11ᵉ régiment suivant comme réserve. Ainsi formée, la brigade se porte, vers 5 h. 15, sur les hauteurs de Flaba et de la Malmaison, tandis qu'à l'extrême gauche les chasseurs fouillent le bois de Raucourt et qu'à droite le régiment de chevau-légers s'efforce de maintenir la liaison avec les troupes en marche le long du ruisseau d'Yoncq. Bientôt les tirailleurs du 2ᵉ régiment, appuyés par le feu des batteries de la division, s'engagent contre ceux du 83ᵉ de ligne qui, menacés sur leur flanc droit par le 1ᵉʳ bataillon du 2ᵉ et ayant d'ailleurs rempli leur mission, disparaissent dans les bouquets de bois au Nord-Ouest de Raucourt.

Le 2ᵉ régiment se porte en avant et occupe le bourg, les hauteurs qui le dominent et le bois de Cogneux. Un nouvel engagement sans grande importance se produit

---

(1) Voir p. 291.

encore un peu plus loin entre le IIe bataillon du 82e de ligne qui occupe la lisière Sud du Gros Bois et le 9e bataillon de chasseurs.

A 7 heures, le jour commençant à baisser, la 1re division bavaroise s'arrêta, ne poursuivant plus le 7e corps que par les obus de son artillerie. Vers 9 heures, elle établissait son bivouac autour de Raucourt, où la rejoignirent la brigade de cuirassiers et la réserve d'artillerie. Les fractions de la 2e division, réunies autour de Warniforêt, stationnaient autour de la Besace. Le quartier général du corps d'armée était installé à Raucourt.

§ 5. — Nouvelle position du 5e corps entre le bois de Givodeau et Yoncq.

Le général de Failly avait pu constater que les Allemands recevaient constamment des renforts et, qu'arrêtés sur le front de la position du 5e corps, ils cherchaient « à la tourner par leur gauche et à s'étendre en arrière de notre flanc droit (1) ». D'autres masses ennemies apparaissaient également entre la route de Stenay et la Meuse. Le général de Failly jugea que les Allemands allaient, « suivant leur habitude, chercher à déborder nos ailes des deux côtés et à gagner le revers de la position (2) ». Il en conclut qu'il fallait renoncer à la défense des hauteurs au Nord de Beaumont, et, vers 2 h. 30, il prit le parti de se replier en bon ordre sur Mouzon, conformément aux instructions du maréchal de Mac-Mahon (3). Aussi les troupes du 5e corps n'attendirent-elles point l'attaque sur les emplacements qu'elles

---

(1) *Journal* de marche du 5e corps, rédigé par le colonel Clémeur.
(2) *Ibid.*
(3) *Ibid.*

avaient pris entre Sainte-Hélène et la Harnoterie. Sur ce dernier point seulement, il y eut quelque résistance de la part du 19ᵉ bataillon de chasseurs et du 27ᵉ de ligne, qui occupaient la ferme et les bouquets de bois situés au Sud. Appuyés par la 5ᵉ batterie du 6ᵉ, établie à l'Est de la cote 255, ils accueillirent par « un feu d'une excessive violence (1) » le 7ᵉ bataillon de chasseurs bavarois qui, après avoir coopéré, vers 2 h. 15, par quelques fractions, à la prise de possession de la Thibaudine (2), avait tenté vainement de progresser au Nord de la route de Stonne à Beaumont.

La situation resta stationnaire pendant près d'une heure jusqu'au moment où le IIIᵉ bataillon du *86ᵉ* (3), qui vait cheminé par le vallon au Nord-Ouest de Beaumont, déboucha sur la droite de la ligne d'attaque. La 5ᵉ batterie du 6ᵉ, se portant à l'Est de la ferme, essaya, par un tir à mitraille, de ralentir sa marche. Mais elle fut immédiatement contre-battue par une artillerie supérieure en nombre et « eut beaucoup à souffrir (4) ». Les IIIᵉ et IVᵉ batteries du 4ᵉ avaient joint, à cet effet, leur feu à celui de l'artillerie bavaroise ; l'incendie se déclara dans les bâtiments de la Harnoterie.

Le IIIᵉ bataillon du *86ᵉ* continue son mouvement en avant et occupe la ferme déjà évacuée, tandis que les Bavarois occupent les bouquets de bois au Sud. Le 27ᵉ de ligne rétrograde vers la cote 255 (5). Le 19ᵉ bataillon de chasseurs bat en retraite vers le carrefour au Nord-Est de la Harnoterie et s'engage ensuite sur la route de Mouzon (6).

---

(1) *Historique du Grand État-Major prussien*, 7ᵉ livraison, p. 1013.
(2) Voir p. 344.
(3) *8ᵉ* division.
(4) *Rapport* du chef d'escadron Pérot.
(5) *Historique* manuscrit du 27ᵉ de ligne.
(6) *Historique* manuscrit du 19ᵉ bataillon de chasseurs.

La 5ᵉ batterie du 6ᵉ se replie également vers le Nord-Est. « Lorsque l'ordre de retraite fut donné à l'infanterie, elle aurait perdu une de ses pièces, si l'adjudant et quelques canonniers n'eussent mis beaucoup d'énergie et de promptitude à changer un attelage de derrière dont le porteur venait d'être tué (1). »

Il était alors 3 h. 15 environ.

Le 19ᵉ bataillon de chasseurs et le 27ᵉ de ligne avaient été recueillis par le reste du 5ᵉ corps qui avait exécuté, sur ces entrefaites, « un léger changement de front en arrière, sur son aile gauche (2) », qui l'avait amené à occuper le plateau au Sud de la Sartelle d'une part, et les hauteurs à l'Est et au Nord-Est d'Yoncq, d'autre part. Le mouvement avait pu s'exécuter en bon ordre, parce que, en raison de la distance, il avait bientôt échappé aux coups et même, en partie, aux vues de l'artillerie allemande (3). Celle-ci avait momentanément interrompu son feu des positions qu'elle occupait sur les hauteurs de Beauregard; les batteries légères avaient été ramenées en arrière de la ligne; les batteries lourdes étaient allées se joindre au groupe de pièces établies immédiatement à l'Est de Beaumont (4).

La brigade Abbatucci (5) et, à sa droite, le Iᵉʳ bataillon du 46ᵉ de ligne et le IIᵉ du 11ᵉ, de la brigade Saurin (6), occupaient le secteur de droite de la position, entre le ruisseau d'Yoncq et la route de Mouzon (7). La division de L'Abadie d'Aydrein s'était établie entre cette route et les pentes abruptes qui bordent la Meuse : le

---

(1) *Rapport* du chef d'escadron Pérot.
(2) *Journal* de marche du 5ᵉ corps.
(3) *Historique du Grand Etat-Major prussien*, 7ᵉ livraison, p. 1010.
(4) *Ibid.*
(5) 1ʳᵉ de la 3ᵉ division (moins le IIIᵉ bataillon du 30ᵉ).
(6) 1ʳᵉ de la 1ʳᵉ division.
(7) *Journal* de marche de la 2ᵉ division; *Rapport* du chef d'escadron Pérot.

14ᵉ bataillon de chasseurs au centre, le 88ᵉ de ligne à sa droite, les Iᵉʳ et IIIᵉ bataillons du 49ᵉ à sa gauche (1). Enfin un certain nombre d'isolés du 46ᵉ de ligne, dont l'effectif représentait deux compagnies environ, avaient rétrogradé de Sainte-Hélène jusqu'au saillant Sud du bois de Givodeau.

L'artillerie, couverte par le IIᵉ bataillon du 49ᵉ et le IIIᵉ du 30ᵉ, avait protégé ce mouvement général de retraite, puis s'y était conformée. Les batteries de mitrailleuses, peut-être plus particulièrement contre-battues, s'étaient retirées les premières de cette lutte inégale; peu à peu, les autres batteries divisionnaires s'étaient repliées à leur tour, la réserve d'artillerie restant la dernière au Sud du bois Failly. Enfin les deux bataillons de soutien avaient suivi. Le IIᵉ du 49ᵉ, sous les ordres du commandant Raillard, et dirigé par le lieutenant-colonel Bergeron, exécute ce mouvement « avec un ordre parfait qui lui mérite les éloges du général en chef (2) », et rejoint le gros du régiment vers la ferme de la Sartelle. Le IIIᵉ du 30ᵉ effectue sa retraite vers le saillant Sud du bois de Givodeau, où il se joint à deux compagnies environ du 46ᵉ et déploie également deux compagnies en tirailleurs, les quatre autres restant en soutien. Une pièce de la 6ᵉ batterie du 10ᵉ (3), dont l'avant-train, atteint par un obus, avait fait explosion en tuant les quatre chevaux, les quatre servants et l'un des deux conducteurs, dut être abandonnée (4). Le capitaine de Tessières tenta, un peu plus tard, de ramener cette bouche à feu, mais il ne put parvenir à l'atteler.

---

(1) *Rapport* du commandant Parlier, commandant le 14ᵉ bataillon de chasseurs.
(2) *Rapport* du colonel Kampf, commandant le 49ᵉ de ligne.
(3) Réserve d'artillerie.
(4) *Rapport* du chef d'escadron Cailloux; *Historique du Grand État-Major prussien*, 7ᵉ livraison, p. 1010.

Deux groupes de batteries se constituèrent sur la nouvelle position du 5ᵉ corps. Dans le secteur de droite, entre le ruisseau d'Yoncq et la route de Mouzon, les 6ᵉ et 7ᵉ batteries du 6ᵉ (1) et les 5ᵉ et 8ᵉ du 2ᵉ (2) s'établissent sur le mamelon au Sud-Ouest de la cote 295. Dans le secteur de gauche, entre la route de Mouzon et la Meuse, les 11ᵉ et 12ᵉ du 2ᵉ (3) et quatre batteries de la réserve, 10ᵉ du 2ᵉ, 5ᵉ et 6ᵉ du 20ᵉ, 11ᵉ du 10ᵉ, occupèrent le plateau, au Sud-Ouest de la Sartelle, vers la cote 302 (4).

Le 5ᵉ corps se maintint sur cet emplacement pendant près d'une heure (5).

D'après les ordres verbaux donnés par le général de Failly, au moment où l'attaque de l'ennemi se produisit, la division de cavalerie devait couvrir vers l'Ouest le 5ᵉ corps battant en retraite par la route de Mouzon. Après avoir occupé à cet effet plusieurs emplacements successifs, le général Brahaut prit le parti de se replier sur Mouzon. Le mouvement était déjà en cours d'exécution quand il apprit la véritable situation du 5ᵉ corps. Il entreprit alors de « regagner les hauteurs », mais le terrain, couvert de bois, lui paraissant peu favorable, il ramena ses escadrons dans la plaine à l'Ouest de Mouzon et les disposa sur trois lignes, devant la division de cavalerie du 7ᵉ corps. Voyant l'infanterie en pleine retraite, le

---

(1) Batteries de la 1ʳᵉ division. La 5ᵉ batterie du 6ᵉ était sur la route de Mouzon (*Rapport* du chef d'escadron Pérot).

(2) Batteries de la 2ᵉ division.

(3) Batteries de 4 de la 3ᵉ division. L'emplacement de la 9ᵉ batterie du 2ᵉ, à ce moment de la bataille, n'a pu être déterminé.

(4) Il n'a pas paru possible de préciser l'emplacement des autres batteries de la réserve à ce moment. Il semble, d'après le *Rapport* du colonel de Fénelon, qu'elles se soient séparées des quatre premières et se soient « écartées en éventail à droite ».

(5) *Journal* de marche du 5ᵉ corps.

général Brahaut franchit la Meuse à Mouzon, non sans quelque désordre en raison de l'encombrement qui y régnait, et rallia, un peu avant la nuit, le 5ᵉ lanciers et le 12ᵉ chasseurs sur les hauteurs à l'Est de Mouzon (1).

§ 6. — *Le IVᵉ corps se déploie au Nord de Beaumont.*

De Fossé, le commandant en chef de l'armée de la Meuse s'était rendu sur un mamelon situé au Nord des Champy d'où la vue s'étendait librement sur la région avoisinant Beaumont et d'où il avait pu suivre les péripéties de la bataille depuis son début. Les rapports qu'il reçut vers 2 h. 15 relataient la prise de Beaumont et la retraite des Français, qui paraissaient se replier vers le Nord-Ouest sous la protection d'une forte arrière-garde. Il envoya, en conséquence, à la Garde l'ordre de suivre le IVᵉ corps, en utilisant les mêmes chemins pour la traversée de la forêt de Dieulet, et en plaçant la division de cavalerie en tête de la colonne de gauche. La 1ʳᵉ division, suivie de l'artillerie de corps, qui avait débouché devant Nouart vers 1 h. 15, se portait sur les Champy; la cavalerie et la 2ᵉ division étaient encore en arrière de Buzancy et de Thénorgues.

Quittant son observatoire, le prince royal de Saxe se rendit à Beaumont, où il arriva vers 3 h. 30. A ce moment, le IVᵉ corps progressait déjà au Nord du bourg; le XIIᵉ se déployait en arrière de sa droite, dans la mesure de l'espace disponible jusqu'à la Meuse. Le prince royal de Saxe chargea un officier de son état-major d'aller reconnaître s'il ne serait pas possible de couper les Français de la Meuse. Il prescrivit en même

---

(1) *Rapport* sur les opérations de la division de cavalerie du 5ᵉ corps. — Le général Brahaut aurait pu utilement employer ses escadrons à surveiller la vallée d'Yoncq et à retarder le mouvement débordant de l'ennemi de ce côté.

temps au prince Georges de Saxe de faire passer la 12e division de cavalerie sur la rive droite pour battre le pays dans la direction des routes de Mouzon et de Carignan, où l'on avait constaté la présence de grosses masses françaises (1).

Pendant le combat d'artillerie qui avait suivi la prise de Beaumont, l'infanterie du IVe corps, remise en ordre, s'était déployée de part et d'autre du bourg. La 13e brigade avait gagné d'abord les coteaux au Sud-Est de Beaumont, puis, vers 2 h. 45, après la retraite de l'artillerie française, elle avait continué à se porter en avant, l'aile droite franchissant le ruisseau de Beaumont, l'aile gauche prenant par le bourg. Trois batteries $\left(\frac{\text{I, II, 2}}{4}\right)$ se joignaient à ce mouvement. La 14e brigade, passant à l'Ouest de Beaumont, franchissait la route de Stonne et marchait vers le Nord. Ces deux brigades, constituant la 7e division, se formaient ensuite sur trois lignes, la 13e brigade en tête fournissant les deux premières :

1° Les IIe et IIIe bataillons du 66e déployés en colonnes de compagnie, le premier ayant sa gauche à la route de Mouzon, le second au Sud du bois Failly; derrière le centre, le Ier bataillon;

2° Cinq demi-bataillons du 26e ayant également leur gauche à la route ;

3° La 14e brigade marchant derrière la gauche de la 13e; le 93e suivi de sept compagnies du 27e (2).

---

(1) *Historique du Grand État-Major prussien,* 7e livraison, p. 1016-1017.

(2) La $\frac{3^e}{27^e}$ avec les équipages régimentaires; les $\frac{1^{re}, 2^e, 4^e}{27^e}$ et la 3e compagnie de pionniers à la garde des prisonniers et du matériel de guerre enlevé à Beaumont; la $\frac{8^e}{27^e}$ laissée à l'occupation du camp méridional.

A gauche de la 7ᵉ division, dont le déploiement était terminé vers 3 h. 15, la 8ᵉ, ralliée peu à peu par celles de ses troupes encore en arrière (1), se massait au Sud de la ferme de la Harnoterie que le IIIᵉ bataillon du 86ᵉ enlevait à ce moment (2).

Mais, en raison de la configuration du terrain et de la présence du bois de Givodeau, les troupes françaises avaient peu à peu échappé aux vues et, après la retraite des dernières batteries de la réserve d'artillerie, rien n'indiquait si elles avaient effectué leur retraite vers le Nord ou vers l'Ouest.

Le commandant du IVᵉ corps, arrivé à 2 h. 45 sur les hauteurs au Nord de Beaumont, jugea avec raison qu'il était de toute nécessité de reprendre le contact si inopinément perdu et donna l'ordre aux régiments de cavalerie massés à l'Ouest du bourg de se porter vers les coteaux d'Yoncq. En même temps, il dirigea la 7ᵉ division sur la ferme de la Sartelle, tandis que la 8ᵉ marchait vers le Nord-Est, en passant entre la route de Mouzon et la Harnoterie.

Les escadrons ainsi lancés en avant sont bientôt exposés au feu des batteries françaises en position au Nord-Est d'Yoncq. Le 12ᵉ régiment de hussards, à droite, canonné de front et fusillé de flanc par des fractions occupant le bois de Givodeau, va s'abriter dans un pli de terrain. Le 7ᵉ régiment de dragons, auquel s'était joint le 4ᵉ escadron du 2ᵉ régiment saxon de

---

(1) Le 71ᵉ atteignait la route de Stonne, à l'Ouest de Beaumont, à 2 h. 45; les $\frac{3^e, 4^e}{96^e}$ s'établissaient à 3 h. 15 à la droite de l'artillerie de corps; les $\frac{1^{re}, 2^e, 3^e}{86^e}$ avaient été laissées à la garde du camp Nord-Ouest.

(2) *Historique du Grand État-Major prussien*, 7ᵉ livraison, p. 1017-1018.

Reiter, est accueilli par les salves de la batterie de canons à balles de la 2ᵉ division et se replie dans la vallée au Sud d'Yoncq. De son côté, le IIIᵉ bataillon du *86ᵉ* se portait de la Harnoterie vers le bois de Givodeau quand un feu d'artillerie très efficace le contraignit à s'arrêter.

Tout paraissant indiquer que les Français occupaient fortement la région comprise entre le ruisseau d'Yoncq et la route de Mouzon, le général von Alvensleben ordonna à la *14ᵉ* brigade, formée derrière la gauche de la 7ᵉ division, de suivre la *8ᵉ* vers les hauteurs à l'Est du moulin de la Bonne-Malade. Cette brigade exécuta aussitôt une conversion et prit comme point de direction de son aile droite l'angle Sud-Ouest du bois de Givodeau. Ce mouvement eut pour résultat de rejeter la *8ᵉ* division vers la vallée de l'Yoncq et de l'amener momentanément derrière la gauche de la *7ᵉ* dont les deux brigades, alors déployées côte à côte, occupaient à peu près tout l'intervalle de plus de trois kilomètres, à vol d'oiseau, compris entre le ruisseau d'Yoncq et la Meuse (1).

§ 7. — *Le 5ᵉ corps bat en retraite sur Mouzon.*

Le répit que les Allemands avaient laissé au 5ᵉ corps ne devait pas être de longue durée.

« Le général en chef s'aperçoit que l'ennemi prononce davantage son mouvement tournant sur sa droite, et que de fortes colonnes, après avoir débouché des forêts et franchi la grande route de Stonne à Beaumont, se portent dans la direction d'Yoncq par la petite vallée que parcourt le ruisseau du même nom.

---

(1) *Historique du Grand État-Major prussien*, 7ᵉ livraison, p. 1018-1019.

« Sur sa gauche également, il commence à voir apparaître sur le plateau des têtes de colonnes. Il est donc urgent de reprendre la marche sur Mouzon, afin de ne pas être coupé (1). » Le général de Failly donna, vers 4 heures, des instructions en conséquence.

Dans le secteur de gauche, l'infanterie de la division de L'Abadie rétrograda peu à peu jusqu'aux portions de lisière du bois de Givodeau situées au Nord et au Nord-Ouest de la ferme de la Sartelle. Les quatre batteries de la réserve d'artillerie (2), escortées par les quatre compagnies de droite du III° bataillon du 88° de ligne, reçurent l'ordre de gagner le pont de Mouzon par le chemin qui, de la ferme de la Sartelle, conduit à Villemontry, et de s'établir ensuite sur la rive droite de la Meuse pour protéger le passage du fleuve (3). Le reste de l'infanterie et les deux batteries de la 3° division devaient s'engager ensuite dans les bois : un bataillon et demi du 49° et les 5° et 6° compagnies du III° du 88° par le chemin forestier; l'autre portion du 49° et le 14° bataillon de chasseurs, d'une part; les Ier et IIe bataillons du 88°, d'autre part, suivant des sentiers (4). Une partie du Ier bataillon du 49° et une centaine d'hommes du 14° bataillon de chasseurs aboutirent sur la route de Mouzon.

Dans le secteur de droite, l'artillerie resta en position sur le mamelon au Sud-Ouest de la cote 295, couverte d'abord par le 27° de ligne, tandis que le 30°, le

---

(1) *Journal* de marche du 5° corps, rédigé par le colonel Clémeur.

(2) $\frac{10°}{2^e} \frac{5,6°}{20°} \frac{11°}{10°}$.

(3) *Journal* de marche de la 2° division; *Journal* de marche de la réserve d'artillerie. On verra plus loin que deux d'entre elles prirent encore position au Nord de Villemontry (10° du 2°, 11° du 10°).

(4) Le général de L'Abadie au général de Failly, Wiesbaden, 22 mars 1871.

Iᵉʳ bataillon du 46ᵉ, le IIᵉ et les débris des Iᵉʳ et IIIᵉ du 11ᵉ contournaient, en majeure partie, le bois par sa lisière Nord-Ouest. Le 27ᵉ suivit ensuite leur mouvement.

Enfin, à l'extrême gauche, le IIIᵉ bataillon du 30ᵉ et 200 hommes environ du 46ᵉ devaient se replier par le saillant Sud-Est du bois de Givodeau, parallèlement à la Meuse et en suivant les pentes abruptes qui la bordent.

Ces mouvements de retraite ne purent toutefois être terminés avant l'arrivée de l'ennemi, en raison des difficultés du terrain et de l'étroitesse des chemins. Il en résulta, sur plusieurs points, notamment dans le secteur de droite, des engagements avec les troupes les plus avancées du IVᵉ corps.

§ 8. — *Engagements de l'aile droite du IVᵉ corps dans le bois de Givodeau* (1).

La *13ᵉ* brigade, du IVᵉ corps, ayant en première ligne le *66ᵉ* et passant entre la route de Mouzon et la corne Ouest du bois Failly, s'était portée contre les troupes de la division de L'Abadie qui occupaient le secteur gauche des positions françaises. Le Iᵉʳ bataillon de ce régiment était venu remplacer, à droite du IIᵉ, trois compagnies du IIIᵉ chargées de fouiller le bois Failly. Les tirailleurs sont accueillis de front par la fusillade très vive des dernières compagnies du 88ᵉ, du 49ᵉ et du 14ᵉ bataillon de chasseurs bordant les lisières du bois de Givodeau, et de flanc par le feu du IIIᵉ bataillon du 30ᵉ et de fractions du 46ᵉ occupant le saillant Sud-Est du même bois bordant la Meuse. Mais la résistance est de courte durée. Leur mouvement reprend bientôt, les arrière-gardes françaises se repliant partout vers le Nord.

---

(1) *Historique du Grand État-Major prussien*, p. 1020-1021.

La 10ᵉ compagnie du *66*ᵉ occupe la ferme de la Sartelle; à gauche le IIᵉ bataillon pousse à l'Ouest, à travers la forêt; le Iᵉʳ bataillon oblique vers le carrefour situé au saillant Sud-Ouest.

Le *26*ᵉ, qui marchait tout d'abord en seconde ligne, avait fait un changement de direction à droite vers le saillant Sud-Est du bois de Givodeau bordant la Meuse, pour riposter aux feux de flanc du IIIᵉ bataillon du 30ᵉ de ligne. Il réussit à pénétrer dans le bois sans grande résistance. Bientôt il se trouva divisé en deux groupes principaux, dont l'un prenait la direction de Villemontry à travers le bois de Givodeau, à la poursuite immédiate des Français, tandis que l'autre appuyait vers la route de Mouzon.

Pendant ce temps, les Iᵉʳ et IIᵉ bataillons du *66*ᵉ étaient parvenus au saillant Sud-Ouest du bois de Givodeau et s'y reliaient à la *14*ᵉ brigade qui venait, à ce moment, s'accoler à la *13*ᵉ en masquant la *8*ᵉ division (1). Accueillis au delà par un feu violent de l'artillerie française établie sur le mamelon 295, ces deux bataillons avaient rétrogradé et étaient venus se reconstituer au Sud de la Sartelle. Quelques fractions seulement, qui avaient déjà pénétré plus avant dans le bois de Givodeau, continuaient à y gagner lentement du terrain.

A l'extrême droite, le IIIᵉ bataillon du *66*ᵉ (2), après avoir fouillé le bois Failly, suivait le chemin de Létanne à Villemontry, le long de la Meuse; il était précédé des 2ᵉ et 3ᵉ compagnies du *31*ᵉ qui, après la prise de Beaumont, s'étaient portées sur Létanne.

---

(1) Voir p. 358.
(2) Moins la 10ᵉ compagnie, occupant toujours la Sartelle.

§ 9. — *Engagement de l'aile gauche du IVe corps au Nord-Est d'Yoncq* (1).

Vers 3 h. 45 de l'après-midi, la *14e* brigade d'infanterie, exécutant un changement de direction à gauche, s'était portée à l'Ouest de la route de Mouzon, puis, continuant son mouvement en avant, avait atteint, par sa droite, le saillant Sud-Ouest du bois de Givodeau, où elle se retrouvait en liaison, pendant quelques instants, avec le *66e* de la *13e* brigade (2). Le *93e* était en tête, ses trois bataillons accolés et précédés chacun de deux compagnies. Le Ier bataillon du *93e* poursuivait son mouvement sur la route même et à l'Est; le IIe se portait vers le mamelon 295; le IIIe, passant à 600 mètres environ à l'Est d'Yoncq, se dirigeait sur le versant occidental de ce mamelon et exécutait ainsi un mouvement débordant. Le *27e*, formant sept colonnes de compagnie, sur deux lignes, par bataillons accolés, suivait la gauche du *93e*, dans la direction d'Yoncq.

La *8e* division, réunie à la Harnoterie, s'était également mise en mouvement, vers 3 h. 45, dans la direction du Nord. Elle se croisa bientôt avec la première ligne de la *14e* brigade qui la précédait, ce qui l'obligea à appuyer en grande partie vers la vallée d'Yoncq et à se scinder en deux colonnes. Celle de gauche était forte de sept bataillons environ (3) et suivie de quatre batail-

---

(1) *Historique du Grand État-Major prussien*, 7e livraison, p. 1027-1029.

(2) Voir p. 361.

(3) $\frac{\text{II, III}}{96}$; 1re compagnie de pionniers; $\frac{\text{II, 4}}{86}$; $\frac{\text{I, II, III}}{31}$; 4e bataillon de chasseurs. $\frac{1}{96}$ était avec l'artillerie de corps; $\frac{1, 2, 3}{86}$ occupaient le camp de Beaumont.

lons, deux escadrons, et deux batteries détachées du Ier corps bavarois sous les ordres du colonel Schuch (1). Celle de droite ne comptait que quatre bataillons (2) ; elle suivait la droite de la *14e* brigade sur la route de Mouzon. Les batteries divisionnaires restaient provisoirement entre les deux groupes.

Ce dispositif se modifia encore par suite du feu des batteries françaises en position au Sud-Est de la cote 295. La colonne de gauche de la *8e* division fit un changement de direction à droite qui la remit en contact avec la *14e* brigade et qui détermina l'interposition de ses trois bataillons de tête entre les deux lignes de cette brigade, de telle façon que le *27e* prit rang entre le IIe du *86e* et le *31e*.

Sur ces entrefaites le *93e* s'était rapproché concentriquement du mamelon 295. La IIIe batterie du *4e*, qui avait pris position près du saillant Sud-Ouest du bois de Givodeau, appuyait de ses feux la marche de l'infanterie et jetait en même temps le désordre dans les bataillons des 30e et 27e de ligne qui étaient venus malencontreusement se masser derrière l'artillerie (3). Les soutiens laissés à celle-ci ne firent qu'une résistance insignifiante (4) et les quatre batteries françaises, à peu près abandonnées à elles-mêmes, furent obligées de se retirer à leur tour, au moment où le *93e* arrivait à courte distance de front et de flanc. Malheureusement, elles étaient adossées aux bois voisins de la cote 295 et, pour les tra-

---

(1) 7{e} bataillon de chasseurs ; $\frac{I, II}{12}$; $\frac{III}{10}$; deux escadrons du 4{e} chevau-légers ; les 4{e} et VI{e} batteries. (Voir p 347-348).

(2) $\frac{III}{86}$; $\frac{I, II, III}{71}$; 2{e} compagnie de pionniers.

(3) *Historiques* manuscrits des 27e et 30e de ligne.

(4) *Rapport* du capitaine Desmazières, commandant la 6e batterie du 6e ; *Rapport* du capitaine Arnould, commandant la 5e batterie du 2e.

verser, « n'avaient d'autre route à suivre que les pentes fort raides et fort accidentées qui étaient en arrière (1) » ou « des chemins d'exploitation sans issue (2) ». La 6ᵉ batterie du 6ᵉ perdit six caissons et deux pièces, malgré les efforts faits par les officiers pour les dégager sous le feu des tirailleurs ennemis. La 7ᵉ du 6ᵉ, plus heureuse, parvint à sauver tout son matériel. Mais toutes les voitures de la 5ᵉ du 2ᵉ furent renversées et brisées ; une seule bouche à feu parvint à sortir du bois grâce à l'énergie du maréchal des logis Navelle, de l'adjudant Duhamel et des conducteurs Clément et Carpentier. A la 8ᵉ du 2ᵉ, cinq caissons et une pièce furent renversés et retournés sur les conducteurs et les servants. Apprenant qu'une de ses bouches à feu était restée sur le terrain, le sous-lieutenant Ribot revint sur ses pas, emmenant avec lui le conducteur Bourgade. Sous une grêle de balles, il fit relever la pièce par quelques servants qui étaient encore autour d'elle, la fit atteler et la ramena (3). Dans une autre partie du bois de Givodeau, la 11ᵉ du 2ᵉ était obligée d'abandonner deux pièces dont les attelages et les conducteurs avaient été tués (4). Pour le même motif, la 11ᵉ du 14ᵉ, de la réserve, laissait sur le terrain deux bouches à feu.

Certaines batteries de la réserve qui n'avaient pu se réapprovisionner à la suite du combat de Nouart,

---

(1) *Rapport* du lieutenant-colonel Bougault, commandant l'artillerie de la 2ᵉ division.
(2) *Rapport* du chef d'escadron Pérot, commandant en second l'artillerie de la 1ʳᵉ division.
(3) *Rapport* du lieutenant-colonel Bougault.
(4) D'après l'*Historique du Grand État-Major prussien*, certaines des bouches à feu qui tombèrent au pouvoir de l'ennemi « étaient encore tout attelées » et « n'étaient enlevées qu'après une lutte avec les servants » (7ᵉ livraison, p. 1029). Aucun document français ne relate ce fait.

n'avaient plus de munitions et étaient inutilisables pour un combat d'arrière-garde où l'artillerie devait jouer un rôle très important. Des fractions d'infanterie, n'ayant plus de cartouches, s'étaient débandées et fuyaient vers Mouzon malgré tous les efforts des officiers (1).

§ 10. — *Le XIIe corps se porte sur le bois de Givodeau* (2).

Vers 2 h. 30, tandis que le IVe corps se préparait à poursuivre l'action sur les hauteurs au Nord de Beaumont, le commandant du XIIe corps avait ordonné à la *45e* brigade de continuer son mouvement à l'Est du bourg. En conséquence, le *100e* régiment se portait au Nord de Létanne, sur les hauteurs de Sainte-Hélène, et refoulait dans le bois Failly et au delà quelques fractions éparses d'infanterie française. Les *101e* et *108e* ainsi que l'artillerie divisionnaire franchissaient, de leur côté, le ruisseau de Beaumont et suivaient la droite de la *13e* brigade dans la direction du bois de Givodeau. L'artillerie de corps se rassemblait près du bois Failly et la *46e* brigade venait s'établir sur les hauteurs au Sud-Est de Beaumont. Enfin la *24e* division, laissée au Sud du bourg, recevait l'ordre d'avancer et se déployait au Nord.

L'espace compris entre le IVe corps et la Meuse étant insuffisant pour y engager utilement tout le XIIe, le prince de Saxe avait eu d'abord l'intention de faire passer, par le pont de Pouilly, une division sur la rive droite, afin de l'opposer aux troupes françaises, dont on signalait la présence vers Autreville. Puis, en raison de

---

(1) *Journal* de marche du 5e corps.
(2) *Historique du Grand État-Major prussien*, p. 1023-1024.

l'heure déjà avancée et de la distance à parcourir (1), il abandonna ce projet et prescrivit seulement, vers 3 heures, à la *12ᵉ* division de cavalerie, disponible derrière la forêt de Jaulnay, de diriger, par Pouilly, un régiment en reconnaissance sur la rive droite. Le *18ᵉ* uhlans, chargé de l'opération, confirmait les renseignements déjà reçus. Le chef d'état-major du XIIᵉ corps envoyait alors sur Moulins le *2ᵉ* régiment de *Reiter*, qui franchissait la Meuse au gué voisin de Létanne.

Bientôt, le IVᵉ corps occupant tout l'espace disponible jusqu'à la Meuse, le XIIᵉ se trouvait hors d'état de participer à l'action, qui avait recommencé au Nord de Beaumont. Vers 4 heures, le général von Alvensleben sollicitant les Saxons de prononcer, par leur droite, un mouvement sur Mouzon, et l'ordre du commandant en chef étant de chercher à couper les Français de la Meuse, le prince Georges de Saxe fit rompre la *45ᵉ* brigade, avec l'intention de la porter vers le Nord, par le chemin de la vallée et le bois de Givodeau.

---

(1) L'*Historique du Grand État-Major prussien* (p. 1024) donne le pont de Pouilly comme éloigné de 8 kilomètres; il n'est, en réalité, distant de Beaumont que de 6 kilom. 300, en empruntant l'itinéraire route de Stenay—Pont Gaudron—ferme de Wamme.

CHAPITRE III

Combats à l'Ouest de Mouzon.

§ 1. — *L'arrière-garde du 5e corps sur la position mont de Brune—Villemontry.*

Depuis 2 h. 30 de l'après-midi, une colonne ininterrompue et désordonnée de voitures de toute espèce, d'isolés de toutes armes, de fractions encore compactes représentant les restes d'un régiment ou d'un bataillon, arrivaient au Faubourg de Mouzon et se pressaient sur le pont de la Meuse et aux gués voisins. De nouveaux éléments y affluaient toujours. Après la traversée du bois de Givodeau, le général de Failly reconnut la nécessité d'opposer à l'ennemi une nouvelle résistance, afin « de rallier les différentes troupes du 5e corps qui étaient encore sur la rive gauche et de couvrir le passage de la Meuse (1) ».

Tout d'abord, le général de L'Abadie d'Aydrein avait prescrit à son chef d'état-major de réunir les fractions de la 2e division descendues dans le vallon au Sud du Faubourg de Mouzon et de les diriger sur le mont de Brune. De sa personne, il s'était porté sur ce point. Mais, sur ces entrefaites, arriva le général Besson, chef d'état-major général du 5e corps. Il apportait un ordre du général de Failly, aux termes duquel la division de L'Abadie « devait tenir jusqu'à la nuit, coûte que coûte, sur les sommets en amont du pont de Mouzon, afin que l'ennemi, en s'y établissant, ne pût ni détruire le pont, ni canonner de là les troupes effectuant le passage de la Meuse (2) ».

---

(1) *Journal* de marche du 5e corps.
(2) *Journal* de marche de la 2e division.

En l'absence de son général, le colonel Beaudouin, chef d'état-major de la 2ᵉ division, transmit cet ordre immédiatement au lieutenant-colonel du 49ᵉ de ligne et au commandant du 14ᵉ bataillon de chasseurs; puis il se porta sur les hauteurs de Villemontry pour le communiquer au colonel Demange, qui était à la tête du 88ᵉ. De son côté, le général Besson réunit près du bois Luquet une partie du Iᵉʳ bataillon du 49ᵉ, les 5ᵉ et 6ᵉ compagnies du IIIᵉ bataillon du 88ᵉ, une centaine d'isolés du 30ᵉ et autant du 14ᵉ bataillon de chasseurs. Puis, faisant observer que la position empêchait « de tourner l'armée et de prendre le pont de Mouzon », il promit cent médailles au détachement s'il réussissait à la tenir (1). Un peu plus tard, le gros des IIᵉ et IIIᵉ bataillons du 49ᵉ de ligne et du 14ᵉ bataillon de chasseurs essayèrent de se conformer aux nouvelles instructions qu'ils avaient reçues et de se diriger du mont de Brune vers les hauteurs de Villemontry, pour rejoindre le 88ᵉ, mais il en furent empêchés par l'ennemi (2).

Le mont de Brune resta effectivement occupé par les Iᵉʳ et IIᵉ bataillons du 30ᵉ de ligne, qui déployèrent, sur les pentes Sud, trois compagnies en tirailleurs (1ʳᵉ du Iᵉʳ, 5ᵉ et 6ᵉ du IIᵉ). Plus au Nord se trouvaient les débris de la brigade Nicolas, à peine en état de présenter une faible résistance, et derrière elle le 68ᵉ de ligne, « n'ayant plus de cartouches, épuisé de fatigue, ne pouvant plus prendre part au combat (3) ».

Six batteries vinrent s'établir sur le mont de Brune : les 6ᵉ et 7ᵉ du 6ᵉ, de la 1ʳᵉ division, sur les pentes Est, près de la route de Mouzon; un canon à balles, le seul

---

(1) *Souvenirs* du général Faulte de Vanteaux.
(2) Le général de L'Abadie au général de Failly, Wiesbaden, 22 mars 1871.
(3) Le général de Fontanges au général de L'Abadie d'Aydrein, Mayence, 9 septembre 1870.

restant, de la 5ᵉ du 2ᵉ; les 9ᵉ, 11ᵉ, 12ᵉ du 2ᵉ, de la 3ᵉ division; la 6ᵉ du 20ᵉ, de la réserve. D'autre part, les hauteurs au Nord de Villemontry furent occupées par les Iᵉʳ et IIᵉ bataillons du 88ᵉ, sauf la 6ᵉ compagnie du Iᵉʳ, qui était restée dans le bois à la sortie du chemin. Ils étaient appuyés en arrière par trois batteries de la réserve : les 6ᵉ et 10ᵉ du 2ᵉ, séparées pendant la traversée du bois de Givodeau, puis réunies par les soins du commandant Cailloux; la 11ᵉ du 10ᵉ, à laquelle vint se joindre la seule bouche à feu restante de la 11ᵉ du 14ᵉ (1).

Le général Besson donna au colonel Demange l'ordre de se maintenir dans la position qu'il occupait, d'y rester coûte que coûte aussi longtemps qu'il serait nécessaire pour protéger la retraite, et de ne quitter la place que lorsque tout le corps d'armée aurait effectué son passage.

Toutes les autres troupes du 5ᵉ corps avaient déjà franchi la Meuse ou se disposaient à effectuer le passage sous la protection de cette arrière-garde.

Mais, bien que celle-ci tînt sous son feu les débouchés du bois de Givodeau, elle eût été trop faible pour offrir une résistance prolongée, si le 12ᵉ corps n'était venu lui prêter un appui efficace, quoique insuffisant.

§ 2. — *Intervention du 12ᵉ corps.*

Vers 12 h. 15, le général Lebrun, commandant le 12ᵉ corps, entendit, des hauteurs au Nord-Est de Mouzon, le bruit d'une forte canonnade venant de la direction de Beaumont. Comprenant que le général de Failly était fortement aux prises avec l'ennemi, il se décida sur-le-champ à envoyer au-devant du 5ᵉ corps, pour lui prêter secours, toutes celles de ses troupes qui lui paraissaient pouvoir être détachées momentanément sans trop décou-

---

(1) *Rapport* du commandant Cailloux.

vrir la position qu'il occupait au-dessus de Mouzon (1).
Il fit appeler, en conséquence, le général Grandchamp, commandant la 1re division, et lui prescrivit de se mettre immédiatement en mouvement, avec sa division et son artillerie, renforcées par une brigade de la division de Vassoigne et toute la cavalerie du général de Fénelon, moins le 4e chasseurs d'Afrique.

Peu après, l'Empereur fit demander au général Lebrun, par un officier d'ordonnance, s'il ne croyait pas utile d'envoyer une partie de ses troupes au secours du général de Failly. Le général Lebrun chargea cet officier de faire connaître les dispositions qu'il avait prises et qui étaient en voie d'exécution. Il ajouta qu'il ne jugeait pas possible de faire passer sur la rive gauche de la Meuse plus de trois brigades d'infanterie, parce qu'il lui paraissait imprudent de n'en pas conserver trois avec lui sur les hauteurs de Mouzon, ses reconnaissances lui ayant appris que l'ennemi était devant le 12e corps, sur la rive droite, entre Stenay et Mouzon. Quelques minutes plus tard, le même officier d'ordonnance vint dire au général Lebrun que l'Empereur approuvait sa décision et jugeait également qu'il ne devait pas se dégarnir davantage sur la position de Mouzon.

Les instructions données au général Grandchamp étaient « de se porter aussi rapidement que possible au-devant du général de Failly en suivant la route de Mouzon à Beaumont, par Yoncq, de prendre, sur cette route et aussi loin de Mouzon que possible, une bonne position défensive, qui permît aux troupes du 5e corps de s'y appuyer (2) ». Dans le cas où le général Grandchamp jugerait ne pas pouvoir pousser très au delà de

---

(1) Général Lebrun, *Bazeilles-Sedan*, p. 64.
(2) *Note* envoyée le 26 janvier 1874 par le général Lebrun au colonel Clémeur.

Mouzon, il devait s'établir sur les hauteurs du mont de Brune et de Villemontry.

Déjà la tête de colonne de la division, formée par la 2ᵉ brigade (de Villeneuve), avait franchi la Meuse, et la 1ʳᵉ (Cambriels) se préparait à suivre, quand, vers 2 h. 30, le maréchal de Mac-Mahon arriva à Mouzon, venant de Raucourt. En route il avait entendu une vive canonnade dans la direction de Beaumont mais il n'en avait conçu « aucune inquiétude, sachant que le général de Failly était flanqué, du côté de la Meuse, par l'artillerie du général Lebrun, et, de l'autre côté, par le corps du général Douay (1) ». Était-ce suffisant pour le rassurer à ce point?

A Mouzon, il fut rejoint par un aide de camp du général de Failly qui lui annonça que le commandant du 5ᵉ corps avait autorisé les généraux de division à ne commencer le mouvement que vers 11 heures, et qu'au moment où les hommes mangeaient ou nettoyaient leurs armes, où la cavalerie et l'artillerie faisaient boire leurs chevaux, les troupes avaient été surprises tout à coup par de nombreuses batteries ennemies établies sur les hauteurs au Sud de Beaumont. L'aide de camp ajouta qu'après un moment de désarroi, le général de Failly était parvenu à rallier ses troupes, et qu'au bout de deux heures de combat il s'était mis en retraite en bon ordre; que toutefois, craignant d'être tourné du côté de la Meuse, il priait le Maréchal de lui envoyer une brigade d'infanterie. « Il pensait qu'avec ce renfort, il pourrait facilement gagner Mouzon. Son aide de camp partageait sa manière de voir (2) ».

D'après ce rapport, le Maréchal ne crut pas devoir

---

(1) Maréchal de Mac-Mahon, *Souvenirs inédits*.
(2) *Ibid.* — Le Maréchal ne nomme pas cet aide de camp qui fit un rapport si optimiste, et aucun document n'a permis de le déterminer.

arrêter le mouvement des 1er et 7e corps qui n'avaient pas encore franchi la Meuse. Il décida en outre que, seules, la brigade de Villeneuve, de la division Grandchamp, et la brigade de cuirassiers de Béville, avec le 8e chasseurs, reviendraient sur la rive gauche, par le pont de Mouzon, pour secourir le 5e corps. Les autres éléments du 12e corps, qui s'étaient mis en marche sur l'ordre du général Lebrun, retournèrent donc à leurs camps, sauf toutefois trois batteries de la réserve (5e, 6e, 10e du 10e), qui furent adjointes à la brigade de Villeneuve et qui, en raison de leur plus grande proximité de Mouzon, remplacèrent l'artillerie de la 1re division (1). La brigade de Béville, précédée du 8e régiment de chasseurs et renforcée par la 1re batterie à cheval du 19e, franchit la Meuse à deux gués organisés par 100 sapeurs du génie dans le voisinage du pont (2).

Le général Lebrun avait pris encore d'autres mesures pour venir en aide au 5e corps. Chargée de garder la gauche de la position de Mouzon et de s'opposer au mouvement de l'aile droite ennemie, la 2e division du 12e corps (Lacretelle) avait pris une position de rassemblement au Nord-Est de Moulins et avait envoyé le 3e régiment de marche (3) dans le bois d'Alma-Gisors. Le IVe bataillon du 62e en occupait, depuis le matin, le saillant Sud-Ouest, détachant deux compagnies à la ferme Alma, où elles soutenaient un détachement du génie qui améliorait un gué dans le voisinage (4). Le IVe du 40e se

---

(1) *Rapport* sur la marche des opérations de l'artillerie du 6e corps (portion réunie au 12e corps).

(2) *Rapport* du chef de bataillon Vieille sur les opérations exécutées par la 7e compagnie du 1er régiment du génie.

(3) Ce régiment était formé des IVe bataillons des 40e, 62e, 64e de ligne.

(4) Ce bataillon était revenu au camp vers 1 heure, « rendant compte qu'aucun ennemi n'était en vue »; il fut ramené ensuite dans

plaça à la droite du précédent, échelonné dans les fourrés, ses tirailleurs poussés à la lisière occidentale. Le IV⁰ du 64⁰ resta en réserve. Le III⁰ bataillon du 31⁰ de ligne vint les soutenir, tandis que les deux premiers bataillons de ce régiment surveillaient la route de Stenay et servaient, en même temps, de soutien à une partie de l'artillerie. Enfin le 14⁰ de ligne déploya une compagnie sur les bords de la Meuse, près de la ferme Warmonterne.

Deux batteries de la 2⁰ division appuyaient l'infanterie : la 11⁰ du 8⁰, établie à l'Ouest de la ferme Sénéval; la 10⁰ du 8⁰ (à balles), qui vint, un peu plus tard, prendre position près et au Nord de la ferme Alma. Deux batteries de 12 de la réserve, les 3⁰ et 4⁰ du 8⁰, furent mises à la disposition du général Lacretelle, ainsi qu'une batterie de 4, la 3⁰ du 4⁰. Enfin une batterie de 4 de la 3⁰ division, la 8⁰ du 10⁰, prit position à l'Est de la ferme Warmonterne, vers la cote 341.

Sur ces entrefaites, la brigade de cuirassiers de Béville et la 1ʳᵉ batterie du 19⁰ étaient venues se masser entre le moulin de Ponçay et Mouzon. La brigade de Villeneuve, dirigée par le général Grandchamp, s'était formée en colonne par pelotons et était venu s'établir au Nord-Est du mont de Brune, ainsi que les 5⁰, 6⁰ et 10⁰ batteries du 10⁰. Le 8⁰ régiment de chasseurs se forma en bataille sur les pentes Nord du mamelon ; puis le 1ᵉʳ escadron fut détaché vers la droite pour surveiller les hauteurs boisées à l'Ouest de Pourron ; le 2⁰ fut disposé en fourrageurs sur la route de Beaumont pour rallier les isolés ; les 4⁰, 5⁰ et 6⁰ furent désignés, un peu plus tard, pour servir de soutien à l'artillerie et, par une singulière

---

le bois de l'Alma par le lieutenant-colonel Bernier, en même temps que le IV⁰ du 40⁰ (*Rapport* sur les opérations auxquelles a pris part le bataillon du 64⁰ de ligne).

disposition, s'établirent, à cet effet, derrière les batteries (1).

§ 3. — *L'aile droite du IVe corps et la 45e brigade saxonne ne peuvent déboucher du bois de Givodeau.*

L'aile droite du IVe corps, constituée par la *13e* brigade, n'avait pas rencontré de résistance sérieuse dans le bois de Givodeau et n'avait guère été retardée dans ses mouvements que par les difficultés du terrain. Vers 4 h. 45, les 2e et 3e compagnies du *31e*, qui avaient progressé dans la partie orientale de la forêt, le long de la Meuse (2), commençaient à déboucher de la lisière Nord, quand elles furent vigoureusement attaquées sur leur gauche par la 6e compagnie du Ier bataillon du 88e de ligne et refoulées sous le couvert (3). A son tour, le groupe de droite du *26e*, comprenant près de deux bataillons (4), échouait dans une tentative analogue, en face des défenseurs du bois Luquet et de la cote 279. Les 3e et 4e compagnies, assaillies par une contre-attaque d'une partie du Ier bataillon du 49e, se trouvent un instant dans une situation critique. Les 7e et 8e compagnies et des fractions du IIIe bataillon tentent d'exécuter des feux de salve sur quatre rangs; mais, contre-battues de front et sur leur flanc droit, elles sont obligées de rétrograder sous bois, où le Ier bataillon les recueille (5). A l'extrême droite, trois compagnies du IIIe bataillon du *66e* étaient entrées en ligne auprès de deux compagnies du *31e*, mais elles subissaient promptement des

---

(1) *Historique* manuscrit du 8e régiment de chasseurs.
(2) Voir p. 361.
(3) *Historique du Grand État-Major prussien*, 7e livraison, p. 1021.
(4) Voir p. 361.
(5) *Historique du Grand État-Major prussien*, 7e livraison, p. 1022.

pertes assez sensibles. Du bois Luquet, de la cote 279 et des hauteurs au Nord de Villemontry, les Français continuaient un feu assez violent sur la lisière du bois de Givodeau.

Le groupe de gauche du 26e, fort de cinq compagnies, était arrivé, vers 4 h. 45, à la carrière située à l'Ouest de la route de Mouzon et avait trouvé la 14e brigade déjà maîtresse de la position voisine du bois. L'occupation du mont de Brune par des troupes de la brigade de Maussion ayant paru être le prélude d'une contre-attaque, le général commandant la 7e division fit rassembler provisoirement ces cinq compagnies près de la route de Mouzon. Quelques fractions du IIe bataillon du 26e, qui avaient déjà pénétré dans le bois Luquet, reçurent l'ordre de se joindre à elles. D'autre part, la majeure partie du 66e formait une réserve générale près de la Sartelle (1).

En somme, vers 5 heures, l'aile droite du IVe corps se trouvait absolument arrêtée à la lisière Nord du bois de Givodeau, en face du Ier bataillon du 49e de ligne, occupant le bois Luquet, et des IIe et IIIe du 88e à Villemontry, flanqués, il est vrai, par des feux d'infanterie et d'artillerie du 12e corps. « Les premiers efforts pour déboucher du couvert, exécutés sans ensemble, avaient été repoussés avec de grosses pertes... et l'épaisseur des fourrés ne permettant pas d'ailleurs aux troupes de se coordonner pour une attaque régulière ou de faire préparer efficacement leur offensive par l'artillerie, la (13e) brigade se bornait pour le moment à conserver le bois (2). »

Sur ces entrefaites, le 100e régiment, qui tenait la tête

---

(1) *Historique du Grand État-Major prussien*, 7e livraison, p. 1022-1023.
(2) *Ibid.*, p. 1023.

de la *45ᵉ* brigade saxonne, avait progressé le long de la Meuse, par le chemin de Létanne à Villemontry, et, vers 4 h. 45, sa tête de colonne atteignait la lisière orientale du bois de Givodeau, quand les tirailleurs du 3ᵉ régiment de marche qui occupaient la lisière occidentale du bois d'Alma et la 10ᵉ batterie de canons à balles du 8ᵉ en position au Nord de la ferme Alma ouvrirent simultanément le feu (1). La VIᵉ batterie du *12ᵉ*, qui arrivait précisément du bois Failly, riposta bientôt, soutenue par quatre batteries de l'artillerie de corps occupant les hauteurs de Sainte-Hélène, puis, vers 5 h. 30, par les deux batteries lourdes de la *23ᵉ* division établies au Sud de la Sartelle. Ces sept batteries dirigeaient leurs feux tant contre les canons à balles et les troupes françaises de la rive droite de la Meuse que contre l'artillerie du 5ᵉ corps placée sur les hauteurs au Nord de Villemontry. Elles soulageaient ainsi notablement l'infanterie allemande qui occupait la lisière Nord du bois de Givodeau (2).

La batterie de canons à balles (10ᵉ du 8ᵉ), qui se trouvait au Nord de la ferme Alma, se retira, bien qu'elle ne subît aucune perte (3), et fut remplacée par une batterie de 12, la 3ᵉ du 8ᵉ. Celle-ci n'obtint pas grand résultat (4); aussi, après avoir tiré environ dix-huit coups par pièce, reçut-elle l'ordre de rejoindre la 4ᵉ du 8ᵉ sur les hauteurs. Malgré la supériorité de l'artillerie adverse, jointe à sa position dominante, la 3ᵉ du 8ᵉ n'avait éprouvé, elle

---

(1) *Historique du Grand État-Major prussien*, 7ᵉ livraison, p. 1025.
(2) *Ibid.*, p. 1024.
(3) *Historique* manuscrit du 8ᵉ régiment d'artillerie. — Consommation en munitions : 56 coups par pièce.
(4) « Avec nos fusées fusantes, très mal réglées, éclatant prématurément ou n'éclatant pas du tout quand le projectile touchait terre, il fut bien difficile, sinon impossible, d'apprécier exactement la distance » (*Historique* manuscrit du 8ᵉ régiment d'artillerie).

aussi, que des pertes insignifiantes (1) grâce à la nature argileuse du terrain qu'elle occupait et aux grands intervalles qui séparaient ses pièces.

Cependant le Ier bataillon du *100*^{e} avait atteint l'angle Nord-Est du bois de Givodeau et y avait établi ses 1re et 3e compagnies face à Villemontry, apportant ainsi aux troupes prussiennes voisines « un renfort dont elles avaient grand besoin (2) ». Le IIIe bataillon déployait en tirailleurs, sur le chemin de Létanne à Villemontry, ses 9e et 10e compagnies qui ouvraient le feu contre les défenseurs du bois d'Alma-Gisors et du boqueteau situé au Nord de la ferme Alma. Mais bientôt la position des Saxons devint si pénible que, vers 5 h. 45, les fractions du *100*^{e}, encore en ordre serré, se rabattirent sur la Sartelle, suivies, un peu plus tard, du reste du régiment. Les 1re et 3e compagnies restèrent seules à leur poste. La VIe batterie du *12*^{e} alla rejoindre l'artillerie de corps sur les hauteurs de Sainte-Hélène (3).

Les deux autres régiments de la *45*^{e} brigade avaient atteint, à 4 h. 45, le rentrant du bois de Givodeau, non loin de la Sartelle, puis avaient pénétré sous bois, à la suite du *26*^{e}. Vers 5 h. 45, ils arrivaient à la lisière Nord et s'établissaient sur deux lignes : à gauche, face au bois Luquet, le Ier bataillon du *108*^{e} ; à droite, les 9e et 10e compagnies du même régiment ; au centre, les IIe et IIIe bataillons du *101*^{e}. Le reste des deux régiments était en seconde ligne, sauf les 7e, 11e et 12e compagnies du *108*^{e} qui demeuraient en réserve à la Sartelle (4).

Telle était, un peu avant 6 heures, la situation générale au bois de Givodeau. Le commandant de la *23*^{e} divi-

---

(1) Un homme tué ; cinq chevaux légèrement blessés.
(2) *Historique du Grand État-Major prussien,* 7e livraison, p. 1025.
(3) *Ibid.,* p. 1025.
(4) *Ibid.,* p. 1026.

sion et le chef de la *13ᵉ* brigade, qui se trouvaient tous deux à la Sartelle, « ne se dissimulaient pas qu'en présence des fortes positions occupées par l'adversaire et des obstacles apportés par la configuration du terrain, une plus grande accumulation de troupes dans la forêt, loin d'amener une situation favorable, ne pouvait, au contraire, qu'accroître encore le désordre ; ils décidaient donc, d'un commun accord, de se borner à l'occupation du bois et de rallier aux abords de la Sartelle tous les groupes disséminés sous le couvert (1) ».

En conséquence, la *48ᵉ* brigade, qui s'était déjà mise en marche pour appuyer le *100ᵉ*, reçut l'ordre de suspendre son mouvement.

Sur ces entrefaites, le *18ᵉ* régiment de uhlans, jeté par Pouilly sur la rive droite de la Meuse, s'était joint, vers 5 heures, à Autreville, au 2ᵉ régiment de *Reiter* venu de Létanne. Les reconnaissances constatèrent la présence de masses françaises au delà de Moulins (2). L'artillerie de la 2ᵉ division du 12ᵉ corps, en position près de cette dernière localité, suffit, au moyen de quelques salves, à arrêter le mouvement des deux régiments saxons et même à les faire rétrograder vers la Meuse. Mais, pendant ce temps, la *12ᵉ* division de cavalerie avait reçu l'ordre du prince royal de Saxe (3) de battre le pays vers la route de Mouzon à Carignan. A 4 h. 30, elle s'était portée sur Pouilly avec les trois régiments qui lui restaient (4) et la batterie à cheval. Elle y rencontra, vers 5 h. 45, le *18ᵉ* uhlans qui arrivait en sens inverse, et la *24ᵉ* brigade ainsi reconstituée, se porta à nouveau sur Autreville. Son mouvement fut signalé par des

---

(1) *Historique du Grand État-Major prussien* 7ᵉ livraison, p. 1023
(2) Division Lacretelle du 12ᵉ corps.
(3) Voir p. 356.
(4) *23ᵉ* brigade : régiment de *Reiter* de la Garde, *17ᵉ* uhlans ; et le *3ᵉ* régiment de *Reiter* de la *24ᵉ* brigade.

patrouilles des 3e et 4e chasseurs d'Afrique (1). La batterie à cheval prit position au Sud de Moulins et ouvrit le feu contre l'artillerie de la 2e division du 12e corps établie au Nord de Moulins ; mais, devant la supériorité numérique de cette dernière, la lutte ne tarda pas à prendre fin (2). Vers 7 h. 15, la *24e* brigade ralliait la *23e* au Nord de Remilly. Le 5e escadron du *18e* uhlans restait seul à la ferme Saint-Remy, d'où il lançait des patrouilles sur Carignan.

En résumé, sur sa gauche, malgré le désarroi consécutif à la surprise, le 5e corps, avait réussi, grâce au terrain et avec le concours très efficace de quelques éléments du 12e corps, à arrêter les deux brigades allemandes qui l'attaquaient. Le prince royal de Saxe avait dû abandonner, comme impraticable, son projet de couper les Français de Mouzon. Mais, pendant ce temps, l'aile gauche du IVe corps remportait des avantages décisifs.

§ 4. — *Progrès de l'aile gauche du IVe corps* (3).

Après l'enlèvement du mamelon 295 (4), le général commandant la *14e* brigade avait prescrit au *93e* de ne suivre que lentement l'adversaire, de façon à donner le temps au *27e* d'exécuter, sur la gauche, un mouvement débordant.

Le Ier bataillon du *93e* demeure donc provisoirement dans la partie Nord du bois, tandis que les 5e et 6e compagnies s'arrêtent dans le vallon situé au Sud du mont de Brune et s'engagent contre les trois compagnies du 30e

---

(1) *Rapport* du colonel commandant le 3e chasseurs d'Afrique.
(2) *Historique du Grand État-Major prussien*, 7e livraison p. 1027.
(3) *Ibid.*, p. 1029.
(4) Voir p. 363.

de ligne déployées en tirailleurs sur les pentes (1). En même temps, les 7ᵉ et 8ᵉ compagnies, suivies à gauche du IIIᵉ bataillon du *93*ᵉ, se dirigent de la lisière Nord-Ouest du bois vers le moulin de Grésil. La tête de colonne de la *8*ᵉ division se porte également sur ce point par la vallée d'Yoncq et ses tirailleurs ouvrent le feu contre des fractions françaises isolées des 11ᵉ, 27ᵉ et 46ᵉ de ligne, qui, du mamelon 295, s'étaient repliées sur le moulin. Le IIIᵉ bataillon du *96*ᵉ vient s'accoler au IIᵉ, que prolongent à gauche deux pelotons de la 1ʳᵉ compagnie de pionniers. D'autre part, la IIIᵉ batterie du *4*ᵉ s'était dirigée du carrefour situé au saillant Sud-Ouest du bois de Givodeau sur le mamelon 295 ; elle y avait pris position peu après l'arrivée de l'infanterie et ouvert le feu aussitôt. En présence de ces forces supérieures, les fractions du 5ᵉ corps abandonnent le moulin et se replient vers le Nord. Peu après, le *27*ᵉ, de la *14*ᵉ brigade, et les autres éléments de la *8*ᵉ division s'établissent au moulin de Grésil et aux abords.

Pendant ce temps, l'artillerie de corps et les batteries de la 7ᵉ division étaient venues jusqu'à la lisière du bois de Givodeau. Les deux batteries à cheval se portent aux allures vives sur le mamelon 295 et s'établissent à gauche de la IIIᵉ. Un peu plus tard, elles sont rejointes par la IVᵉ et la 3ᵉ, venant de la Harnoterie, qui se placent à leur droite. Vers 4 h. 45, ces cinq batteries canonnent l'infanterie française en retraite, puis contrebattent l'artillerie du mont de Brune, mais sans grand résultat en raison de la distance. Les autres batteries du IVᵉ corps restent au pied du mamelon, faute d'espace, sauf la IVᵉ qui parvient à y installer quatre pièces.

Les progrès de l'aile gauche du IVᵉ corps allaient pouvoir continuer presque sans arrêt, à la suite de l'échec

---

(1) 1ʳᵉ du Iᵉʳ bataillon ; 5ᵉ et 6ᵉ du IIᵉ.

que venait de subir la 2ᵉ brigade de la 1ʳᵉ division du 12ᵉ corps. Le lieutenant-colonel Broye, aide de camp du maréchal de Mac-Mahon, et le chef d'escadron Haillot, aide de camp du général de Failly, qui accompagnaient le général Grandchamp, lui demandèrent de déployer sa tête de colonne vers le moulin de Grésil et les bois de la cote 295, « dans la pensée que cette démonstration arrêterait les progrès des Prussiens (1) ».

La brigade se porte en avant, laissant la cote 169 à sa gauche, et descend dans le vallon au Sud du mont de Brune. Le 58ᵉ en tête, « massé en colonnes serrées (2) » et précédé des trois compagnies de gauche du IIIᵉ bataillon marchant en tirailleurs, commence à gravir les pentes Nord du mamelon 295, quand « une grêle de projectiles s'abat sur les rangs serrés (3) ». Le 58ᵉ, quoique surpris, cherche à se déployer et se maintient un instant sous le feu sans pouvoir riposter. Mais bientôt les pertes augmentent et il se produit une véritable panique (4) que les officiers, malgré leurs efforts, sont impuissants à arrêter et qui se propage dans les rangs du 79ᵉ. Les deux régiments se rallient cependant à 1,500 mètres en arrière, au Nord-Est du mont de Brune où ils se reforment, le 79ᵉ à droite, le 58ᵉ à gauche (5), très affaiblis moralement et matériellement.

Les trois batteries de la réserve du 12ᵉ corps, affectées à la brigade de Villeneuve, n'avaient pas échappé à cette crise (6).

Elles étaient engagées sur le chemin de Mouzon à

---

(1) *Rapport* du général Grandchamp.
(2) *Historique* manuscrit du 58ᵉ de ligne.
(3) *Ibid.*
(4) Renseignements verbaux du général Haillot.
(5) *Rapport* du général Grandchamp.
(6) C'est ce qui semble résulter du moins de l'étude des documents assez obscurs.

Yoncq, lorsqu'elles reçurent l'ordre de prendre position en arrière pour soutenir la retraite de l'infanterie. « Le seul mouvement possible pour les voitures consistait dans un demi-tour à droite pour revenir en arrière. Malheureusement, les 6ᵉ et 10ᵉ batteries, au lieu d'exécuter un demi-tour à droite, n'exécutèrent qu'un à-droite et, entraînées par la panique qui s'était emparée de l'infanterie, elles se portèrent en désordre du côté de la Meuse et à droite du mamelon qui domine la route..... (1) ».

A ce moment, les batteries prussiennes qui occupaient les hauteurs cotées 295 ouvrirent le feu (2).

La 5ᵉ du 10ᵉ, ralliée par le lieutenant-colonel Chappe, vint s'établir sur le mont de Brune, à l'Est de la cote 222, d'où elle soutint la retraite des 58ᵉ et 79ᵉ de ligne, puis à cette cote elle-même, un peu en arrière de la crête. Les 6ᵉ et 10ᵉ batteries, revenues de leur désarroi, s'étaient arrêtées sur la croupe à l'Ouest de la ferme Givodeau, l'une à 400 mètres, l'autre à 600 mètres environ du pied du mont de Brune, et avaient pris part à la lutte (3). Un peu plus tard, la 6ᵉ batterie se rapprocha de la 10ᵉ.

§ 5. — *La 14ᵉ brigade prussienne s'empare du mont de Brune* (4).

Vers 5 h. 15, le général commandant la 14ᵉ brigade rejoignit le 27ᵉ sur le chemin de Mouzon à Yoncq, à hauteur du moulin de Grésil, et lui ordonna de prendre l'offensive contre le mont de Brune. Le IIIᵉ bataillon se

---

(1) *Rapport* du lieutenant-colonel Chappe, 1872.
(2) *Historique* manuscrit du 10ᵉ régiment d'artillerie.
(3) Les documents ne permettent pas de donner une indication plus précise.
(4) *Historique du Grand État-Major prussien*, 7ᵉ livraison, p. 1031.

porta directement vers ce nouvel objectif; le II⁰ manœuvra de façon à l'aborder par l'Est. Nos deux batteries de canons à balles ouvrirent le feu sur cette infanterie. Le commandant de la *14⁰* brigade, remarquant que « le versant oriental se trouvait fortement battu par les feux de la défense, tandis que le versant occidental, au contraire, était entièrement dégarni », prescrivit au III⁰ bataillon d'appuyer à gauche pour profiter de cette circonstance favorable. En même temps, quelques fractions du I⁰ʳ bataillon du *93⁰*, ayant constaté, de la lisière Nord des bois du mamelon 295, le mouvement de l'Ouest vers l'Est des II⁰ et III⁰ bataillons du 49⁰ de ligne et d'une partie du 14⁰ bataillon de chasseurs (1), se portèrent sur leur flanc droit. Cette attaque et la marche du II⁰ bataillon du *27⁰* déterminèrent l'arrêt des bataillons français, qui exécutèrent une conversion à droite pour se placer face au Sud. D'autre part, la IV⁰ batterie du *4⁰*, quittant les hauteurs cotées 295, prit position sur les pentes à l'Est du moulin de Grésil pour mieux appuyer l'attaque de l'infanterie. Bientôt celle-ci aborde à peu près simultanément le mont de Brune par le Sud et le Sud-Ouest.

Les I⁰ʳ et II⁰ bataillons du 30⁰ de ligne exécutent « des feux d'ensemble et des feux à volonté (2) », bien soutenus par les six batteries du 5⁰ corps, établies sur les pentes orientales jusqu'aux abords de la route de Mouzon (3), par la 1ʳᵉ du 19⁰ et par la 5⁰ du 10⁰, occupant à l'extrême droite, la cote 222. Cette dernière n'avait pu obtenir un soutien, malgré des demandes réitérées justifiées par sa

---

(1) Voir p. 368.
(2) *Historique* manuscrit du 30⁰ de ligne.
(3) 6⁰ du 20⁰; 9⁰, 11⁰, 12⁰ du 2⁰; 6⁰ et 7⁰ du 6⁰, dans un ordre qu'il est impossible de déterminer. On sait seulement que les 6⁰ et 7⁰ du 6⁰ se trouvaient près de la route de Mouzon, ce qui permet de supposer que les quatre autres étaient entre ces deux batteries et celles du 12⁰ corps (1ʳᵉ du 19⁰ et 5⁰ du 10⁰).

situation aventurée. Prise d'enfilade par la IVe batterie du *4e*, établie à l'Est du moulin de Grésil, elle perd en peu de temps 3 sous-officiers et 21 hommes, ainsi qu'un grand nombre de chevaux, Plusieurs de ses voitures sont brisées, ses avant-trains et ses caissons sont entraînés par le mouvement de retraite de l'infanterie. Après avoir fait feu jusqu'au dernier moment, elle est envahie à gauche par des fractions du Ier bataillon du *93e*, à droite par la 10e compagnie du *27e*. Toutes les pièces tombent aux mains de l'ennemi, malgré l'énergique résistance des servants.

Les six batteries du 5e corps avaient pu, antérieurement, effectuer leur retraite en temps utile vers le faubourg de Mouzon, ainsi que la 1re du 19e et les 6e et 10e du 10e (1). Les Ier et IIe bataillons du 30e de ligne se repliaient également dans cette direction, parallèlement à la voie romaine, et allaient occuper le faubourg de Mouzon, où s'établissaient également quelques compagnies de la division de L'Abadie (2).

Le 8e chasseurs à cheval tenta d'arrêter les progrès des Prussiens, et ses trois escadrons disponibles se jetèrent sur l'aile gauche de la 10e compagnie du *27e*. Mais celle-ci lui fit face par une conversion à gauche et fut appuyée par les 11e et 12e. Accueillis par un feu nourri, les escadrons sont obligés de se retirer; le colonel Jamin du Fresnay tombe mortellement blessé (3).

Le IIIe bataillon du *27e* reprend son mouvement en avant vers le faubourg de Mouzon, par la voie romaine, appuyé à droite par le IIe du *27e* et, un peu en arrière,

---

(1) La 6e du 10e dut abandonner une pièce dont les deux roues étaient brisées. La 10e du 10e se dispersa. Deux pièces, sous les ordres du lieutenant Tardy, seul officier restant, se joignirent à la 6e; les quatre autres furent emmenées par le maréchal des logis chef.

(2) *Journal* de marche de la 2e division.

(3) *Historique* manuscrit du 8e régiment de chasseurs à cheval.

par le Ier du *93e*, qui se portent sur le même point par la face orientale du mont de Brune. Toutefois la ferme contenance des Ier et IIe bataillons du 49e de ligne, appuyés par une partie du 14e bataillon de chasseurs, met un terme à leurs progrès (1). La 9e compagnie du 27e s'arrête un peu à l'Ouest de la bifurcation du chemin de Pourron ; à sa gauche, la 10e établit son peloton de droite face à la voie romaine, les deux autres continuant à faire front vers Mouzon. A une certaine distance sur la gauche de la 10e, les 11e et 12e compagnies formaient un flanc en retour. Le Ier bataillon du *93e* était en grande partie derrière l'aile droite du *27e*, sauf quelques fractions derrière l'aile gauche. Le *27e* avait ouvert le feu contre l'infanterie française qui menaçait sa droite.

§ 6. — *Charge du 5e cuirassiers.*

Sur ces entrefaites, le général de Failly avait dépêché son aide de camp, le chef d'escadron Haillot, aux régiments de la brigade de cuirassiers de Béville, avec mission de les inviter à exécuter une charge pour dégager un peu les troupes du 5e corps. Cette brigade se trouvait

---

(1) D'après l'*Historique du Grand État-Major prussien*, ce seraient « des masses fraîches d'infanterie française débouchant de Mouzon » qui se seraient avancées à leur rencontre. Or, seules, quelques compagnies du 22e de ligne se portèrent de la rive droite sur la rive gauche et s'établirent « dans les maisons, jardins et vergers » du Faubourg (*Historique* du 22e de ligne). Ces compagnies ne poussèrent point au delà. Dans l'ouvrage *Abbrechen von Gefechten*, le Grand État-Major prussien a admis une autre version. Ce serait une contre-attaque du 58e de ligne, de la brigade de Villeneuve, qui aurait produit l'arrêt des trois bataillons prussien (p. 92). Mais l'*Historique* de ce régiment ne mentionne rien à ce sujet. On peut admettre, avec une certaine vraisemblance, que ce furent les Ier et IIe bataillons du 49e de ligne, encore relativement en bon ordre, qui arrêtèrent momentanément les progrès de l'ennemi.

à ce moment rangée sur deux lignes entre le Faubourg de Mouzon et le moulin de Ponçay. La 1re batterie du 19e était à sa gauche. Le premier des régiments que le commandant Haillot atteignit était le 6e cuirassiers. Il transmit au colonel Martin l'ordre dont il était porteur, mais le colonel répondit qu'il n'avait d'ordres à recevoir que de ses chefs. Le commandant Haillot se porta alors auprès du colonel de Contenson, du 5e cuirassiers.

Déjà le feu de l'ennemi avait fait subir à ce régiment des pertes sérieuses; le lieutenant-colonel Assant était tombé foudroyé; le chef d'escadron de Méautis avait été blessé au bas-ventre, mais était resté néanmoins en selle. Sans une hésitation, le colonel de Contenson fit mettre le sabre à la main à ses escadrons, se plaça en tête et enleva vigoureusement la charge (1). La 1re batterie du 19e appuya le mouvement par quelques obus, qui ne produisirent pas grand effet, d'ailleurs.

Le 5e cuirassiers, gravissant une légère pente, se dirigea tout d'abord contre la 11e et la 12e compagnie du 27e; mais, chemin faisant, les escadrons obliquèrent à gauche, de manière à venir aborder la 10e, qui se trouvait contre la voie romaine, deux de ses pelotons faisant face à Mouzon, le troisième ayant son front vers le Sud et tournant par suite le dos aux cuirassiers. Ce

---

(1) Général Lebrun, *loc. cit.*, p. 68-70. — L'auteur ajoute : « Tous les détails relatifs à l'entrevue du commandant Haillot et du colonel du 6e régiment de cuirassiers m'ont été donnés après la guerre par le lieutenant-colonel du régiment et m'ont été confirmés par le commandant lui-même ». — La Section historique a eu confirmation de ces événements par des renseignements qui lui ont été donnés verbalement par M. le général Haillot le 9 novembre 1903. — D'après des renseignements verbaux fournis par M. le général Doutreleau, le colonel de Contenson, ayant entendu le commandant Haillot dire : « Le premier régiment à la charge » et ayant constaté le refus du colonel Martin, s'écria aussitôt : « Le premier régiment, c'est nous! » et fit les commandements nécessaires.

dernier peloton exécuta vivement un demi-tour, de sorte que la 10ᵉ compagnie constituait un angle ouvert vers le Nord. Les escadrons, un peu désunis par le passage du chemin de Pourron, s'engagent dans cet angle et vont aborder l'infanterie quand un feu à volonté, éclatant à bout portant, cause dans leurs rangs de terribles ravages (1). Le colonel de Contenson et son cheval tombent mortellement frappés à 15 mètres de la ligne des tirailleurs; 16 officiers, 11 sous-officiers et 92 cavaliers sont mis hors de combat. Le reste continue la charge, mais sans pouvoir rompre la compagnie prussienne. Un maréchal des logis se jette sur le capitaine qui la commande et lutte avec lui en combat singulier jusqu'à ce qu'il tombe enfin sous les balles et les baïonnettes.

Les débris du régiment gagnèrent la Meuse en aval de Mouzon, toujours sous le feu de l'ennemi et, trouvant le pont et le gué encombrés, essayèrent de traverser la rivière à la nage. Beaucoup de cavaliers furent entraînés par le courant et se noyèrent. A ce moment, la 7ᵉ batterie du 6ᵉ franchissait la Meuse au gué en aval de Mouzon. Déjà trois pièces et quatre caissons étaient parvenus sur la rive droite, quand les cuirassiers débandés se présentèrent et entravèrent l'opération de telle manière que trois canons à balles et trois caissons durent être abandonnés. La 12ᵉ du 2ᵉ perdit, de son côté, trois bouches à feu au même point. La 6ᵉ batterie du 6ᵉ, qui, à l'issue de la charge, arrivait à l'entrée Ouest du Faubourg, possédait encore quelques projectiles que le capitaine Desmazières résolut d'utiliser pour ralentir la marche de l'infanterie ennemis. Les quatre bouches à feu restantes s'arrêtèrent, prirent position sur place et brûlèrent leurs dernières gargousses (2).

---

(1) *Historique du 27ᵉ*, p. 490.
(2) *Rapport* du capitaine Desmazières; *Historique* manuscrit de la 6ᵉ batterie du 6ᵉ.

Une pièce de 12 et une de 4, momentanément séparées de leur batterie, s'adjoignirent à la 6ᵉ du 6ᵉ pour canonner avec elle les trois bataillons prussiens (1). En même temps, ceux-ci, qui avaient voulu néanmoins poursuivre leur marche en avant, étaient accueillis par une vive fusillade partant à la fois du Faubourg de Mouzon, d'un bouquet d'arbres situé au Sud et de la route d'Autrecourt. Ils furent obligés de s'arrêter pour attendre des renforts.

§ 7. — *Nouvelle intervention du 12ᵉ corps.*

L'erreur du maréchal de Mac-Mahon sur la véritable situation du 5ᵉ corps n'avait pu durer bien longtemps à la vue de ce qui passait au Sud-Ouest de Mouzon. Le désordre augmentait sans cesse et, en même temps, l'encombrement du pont et des gués. La brigade de Villeneuve, sur laquelle il avait compté pour recueillir les troupes en retraite, était hors de cause, et le sacrifice d'un nouveau régiment de cuirassiers eût été hors de proportion avec le gain de temps qu'il aurait procuré. Le maréchal pouvait constater que les liens tactiques étaient à peu près complètement rompus au 5ᵉ corps et que la surprise initiale était devenue défaite, puis désastre. Il dut regretter alors de n'avoir pas approuvé l'initiative prise par le commandant du 12ᵉ corps de diriger trois brigades d'infanterie sur la rive gauche de la Meuse, pour opposer aux Allemands une barrière solide qui eût permis aux éléments du 5ᵉ corps de s'écouler sur le pont et aux gués de Mouzon.

Entre 4 h. 30 et 5 heures, le maréchal revint sur sa première décision et prescrivit à la 1ʳᵉ brigade (Cam-

---

(1) $\frac{III}{27}, \frac{II}{27}, \frac{I}{93}$.

briels) de la division Granchamp, de se porter sur la rive gauche (1).

La 1ʳᵉ brigade (Reboul) de la 3ᵉ division, renforcée par deux batteries divisionnaires, reçut un ordre analogue vers 6 heures du soir (2). Mais, en raison de l'encombrement du pont, il fut impossible d'exécuter ces mouvements.

Les tentatives qui en furent faites n'eurent guère d'autre résultat que d'augmenter la confusion. Seules quelques compagnies du 22ᵉ de ligne, qui formaient la tête de colonne de la brigade Cambriels, réussirent à franchir le pont et à s'établir dans les maisons et les jardins du Faubourg. Le reste du régiment prit position sur la rive droite et fut rejoint, un peu plus tard, par cinq compagnies du 1ᵉʳ régiment d'infanterie de marine, qui étaient parvenues à se frayer un passage à travers la cohue qui se pressait dans les rues de la ville.

Enfin la 7ᵉ compagnie du 1ᵉʳ régiment du génie, qui avait organisé les gués, occupa les maisons et les enclos voisins de la tête du pont; la 11ᵉ du 2ᵉ, qui avait aménagé des rampes et des chemins, se plaça à la droite de la précédente.

Dans l'impossibilité où il se trouvait de faire passer des troupes importantes d'infanterie sur la rive gauche, le général Lebrun chercha à venir en aide au 5ᵉ corps au moyen de son artillerie. À la cote 336 au Nord-Est de Mouzon vinrent s'établir cinq batteries : les 3ᵉ et 4ᵉ du 15ᵉ, de la 1ʳᵉ division ; la 12ᵉ du 10ᵉ, les 8ᵉ et 9ᵉ du 14ᵉ, appartenant à la réserve. A mi-côte, vers Bel-Air, au milieu des vignes, se trouvaient une batterie de canons à balles, la 4ᵉ du 4ᵉ, de la 1ʳᵉ division, et la 9ᵉ du

---

(1) *Historiques* manuscrits des 22ᵉ et 34ᵉ de ligne.
(2) *Rapport* du général de Vassoigne. Le *Rapport* du général Reboul indique 4 heures

10e, de la 2e division, celle-ci dans un verger dont les haies et les arbres la dissimulaient aux vues. Au bord même de la Meuse avaient pris position : la 1re du 19e, de la réserve du 12e corps, en aval de Mouzon, et à sa gauche, la 7e du 10e, de la 2e division, qui détacha une section à la maison de l'éclusier. D'autre part, dans le but de consolider sa gauche, le général Lebrun fit soutenir la division Lacretelle par la 2e brigade (Martin des Pallières) de la 3e division, qu'il dirigea sur les hauteurs de Vaux.

Quatre batteries du 5e corps s'étaient établies également sur la rive droite pour protéger la retraite : la 5e et la 6e du 6e près de la Fourberie, cette dernière ravitaillée par un groupe de batteries du 12e corps, et les 5e et 6e du 20e.

Le Faubourg de Mouzon, un bouquet d'arbres situé au Sud et la route d'Autrecourt étaient occupés par les Ier et IIe bataillons du 30e de ligne, qui s'y étaient repliés après la défense du mont de Brune et qui furent rejoints par le IIIe bataillon que le commandant de Lamarcodie amenait du bois de Givodeau. Des fractions encore compactes du Ier bataillon du 27e et des isolés de tous les régiments du 5e corps s'étaient joints au 30e de ligne et aux compagnies du 22e, et c'étaient ces troupes qui avaient interrompu la marche en avant des trois bataillons prussiens de la 14e brigade parvenus le long de la voie romaine jusqu'à hauteur de la cote 169.

§ 8. — Mouvement général de l'aile gauche du IVe corps vers la Meuse et le Faubourg de Mouzon (1).

Tandis que la 14e brigade s'emparait du mont de Brune, la colonne principale de la 8e division renforcée

---

(1) *Historique du Grand État-Major prussien*, 7e livraison, p. 1036-1042.

des II⁰ et III⁰ bataillons du *93⁰*, qui l'avaient ralliée à Grésil, avait continué son mouvement par la vallée d'Yoncq. Les III⁰ˢ bataillons des *93⁰* et *96⁰* et la 1ʳᵉ compagnie de pionniers, qui formaient la première ligne, s'emparent de Pourron à peine défendu par quelques fractions françaises, qui battent en retraite vers Rouffy et le moulin de Ponçay. Le commandant de la *8⁰* division prescrit de marcher sur ce dernier point par les deux rives du ruisseau d'Yoncq, d'où un fractionnement en deux groupes. Celui de droite, fort de trois bataillons et demi et d'une compagnie de pionniers (1), était chargé de maintenir la liaison avec la *14⁰* brigade. Celui de gauche, comprenant cinq bataillons prussiens environ (2) et le contingent bavarois du colonel Schuch, détachait ce dernier sur les hauteurs à l'Ouest de Pourron au soutien de la 8⁰ compagnie du *93⁰*, pour y poursuivre des fractions du 5⁰ corps qui s'y étaient repliées et qui, de là, se portaient sur Autrecourt. Une autre colonne française marchait, à ce moment, de Mouzon sur Rouffy, pour essayer de se porter sur la rive droite de la Meuse par un pont établi par le génie à Villers-devant-Mouzon. Les deux batteries bavaroises (2⁰ et VI⁰ du I⁰ʳ corps) gagnent aussitôt les hauteurs au Nord de Pourron et ouvrent le feu sur ce pont et sur le village de Rouffy. Les Français, renonçant alors à utiliser cette ligne de retraite, se replient en partie vers le Nord, le reste cherchant un refuge au moulin de Ponçay et derrière des voitures parquées sur la route entre ce point et le Faubourg de Mouzon.

Vers 6 heures du soir, l'infanterie de l'aile gauche du

---

(1) *31⁰* (moins les 2⁰ et 3⁰ compagnies qui se trouvent à l'extrême droite, dans la vallée de la Meuse), II⁰ bataillon du *96⁰*, 1ʳᵉ compagnie de pionniers.

(2) $\frac{\text{II et IV}}{86^e}, \frac{\text{III}}{96^e}, \frac{\text{II, III}}{93^e}$.

IVe corps, ne rencontrant presque aucune résistance, dessine un mouvement général d'offensive appuyé énergiquement par l'artillerie. Au mont de Brune viennent s'établir successivement dix batteries du IVe corps. Au Nord de la voie romaine : la IVe, puis à sa gauche la 3e et à sa droite le groupe à cheval ; au Sud de la voie romaine : les VIe, Ve, 6e, 5e. La IIIe se plaçait ensuite à l'extrême gauche, tandis que la 4e (1) s'intercalait à gauche du groupe à cheval. Les 1re et 2e prenaient position sur les pentes Nord du mamelon 295, près et à l'Est de la route de Mouzon. Les batteries préparèrent l'attaque du Faubourg de Mouzon et canonnèrent les troupes françaises établies près de la route de Rouffy. Au moment où les bataillons prussiens se portèrent en avant, elles prirent pour objectif les batteries et l'infanterie adverses qui se trouvaient sur la rive droite de la Meuse.

La colonne principale de la *8e* division et les groupes les plus rapprochés de la *7e*, conservant le groupement qu'ils avaient adopté entre 5 et 6 heures, s'étaient ébranlés à peu près simultanément pour refouler définitivement les derniers éléments du 5e corps, qui tenaient encore au Faubourg de Mouzon et le long de la Meuse en aval. A l'extrême droite se trouvaient cinq compagnies du *26e* et la 11e du *71e*.

La 8e compagnie du *93e* trouve Rouffy déjà évacué et s'empare, non loin du village, d'un convoi abandonné dont une partie avait été jetée dans la Meuse. Elle prend possession ensuite du pont de pilotis établi un peu en aval de Villers-devant-Mouzon et le conserve, après en avoir enlevé le tablier.

Au Nord-Est de Pourron, les troupes de la *8e* division sont accueillies par une vive fusillade de l'infanterie française qui avait suivi la route du Faubourg de Mouzon

---

(1) Cette batterie s'était reconstituée à quatre pièces.

à Rouffy et qui, acculée à la Meuse, sans possibilité de la franchir, trouvait, dans sa situation désespérée, un regain d'énergie. La résistance était particulièrement vigoureuse aux abords du moulin de Ponçay et du parc de voitures formé au Sud-Est. Les batteries du 12e corps prêtaient un appui efficace à cette défense désespérée. Toutes les unités qui suivaient la rive gauche de l'Yoncq marchent contre le moulin. Le IIe bataillon du 31e se porte sur le parc, soutenu par quelques pelotons de tirailleurs du Ier bataillon du 93e descendus du mont de Brune. Il faut aux Prussiens près d'une heure de lutte acharnée pour se rendre maître de ces deux points. Vers 7 heures du soir, accablées par le nombre, les fractions françaises qui les ont défendus sont en partie détruites, ou rejetées dans la Meuse, ou refoulées dans Mouzon. Elles sont poursuivies par le 31e et la 4e compagnie du 86e (1). Les 1re et 4e compagnies du 31e s'emparent d'un rideau d'arbres situé entre le moulin et la Meuse, et que vient garnir le IIe bataillon du 96e. Elles poussent ensuite jusqu'au fleuve, où elles trouvent trois canons abandonnés.

§ 9. — *L'aile droite du IVe corps s'empare de Villemontry et du bois Luquet* (2).

Tandis que le IVe corps progressait par sa gauche avec tant de facilité, la *13e* brigade à l'aile droite était toujours

---

(1) L'*Historique du Grand État-Major prussien* dit (p. 1040) que cette compagnie fut « arrêtée par le feu d'une batterie de mitrailleuses, qui, à la faveur de l'obscurité naissante, trouvait ensuite moyen de se soustraire à temps à l'attaque dirigée contre elle ». Les documents français spécifient qu'à ce moment les batteries de mitrailleuses du 5e corps étaient toutes passées sur la rive droite.

(2) *Historique du Grand État-Major prussien*, 7e livraison, p. 1042-1044.

immobilisée à la lisière Nord du bois de Givodeau, en face des positions françaises de Villemontry et du bois Luquet. Le général de Schwarzhoff, commandant la 7e division, se porta au-devant des troupes de la 8e en marche sur la route de Beaumont à Mouzon, afin de leur faire attaquer le bois Luquet de flanc et à revers. Arrivé au pied du versant Sud du mont de Brune, il rencontra les 3e et 4e compagnies du *96e*, qui accompagnaient l'artillerie de corps, puis le *71e*. Ces deux compagnies se portèrent aussitôt sur la ferme Givodeau, pendant que les 9e, 10e et 12e du *71e* (1) marchaient contre le bois Luquet, appuyées par la 8e du *27e*, qui avait quitté le camp français de Beaumont. En même temps, le Ier bataillon du *108e*, débouchant de la lisière Nord du bois de Givodeau, abordait le même objectif par le Sud, suivi à peu de distance, sur sa droite, par le *101e*. Mais déjà le colonel Kampf, du 49e de ligne, qui était à la tête des défenseurs du bois Luquet, constatant que la bataille gagnait du côté du Faubourg de Mouzon et ayant conscience d'avoir rempli sa mission, s'était décidé à évacuer la position (2). Il en avait avisé le colonel Demange, du 88e, qui répondit que l'ordre lui avait été donné de rester à son poste et n'avait pas été levé.

Vers 6 heures, le colonel Kampf se replie vers le Nord avec une partie du Ier bataillon du 49e, une centaine d'isolés du 30e, la 5e compagnie du 14e bataillon de chasseurs et des groupes des 5e et 6e compagnies du IIIe bataillon du 88e. Dans ce mouvement de retraite, le détachement tomba sous le feu, à 600 mètres, de quatre pièces de la 2e batterie du 4e établie près de la croisée des chemins située au pied de la cote 169, et se rejeta vers la ferme Givodeau. Suivi par les deux compagnies

---

(1) La 11e avait marché sur le Faubourg de Mouzon avec le *26e*.
(2) *Souvenirs* du général Faulte de Vanteaux.

du 96ᵉ, le Iᵉʳ bataillon du 49ᵉ forma un instant le carré, couvrant la retraite des autres fractions qu'il suivit ensuite, en gagnant directement le pont de Mouzon, sans passer par le Faubourg. Il y fut rejoint par les IIᵉ et IIIᵉ bataillons du 49ᵉ et le gros du 14ᵉ bataillon de chasseurs qui, débordés à droite par les progrès de l'ennemi le long de la voie romaine et à gauche par les unités qui débouchaient du bois Luquet, avaient rétrogradé par échelons, couverts par la 3ᵉ compagnie du 14ᵉ bataillon de chasseurs déployée en tirailleurs.

Le mouvement de retraite des défenseurs du bois Luquet avait été suivi par deux compagnies du 88ᵉ, la 2ᵉ du Iᵉʳ bataillon et la 5ᵉ du IIᵉ, de sorte que le colonel Demange ne disposait plus que de neuf compagnies, très réduites d'ailleurs (1). Les trois batteries de la réserve d'artillerie du 5ᵉ corps, qui l'avaient appuyé pendant quelque temps, s'étaient repliées vers le Nord et avaient franchi le pont de Mouzon. Le Colonel Demange réussit pourtant, jusqu'à la nuit tombante, à empêcher les IIᵉ et IIIᵉ bataillons du 108ᵉ, soutenus par des fractions du 26ᵉ, de progresser sensiblement vers Villemontry. Mais voyant son détachement réduit à 400 hommes, attaqué de front, sur son flanc droit et presque à revers, il ordonna la retraite et indiqua comme point de ralliement la ferme Givodeau que l'ennemi n'occupait pas. Une partie seulement put y parvenir : 13 officiers et 210 hommes ; le reste ne sut pas trouver la bonne direction, alla donner tête baissée au milieu des troupes prussiennes et fut tué, fait prisonnier, ou s'enfuit vers la Meuse.

---

(1) 1, 3, 4, 5 $\frac{1^{er}}{88^e}$ et 1, 2, 3, 4, 6 $\frac{II^e}{88^e}$. La 6ᵉ compagnie du Iᵉʳ bataillon avait été dispersée ou détruite dans les combats antérieurs.

§ 10. — *Derniers combats au Faubourg de Mouzon.*

Les trois bataillons de la *14*e brigade prussienne qui étaient parvenus, le long de la voie romaine, jusqu'à hauteur de la cote 169, avaient repris leur mouvement en avant, en même temps que l'aile gauche du IVe corps gagnait du terrain vers la Meuse. Leur objectif était le Faubourg de Mouzon, dont les batteries du mont de Brune avaient préparé l'attaque.

La *10*e compagnie du *27*e, suivie de la *9*e, se portait droit vers les premières maisons de l'issue occidentale; à leur gauche, les *11*e et *12*e se reliaient aux éléments voisins de la *8*e division. Au Sud de la voie romaine marchait le IIe bataillon du *27*e et le Ier du *93*e. Enfin le commandant de la *14*e brigade dirigeait droit sur le pont de Mouzon cinq compagnies environ du *26*e et une du *71*e.

Les débris des deux bataillons du *30*e de ligne, dirigés par les commandants Lamy et de Lamarcodie, et le Ier bataillon du *22*e, qui occupaient le Faubourg, comprirent la portée de leur dévouement et de leur sacrifice. Encouragés par l'exemple des généraux de Failly, de L'Abadie et Abbatucci, ils tinrent avec un courage et une abnégation dignes d'admiration, pour permettre aux dernières troupes du *5*e corps de s'écouler sur la rive droite de la Meuse. C'est là que le général de Failly eut un cheval tué sous lui; le maréchal des logis Largentier, du *5*e hussards, s'empressa de lui offrir le sien. Le capitaine d'artillerie de Tessières « fit preuve du plus héroïque dévouement (1) ». Séparé, avec une pièce, de la 6e batterie du *2*e qu'il commandait, il arrêta cette bouche à feu à une trentaine de mètres du pont et tira à mitraille à deux ou trois reprises sur la tête de colonne

---

(1) *Journal* de marche du 5e corps.

prussienne qui pénétrait dans le Faubourg. Puis le chef d'escadron Cailloux, resté auprès de lui, fit replier la pièce au delà du pont, d'où elle recommença à tirer. Sur quatre servants, un fut tué et deux blessés; un conducteur et trois chevaux sur quatre furent mis hors de combat. Aidé du seul servant Favre, le capitaine de Tessières continua le feu, remplissant lui-même les fonctions de pointeur et de pointeur-servant et employant comme tire-feu une ficelle et un clou empruntés à une maison voisine. Il resta là jusqu'à la fin du combat, secondé ensuite par des soldats du 22ᵉ de ligne, et parvint à ramener son canon au moyen de chevaux d'emprunt (1).

Dans les premières maisons du Faubourg la résistance fut acharnée (2). Longtemps tenu en échec, l'ennemi progresse par la grande rue et au Sud, et atteint l'église par ces deux directions. A 7 heures du soir, il est maître du cimetière. Le Iᵉʳ bataillon du 22ᵉ se replie sur la rive droite. Presque en même temps, le pont tombe au pouvoir des cinq compagnies du 26ᵉ, qui s'établissent aussitôt dans les maisons adjacentes de la rive gauche, et criblent de balles les tirailleurs du IIᵉ bataillon du 22ᵉ qui occupent la rive droite. Bientôt ceux-ci cessent le feu. La 1ʳᵉ compagnie du 26ᵉ s'engage sur le pont, mais au moment où elle en atteint l'extrémité, une vive fusillade l'oblige à rétrograder. Plusieurs nouvelles tentatives de passage restent infructueuses (3).

La nuit vint enfin mettre un terme à cette bataille désastreuse, dont les conséquences étaient la complète désorganisation du 5ᵉ corps et d'une division du 7ᵉ.

---

(1) *Rapport* du chef d'escadron Cailloux; *Historique* manuscrit du 22ᵉ de ligne.
(2) *Historique du Grand État-Major prussien*, 7ᵉ livraison, p. 1011.
(3) *Historique* manuscrit du 22ᵉ de ligne

§ 11. — *Emplacements de l'armée de la Meuse dans la soirée* (1).

Le quartier général de l'armée de la Meuse fut établi à Beaumont.

La Garde campait le long de la route de Stenay entre Beaumont et la ferme de Beaulieu ; dans la nuit même, elle jetait un pont de bateaux à Létanne.

Le XIIe corps avait son infanterie et son artillerie autour de Létanne, sa cavalerie sur les deux rives de la Meuse à Pouilly. Le Ier bataillon du *105e* et le *13e* bataillon de chasseurs gardaient la partie de la rivière comprise entre Létanne et le bois de Givodeau ; le IIe bataillon du *107e* était envoyé sur Pouilly. Au Nord de cette dernière localité se trouvait le *18e* régiment de uhlans, chargé du service de sûreté sur la rive droite. Plus en amont, le 5e escadron du régiment de *Reiter* de la Garde saxonne se tenait en face d'Inor, communiquant par un bac avec la rive droite.

Le IVe corps avait reçu l'ordre de camper sur les positions conquises. Les troupes de la 7e division se massaient à la Sartelle, celles de la 8e auprès de Pourron et de Grésil, sauf la fraction qui avait opéré le long de la grande route de Mouzon et qui stationnait au bois Luquet. L'artillerie de corps était au mont de Brune. Le contingent du Ier corps bavarois, sous les ordres du colonel Schuch, demeurait sur les coteaux à l'Ouest de Pourron. La première ligne était formée par la 8e compagnie du *93e* qui gardait le pont de Villers-devant-Mouzon, la 4e du *86e* au moulin Ponçay, la 7e du *31e* le long de la Meuse, entre le confluent du ruisseau d'Yoncq et le Faubourg. Celui-ci était occupé par la *14e* brigade :

---

(1) *Historique du Grand État-Major prussien*. 7° livraison, p. 1011-1017.

le III⁰ bataillon du 27ᵉ ayant sa 9ᵉ compagnie au pont, la 10ᵉ dans les maisons adjacentes, la 11ᵉ au débouché du chemin conduisant à la ferme Givodeau, la 12ᵉ à la sortie Nord qui conduit vers les prairies de la Meuse. Le IIᵉ bataillon du 27ᵉ et le 93ᵉ campaient en dehors du Faubourg, non loin de sa face Ouest. La 11ᵉ compagnie du 71ᵉ gardait le cimetière. Des patrouilles ayant traversé le pont sans être inquiétées, le commandant de la 14ᵉ brigade essaya de nouveau, pendant la nuit, de faire occuper Mouzon par la 9ᵉ compagnie du 27ᵉ, mais cette tentative échoua, comme la précédente, devant un feu très intense.

A la division de cavalerie saxonne, le 18ᵉ uhlans avait envoyé, vers 7 heures du soir, par Malandry, une reconnaissance d'officier dans la direction de Carignan. Elle annonça qu'un corps français était campé au Nord de Sailly et que plusieurs trains de chemins de fer étaient arrivés de Montmédy à Carignan. Les postes avancés mandaient plus tard que, vers minuit, les feux de bivouac ennemis s'étaient éteints sur les hauteurs de la rive droite de la Meuse; que, pendant la nuit, des trains se dirigeaient de Carignan sur Sedan; que l'on entendait, sur la route de Mouzon à Douzy, un continuel roulement de voitures.

Ces rapports faisant supposer que de grands mouvements de troupes avaient lieu sur la ligne des Ardennes, l'escadron de *Reiter* de la Garde saxonne, stationné près d'Inor, fut chargé de couper la voie ferrée entre Montmédy et Carignan. Cette opération fut exécutée dans le courant de la nuit près de Lamouilly. Vers le matin, la même reconnaissance d'officier du 18ᵉ uhlans, qui avait poussé dans la direction de Sailly, constata la disparition du camp français qu'on avait observé sur ce point dans la soirée précédente. Tout semblait indiquer une retraite des Français vers le Nord-Ouest.

§ 12. — *Passage de vive force du pont de Mouzon par un détachement du 88ᵉ de ligne* (1).

Seul, de tout le 5ᵉ corps, un détachement du 88ᵉ de ligne, comprenant 13 officiers et 210 hommes sous les ordres du colonel Demange, était resté sur la rive gauche de la Meuse, à la ferme Givodeau où il s'était réfugié vers 7 h. 30. Il en sortit vers 11 heures du soir, résolu à se frayer un chemin sur Mouzon, en se servant de la baïonnette seulement. L'avant-garde, sous la direction du capitaine Delasson et du lieutenant Kelberger, reconnut la présence d'une troupe prussienne gardant les abords du pont. Le détachement revint sur ses pas, ignorant si le pont était détruit ou barricadé et si, d'ailleurs, Mouzon était encore au pouvoir des Français. Dans le cas contraire, la tentative eût été évidemment sans issue. Le lieutenant Kelberger, qui parlait l'allemand, fut chargé de questionner les sentinelles à cet égard. Il remplit cette mission avec le plus grand succès et acquit la certitude que les Allemands n'avaient pas pu pénétrer dans Mouzon. Le colonel Demange décida aussitôt que le coup de main aurait lieu une heure avant le jour. Un peu avant quatre heures du matin, le détachement s'approcha en silence de la route et fut partagé en 11 pelotons, chacun plaçant 10 hommes de front et commandé par un officier désigné par son ancienneté. Le colonel Demange se plaça en tête, ayant à sa gauche le commandant Escarfail et à sa droite le capitaine adjudant-major Lordon et le lieutenant Kelberger, celui-ci guidant la troupe.

Bientôt on se heurte à l'ennemi. La grand'garde de la 11ᵉ compagnie du 27ᵉ est dispersée ; le gros de la

---

(1) *Rapport* du commandant Escarfail ; *Historique* manuscrit du 88ᵉ de ligne.

compagnie est également refoulé. Mais, à la première décharge, le colonel Demange tombe mortellement blessé; le lieutenant Kelberger est tué. Accueillie ensuite par la fusillade de la 10e compagnie du 27e établie dans les maisons, la colonne continue sa course, repoussant si vigoureusement le reste du IIIe bataillon du 27e, qu'elle peut franchir, en partie, sans être trop inquiétée, une barricade construite au moyen de voitures remplies de pierres qui obstruent le pont, et arriver enfin au milieu des Français (1). L'un de ces braves, le sergent Morel, portait sur son dos le soldat Camon, blessé aux reins. Mais 90 hommes seulement et 8 officiers avaient réussi à passer; les autres avaient été tués, blessés ou faits prisonniers en accomplissant ce glorieux fait d'armes.

§ 13. — *Pertes.*

Les pertes de l'armée de Châlons s'élevaient à 246 officiers et 7,260 hommes environ, tués, blessés et disparus, dont près de 4,700 pour le 5e corps seul (2). Les Allemands avaient 145 officiers et 3,384 hommes hors de combat, dont 126 officiers et 2,878 hommes pour le IVe corps qui avait engagé l'action et supporté constamment le poids de la lutte.

---

(1) Le maréchal de Mac-Mahon, « n'ayant pas les moyens de faire sauter le pont », avait fait édifier cette barricade (Maréchal de Mac-Mahon, *Souvenirs inédits*).

(2) Voir aux documents annexes l'état des pertes par corps, établi aussi exactement qu'il a été possible de le faire.

CHAPITRE IV

Considérations sur la bataille de Beaumont.

§ 1. — *Le 5ᵉ corps.*

Si l'on examine la situation dans laquelle se trouva le général de Failly, le 29 août, à Bois des Dames, lorsque le lieutenant-colonel Broye lui transmit l'ordre de se rendre à Beaumont, on peut se demander quels étaient les moyens de s'y conformer sans s'exposer à la surprise du lendemain.

Tout d'abord, si le maréchal de Mac-Mahon n'exigeait pas l'exécution immédiate de la marche de nuit, elle ne s'imposait pas. Il eût mieux valu, semble-t-il, laisser les troupes à proximité du théâtre de la lutte où elles ne couraient aucun danger et, après leur avoir laissé prendre le repos dont elles avaient besoin, les remettre en route à 3 heures du matin. De la sorte, on fût arrivé à Mouzon de bonne heure et le passage de la Meuse se fût opéré, vraisemblablement, sans difficultés sérieuses. Si l'on suppose, au contraire, que les instructions du maréchal de Mac-Mahon fussent formelles au point de déterminer le mouvement dans la nuit même, certaines mesures semblaient rationnelles. Telles sont : le départ immédiat pour Mouzon des impedimenta; l'envoi d'un officier d'état-major à Beaumont afin de reconnaître un emplacement convenable pour le camp; la constitution d'une forte arrière-garde comprenant une brigade d'infanterie, deux ou trois batteries et à peu près toute la cavalerie. Ce détachement serait resté à une distance telle qu'en cas d'attaque le corps d'armée eût le temps de s'écouler. A cet effet, avec son effectif et la libre disposition de deux routes, il fallait au moins deux heures. L'arrière-garde aurait donc dû rester à 8 kilomètres en arrière. C'était à peu près la distance qui séparait Bois des Dames de Beaumont. D'autre part, le terrain indiquait comme position générale la ligne Bois des Dames, Vaux-en-Dieulet, Sommauthe, et, comme points à garder, tous les débouchés des routes au Sud des bois de Belval et de Dieulet. Un ou deux escadrons, avec un léger soutien d'infanterie, eussent été chargés de surveiller la route de Stenay à Beaumont par la forêt de Jaulnay. A défaut de ces mesures, on devait être conduit au moins à placer des vedettes de cavalerie à la lisière Sud des bois, près des chemins. Mais cette précaution aurait été insuffisante pour permettre au corps d'armée de s'écouler le lendemain; tout au plus aurait-il eu le temps de prendre ses dispositions de combat.

Quoi qu'il en soit, à la suite d'une reconnaissance du terrain, même sommaire, le 5e corps ne se serait sans doute pas arrêté à Beaumont dans la nuit du 30. Ses troupes se seraient portées sur les hauteurs au Nord du bourg entre la Harnoterie et le bois Failly, où une surprise, même analogue à celle qui se produisit, aurait eu des conséquences moins graves.

Ce fut sans doute la fatigue qui détermina le commandant du 5e corps à laisser deux de ses divisions et la réserve d'artillerie établir leurs camps au Sud de Beaumont, dans un fond, et à si courte distance des bois dont la lisière opposée n'était pas gardée. Ce fut vraisemblablement cette raison également qui conduisit à ne pas établir d'avant-postes, pas même ceux, très rudimentaires, dont l'armée française faisait usage en 1870. Il suffisait que les fermes de Beaulieu, de Belle Tour, de Petite Forêt, de Belle Volée et de Beauséjour fussent occupées, chacune par une compagnie, pour que la surprise n'eût pas les proportions considérables qu'elle prit. Ces grand'gardes eussent résisté en effet, donné l'alarme dans les camps, permis aux soldats de s'équiper et de se former avant d'être exposés au feu.

Si la fatigue peut être reconnue comme la cause de cette absence totale des précautions les plus élémentaires, elle ne saurait être invoquée comme une justification. Lorsque la sécurité des troupes, le salut de la masse et l'honneur des armes sont en jeu, le général en chef doit s'affranchir des sentiments de pitié et d'attendrissement à l'égard de quelques fractions chargées d'assurer le repos de tous (1). On l'a dit avec raison : « A la guerre, on peut être battu sans déshonneur; on n'a pas le droit d'être surpris, aussi bien sur le champ de bataille que dans les marches et les cantonnements (2) ».

Le général de Failly ne tarda pas à s'apercevoir qu'il était assailli par des forces numériquement supérieures sur un terrain défavorable pour lui. Il avait reçu, du reste, du maréchal de Mac-Mahon, l'ordre formel de franchir la Meuse le jour même. Dès lors tout lui commandait de refuser la bataille. Mais les unités du 5ᵉ corps campées au Sud de Beaumont furent immédiatement engagées dans une lutte à courte distance; en outre, elles comprenaient toute l'infanterie de la division Goze et la brigade de Fontanges, de la division de Lespart. Dix-huit bataillons, sur trente-deux, c'est-à-dire plus de la moitié, étaient donc englobés dans la surprise. L'artillerie française, supérieure en nombre au début, ne pouvait être employée rationnellement, tant parce qu'elle n'était pas disponible que par manque de positions convenables. La rupture du combat se présentait ainsi dans des conditions particulièrement difficiles.

Toutefois le temps gagné par l'héroïque résistance

---

(1) Colonel Derrécagaix, *Cours de l'École supérieure de guerre, 1886-87.*

(2) Général Bonnal, *Frœschwiller*, p. 286.

de ces dix-huit bataillons au Sud de Beaumont permit au général de Failly d'établir le reste du corps d'armée sur les hauteurs au Nord du bourg entre Sainte-Hélène et la Harnoterie. Cette position, qui s'appuyait à droite à cette ferme et à gauche à la Meuse, était excellente pour servir de repli et couvrir ensuite la retraite. Les 14 bataillons de la brigade Abbatucci et de la division de L'Abadie suffisaient à assurer son occupation, conjointement avec toutes les batteries du corps d'armée. Cette arrière-garde eût été chargée de résister pendant le temps nécessaire à l'écoulement des autres éléments sur la rive droite de la Meuse. Les combattants, comprenant 18 bataillons et 13 escadrons, auraient employé à cet effet deux heures; les équipages et convois de toute sorte, deux heures et demie environ. Le pont de Mouzon étant à 9 kilomètres de Beaumont, si l'on admet que le mouvement de retraite eût commencé à midi et demi, le passage de la Meuse ne pouvait être terminé avant 7 heures du soir. L'arrière-garde eût donc dû tenter de tenir, tant sur cette position que sur d'autres situées plus en arrière, jusqu'à 6 heures environ.

En réalité, le général de Failly décida, dès 2 h. 30, que cette position serait évacuée, sans attendre l'attaque de l'infanterie allemande. Une autre, très favorable aussi, qui s'étendait de la corne Sud-Est du Bois de Givodeau par la Sartelle et le carrefour au Nord-Est de la Harnoterie jusqu'à la cote 255, ne fut occupée qu'en partie, dans la zone Est, et abandonnée aussi trop prématurément. Il semble que la démoralisation résultant de la surprise ait gagné l'âme du commandant du 5ᵉ corps.

Quatre batteries, couvertes par quelque infanterie, se maintinrent, il est vrai, assez longtemps, sur le mamelon au Sud-Ouest de la cote 295, mais leur champ de tir était limité vers le Sud : elles ne pouvaient voir la gorge qui s'ouvre à l'Est d'Yoncq ni la plus grande partie des croupes qui partent du carrefour et s'étalent vers la cote 255, vers la Harnoterie.

Le général de Failly se rendit compte pourtant, mais trop tard, de la nécessité d'opposer à l'adversaire une barrière qui permît au gros du 5ᵉ corps de s'écouler par le pont de Mouzon. Il ne pouvait songer à franchir la Meuse plus en aval, où les points de passage étaient réservés au 1ᵉʳ et au 7ᵉ corps. De là l'occupation du mont de Brune et des hauteurs de Villemontry. Mais si, sur ce dernier point, la durée de la résistance put être à peu près suffisante, en raison de la difficulté qu'éprouvèrent les Allemands à déboucher sur la lisière Nord du bois de Givodeau et de l'appui prêté par le 12ᵉ corps, il n'en fut pas de même au mont de Brune. La brigade de Villeneuve, sur laquelle avait compté, sans doute, le commandant du 5ᵉ corps, se dispersa parce qu'elle tomba inopinément en formation dense sous le feu. L'adversaire, qui avait d'ailleurs à sa gauche toute sa liberté d'action, déborda la position par la vallée du ruisseau d'Yoncq et la fit tomber.

Le 5ᵉ corps n'échappa à une destruction complète, le 30 août, que grâce à un concours fortuit de deux circonstances relativement heureuses : les difficultés de terrain que rencontrèrent les troupes allemandes à l'aile droite et l'intervention des 7ᵉ et 12ᵉ corps.

Le Grand État-Major prussien fait remarquer combien plus opiniâtre fut la résistance des Français dans les premières batailles de la campagne (1). Ainsi généralisée, l'observation n'est pas exacte (2). Il est vrai que les régiments de la division Conseil Dumesnil, qui avaient été très éprouvés à Frœschwiller et qui comptaient dans leurs rangs beaucoup d'hommes récemment incorporés,

---

(1) *Abbrechen von Gefechten*, p. 101.
(2) Cf. Prince de Hohenlohe, *loc. cit.*, II, p. 251.

n'eurent pas une attitude aussi énergique qu'on était en droit de l'espérer. Par contre, les bataillons de la division Goze, surpris dans des conditions particulièrement graves, ne se laissèrent point aller à la panique et furent, en tous points, dignes de leurs devanciers. Il est incontestable que la brigade de Villeneuve fut mise en déroute à peine au feu, mais il est juste de reconnaître la ténacité des 49e et 88e de ligne, de la division de L'Abadie d'Aydrein.

§ 2. — Le 7e corps.

Au bruit du canon, le général Lebrun, commandant le 12e corps, agit d'une façon absolument rationnelle en donnant l'ordre à trois brigades d'infanterie et à sa division de cavalerie de revenir sur la rive gauche de la Meuse pour secourir le 5e corps. Le maréchal de Mac-Mahon, trompé, semble-t-il, par le rapport inexact d'un aide de camp du général de Failly, n'approuva pas ces mesures, ou du moins en restreignit la portée en ne laissant passer qu'une brigade d'infanterie et une de cavalerie. Toutefois l'intensité de la canonnade était bien propre à faire naître quelques doutes dans son esprit, et il est permis de s'étonner que le commandant en chef ne se soit pas rendu sur le terrain du combat ou n'y ait pas envoyé au moins un officier de son état-major. Au bout de deux heures au maximum, dans cette dernière hypothèse, il aurait été fixé sur le véritable état des choses et il aurait pu prendre en temps utile des dispositions pour recueillir le 5e corps et assurer son écoulement par le pont de Mouzon.

Le 7e corps, au contraire, ne marcha pas au canon et n'intervint que fortuitement dans la bataille de Beaumont par une seule de ses divisions. Bien plus, au lieu de continuer sa route sur Villers-devant-Mouzon, le général Douay, pensant que le passage y serait obstrué, crut devoir se diriger plus en aval, vers Remilly. Il n'agit ainsi que parce qu'il se considérait comme obligé de se conformer strictement à l'ordre de franchir la Meuse le jour même. Mais, en le lui donnant, le maréchal de Mac-Mahon n'avait certainement pas prévu que le 5e corps serait attaqué. La situation nouvelle exigeait, de la part du général Douay, une détermination qui, sans annuler les instructions du commandant en chef, le reléguât pourtant, momentanément, au second plan.

Peut-être le commandant du 7e corps pensa-t-il que si le maréchal avait voulu qu'il secourût le 5e, il l'en aurait avisé. Tel est un des arguments invoqués par un des officiers de l'état-major de Douay (1). Mais le porteur de la dépêche pouvait s'être égaré en route ou avoir été retardé par une cause quelconque, ou être tombé entre les mains de l'ennemi. D'ailleurs fallait-il donc un ordre au commandant du 7e corps « pour prendre part au combat et secourir ses camarades (2) » ? « Le premier principe de la guerre, disait Napoléon, veut que, dans le doute du succès, on se porte au secours d'un de ses corps attaqués, puisque de là peut dépendre son salut (3). » Des hauteurs de Stonne, le général Douay constatait la situation critique dans laquelle se débattait le général de Failly (4). Or, quand deux corps suivent deux itinéraires parallèles et assez rapprochés, ils doivent évidemment se soutenir réciproquement en cas d'attaque. C'était le cas du 7e, et son chef ne pouvait point douter qu'en laissant à l'adversaire toute latitude pour écraser le 5e, il agissait contre l'intérêt général de l'armée. Il devait donc prendre ses mesures de façon à l'aider à franchir la

---

(1) Prince Bibesco, *loc. cit.*, p. 105.

(2) *Mémoires de Napoléon*, écrits par Gourgaud, t. II, p. 185.

(3) Berthier à Victor, le 6 novembre 1808 (*Correspondance de Napoléon*, n° 14445).

(4) Prince Bibesco, *loc. cit.*, p. 104.

Meuse dans les conditions les moins défavorables. Enfin le général Douay pouvait calculer que le pont de Remilly ne serait pas disponible le 30, puisque le 1er corps tout entier et la division Bonnemains devaient l'utiliser. Il en aurait conclu que l'ennemi qui luttait à ce moment à Beaumont l'atteindrait encore le même soir et qu'il valait mieux soutenir la lutte conjointement avec le 5e corps que de faire écraser ses divisions isolément. En somme, il semble que, dans la circonstance, le général Douay aurait dû faire couvrir son convoi, si malencontreusement intercalé dans les colonnes de combattants, par une de ses divisions et marcher au secours de son collègue avec tout le reste du 7e corps. Il dut lui en coûter, certes, de ne point agir ainsi et on ne saurait, équitablement, lui en faire le reproche. Les idées, les principes alors en cours dans l'armée française bannissaient toute initiative et n'admettaient que l'obéissance stricte à la lettre des ordres donnés.

§ 3. — *Le 1er corps.*

Le 1er corps, moins voisin que le 7e du champ de bataille, resta inactif, lui aussi. A la vérité, le général Ducrot, en entendant le canon, fit masser deux de ses divisions à Tétaigne et envoya un de ses aides de camp demander des ordres au maréchal de Mac-Mahon. Mais, avant d'avoir reçu la réponse, il crut devoir, comme le général Douay, se conformer à l'ordre « très positif (1) » qui lui avait été donné de gagner Carignan. Or cet ordre n'était plus valable momentanément, et pour les mêmes raisons qui ont été données précédemment à propos du 7e corps. Le général Ducrot invoque, pour justifier sa détermination, un second argument : la nécessité de ne

---

(1) *Vie militaire du général Ducrot*, II, p. 402.

pas laisser l'Empereur isolé à Carignan. Il semble que deux divisions du 1ᵉʳ corps n'eussent point été nécessaires pour remplir ce but et qu'il eût suffi, pour protéger l'Empereur, d'un régiment de cavalerie tout au plus. Il n'y avait guère à redouter de ce côté, en effet, que quelques patrouilles de cavalerie adverse.

§ 4. — *Le grand quartier général français.*

Bien que le maréchal de Mac-Mahon n'ignorât pas que, le 29 août, le 5ᵉ corps avait eu un engagement avec des troupes de toutes armes; bien que, d'autre part, il sût que le 7ᵉ corps était suivi de près par des forces qu'il évaluait à 60.000 hommes, son intention bien arrêtée était, le 30 août, comme la veille, d'éviter tout combat et de franchir la Meuse au plus tôt. Il semblait qu'il suffît d'atteindre la rive droite pour être assuré du succès. Or, en admettant même que tous les corps eussent exécuté, le 30, les desseins du maréchal et fussent parvenus à se soustraire complètement, ce jour-là, aux atteintes de l'adversaire, la situation de l'armée n'en eût pas moins été très compromise. Une partie de la IIIᵉ armée aurait suivi ses mouvements et le reste, ainsi que l'armée de la Meuse, aurait franchi la rivière à Stenay et aux environs, de telle sorte que « l'armée française, continuant le 31 à marcher sur Montmédy, aurait été attaquée par des forces supérieures et aurait sûrement éprouvé, dans la journée du 31 août ou dans la suivante, le sort auquel elle ne put échapper à Sedan (1) ». Cette issue était à peu près fatale si le maréchal de Mac-Mahon poursuivait sa marche vers Metz à si courte distance de la frontière belge. Aussi, malgré ses graves conséquences immédiates, la défaite de Beaumont offrait au moins cet avan-

---

(1) A. G., *loc. cit.*, 82-83.

tage de rendre le péril pour ainsi dire évident, tangible, et de permettre d'y échapper peut-être. Au Ministre de la Guerre incombe sans doute la responsabilité première de la situation critique où se trouvait l'armée. Toutefois, il n'avait pas spécifié les moyens d'exécution pour atteindre Metz, ni interdit de vérifier ses assertions relatives à l'avance que le maréchal de Mac-Mahon aurait eue sur le Prince royal. Or, il faut bien le reconnaître, celui-ci n'avait pas employé pour obtenir des renseignements le seul moyen qui lui en eût procuré de certains. En d'autres termes, au lieu d'attaquer résolument les corps allemands les plus voisins et de chercher à percer le rideau qu'ils constituaient, le commandant de l'armée de Châlons avait persisté à poursuivre sa marche en se dérobant aux forces adverses. Une telle ligne de conduite eût été admissible dans certaines circonstances déterminées, mais, ce qui en faisait l'erreur dans la circonstance, c'est que le maréchal livrait ses communications (1). Le mouvement en avant ainsi conçu finissait par ressembler à une retraite et engendrait la démoralisation.

Si, au lieu de négliger systématiquement les armées ennemies et de vouloir atteindre son but sans coup férir, le maréchal eût pris le 29 une énergique offensive, « il avait des chances d'obtenir un véritable succès dans la journée et, en même temps, des renseignements très précis sur la proximité des Allemands. Si, le 30 encore, averti par le combat de Nouart, il se fût tenu prêt à accepter la bataille avec toutes ses forces, il avait les moyens suffisants pour repousser toutes les attaques de l'ennemi, puis de sauver son armée en la mettant définitivement en retraite (2) ». On ne s'explique même pas que le maréchal n'ait pas provoqué un engagement

---

(1) A. G., *loc. cit.*, p. 82.
(2) *Ibid.*, p. 83.

général, puisque, suivant Lebrun, il croyait n'avoir devant lui que 60,000 à 70,000 hommes (1). Faute d'avoir agi ainsi, le maréchal se trouvait, dans la soirée du 30, dans une situation extrêmement critique, à courte distance de la frontière belge, avec une armée déjà atteinte dans son moral et désorganisée en partie. Sans doute une catastrophe n'était pas absolument inéluctable, mais pour s'y soustraire, il fallait, de la part du commandement, « autant de décision dans la conception que d'habileté et d'énergie dans l'exécution (2) ». Comment espérer, après les tergiversations précédentes, que ces qualités se manifesteraient ?...

---

(1) Général Lebrun, *loc. cit.*, 74 (Conversation de Lebrun avec le maréchal, le 30 août, entre 8 h. 30 et 9 heures du soir).
(2) A. G., *loc. cit.*, p. 84.

CHAPITRE V

Les armées allemandes dans la journée et la soirée du 30 août.

§ 1. — *Mouvements de la IIIe armée* (1).

Tandis qu'à l'aile droite de la IIIe armée le Ier corps bavarois, opérant sur la route Buzancy-Raucourt, participait à la bataille de Beaumont, les deux divisions de cavalerie de l'aile gauche exécutaient les mouvements qui leur avaient été prescrits sur les lignes de communication de l'armée française (2). La 5e se portait sur Tourteron, l'un de ses régiments poussant vers Attigny ; la 6e envoyait une brigade sur Semuy, l'autre sur Le Chesne, et faisait un détachement plus au Nord, vers Bouvellemont.

Entre ces deux ailes, la masse des forces de la IIIe armée convergeait sur Stonne. Le Ve corps quittait Grand-Pré vers 6 heures du matin pour s'y porter directement ; les autres unités appuyaient peu à peu sur ce point, soit en vertu d'instructions ultérieures, soit d'elles-mêmes, pour marcher au canon.

Le commandant de l'avant-garde du Ve corps (3) avait reçu, à son arrivée à Authe, les rapports des deux escadrons du *1er* régiment de uhlans de la Garde relatifs

---

(1) *Historique du Grand État-Major prussien*, 7e livraison, p. 1048-1052.

(2) Voir p. 298.

(3) 4e régiment de cavalerie württembergeoise ;
18e brigade d'infanterie ;
Ire et IIe batteries ;
4e régiment de dragons.

aux mouvements du 7ᵉ corps français qu'ils observaient depuis la veille. Le 4ᵉ régiment de cavalerie würtembergeoise avait pris les devants par Osches et mandait bientôt que de l'infanterie française campait sur le versant Sud des hauteurs de Stonne et que d'autres troupes adverses marchaient sur la Berlière. Les deux batteries de l'avant-garde prenaient position sur la colline au Nord de Saint-Pierremont et ouvraient le feu, vers 11 h. 30, tandis que la cavalerie würtembergeoise se rassemblait à Osches et que la *18*ᵉ brigade se déployait en arrière. Le reste de la *9*ᵉ division se massa derrière la crête orientale de la hauteur au Sud-Est de Verrières et, vers 1 heure, la tête de colonne de la *10*ᵉ, avec l'artillerie de corps, arriva à hauteur de la *9*ᵉ. L'artillerie de corps se porta à l'Ouest de Saint-Pierremont; la *10*ᵉ division, au Nord de cette localité. Quelques batteries, devançant l'infanterie, prenaient position, les unes à côté de celles de l'avant-garde, les autres près de la ferme du Fond-Barré, mais trop tard pour s'engager, les troupes du 7ᵉ corps ayant déjà entamé leur retraite vers le Nord. La cavalerie de l'avant-garde tentait de pousser sur le bois du Fay, mais une batterie de canons à balles, établie à l'Ouest de Stonne, l'obligeait à rétrograder.

Le prince royal de Prusse s'était rendu sur les hauteurs de Saint-Pierremont. Les Français paraissant fortement établis à Stonne, il décidait d'attendre, pour les attaquer de front, que le XIᵉ corps fût entré en ligne. Celui-ci, qui marchait de Vouziers sur Le Chesne, avait reçu à Quatre-Champs l'ordre d'obliquer sur la Berlière et, vers 2 h. 15, il se déployait près de Brieulles. La division würtembergeoise, qui devait se porter par Châtillon sur Le Chesne, s'était rencontrée en franchissant le Bar, à l'Est de Châtillon, avec l'avant-garde du XIᵉ corps et l'avait suivie sur Brieulles. La 4ᵉ division de cavalerie, arrivée à Châtillon, en était repartie vers midi pour la Berlière, quand, à 1 h. 15, un ordre du commandant de la IIIᵉ armée l'avait arrêtée à Verrières. Enfin, la 2ᵉ division de cavalerie accourait de Buzancy au bruit du canon ; vers 3 heures, elle était aux Trois-Fontaines, où un ordre du Prince royal lui prescrivait de continuer sa marche sur Saint-Pierremont. La majeure partie de la IIIᵉ armée se réunissait donc au Sud de Stonne.

Sur ces entrefaites, le IIᵉ corps bavarois, stationné la veille sur la rive gauche de l'Aire, à Marcq et à Chevières, avait jeté, pendant la nuit, un pont à Saint-Juvin et s'était mis en mouvement de très grand matin, pour suivre le Iᵉʳ corps bavarois comme réserve.

De la colline au Nord-Est de Vaux-en-Dieulet le grand quartier général allemand avait observé le début et les premières péripéties de la bataille de Beaumont. C'est là que parvint un rapport du prince royal de Prusse faisant connaître les emplacements des forces de la IIIᵉ armée au Sud de Stonne. On jugea que, dans les conditions actuelles, plus l'adversaire s'attarderait sur ce point, plus sa situation deviendrait mauvaise, aussi le Prince royal fut-il invité « à se montrer peu pressant (1) ».

Toutefois, comme entre 2 et 3 heures, les Français évacuèrent d'eux-mêmes leur position de Stonne, l'avant-garde du Vᵉ corps se porta, par Osches, sur les hauteurs de la Berlière, d'où son artillerie ouvrit le feu sur la colonne du 7ᵉ corps. La *17ᵉ* brigade continuait sur Osches avec les batteries à cheval et le *14ᵉ* dragons, et se joignait ensuite à la *18ᵉ* sur les hauteurs de la Berlière. La *10ᵉ* division occupait le mont du Cygne. Plus tard, les batteries montées de l'artillerie de corps se portaient à Osches.

Le bruit du canon redoublant à l'Est, le commandant du Vᵉ corps se porta sur la Besace, mais la *20ᵉ* brigade

---

(1) *Historique du Grand État-Major prussien*, 7ᵉ livraison, p. 1050.

y arriva quand déjà les Bavarois avaient poussé au delà. Elle établit alors, conjointement avec le *14e* dragons, des avant-postes au Nord. Le reste du corps d'armée bivouaquait au Sud du village, des deux côtés de la grande route.

La *4e* division de cavalerie stationnait près de Flaba, sauf la *8e* brigade qui se trouvait près de Stonne et de Grandes Armoises.

Le XIe corps s'établissait à Stonne et à la Berlière ; la division würtembergeoise, à Verrières ; la 2e division de cavalerie, à Osches, le Ier corps bavarois, à Raucourt et à la Besace ; le IIe, à Sommauthe, que son avant-garde n'avait atteint qu'à la tombée de la nuit (1) ; le VIe, à Vouziers, avec une avant-garde vers Vrizy.

Le quartier général de la IIIe armée s'installait à Saint-Pierremont, le grand quartier général était transféré à Buzancy.

§ 2. — *Instructions du grand quartier général pour le 31 août.*

Dans la soirée du 30, on ignorait encore, au grand quartier général, à Buzancy, les emplacements occupés par les divers corps des armées allemandes. Mais les

---

(1) Moltke écrivit au commandant de la IIIe armée, dans la soirée du 30 : « Sa Majesté a eu le regret de remarquer que le IIe corps d'armée bavarois, qui, en exécution de l'ordre d'armée, devait suivre immédiatement le Ier comme réserve, ne s'est pas établi à un quart de mille derrière celui-ci auprès de Sommauthe, et se trouvait encore, à 9 heures du soir, en colonne de marche avec sa queue près de Buzancy. Ce corps d'armée aurait été absolument hors d'état de fournir aucune aide s'il avait été nécessaire de faire appel à lui.

« En outre, les modifications introduites par lui dans l'exécution de l'ordre ont eu pour résultat de gêner l'arrivée des convois des autres corps, et il n'a atteint son bivouac que par une marche de nuit inutile » (*Correspondance militaire du maréchal de Moltke*, I, n° 239).

événements de la journée et les renseignements reçus
« ne laissaient aucun doute sur l'opportunité de la continuation immédiate d'une offensive concentrique contre
un adversaire qui pliait sur toute la ligne (1) ».

En conséquence, vers 11 heures du soir, le grand
quartier général expédia aux deux commandants d'armée
un ordre ainsi conçu :

« ... La marche reprendra demain, dès l'aube. Partout
où l'on trouvera l'adversaire de ce côté-ci de la Meuse,
on l'attaquera vigoureusement en cherchant à l'acculer
le plus étroitement possible entre cette rivière et la frontière belge.

« L'armée de S. A. le Prince royal de Saxe est spécialement chargée d'empêcher l'aile gauche ennemie de se
dérober dans la direction de l'Est. A cet effet, S. A. R.
fera en sorte de jeter deux corps sur la rive droite de la
Meuse, et abordera les Français en flanc et à revers s'ils
venaient à prendre position vis-à-vis de Mouzon.

« La IIIe armée opérera de même contre le front et
la droite de l'adversaire. L'artillerie choisira, sur la
rive gauche de la Meuse, des positions aussi fortes que
possible, d'où elle puisse inquiéter les colonnes ennemies en marche ou campées dans la partie de la vallée
qui longe la rive droite, en aval de Mouzon.

« Dans le cas où l'ennemi passerait sur le territoire
belge et ne serait pas immédiatement désarmé, on l'y
suivrait sans attendre de nouveaux ordres (2).... »

Déjà le grand quartier général allemand entrevoyait
que peut-être l'armée de Châlons pourrait être acculée
à la frontière belge (3). Dans l'après-midi du 30, le

---

(1) *Historique du Grand État-Major prussien*, 7e livraison, p. 1056.
(2) *Ibid.*, 7e livraison, 267*.
(3) *Tagebücher des Generalfeldmarschalls Graf von Blumenthal*,
p. 94; Hahnke, *loc. cit.*, p. 197.

L'*Historique du Grand État-Major prussien* déclare même qu'il comte de Bismarck adressait un télégramme au ministre de la Confédération de l'Allemagne du Nord près la cour de Bruxelles, pour le prévenir qu'il était possible que des troupes françaises franchissent la frontière et pour lui exprimer l'espoir que, dans cette éventualité, elles seraient désarmées sur-le-champ (1). L'issue des opérations de l'armée de Châlons devait lui être plus funeste encore.....

était « hors de doute, selon toute vraisemblance », qu'une continuation du mouvement des armées allemandes vers le Nord produirait ce résultat (7ᵉ livraison, p. 1056). Or le maréchal de Mac-Mahon pouvait encore échapper à cette catastrophe.

(1) *Historique du Grand État-Major prussien*, 7ᵉ livraison, p. 1056.

A LA MÊME LIBRAIRIE

Organisation et Tactique des trois armes:
INFANTERIE, 1er *fascicule* : **L'infanterie au dix-huitième siècle.** *La tactique;* par le commandant **Colin**, attaché à la Section historique. — 1907, 1 vol. gr. in-8, 284 p., avec 5 planches comprenant 27 croquis. 6 fr.

2e *fascicule* : **L'infanterie au dix-huitième siècle.** *L'Organisation*; par le capitaine **Bacquet**. — 1907, 1 vol. gr. in-8, 216 p. 5 fr.

CAVALERIE, 1er *fascicule* : **La cavalerie de 1740 à 1789**; par le commandant breveté E. **Desbrière**, chef de la Section historique, et le capitaine M. **Sautai**, détaché à la Section historique. — 1906, 1 vol. gr. in-8, 131 p., avec 1 plan.................................. 3 fr.

CAVALERIE, 2e *fascicule* : **La cavalerie pendant la Révolution** (du 14 juillet 1789 au 26 juin 1794). *La Crise*; par *les mêmes*. — 1907, 1 vol. gr. in-8, 438 p., avec une carte, de nombreux croquis dans le texte et hors texte.. 10 fr.

3e *fascicule* : **La cavalerie pendant la Révolution.** *La fin de la Convention* (du 19 juin 1794 au 27 octobre 1795); par *les mêmes*. — 1908, 1 vol. gr. in-8, 251 p., avec cartes et croquis....... 6 fr.

4e *fascicule* : **La cavalerie sous le Directoire;** par *les mêmes*. — 1910, 1 vol. gr. in-8, 459 p., avec 8 cartes et croquis..... 10 fr.

ARTILLERIE, 1er *fascicule* : **L'artillerie française au dix-huitième siècle**; par le commandant breveté E. **Picard** et le lieutenant L. **Jouan**, détaché à la Section historique. — 1906, 1 vol. gr. in-8, 150 p. 3 fr.

Histoire de l'infanterie en France; par le lieutenant-colonel **Belhomme**, du 73e d'infanterie.
TOME 1er : *La Gaule, la Conquête franque, la France, l'Armée permanente*. 1 vol. in-8, 396 p.................................... 5 fr.
TOME II : *Règne de Louis XIV*. — 1 vol. in-8, 492 p........... 5 fr.
TOME III : *Règnes de Louis XV et de Louis XVI*. — 1 vol. in-8, 509 p. 5 fr.
TOME IV : *La Révolution et l'Empire*. — 1 vol. in-8, 699 p.... 7 fr. 50
TOME V : *De Louis XVIII à nos jours*. — 1 vol. in-8, 869 p... 8 fr. 50

Historiques des corps de troupe de l'armée française (1569-1900), 1 beau vol. gr. in-8, 782 p., composé de tableaux à livre ouvert à raison d'un tableau par corps, et illustré de 75 gravures dans le texte et de 35 belles planches hors texte en phototypogravure d'après la collection des aquarelles du ministère de la guerre. Couverture illustrée en couleur de Job, broché.. 10 fr.
En belle reliure maroquiné plein, plaques spéciales, tête dorée.... 15 fr.
Publication faite en vue de l'Exposition de 1900 (section des armées de terre et de mer).

Les premières mitrailleuses (1342-1725); par le capitaine P. **Azan**. — 1907, in-8, 64 p.. 1 fr. 25

Un tacticien du XVIIe siècle; par P. **Azan**, lieutenant détaché à la Section historique. — 1904, in-8, avec 15 croquis et 2 cartes..... 3 fr.

Les milices provinciales sous Louvois et Barbezieux (1688-1697); par M. **Sautai**, capitaine au 5e régiment d'infanterie, détaché à la Section historique. — 1909, 1 vol. gr. in-8, 318 p.................. 8 fr.

La manœuvre de Denain; par M. **Sautai**, lieutenant au 24e d'infanterie. — 1903, 1 vol. gr. in-8, 299 p., avec portrait, planches et cartes.. 8 fr.

La bataille de Malplaquet, d'après les correspondants du duc du Maine à l'armée de Flandre; par M. **Sautai**, lieutenant détaché à la Section historique. — 1904, in-8, 228 p., avec frontispice et 9 cartes et plans.. 5 fr.

Marc Imhaus et René Chapelot, imprimeurs. — Nancy et Paris.